中华现代学术名著丛书

康德的知识学

齐良骥 著

商务印书馆
创于1897 The Commercial Press

2020年·北京

图书在版编目(CIP)数据

康德的知识学/齐良骥著.—北京:商务印书馆,2011
(2020.2 重印)
(中华现代学术名著丛书)
ISBN 978-7-100-07456-8

Ⅰ.①康… Ⅱ.①齐… Ⅲ.①康德,Ⅰ.(1724~1804)—
哲学思想—思想评论 Ⅳ.①B516.31

中国版本图书馆 CIP 数据核字(2010)第 202411 号

本书据商务印书馆 2000 年版排印

中华现代学术名著丛书
康 德 的 知 识 学
齐良骥 著

商 务 印 书 馆 出 版
(北京王府井大街 36 号 邮政编码 100710)
商 务 印 书 馆 发 行
北京通州皇家印刷厂印刷
ISBN 978-7-100-07456-8

2011 年 6 月第 1 版 开本 880×1240 1/32
2020 年 2 月北京第 2 次印刷 印张 16 插页 1

定价:49.00 元

齐 良 骥

(1915—1990)

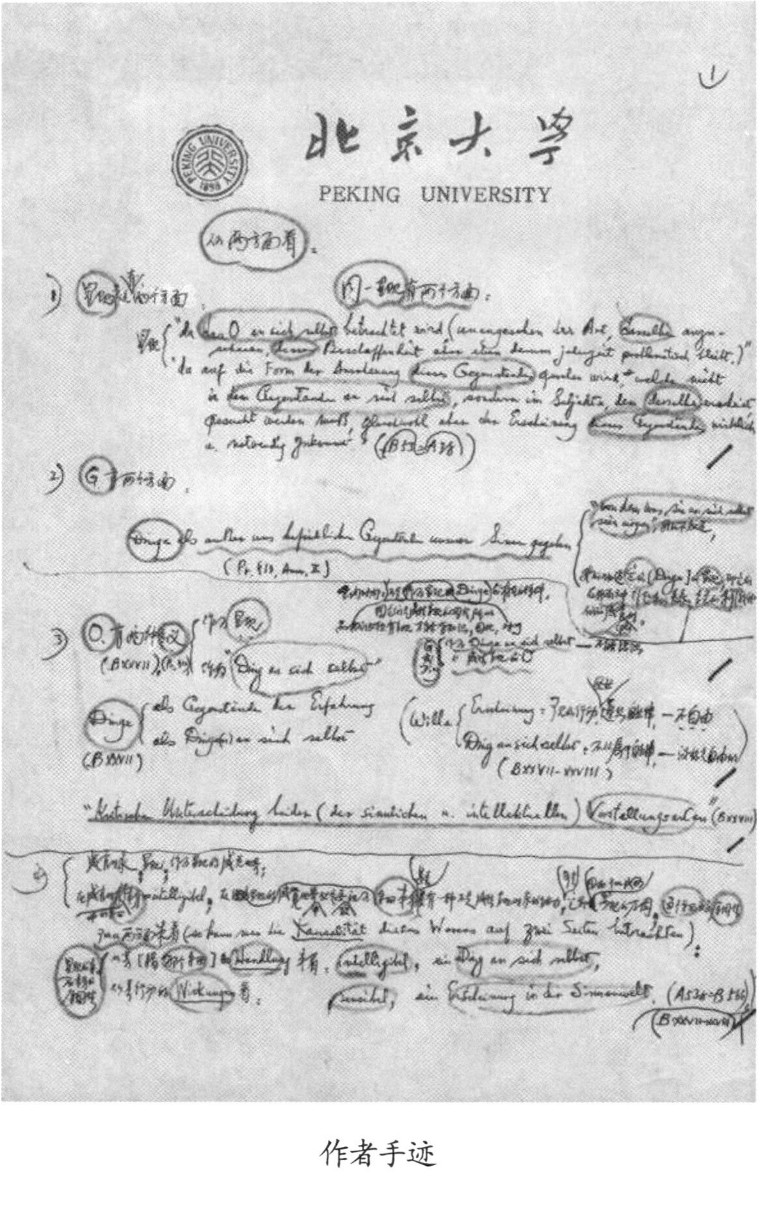

作者手迹

出版说明

百年前，张之洞尝劝学曰："世运之明晦，人才之盛衰，其表在政，其里在学。"是时，国势颓危，列强环伺，传统频遭质疑，西学新知亟亟而入。一时间，中西学并立，文史哲分家，经济、政治、社会等新学科勃兴，令国人乱花迷眼。然而，淆乱之中，自有元气淋漓之象。中华现代学术之转型正是完成于这一混沌时期，于切磋琢磨、交锋碰撞中不断前行，涌现了一大批学术名家与经典之作。而学术与思想之新变，亦带动了社会各领域的全面转型，为中华复兴奠定了坚实基础。

时至今日，中华现代学术已走过百余年，其间百家林立、论辩蜂起，沉浮消长瞬息万变，情势之复杂自不待言。温故而知新，述往事而思来者。"中华现代学术名著丛书"之编纂，其意正在于此，冀辨章学术，考镜源流，收纳各学科学派名家名作，以展现中华传统文化之新变，探求中华现代学术之根基。

"中华现代学术名著丛书"收录上自晚清下至20世纪80年代末中国大陆及港澳台地区、海外华人学者的原创学术名著（包括外文著作），以人文社会科学为主体兼及其他，涵盖文学、历史、哲学、政治、经济、法律和社会学等众多学科。

出版“中华现代学术名著丛书”，为本馆一大夙愿。自1897年始创起，本馆以“昌明教育，开启民智”为己任，有幸首刊了中华现代学术史上诸多开山之著、扛鼎之作；于中华现代学术之建立与变迁而言，既为参与者，也是见证者。作为对前人出版成绩与文化理念的承续，本馆倾力谋划，经学界通人擘画，并得国家出版基金支持，终以此丛书呈现于读者面前。唯望无论多少年，皆能傲立于书架，并希冀其能与“汉译世界学术名著丛书”共相辉映。如此宏愿，难免汲深绠短之忧，诚盼专家学者和广大读者共襄助之。

商务印书馆编辑部

2010年12月

凡　　例

一、“中华现代学术名著丛书”收录晚清以迄20世纪80年代末，为中华学人所著，成就斐然、泽被学林之学术著作。入选著作以名著为主，酌量选录名篇合集。

二、入选著作内容、编次一仍其旧，唯各书卷首冠以作者照片、手迹等。卷末附作者学术年表和题解文章，诚邀专家学者撰写而成，意在介绍作者学术成就，著作成书背景、学术价值及版本流变等情况。

三、入选著作率以原刊或作者修订、校阅本为底本，参校他本，正其讹误。前人引书，时有省略更改，倘不失原意，则不以原书文字改动引文；如确需校改，则出脚注说明版本依据，以“编者注”或“校者注”形式说明。

四、作者自有其文字风格，各时代均有其语言习惯，故不按现行用法、写法及表现手法改动原文；原书专名（人名、地名、术语）及译名与今不统一者，亦不作改动。如确系作者笔误、排印舛误、数据计算与外文拼写错误等，则予径改。

五、原书为直（横）排繁体者，除个别特殊情况，均改作横排简体。其中原书无标点或仅有简单断句者，一律改为新式标点，专名号从略。

六、除特殊情况外，原书篇后注移作脚注，双行夹注改为单行夹注。文献著录则从其原貌，稍加统一。

七、原书因年代久远而字迹模糊或纸页残缺者，据所缺字数用“□”表示；字数难以确定者，则用“（下缺）”表示。

目　　录

第二编　知性

第一编　感性

第一章　感性自身的形式

§1　感性的特性

康德在《纯粹理性批判》的“先验逻辑”部分的开头，对感性和知性在认识上的不同作用，相互对照地作了扼要规定：

> 我们的知识来自意识的两个基本源泉：第一是接受表象（对印象的接受力），第二是利用这些表象认识一个对象的能力（概念的主动性）。由于前者，一个对象被给予我们，由于后者，就可以联系着那表象（只是意识的规定）思想对象。因此直观和概念构成我们一切知识的要素，从而不拘是单单的概念，不具有与其在一定方式上相应的直观，还是单单的直观，不具有概念，都不会产生出知识。……如果我们要把我们的意识在某种方式之下被刺激从而获得表象的接受能力，称为感性，那么，由其自身提供表象的能力，也就是认识的主动作用，就要称为知性。我们的本性自来是：直观只能是感性的，这就是说，直观只包含着我们是怎样为对象所刺激的方式；而知性则是思想感性直观的对象的能力。这两种能力并无高下

> 之分。如没有感性，就不会有对象给予我们，而如没有知性，那就不能思想任何对象。思想无内容是空的，直观无概念是盲的。因此，既要使我们的概念成为感性的（这就是在直观方面为概念提供对象），又要使我们的直观本身成为可以理解的（这就是把直观置于概念之下）。还有，这两种能力或秉赋，它们的功能不可以互相替换。知性不能直观，感官不能思想。它们只有结合起来，才能有知识。但正因如此，才不应把双方各自的功能混淆起来，倒有重大理由把二者仔细地区别开来（A 50—1 = B 74—5，RS 94—5）①。

感性具有以下特性：

（1）感性是接受表象的能力；

（2）感性必须为对象刺激才能得到表象；

（3）感性自身具有一定的方式，也就是它自身具有（不管由于什么原因具有）这样的本性，亦即一种固定的内在规定性，内在的条件，只有在这种方式规定性或条件之下才能为对象所刺激，才能接受对象的影响。

从表面看，以上三点并不包含什么新的想法，都是前人这样或那样讲过的，虽然第三点更有特点，应该说主要包含着新的想法，但似乎也不好说前人完全没有一般地涉及。可是，进一步仔细考察，与前人的观点就有很大区别。特别是由于第三点所包含的新的内容，也使得前两点具有与前人讲法不同的新的意义。

① A 指《纯粹理性批判》第 1 版，B 指该书第 2 版，RS 指 R. Schmidt 编订本，汉堡 1976 年版，字母之后的数字为各版本中的页码，下同。

底下先重点地回顾一下历史。

§2　亚里斯多德论感性的被动性与感性自身具有的特定条件

感觉的产生以外物在一定情况下刺激感官为前提，这个真理很早就为人所知。赫拉克里特认为一切感觉起于一种变化。相似的对于相似的不会产生影响。只有具互相对立的性质的东西才能互相影响。例如触觉，与我们身体的冷热程度相同的东西不会引起感觉①。

原子论者认为一切感觉都是接触。例如，从可见的对象飞出来的“影像”（保存着原来对象的形式），刺激眼睛，就看到那个东西②。

亚里斯多德的观点比较细致，比较深入和有系统（这里不打算全面地谈他的感觉理论，只是就着与本书内容有直接关系的几个问题加以提示。亚氏感觉理论中的种种矛盾和困难也不预备涉及）。

“一个人的感觉不是依靠着他自己，必须有感觉对象”③。感觉对象是外面的个体的东西（不是“一般”）④。触觉是感觉的基本形式⑤。亚里斯多德是把“刺激”这样一种特定活动的概念引入认识

---

① 第奥弗拉斯突斯（Theophrastos）：《论感觉》，§§ 1—2（*A Source Book in Greek Science*, Ed. by M. R. Cohen & I. E. Drabkin, Harvard Univ. Press, 1958）第 541—2 页。

② 亚里斯多德：《论感觉》，442^{a}30—^{b}1；Alexander of Aphrodisias：《论感觉》56，12（据 G. S. Kirk, J. E. Raven & M. Schofield: *The Presocratic Philosophers*, 2nd ed., 1983，第 428 页）；再参看第奥弗拉斯突斯：《论感觉》§ 50，第 428 页。

③ 亚里斯多德：《论灵魂》，417^{b}24—5。

④ 亚里斯多德：《论灵魂》，417^{b}27。

⑤ 亚里斯多德：《论灵魂》，413^{b}4—5。

论并把“刺激”和感觉联系起来的第一个人。在《论灵魂》第二篇第五章开头（416^b33—35）他说，一般地说，感觉之发生是由于“被激动和被刺激，因为人们认为感觉是状况的某种变化”①。这里“刺激”的希腊文原字是动词 paskhō，这个字指一般的接受一种力量的影响，所以虽然形式上是动词的主动，意义却是接受运动，指的恰恰是主动的对立面：被动。亚里斯多德用 paskhō 说明感觉，应是为了表示感觉的一个根本性质：被动性。

感觉是接受对象的刺激、影响，所以必须有感觉对象。另一方面，感觉是动物的一切接受能力。感觉究竟离不开感觉者，它是感觉者自身接受对象刺激从而使它的存在出现了某种变化。人（和一切动物）具有感官。“感官是指一种能力，这种能力把物的可感形式接受过来而不带着质料”②。譬如把一方戒指印章印到一块蜡上面，这块蜡上面就出现了印章的图像，至于印章是金的还是铜的，都不会印到蜡上面，同样，感官受不同质料构成的东西的刺激，可是它所接受的是关于颜色、滋味、声音等不同性质的印象，它并不涉及那些对象究竟是什么质料③。感官是感觉的能力，为什么还需要外面的刺激？

原来，感觉能力有潜在和现实的不同状态之分。单从具有一定的能力看，是潜在的，等到表现出一定的作用，这就是现实的。例如可以燃烧的东西，它从不自燃，需要有点燃力的东西才能使它燃烧起来。感官与刺激它的东西未接触时，二者没有关系，并不相似，在接触过程中，也还不能说相似，只有在接触以后，感官接受了对象的印

① 这里的译文据勒布古典丛书 W. S. Hett 英译文。

② 亚里斯多德：《论灵魂》，424^a17—8。

③ 亚里斯多德：《论灵魂》，424^a19—25，参看亚里斯多德《论记忆和回想》，450^a30—32。

象，二者才相似，这时，感觉能力就是现实的，其结果就是感觉①。所以，感觉能力由于外物的刺激，有一个从潜在到现实的过程。但是，显然这并不会改变感觉能力的根本的被动性质，感性从其本性说，是被动的。既然是被动的接受能力，那么，它是不是自身原来毫无所有，随便什么对它都可以施加影响（这样，它还是不是一个存在物，被称为感性？），还是它自身具有特定的本性和特定的结构？

亚里斯多德总结早期希腊哲学思想时，在感觉理论方面喜欢把前人的思想归结为以下两种互相对立的观点：一种是相似的认识相似的，另一种是相似的不会影响相似，因而相似的不会为相似所认识②。恩培多克勒和原子论者是前者的重要代表，阿拿克萨戈拉可能是后者的代表③。这里可以看出古人已经注意到：感性在接受对象影响时，它本身必是处在一定的状态，这一定的状态是它接受对象影响的必要条件。感觉主体与对象必须相似（譬如由相同的元素构成），或者不相似（暖才知道冷，苦才知道甜）。恩培多克勒还主张，对象必是与感官的孔道合适才能触及身体引起感觉。这种感官不能感觉到那种感官的对象，因为孔道不同。孔道大了，对象不能触及孔道，孔道小了，对象进不去，都不可能出现感觉④。

① 亚里斯多德：《论灵魂》，417^a3—21，418^a3—5；亚里斯多德：《论感觉》，438^b21—3。

② 亚里斯多德：《论灵魂》，405^b15—19；亚里斯多德：《形而上学》，1000^b6；亚里斯多德：《论灵魂》，410^a24。

③ 亚里斯多德没有明确把阿拿克萨戈拉同后一种观点联系起来（参看亚里斯多德：《论灵魂》，405^b19—20），我们可以从第奥弗拉斯突斯了解到阿拿克萨戈拉的这种观点（第奥弗拉斯突斯：《论感觉》§§ 1—2）。

④ 第奥弗拉斯突斯：《论感觉》，§ 7（据 G. S. Kirk, J. E. Raven & M. Schofield: *The Presocratic philosopners*, 2nd ed. 1983，第 309—310 页）。

亚氏对这个问题似乎有更深刻的想法，虽然我们还不能把他的想法说得很清楚。一定要有一种能力，才可以有感觉。什么是能力？感性和感觉器官事实上是一回事，但是又不是一回事，因为二者的本质不同。没有感觉器官，不会有感觉，感觉器官是进行感受的具体物，它占空间，具有量。可是，感觉这样的事实能不能仅仅说是一种量呢？不能。所谓的感觉能力，所谓的感性，就不是量。不是量是什么，是具有量的感觉器官的 logos（“逻各斯”）或能力①。这里的希腊文字 logos，英文中有人（J. A. Smith）译成 ratio（“比例”），有人（R. D. Hicks）译成 a certain character ②（“某样特性”），有人（W. S. Hett）译成 form ③（“形式”），有人（D. M. Hamlyn）译成 certain principle ④（“某种根源”），德文中有人（W. Theiler）译成 Form und Kraft ⑤（“形式和能力”）。总之可以说是指本质方面一种特定的结构。亚氏认为，例如关于听觉，具有听觉的人当他正在听到一个声响，而一个可以发声的东西正在发出声响，这时两者就合而为一，发声的东西的现实作用在听到声音的人方面得到实现⑥。声音具有一定的和谐，如果和谐是一种比例（logos），那么，听觉就和被听到的声音一样，也是一定的比例（logos）。过高过低的声音都会损伤听觉（别种感官也与此相同，由于感官对象的某样性质超过一定的限度就会受到损伤）。所以，亚氏认为感

① 亚里斯多德：《论灵魂》，424ª25—8。

② 亚里斯多德：《论灵魂》，1907 注释本 第105 页。

③ 亚里斯多德：《论灵魂》，勒布丛书本 第137 页。

④ 亚里斯多德：《论灵魂》，第 II、III 编，1968 注释本 第43 页。

⑤ H. Flashar 编亚里斯多德著作德文译本，第13 卷，1979 年，第47 页。

⑥ 亚里斯多德：《论灵魂》，第3 篇，第2 章。

性（现实的感觉能力）是一种比例①。

可见，亚里斯多德已经考虑到感性在一定条件之下才现实地起作用的问题。

§3　霍布斯、洛克和莱布尼茨

霍布斯是近代第一个严整的唯物论体系的创建人。他认为只有物质及其运动才是世界的根本，才是一切现象的基础。认识从现象入手，通过现象达到本质。认识现象只能通过感觉。而要对感觉本身进行了解，势必也只能以关于感觉的现象为根据②。

由于感官接触到的对象不同，我们感觉到的观念和影像就有变化，这种变化是感觉者方面的变化。根据霍布斯的唯物论原则，一切变化都是发生变化的那个东西内部所包含的各部分的运动。为了表明物体内部各部分的运动的特性，他还用了一个拉丁字：co-

---

① 亚里斯多德：《论灵魂》，426ª26—426ᵇ3。亚氏讲感性认识时所用的aisthēsis一词，指感性（感觉能力或作用）、感觉等，这里似应主要指感性。W. D. Ross认为这里是指感觉（《〈论灵魂〉注释》，第279页）。当然，按照亚氏，感觉可以说也是一种比例，可是感觉不独立于现实的感觉能力，只有感官现实地发挥作用，才有感觉。亚氏论证aisthēsis是比例的根据是现实的感觉对象与现实的感觉能力的同一（亚里斯多德：《论灵魂》，426ª15—6），是声音与听到声音的同一，现实的感觉能力与特定的感觉不可分，但还不完全是一回事，亚氏这里强调的是感觉能力也即听觉能力。Ross还认为性质超过一定限度的感觉对象不会损伤感觉器官，亚氏说的只能是损伤或阻碍感觉作用（《〈论灵魂〉注释》，第278页），这种了解与亚氏文意不合（特别看亚里斯多德：《论灵魂》435ᵇ15—6），亚氏认为超过一定限度的感觉对象会损伤感觉器官。

② 霍布斯：《论物体》，第25章，第1节（见*The English Works of Thomas Hobbes*, Ed. by W. Molesworth, London，第1卷（下引此书版本相同），第389页。

natus，英文本译成 endeavour，中文可以译作“动力”。动力也是运动，指的是在最小单位的空间、时间中所出现的运动[①]。这种刹那间的运动的速度就是动量。一运动物体触及另一物体，这另一物体的动力就对那一物体的动力发生对抗。与此相联系，经常出现以下情况：一物体受到另一物体的挤压，等到另一物体移开，如果那物体整体并未移动，那物体被压力所挤动的部分由于内部结构和内部力量就恢复到原来的位置[②]。霍布斯关于物体运动的根本原则是一切运动的发生都是由于外力，静者恒静，动者恒动，没有外力不会改变这样的机械学原则。但是，从个别运动着的物体刹那间的运动看，他又倾向于把它看成是一种具有内在力量的能动的东西。物体的反作用是一个动力与另一动力的对立[③]。这种看法可能包含着这样一个目的：以此建立他的感觉理论。他认为人的感官具有其自身内在的自然运动，由于这种运动就出现对于来自对象的运动的反作用，观念就是由于这种反作用产生出来的。

感觉的定义是：“感觉是一影像，由感觉器官向外的反作用及动力所产生，为继续存在或多或少一段时间的对象的向内的动力所引起”[④]。

值得注意的是，尽管霍布斯站在机械唯物论立场，却未妨碍他倾向于在一定程度上或者说在相对的意义上肯定感觉之产生包含着某种主动作用。

---

① 霍布斯：《论物体》，第 15 章，第 2 节，第 206 页。

② 霍布斯：《论物体》，第 15 章，第 2 节，第 211—2 页。

③ 霍布斯：《论物体》，第 25 章，第 2 节，第 391 页。

④ 霍布斯：《论物体》，第 25 章，第 2 节，第 391 页。

洛克在观念起源问题上作了细致的反思，他系统地论证各样观念怎样从感觉经验中产生出来，第一次建立起大体上属于机械唯物论的认识论体系。从我们当前考虑问题的角度看，洛克的感觉论是另一种典型理论的代表：一切观念根本上来自感觉，每一个人在最初的感觉产生以前意识中不存在任何观念。洛克以其在这个方面理论上的彻底性成为神学的天赋观念论的直接对立面，在哲学史上占有突出地位，产生深刻影响。他坚持感官的彻底的接受性。“如果想知道一个人是什么时候开始有了观念的，我认为正确的回答就是：当他第一次有了不拘是什么样的感觉的时候。因为当感官带进来不拘什么观念之前，在意识里看来是什么观念也没有的，所以我认为知性中的观念与感觉是同时的。感觉是在身体的某一部分所造成的印象或运动，这样就在知性方面产生出某样知觉”①。人的理智开宗明义第一步就是在对象刺激感官时接受印象，在这方面，知性纯是被动的②。他特别强调的是在没有接受任何观念之前，人的意识如同一张“白纸”、一只“空箱子”、“完全闭光的箱子，只有几个小洞”，外部和内部感觉是“光线得以进入这间黑屋子的窗户”③。

在洛克影响下，18 世纪法国启蒙运动的哲学家继续在感觉论的道路上前进，目标是反对神学的天赋观念论，反对巴克莱的主观唯心论，反对笛卡尔派的二元论，反对莱布尼茨的单子论。他们在认识方面关心的是论证感觉是感觉器官为外面对象所触动或震动④，一切

① 洛克：《人类知性论》，A. C. Fraser 校注本，第 1 卷，第 141 页。

② 洛克：《人类知性论》，第 142 页。

③ 洛克：《人类知性论》，第 121、48、211—2 页。

④ 参看霍尔巴赫：《自然的体系》中译本，上卷，第 95、100 页。

观念来自感觉。孔狄亚克在感觉论的道路上走得更远些，他认为人的心智的一切能力都是源于感觉①。不过，他们并没有对感性的作用或感觉作其他原则性的考虑②。

对康德哲学有深刻影响的莱布尼茨哲学体系很有特色，他自己明确讲出来的原则相当简略，似乎内容不多，因此不易了解其中包含着的一些不太一致的基本思想究竟是怎样互相结合的。

单子没有窗户，什么东西也进不来。单子有内在的活动能力，不受别的单子影响，与外面无涉。人有天赋观念。说感觉对象在我们以外存在，并没有什么有力的论证。笛卡尔派人和洛克都主张对可感性质的简单观念与外面的对象并无相似之处，那么这样的观念显然不必有什么实在的东西作为基础③。

莱布尼茨当然不会否认感觉。承认感觉，那么感觉是怎么得来的？动物有感觉器官。感觉器官的用处是增强感觉的效果。例如：光线作用于视觉，而感觉器官则把好多好多的光线聚拢起来，可以使光线起更大的作用，为视觉提供有利条件。振荡起伏的空气作用于听觉，而感觉器官则聚拢好多好多空气起伏的波浪，使空气产生更大的作用，为听觉提供有利条件。嗅觉、味觉、触觉也是

---

① 《十八世纪法国哲学》，商务印书馆 1963 年版，第 130 页。

② 霍尔巴赫曾指出人们的感觉器官虽大体上相同，可是具体地总会有差别。如果把人的灵魂比作乐器，乐器上的弦一根一根都有不同，原料不同，音调不同，于是这根弦同那根弦的组织、张力、粗细都不尽相同，所以各发出“自己特有的声音”（《十八世纪法国哲学》，第 108—9 页）。霍尔巴赫这里在上述关于感觉的基本论点方面提出人与人的认识能力不尽相同（主要在量的方面），因而人与人的感觉方式、思维方法也不尽相同。这里已注意到每人的认识器官的特性对精神活动会产生一定影响。但是，这只是说，以上述的基本论点为根据，其具体表现会出现各样差别，这只是涉及一种基本原则的具体表现，并不是基本原则以外的另一基本原则。

③ 莱布尼茨：《人类理智新论》，中译本，第 321 页。

这样。因为动物有感觉器官,所以动物的知觉也就得到强化和提高①。什么是动物?有单子作为灵魂,加上属于它的身体,就是动物。动物的身体是有机体。

莱布尼茨的单子论本身最麻烦的问题之一是物体的性质以及灵魂与身体的关系问题。唯一真实的是单子,单子是非物质的。他仍走着老路:寻求最根本的、最实在的存在,所谓“实体”,这就是不可分的“形而上学的点”,单子。广延为属性的物质,总可以不断分割,在物质之中没有统一性,找不到中心,找不到根本,所以不可能是实体。物质不是实体,究竟是什么?以单子论为前提,物质只能是单子的现象。单子是能动的,它的能动性有两方面:知觉和欲望。靠着知觉,单子与整个宇宙主动地处在和谐之中,靠着欲望,单子不断主动地实现其内在本质。所以,单子就是力。所谓物质世界,它的光、热、色等性质以及再进一步运动、形状、广延,都不过属于表面的,只有力才是真实的②。

什么是物体?物体当然是现象。物体表现为(相对于灵魂或单子的混乱知觉)聚合体,团块,好比羊群或水池里的鱼,它们在一起并没有内在联系,只有偶然的关系。人的身体也有类似之处,如果不考虑灵魂,人的身体就像是一堆石头,也像一架机器,总之,只是聚合起来的东西③。但是,物体作为现象,它的根据离不开单子。物体实际上是一些单子的集团。物体总有部分,每一部分都有其

① 莱布尼茨:《单子论》,§25(R. Latta,《〈单子论〉译注》,牛津,1898),第231—2页。

② 莱布尼茨:《区别实在的现象和幻想的现象的方法》,见L. E. Loemker选译的《莱布尼茨哲学论文和书信》(下引此书版本同),芝加哥,1956,第606—7页。

③ 莱布尼茨:《致阿诺信》,1686(据R. Latta,《〈单子论〉译注》,牛津,1898),第98页注1。

自身的单子。人是作为灵魂的理性的、高级的单子再加上属于它的以各个单子为中心的各个物质部分聚合起来的身体。理性单子在人之中是根本的、决定性的实体,这是人之中为了实现单子本身的全部潜在本性不断活动的动力。正是靠着这个占据统治地位的单子——心灵,才同人的身体结合成真正的内在统一。身体受心灵的管制,为它所用。另一方面,物质世界严严实实,完全充满,没有虚空。所以任何物体都与物质世界的其他一切部分紧密相连。根据"预定和谐",心灵对身体的状况必定有所表象,既然人的整个身体从属于心灵,因此,心灵对身体的状况就会有很分明的表象。由于身体与全部世界中物体紧密相连,所以每个心灵就都从一个特殊的方面表象整个宇宙①。

从人的心灵或占统治地位的理性单子说,无所谓像物质世界那样的空间范围里的内与外。在单子之外有别的单子,在单子之外还有最高的单子——上帝,这个外不能有空间的意义。但是,从身体方面说,就必定有空间意义的内、外。所以,人(和其他动物)的身体可以受到外面物体的刺激②。在外物刺激身体这方面,动物的感官,像上所说,起到强化、提高知觉的重要作用。当然,从心灵方面说,没有受外面对象刺激的可能,"外在的可感觉的对象只是

---

① 参看莱布尼茨:《单子论》,§§ 62—3。

② 《以理性为基础的自然和神恩的原则》,§ 3(据 R. Latta,《〈单子论〉译注》,第 408 页)。Latta 在同页注 10 中认为莱布尼茨这里所谓"对其身体的刺激",只是使用一般的通俗说法。据我看,既然在一定的意义上承认有物质的身体,他自然要承认身体的感官被外物刺激产生感觉这样的基本事实,并要作出解释。恐怕他是明确地认为对这事实作出的解释,是他的理论的一个重要部分,而不是使用一般说法的权宜之计。

间接的，因为它们不能直接地作用于灵魂”①。

单子是能动的，但也不能绝对的这样看。只有上帝才是纯粹的主动。任何别的单子，能动性是主要方面，但也有被动的一面，每个单子都有能动和被动两方面的要素，能动的方面叫做“隐德来希”，被动的方面是“基本物质”。人的心灵是能动的，但不是纯粹的能动性，它不断地要求实现它本身的内在本质。身体从属于心灵，心灵对身体的主导作用不是直接的控制，心灵的主导作用在于它具有清晰分明的知觉。身体是物质的聚合体，但是，像上所说，构成身体的物质团块本质上也不外乎是好多相应的集合起来的单子。因此，身体也不能说纯属被动。于是，可以想到，感觉器官也不好说纯属被动。单子的等级不同在于它们有不同程度的能动性，能动性越强大，其知觉越清晰分明。莱布尼茨曾提出这种设想：如果说感觉也有一定的能动性，那就是当感觉给予我们比较明确知觉的时候②。莱布尼茨认为从根本上说，感觉与理性的区别是感觉提供的观念是混淆不清的，而理性单子的知觉则是清楚分明的。但是，这种区别应该说也只是程度的区别，所以，莱布尼茨可以设想感觉在一定的相对能动条件下，也可以提供一定程度上的（至少是大于零的程度上的）清楚分明的知觉。

上述莱布尼茨有关感觉的理论包含着一系列相互矛盾不易说清楚的困难问题，这里不预备深入分析。总起来看，他虽坚决肯定天赋观念，另一方面，他认为感觉也不可缺少，人必定要有感觉器官和感觉。感官提供反思的材料，如果不是有感官提供了在思想

① 莱布尼茨：《人类理智新论》，中译本，第80页。

② 莱布尼茨：《人类理智新论》，中译本，第210页。原文 distinguées，中译作“突出”，我译“明确”。

之外的特殊，那么我们甚至不会认识到有所谓思想[①]。感觉虽必不可少，但是，却只能提供模糊混淆的认识，不能提供必然性知识，真正的知识只有天赋观念以及以天赋观念为根据的知识。心灵是“白纸”的说法纯属虚构[②]。

§4 批判哲学的出发点

在《纯粹理性批判》A 版的序论开头，康德这样说：“经验无疑是我们知性对感觉（Sinnlicher Empfindungen）原材料进行加工时所构成的第一道产品。”（A 1，RS 38）在 B 版，康德把这句话改为如下一整个自然段：

> 我们一切知识都起于经验，这是丝毫没有疑问的。因为如果不是对象触动我们感官，一方面是对象使表象得以出现，另一方面又促使我们的知性作用活动起来，把这些表象加以比较，或者把它们联系起来，或者把它们分开来，从而把感觉印象（Sinnlicher Eindrücke）这样的原材料加工成被称为经验的关于对象的知识，那么知性能力怎样能够活动起来发挥作用呢？所以，从时间说，在经验之先，我们没有任何知识，一切知识都始于经验（B 1，RS 38）。

---

① 莱布尼茨：《人类理智新论》，中译本，第 211 页。
② 莱布尼茨：《人类理智新论》，中译本，第 81 页。

B的改动突出了以下几点:

(1)A只能肯定经验是知性对感觉加工后的最初产物,B则强调经验是一切知识的起源。

(2)A只提出所谓"感觉原材料",没有说明"感觉原材料"的来源,B则指出这种"原材料"是由于对象触动我们感官才产生出来的。

(3)A没有说明知性对原材料进行加工活动的情况,B列举了知性的一些活动。

(4)A没有指出经验的性质,B则着重肯定经验是关于对象的知识。

上述第三点,只是按照当时流行的看法简单列举了知性的一些活动,不能看做是康德本人对知性活动的特殊观点,因此可以把这一点撇开不去管它。其余三点的重要性是明显的,其重要性可以从两方面看:

(1)第一点是强调一切知识始于经验。在我们还没有任何经验之先,什么样的知识都不可能有,这是要明确地肯定下来的。这里首先与主张天赋观念的唯理论划清了界限。这就表明他看到并吸收了经验论所包含的一定的真理性因素。并且,这就使他有可能倾向于唯物论,因为他着重指出经验的产生以对象触动感官为前提。我们只说可能倾向于唯物论,因为虽然肯定了对象触动感官是认识的开始,可是对象的性质还不明确,"对象"可以指独立于人的意识存在的物质世界,也可以指独立于人的意识而存在的"精神",还可以指个人的意识活动(唯心论者可以用"对象"指任何精神性的东西),也还可以指别的等等。

(2)第二点和第四点都涉及知识与对象的关系。观念不是从天上掉下来的,不是无缘无故可以出现的。观念是对象触动了感官之后由感官自身产生出来的。没有对象,感官不会被触动,也就没有观念。所以知性对观念加工构成的知识必定是关于对象的知识,经验不是虚构的,它必以对象为根据。《纯粹理性批判》1781年出版之后,陆续出现了从不同角度的批评意见,其中特别引起康德关注的是有人指摘康德的新观点其实与巴克莱的哲学是一致的。我们知道,巴克莱哲学从一出现,在英国就传为笑柄。在大陆上名声也很不好。据说在莱布尼茨的著作中只有一处提到巴克莱,那是1715年致Des Bosses的信,在那里他说巴克莱是"想以奇谈怪论出风头一类的人"[①]。康德则把巴克莱哲学叫做"神秘的和狂热的唯心论"〔康德:《任何一种能够作为科学出现的未来形而上学导论》(以下简称《导论》),§13,附释3,AA IV[②];参看庞景仁中译本,商务印书馆1982年版(下同),第56页〕,并在《纯粹理性批判》B增加了一节《对唯心论的反驳》(B 274—B 279,RS 272—276)。批评了笛卡尔以及巴克莱的唯心论。从康德在B所作的改动和增补,可以认为很重要的一个目的就是突出知识的对象问题,与巴克莱划清界限。请读者把这一点记住,这是下文常要提到的对了解康德哲学极为重要的一点。所以,康德在《纯粹理性批判》B开头把知识的对象大书特书,我们不要掉以轻心。

在近代,资产阶级反对封建地主阶级意识形态的胜利斗争在哲学战线上的反映,首先就是哲学的对象不再是"天国",而是人类

---

① 《莱布尼茨哲学论文和书信》,第993页。

② AA是Akademie-Ausgabe(科学院本)的缩写,科学院本指起初由普鲁士科学院编辑,后由德意志民主共和国科学院和哥廷根科学院继续编辑的Karts gesammelte Schriften(《康德全集》),拉丁数字IV指卷数,即第4卷(下同)。

生存于其中的自然界。为了人的福利,必须利用自然,发展科学。所以,在哲学上,唯物论的经验论和感觉论明显地表现了时代的特定需要。像上所说,笛卡尔也还是肯定物质世界的存在和感性经验的一定作用。莱布尼茨在反对唯物论的经验论的同时,肯定了感性经验对于认识的提示诱导作用。康德承认经验是一切知识的开始,是他立足于新兴自然科学实际深思熟虑的结果。真正的哲学的知识学的建立,要求人们掌握代表时代精神的这个实际。所以,一切知识始于经验合理地形成批判哲学的出发点。

§5　了解感性的基本理论的途径和与感性相关的一些重要概念

既然经验是一切知识的开始,就要从感觉说起。现在先把康德知识学的一些重要概念(术语)的含义作初步说明,理解了这些概念也就对感性的特性有了基本了解。以后随着对问题分析的逐步深入,对这些概念的了解也会更清楚。在谈到知性时,还要碰到好多重要概念,将在适当地方加以说明。康德是德国思辨哲学的一个重要典型。有好多概念都由于康德应用了才沿用下来。所以,掌握重要概念的特定含义是了解康德哲学的一项极为重要的方法。

(1) 感觉(Empfindung):

在我们为对象刺激的情况下,对象在表象能力(die Vorstellungsfähigkeit)方面产生的结果,就是感觉(A 19—20 =

B 34，RS 63）。

Vorstellung（表象）所指很宽泛，跟英语的 idea（观念）相似，凡意识到的、想到的一切都可以叫做表象或观念。所以，表象这个词既指感觉到的（包括以感觉为基础的想像的、回忆起的），也指抽象的概念。表象能力则专指感性（B 150，RS 165[b]）。一个表象如果是意识到的，就是知觉。一个知觉，如专从其与主体相联系、作为主体状态的一定的变化这方面来看，就是感觉（参看 A 320 = B 376，RS 354），所以单单的感觉本身，还不是客观的表象（参看 B 208，RS 221），还不是知识。可是，感觉又不能了解为仅仅是主观的。因为感觉之产生必须是由于对象的刺激。与感觉相对应的，作为感觉的对象的，是显现之中的实在（B 207，RS 220），感觉到的实在正是构成客体的质料（参看 B 207，RS 221）。所以，感觉是以对象的出现为前提（A 50 = B 74，RS 94）。显然感觉是不能先天地认识到的，因而康德所谓经验的和现实的，是指必定包含有感觉或与感觉相关联。感觉构成经验知识与先天知识的明显的区别（A 167 = B 208—9，RS 221—2）。

（2）感性（Sinnlichkeit）

通过我们为对象所刺激的方式获得表象的能力（接受力）叫做“感性”（A 19 = B 33，RS 63）。感性是我们的意识活动的一个特殊方面，它是认识能力的一部分：被动的接受的能力（另一部分是知性）。我们之有对象，正是通过感性，除了通过感性，我们别无他途获得对象。可是，感性本身并不能提供任何对象，它必须为一定的对象所刺激，然后才能产生表象。对象是通过感性被给定的（同上页），这就是说，感性的特性是被自身以外一定对象所刺激才可以发挥作用产生对象的这样一种能力。感觉当然与感性分不开，只是由于感性，才能得到感觉。

（3）直观（Anschauung）

> 不管任何一项知识以什么方式通过什么手段与对象关联，可是那知识借以同对象直接发生关联，并且一切思想也都靠着它作为中介的，那就是直观。而直观只有在对象被给予我们的情况下才会出现；而这又只有，至少对我们人类来说，当对象在一定方式中刺激了意识才可能（同上页）。

在康德哲学中，直观是一个很重要的术语，它常常表现着康德哲学的一种特点。每一重要的哲学流派都有它特殊的重要的概念，康德哲学中这种概念很多。读者需要多加注意。如果对这种重要概念了解不清楚，就会影响对一个哲学流派的深入体会。直观的所指与感觉有近似之处，但有区别。感觉主要表示主观方面的感受，尽管有对象的刺激。直观侧重指表象之与对象直接关联，突出的是对象存在。康德在认识学里给予直观以重要地位，如不了解直观就不可能了解他的认识学，这个情况也告诉我们康德与巴克莱有明显的区别。

（4）经验直观（empirische Anschauung）

> 通过感觉与对象相联系的直观叫做经验直观（A 20 = B 34，RS 63—4）。

（5）纯直观（reine Anschauung）

> 我把一切那样的表象称为纯的(在先验的意义上)①,在它们之中没有任何属于感觉的东西。因而在意识中会先天地具有一般的感性直观的纯形式,显现的各式各样的东西会在这种纯形式里按照一定的关系被直观到。感性的这样的纯形式也叫做纯直观(A 20 = B 34—5, RS 64)。

直观是直接与对象联系的表象。感觉就是与对象直接联系在感性方面产生的结果。经验直观与感觉是一回事,只是前者的意义偏重与对象直接联系的方面,后者则只着重从主观方面说。随着对象不同,感觉也就不同,主体自身状态的变化也会对感觉产生不同影响,所以,以感觉为内容的直观是经验直观。

比较麻烦的是纯直观,纯直观是康德的新想法,也是了解《纯粹理性批判》的“先验感性论”的关键。直观既然是与对象直接发生联系的表象,怎么会是纯的,即不包含任何感觉的直观?要了解纯直观,需要想像。有一个物体的表象,分析起来,其中包含着好多内容:颜色,坚硬,把它同另一物撞击还发出声音,一定的形状,它占据一定的空间,其他物体如向它所占据的空间运动会遇到阻力(不可入性),它有一种力量,它可以分割,它是一具有上述性质的实在的东西(实体),等等。如把这些内容分类,像实体、力量、可分性不是直接感觉到,是知性所想的。颜色、坚硬、声音、不可入等都是直接感觉到的。经过想像,先把知性所想的内容抽掉,剩下的就都是直接感觉到的性质了。再进一步,把物体的表象中一切直接感觉到的都抽掉,康德认为,到最后还会剩下有广延和形状是抽

① “先验的”,意义见本节(9)。

不掉的（A　20—1 = B　34—5，RS　64）。

我们可以问：形状不是直接感觉到的？形状与广延不可分，二者是一回事，如把感觉到的形状抽掉，不是广延也就联在一起抽掉，还剩下什么？不是整个物体的表象都消失了？康德的意思是：当我们从一物体的表象把知性所想的先抽去，然后再把直接感觉到的性质全部抽掉，最后还有那物体所占据的地方是无论如何也抽不掉的。你可以先抽去它的形状，结果还有那形状所占的地方，如果再进一步抽象，还会剩下那地方所占据的地方，这样抽象下去，总不会连地方都消失，那是无法想像的。既然一般的地方无法抽掉，那末特殊地说，那物体所占据的特定的地方也抽不掉。所以最后必定还剩下广延和形状。这种外部表象的普遍必然的条件，也是直观，是外部直观的普遍必然的方面，不是属于感觉的部分，属于感觉的部分是依靠经验的，而它是作为外部直观的根本条件的部分，这种条件来自感性本身，所以是纯的，即纯直观。

康德的这种思想与近代自然科学状况有密切联系。近代自然科学以三维空间为前提。作为开普勒、伽利略等人的伟大科学贡献总结的牛顿力学，考察的对象是物体在三维空间中的位移。在哲学上，笛卡尔早已把物质归结为或等同于广延。康德的这种思想表明经典力学的原则由于哲学反思提炼成为知识学的根本原理。

（6）形式（Form）、质料（Materie）、多样的东西（Mannigfaltige）：

我把显现中与感觉相对应的东西称为显现的质料，但是，使得显现的、多样的东西能以在一定的关系之中被安排的那个东西，我称之为显现的形式。由于只有在它之中才得以把感觉加以安排，并且把感觉置于一定的形式之中，那么这个东西本身就不会仍然是感觉，因此，在我们，虽然一切显现的质料只是后天给定的，可是它的形式却必须为着感觉先天地在意识中一总现成存在着，从而就可以同一切感觉分开来单独地加以考察（A 20 = B 34，RS 64）。

形式与质料，这是一对古老的术语。这对术语在康德哲学中也极为重要。不过，在康德，没有像在亚里斯多德，特别是在经院哲学那样的神学目的论思想。他很喜欢用形式这个词讲知识学中对质料具有本质的规定作用的一般，讲知识学中源于主观认识能力的安排、组织质料的根本性规律。他的总的观点和思想方法甚至可以说是形式主义。这形式不涉及独立于人的意识的什么东西，它一定属于人的意识，它来源于人的理性，是先天的。

形式与质料，形式是对立的主要方面，形式具有规定作用。质料没有一定的秩序，质料一定是可以被规定的，是被给定的构成知识的原材料。

多样的东西指零散的各不相干的多数东西，可以是感觉到的，也可以是思想里边的，总之，指没有加工的知识材料。这个词曾译成“杂多”，也可译成多样的东西。用作形容词时，指多样的①。

（7）给定的（Gegeben）：

构成知识的材料即质料，来自感性。但是，质料不是感性自

① Mannigfaltige 这个词在黑格尔哲学里可以译作“多样性”，因为黑格尔把一切属于绝对理念的都看成为范畴。在康德哲学，这样译就是错误的。

身所提供，感性只是接受能力，是被动的。感性自身只有形式（空间、时间），没有质料，质料是感性从外面接受进来的，或者更应说，质料是感性以外的东西对主体的独立作用在主体方面产生的结果。因此，从认识主体方面看，知识的质料具有一种给定的特性。给定的成为知识学的一个重要术语，是从康德开始的。

(8)显现(Erscheinung)：

> 一个经验直观的未经规定的对象，叫做显现(A 20 = B 34, RS 64)。

显现，曾译现象。为了与另一译作现象的词 Phenomenon 相区别，现在把 Erscheinung 译作显现。什么是显现，不容易把握，现在先作初步说明。

已经说过，经验直观具有相应的对象，经验直观的这相应的对象，如果没有进一步认识，作出规定，这就是显现。按照知识学的分析，经验直观只是认识的第一步。经验直观是对象刺激感官之后产生的，它必定有对象，这对象姑且名之曰显现。经验直观还不是知识，与之相应的对象——显现——也还是不明确的，因为还没有为知性的范畴所规定。随着对知识探讨的深入，对显现将会进一步了解。

(9)先验的(Transzendental)、超验的(Transzendent)：

Transzendental 和 Transzendent 这两个词最初在经院哲学中是同义的，基本的意义是“超越”。可是比较常用的是 Transzendent。在德国，先是 J. H. Lambert(1728—1777)使用 Transzendent 指称代

表具体世界和理知世界两个世界所共同的东西的概念[1]。康德把这两个词区别开来，给予不同意义。

> 某种知识，如果它们一般并不涉及对象，只涉及我们可能先天地认识对象的方式，那么我就把一切这样的知识叫做先验的（B 25，RS 55）。

“先天综合判断如何可能？”这是批判哲学的根本性问题，这是先验的问题，因为它的目的是探讨先天综合判断这种知识的可能性。这方面探讨得出的理论都是先验的。阐述空间时间感性先天形式的那部分叫做“先验感性论”。阐述一般思维形式或规律的是逻辑。逻辑探讨思维的普遍规律，不管千变万化的特殊经验对象。按照批判哲学，关于对象的认识，人既有感性的先天形式，又有先天的思维形式，因而就有对于认识对象的先天思维形式的探讨，这是先验逻辑。先验逻辑与一般逻辑不同，先验逻辑涉及对象，它涉及的是思维对象的先天的形式。先验逻辑有两部分。阐述知性的先天形式——范畴——的那部分叫做“先验分析论”。“先验分析论”是先验逻辑阐述关于对象的真理的必要条件的部分，它论述对象的认识所依据的必要的先天条件：在先验统觉统摄下的先天的范畴和先天的原理。先验逻辑的另一部分是“先验辩证论”。康德认为“辩证”主要指利用逻辑的规律进行诡辩，得出似是而非的结论。所以，在康德，“辩证”属于幻相的逻辑，它有辱于哲学的尊严。人们把“辩证”归属于逻辑中作为一部分，目的是阐述对于辩证幻

---

① R. Eucken：《哲学术语的历史》。

相的批判（A　61—2 = B　85—6，RS　102—3）。而“先验辩证论”则是指对知性和理性企图超出可能经验范围去获得完全不能通过感官给定的对象的知识的批判。旧的形而上学体系虽然都是以绝对的整体为对象的虚幻理论，都是幻相，可是，它们却表现了人类理性出于自身本性的对绝对真理的渴求，所以这种幻相是与理性联系在一起不可避免的、自然的幻相或辩证。在知识学里，根据批判原则建立起来的原理揭露这种幻相或辩证的欺骗性，指出对绝对真理的认识从原则上说就是不可能的，使人们了解应该注意不要在这方面陷入迷津，这就是“先验辩证论”的任务（A　296—8 = B　353—5，RS　336—8；A　327 = B　383—4，RS　359）。从上述可以看出：

并不是每一先天的知识都应称为先验知识，而是只有那种使我们认识到有某些表象（直观或概念）并且那些表象何以正好只能先天地加以运用或先天地可能的知识，才是先验的知识（也就是：涉及先天知识或其先天运用的可能性）。因此，既不能说空间是先验的表象，也不能说空间的任何几何学的先天规定是先验的表象，只有解释上述空间等表象的来源不是经验，以及这样的表象却又可能与经验对象先天地发生关联，这样的知识才能叫做先验的知识。同样，空间假如运用到一般对象，那么这样的运用就是先验的，但是，如果其运用只限于感官对象，那么这样的运用就叫做经验的。所以，先验的与经验的之区别仅属于对知识的批判，不涉及知识与其对象的关系（A　56—7 = B　80—1，RS　99）。

这段话有两点要注意：

（1）先验的与先天的不是完全同义的。先验的一定包含着先天的意义在其中，但还不止于是先天的意义。先验的特指关于先天知识的可能性或关于先天知识的先天运用的可能性。所以，先验的不能等同于先天的，先验的比先天的具有高一层的含义，先验的指的是对于先天知识的某种考察，考察先天知识的来源、客观有效性及其运用的范围，这种考察得出来的原理必定是先天性（有普遍性和必然性）的知识，但是，却不是一般的先天知识（如数学或自然科学的基本原理），而是另一层次的先天知识，是纯粹理性批判＝知识学层次的先天知识，是关于一般先天知识的可能性的先天知识。因此，康德把对人类的全部先天知识所作的先验考察叫做先验哲学（A　13—4＝B　27—8，RS　57，57）。

（2）从一定角度看，先验的与经验的是互相对立的。从什么角度？主要从先天形式的应用范围这个角度。先天形式（空间时间和范畴）的来源是认识主体，可是它们却能普遍必然地运用，具有客观有效性。但是，所谓普遍必然地运用，并不是毫无限制地运用于任何对象（一般对象），而是对于一切感官对象，即经验对象的普遍必然的应用，对经验对象的客观有效。所谓先天，是指一方面来源于主体，另一方面却与经验对象有普遍必然的联系，是构成经验的普遍必然的条件。超出经验对象的范围，先天的就失掉了它们的正当作用了。所以，先天的形式只能有经验的运用，不能有超出经验范围的运用，这是人类认识的实际情况，这是知识学的原理。这样，知识形式运用的范围就是知识学的一个重要课题。知识形式超出经验对象，就是错误的运用。如不注意这种限度，把先天形式应用到不限于经验对象的一般对象或一切对象（不管实际能否做到)，自然就陷于失误。这是判断能力的失误。这就是先验的运用。这种运用仍然是先天形式(先天知识)的运用，当然也是普遍必然的运用，不过超出了正确限度。

“一般对象”是离开了人类感性形式设想的对象，这不是可以经验到的对象，只是由知性设想的对象，但却非实际上可能的对象。唯理论者当然肯定有这样的对象。康德认为在对知识的批判考察当中，可以设想先天形式运用于一般对象，名曰先验的运用。只是在这意义上，先验的与经验的相对，包含有不正确的含义。在知识学中，为了明确什么是经验的运用，以超出经验的运用作为对立面，是有必要的。至于在可能经验对象范围以内，考察先天形式与其对象的关系，却是知识学积极方面的工作。当然，按照上面所说，属于先验的，不可能是经验的。

先验的不仅具有与先天的相对的意义(1)和与经验的相对的意义(2)，而且还有与超验的相对的意义。超验的与内在的（immanent)相对。按照康德，对理性的批判为知识划定了严格界限，某些原理，如果它们的运用总保持在可能经验范围以内，那么这样的原理就是内在的。与此相对，如某些原理不遵守界限，越过界标，狂妄地宣称它们已经占领了一块毫无拘束的新领域，这样的原理就是超验的（A　295—6 = B　352—3，RS　336)。康德为什么要批判过去的形而上学体系？因为那些体系都以上帝、世界整体以及心灵不朽等超出可能经验的作为对象，不同派别各执一词，陷于长期纷争，由于超出可能经验，无从建立真理标准。它们争辩的内容都是超验的。先验的由于指有关知识中的先天因素与经验对象关系的问题，所以涉及的是具有内在性的先天知识，与超验完全不同。都是来源于经院哲学又是同义的先验比超验在原文只多-al 一个后缀,可是康德在他的哲学中作了很重要的区别①。

以上只是对知识学在感性方面的考察中出现的一些重要术语加以解释,并不是那些术语的定义。康德认为哲学的概念不好下定义。如果是经验概念,其内容不易确定。如果是先天概念(如实体性、原因性等),那么对它们是否完全了解清楚,对它们的内容是否作出充分的分析,总是个问题。所以,严格说,哲学对它的概念只能作一定的说明,倒是在最后,也许才可能加以定义(A 727—732=B 755—760,RS 668—672)。对上列术语的解释,都应算是初步的,随着分析的深入,对术语的了解才能逐步深入。康德这种观点道出了哲学概念的特点,表现了知识发展的一种规律,后来黑格尔在《逻辑学》中所阐述的真理是范畴由抽象向具体的发展过程,正是这种观点的进一步表现。

§6 不是由于对象刺激而出现的感性表象

像上节所说,感性接受对象的刺激产生表象,感性是接受能力,是表象能力。这是经验的表象,就是说只有跟对象直接接触才能产生出这样的表象。一切知识都由此获得材料,都从这里开始。如果不仅肯定知识从经验开始,并进而肯定一切知识都从经验而

---

① 以上只是对先验的一词的基本含义作了说明。康德在这词的使用中另外也还出现一些复杂问题。例如对"先验对象"的解释就是。像这样的引起很多困难的词,当前暂不提出。因为有些术语只有联系特定理论才能加以解释,尽管我们所解释的词在应用于某一特殊术语(这里就是"先验对象")时,与其比较基本的意义仍然有基本联系。

来，并且把这视为知识学的唯一根本原则，并在这基础上建立起系统的知识学，那就是洛克的心理学倾向很主要的知识学。康德虽然从洛克学了许多东西，不过，他的观点很不相同：

> 但是，我们一切知识虽然都起于经验，可是却不是因而一切知识就正好全都是从经验产生出来（B1，RS 38）。

在上一节说明纯直观时，说过任一物体表象（经验直观）中抽掉知性所想的和感性所直接感觉到的，最后还剩下广延和形状。不是来自知性，就应是感性方面的（人的认识能力只有狭义的理性、知性和感性，而对知识直接起作用的只是知性和感性），可又不是直接从经验对象感觉到的，那么这是感性方面的什么东西呢？

洛克作为近代哲学史中知识学研究的先驱，把观念作为分析研究的唯一对象。康德作为哲学的知识学的创建人，把表象作为分析研究的重要材料。表象包括感性方面的感觉、知觉，还包括思想中的概念。观念与表象，在他那里的意义基本相同。重要的是这二者都是心理方面的。洛克毫不含糊地承认外部世界客观存在，他断言心灵不能自己制造出任何一个简单观念，一切简单观念都是被动地感觉到的，他还着重探讨了第一性质与外界物体相似，第二性质与外界物体不相似的问题。康德认为感觉到的表象是对象刺激的结果。这里也有被动的性质，所以他提出所谓“给定的”。“对象”这个词的确切含义，现在还不能说清楚，不过，暂时可以大致了解为一般所想的独立于意识存在的东西。对象、客体以及物自身的各自确切含义，将在后面适当的地方详细分析。

对于色、声、味等感觉，他也认为它们只能说是属于我们感性主观结构的变相，并不表象对象的性质（A 28—30，B 44—5，RS 72—3）。这种观点与洛克类似，这也是当时通行的看法。要注意的是他与洛克的不同，他在分析经验直观这样的表象时，目的是要指出在经验直观之中除了知性所想的东西和感官被对象刺激从而感觉到的东西之外，还有另外一种表象即广延、形状，既非思想，又不是感觉。不属于知性的思想，却也不是感性方面的感觉，那意思就是并非由于对象刺激出现的却仍是感性方面的表象。那么，这种表象与感性有什么样的关系？

§7 康德早期的空间理论

一个经验直观，譬如一本书的表象，从这里边抽掉思想方面所提供的东西，再除去感觉到的种种性质，最后还剩下原来那本书所占据的位置和它所有的形状，这就是所谓空间。空间的本性是什么？应先回顾一下康德早期的观点。

最初，他在莱布尼茨哲学影响下，认为实体的力是根本的，物体以及空间都是力的现象。他说：

> 这是容易证明的：如果诸实体没有力在它们以外起作用，就不会有空间，也不会有广延。因为，没有这样的力，就不会有联系，没有这样的联系，就没有秩序，而没有这样的秩序，最终就不会有空间〔康德：《对活力作正确估计的一些想法》，§9，见 W. Weischedel 编《康德著作集》理论版，Suhrkamp 出版

社，第3版，1982（下同）第1卷，第23页〕。

不过，他不赞成莱布尼茨派人把这样的力理解为物体具有“运动力”，物体具有的本质的力是“作用力”（同上书，§3，见《康德著作集》第1卷，第18页），“作用力”才是根本的力。这时，他由于受单子论的影响，由于单子与单子各自独立，曾设想可以有好多互不相干的世界，而如果有好多互不相干的世界，就一定是由于各个世界具有根本不同的空间，也即可能有三维空间以外的各式各样的空间（同上书，§§7、8、11，见《康德著作集》第1卷，第21、22—3、25页）。初期康德关于空间的观点是：空间不是什么本质方面的东西，它只是实体的现象。

康德早期也奋力攻读牛顿著作，受到深刻影响。1754年发表了两篇地球物理学方面的论文（论地球自转和地球是否老化）。与根据牛顿力学探讨地球物理学、天文学以及物理学问题相联系，他的空间观点也在变化。《一般自然史和天体理论》一书是他空间观点发生变化的突出表现。这时，他不提三维空间以外可能的各式各样的空间了，他的工作是探讨在广漠无垠的宇宙那个把一个一个像太阳系这样的巨大天体结构结合起来的体系。他强调的是无限宇宙在引力和斥力根本规律支配之下的普遍联系（《康德著作集》，第1卷，第221页。参见《宇宙发展史概论》，中译本，第3页）。在这观点基础上，他肯定由好多好多太阳系这样自成联系的世界形成的宇宙体系所填充的无限空间。那么，空间是不是像牛顿所说的独立于物质而存在着？1755年，除了匿名出版了《一般自然史和天体理论》以外，为了谋求科尼斯贝大学教职，需要进行答辩，他还写了一篇拉丁文论文《对形而上学知识的基本原理的新解释》。在这篇文章里，他仍然肯定空间是实体与实体的外在的关系（《康德著作集》第1卷，第501页），这种观点仍然与莱布尼茨的观点类似。在《一般自然史和天体理论》中，虽然也还说过物质共存构成空间（同上书，第308页），可是，更多地是令人感觉到他在肯定一种客观存在的为物质所填充的无限空间，并且还明确说过空间是物质的容器（同上书，第344页）。从思想发展的道路看，《一般自然史和天体理论》比同期的《对形而上学知识的基本原理的新解释》，就空间观点看，是走在前面的，它不仅运用了牛顿原理，并且在世界观方面超出牛顿，引人入胜地描绘出一幅无限广阔的物质宇宙永恒发展的生动图画，这幅图画的背景是新的空间设想：与永恒时间交织在一起的客观的彻底统一的无限空间。

但是，他不认为已经解决了空间问题，他不断从不同角度探索。在六十年代的著作里，我们看到重要线索。1764年他写道：

> ……由于这个概念（指空间概念——我的观点）对于我来说是给定的，我就要经过分析找出在这概念里最初并且是直接想到的特征。于是，我注意到，在概念里包含着的是互相在外的众多，而这个众多却不是实体，因为我要认识的不是空间里边的物，而是空间本身。如空间只能有三维等等（康德：《探讨自然神学和道德的基本原理的明晰性》，沉思第一，§3，见《康德著作集》第2卷）（着重点是我加的）。

这里看出他与牛顿空间观点可能出现分歧的迹象。牛顿把空间时间看作两个独立存在的世界万物的容器即独立存在的空的东西；却没有明确肯定它们是实体。但康德这里明确反对把空间看成实体。如果说空间是客观的、彻底统一的无限存在，而又不是实体，也不是实体与实体之间的关系，那么，空间究竟是什么？牛顿的观点经不起推敲，有鉴于此，他直截了当指出空间不能是实体，可是，问题仍然存在着。

但是，直到1768年他还坚持彻底统一的、无限的绝对空间的观点，他考虑到这个绝对空间是空间中区别不同方位（Gegend）的根据（见康德当年发表的《在空间中区别方位的首要根据》，同上书，第993—1000页）。空间中的部分与部分相互间各有不同位置，这样就形成一种秩序，而这秩序离开了一定的方位是形成不了的，空间各部分的排列有序，以一定的方位为根据。而方位的形成，却不是由于在空间中一物对另一物的关系，这种关系只表现它们各自的位置，而是由于占据不同位置的此物与彼物的整体与绝对的、统一的世界空间的关系。康德设想，测量师所设定的正是这样的空间；这样的空间必定存在，决非仅仅是在思想里面，它有实在性（Realität）。不过，这样的空间却不是从事物的关系中抽象出来的。它也不是可以感觉到的。

《在空间中区别方位的首要根据》这篇短文，在康德的空间观点的发展中的重要意义在于：

（1）着重肯定有客观存在的、实在的绝对空间。

（2）这个空间是原初的、根本性的，它自身具有特定的规定性。它不是由于各部分物质彼此相对的位置，不是靠物质与物质的“外在的关系”才出现的。正相反，必须把空间从物质与物质的关系独立出来，它有自身独立的存在。空间不仅不是从属于物质各部分之间的关系，并且它倒是物质各部分的组合的根本基础（同上书）。从力学看是这样情况，从有关广延的与直观相联系的判断来看也是这样情况。

由上可见，这时他已经接近从与几何学相联系的角度意识到莱布尼茨空间观点的不当，仍然比较接近牛顿的立场。

他从测量活动涉及广延的与直观相联系的判断，考虑到绝对空间的存在，空间并且是物质各部分之间的外在的关系的可能性的根据；可是，他认为这种空间不是感觉所能知觉到的，只能通过概念把握。这样，尽管肯定绝对空间有实在性，可是，它的实在性与感性的直观究竟有什么关系？离开了感性直观，人们怎样得到有关物质与物质的外在关系、有关广延的知识呢？

空间的性质仍然是一个没有完全弄清楚的问题。

1770 年康德开始担任科尼斯贝大学教授，发表就职论文《论感觉世界和理知世界的形式及其根据》（Von der Form der Sinenund Verstandeswelt und ihren Gründen，见 W. Weischeder 编，《康德著作集》，第 5 卷）。这篇论文是他系统分析知识问题的第一次重要成果。空间（还有时间）观点发生重要变化，所以这篇文章在他哲学思想发展中占很重要地位。有一件事实可以表明他本人相当了解这篇文章对他的批判哲学具有重要意义。1790 年《判断力批判》出版，他的整个体系从构思、撰写到公诸于世的繁重劳动已经基本完成。1793 年以后，陆续出版了一些未经他本人过目同意的著作集，他很不高兴，曾不只一次表示要自己来编辑一部合意的、带注释的集子出版，不过这个意愿一直没有实现。后来把这项工作交给他的学生梯弗特容克（J. H. Tieftrunk，1760—1837），并且提出不要把 1770 年以前的著作编进去。

从当前的问题看，1770 年论文包含着以下要点值得注意：

（i）感性和知性的严格区别：

感性是接受性，知性是主体的能力。二者不是如莱布尼茨—沃尔夫派人所主张的只有表象混淆不清和清晰分明的程度上的或说是逻辑上的区别，二者的区别是功能上的根本性区别（《康德著作集》第5卷，第29、35、37页）。

（ii）感性只认识物的现象，知性才能认识物本身：

感性的认识固然表明必有某样可感的东西出现，可是主体却有其一定的特殊条件，主体由于对象出现会发生这样那样的变化，所以一切感性的认识都依靠着主体的特殊自然条件或状态。并且，这个主体与那个主体不相同，由对象所引起的变化也就不相同。不过，感性的判断虽然只认识现象，可是，这种认识纯从感性来看，仍然是真实的，因为感性的判断的主语和谓语都以人的感性的知识能力为依据（当然是在对象出现的情况下），都是根据共同的规律得来的，如果二者一致，这判断就不是虚构的。另一方面，如果把主观条件从认识中排除掉，那样的认识就纯与对象发生联系了，那就是知性的认识（同上书，第29、43页）。

（iii）空间时间是我们直观的形式上的根据，是主观的：

现在观点已经明确：空间时间既非像莱布尼茨所说的实体与实体的现象方面的关系，也不是牛顿所说的独立于物质的物质世界的容器，**它们是感觉世界的形式上的根据，是意识本身的一定的规律，由于这种规律一切感官对象都必然属于这整个的感觉世界或现象世界**。空间时间不是客观的、实在的东西，它们是纯直观。

可见，现在康德的空间时间观点出现了重大转变，这转变是使他走向批判哲学迈出的新的一步，尽管走出这一步之后，与批判哲学还有一大段距离。另外还需指出：像承认客观存在的实体是知性认识的对象，以及在空间、时间纯直观的来源问题上观点还不够明确，还偶然表现出天赋观念的想法，至少有时还袭用表达这种观点的术语，这些都还表现着未经克服的莱布尼茨—沃尔夫派唯理论哲学的重要影响。

§8 批判哲学形成的重要关键：空间时间的先天性

批判哲学的两大任务：一是用哲学论证科学，保卫科学，一是建立科学的哲学或形而上学，论证自由。论证科学，就要找到保证科学可靠性的基本原则，只要基本原则坚实巩固，科学本身就稳稳当当。作为科学的对象，自然界包含着众多部分，对于感性，这是给定的质料。与质料相对，有没有容受排列质料的作为它们互相关联的本质形式？如果存在着这种形式，那么，这种形式不正是可感觉事物的一般特性？如果存在着这种形式，为了论证感性方面的认识，不是有必要弄清这种形式的来源和性质？这就涉及空间时间的来源和性质问题。空间时间根据量来规定事物，所以是科学的对象。不管是数学（几何学和算术）还是纯力学，根本上都与空间或时间分不开。从数学和纯力学的可靠性来看，空间时间的来源和性质应该如何？显然，空间时间是论证科学的主题（参看《康德著作集》，第5卷，第19、21、29、31、43、45页）。§7已经说明，从1748年以来，空间是康德不断探索的问题之一，从50年代起，时间就常常与空间一并讨论。在1770年的论文中，他已经提出时间比空间更为根本、时间与概念更类似的思想（同上书，第67、69页）。

另一方面，随着近代自然科学的发展及其观点方法在思想上扩大影响，它的根本性的机械论也逐步深入人心。所以自由与必然的对立就成为近代哲学的重大问题之一。论证个人自由是资产阶级启蒙思想的另一任务，并且是更令人关切的政治任务。康德可能从1755年以前就开始考虑有关自由的问题。当时有人攻击充足理由律，主要认为充足理由律肯定一切事物具有不可改变的必然性，这种理论与自由是矛盾的。按照这种理论，骗子本人可以不负其行为上的任何责任，因为一切事情的发生都有充足理由，最根本的原因是上帝。这样，既谈不上自由，也无所谓道德。康德对这个问题的想法是：上帝是创世主，但并不对人的罪恶负责，人有理智，人有自我决定的能力，人的行为一方面虽然处于因果链条之中，另一方面，却为自决定的内在原则——意志——所支配，人可以根据善的表象作出决定行事，这就是自由（《康德著作集》，第1卷，第451—473页）。

又是处于因果链条之中，又是内在原则的自决定，这两个方面怎样可以在人里面共同存在？因果链条离开时间是不可能的。内在原则的**自决定**与时间的关系如何？它如果在时间里，那么它与自我的在先发生的状态有什么样的联系？是不是因果关系？如果是因果关系，不就是为原因所决定的结果，而非**自决定**？所以，自由问题与时间的性质问题难解难分。时间应该具有何种性质才能在肯定因果链条的必然的、一贯的联系的同时而不牺牲、不妨碍人的内在原则的**自决定**？

再则，像本体、精神的理知世界这类传统形而上学的对象，他也并不想轻轻抹掉，它们与人的理性密切相联。如果空间既是无限的，又是实在的，这些理性对象的实在性不是成了问题？（同上书，第5卷，第63页）

所以，不管从科学的普遍性来看，还是从自由的实在性以及与此相关的本体、理知世界的存在来看，空间、时间问题都是首当其冲的拦路虎，几条线都牵连在这一点上，重要矛盾都集中于空间时间的性质。这个看来不过是自然哲学的问题，实际上却是创建批判哲学的关键。

第二章　空间、时间

§1　感觉表象的普遍的、必然的条件

我们知道，康德的知识学是以数学（欧几里得几何学和算术）和自然科学（牛顿力学）这样的既定事实作为出发点。他抓的是典型的知识，又有必然性，又有严格的普遍性，名之为先天综合知识。

感觉方面的表象形形色色，千变万化。这就是给定的杂多表象。那么，感觉的表象自身，正是在这个感性阶段，有没有什么普遍的规律性的表现的迹象可寻？有没有必然性的条件作为其前提？在前人没有看到问题的方面，他找到了重要线索：在感性范围内，空间时间是一切感觉表象的前提和必要条件。

§2　外感官与内感官

正像洛克主张人的观念有内外两个来源，感觉是外面对象的观念的来源，反省是对意识自身的活动的观念的来源，康德也认为人类感官的作用有向外、向内之分，向外的是外感官，向内的是内

感官。通过外感官，我们把对象表象成为在我们以外的东西。意识借助内感官直观其内部或直观其自身的状态。

意识通过外感官感觉到外面的对象。康德特别强调具有外感官乃是我们意识的特性（A 22 = B 37，RS 66）。他所以强调这一点，可能是由于他认为在人的认识活动中，外感官是关键。因为对现实的外物存在的知觉既是一切知识材料的来源，又是自我意识以及对自我内部状态的意识的基础（关于这个问题，以后还要详细阐述）。

马克思主义认为物质世界独立于我们的意识存在着，因而它在我们以外客观地存在着。这个外当然也是相对于意识而言的，可是，人的意识也不外是发展到高级阶段的特定物质——大脑的活动的结果，因而这个外既是认识上的外（在意识以外），更根本上是本体论意义的外。认识意义的外以本体论的外为基础，本体论的外是认识意义的外的前提。客观世界中各样存在物各自占据不同的空间，在这个意义上，它们互相在外。具有大脑的高级动物人类，也是世界中的存在物。人与其他自然物各据不同的空间，所以，人和其他物都互相在外。在这样的宏观结构中，具有大脑的个人，通过生活实践，又有对外物的意识。个人对外物的意识虽然必定以个人意识为中心，因而出现以个人意识为参照系的外与内，但是这样的认识上的外与内，在马克思主义哲学看来终归是以客观世界中万物之在无限空间中存在因而互相在外为根本条件。

康德所说的外感官、内感官的外与内，有这样特点：这只是从认识出发的外与内。因为，首先，这是在谈认识和知识，离不开认识的主体。其次，他也不承认有独立于意识的认识对象。独立于意识的东西，在这意义上，就不是认识对象，也就是无。本体论上的外与内不好着想，我们只能从认识角度谈。所以，康德所说的外与内，是从认识主体说的，或与主体的认识相联系的。对知识的考察必须以主体为立足点，因为知识是主体认识活动的结果。

§3 空间时间的表象不是从经验抽引来的经验概念

空间表象不是从经验得来的：

空间不是从外部经验抽引出来的经验概念。因为一定的感觉之所以会关联到在我之外的某些东西（也即：与不是在我所居于其中的空间的那个地方而是在另一地方的某些东西发生联系），还有，与这相似，我之所以能把那些东西表象成为彼此互相在外、互相邻近，从而不仅把它们区别开来，并且把它们表象为在不同的地方，这都必须已经有空间表象作为基础。所以，空间表象不能依靠经验从外显现的关系得来，倒是外经验要依靠空间表象才可能（A 23 = B 38，RS 67）。

时间也是如此：

第一，时间不是从经验抽引出来的什么经验概念。因为如果不是有时间表象先天地作为基础，那就不会知觉到共存或者继续。只是在时间表象的前提下，人才能设想某些东西在同一时间（同时）或是在不同的时间里（继续）（A 30 = B 46，

RS 74）。

我们说，“那里有一张桌子”，通常意思是有一张桌子在我们以外独立于意识地、客观地在那里，这是一件客观事实。所以，“那里有一张桌子”，是表明一件事实，也可以说强调一件事实。

康德考虑的不是这方面的问题。他考虑的是知识本身的问题。事实是知识所表示的内容。有事实，才有知识。可是，也只有依靠知识来把握事实，明辨事实，肯定事实。可见知识的重要意义。知识学就是对知识本身进行基本的、原理方面的考察。

从知识学角度看，“那里有一张桌子”表示：我有一张桌子在那个地方这样一个表象。我们应该问：何以有这样一个表象？那是因为一张桌子客观地存在着，那张桌子存在于空间里面，那张桌子占据着与我所占据的不同空间，这里所说的空间也是客观的。我们的这个表象正是这样事实的映象。这是一般所谓的马克思主义观点。

康德是从这样一种角度考虑：“那里有一张桌子”是有一个桌子表象，这是由经验来的表象。何以有这样一个表象？当然要先有桌子。不过，桌子还不等于我的桌子表象。一方面是桌子，另一方面是我的桌子表象。桌子表象是直接经验到的，属于我的认识。客观的桌子怎样肯定下来，暂且不管。总之，我知觉到这张桌子，用不着思想，由于视觉就直接看到它，就得到这样一个影像。这个感觉是关于另一个东西的感觉，所谓另一东西，不可缺少的条件是它处于与我所停留的不同的地方，我在这里，它必定不是也在这里，只有我当某一定的时间在这里，它是另一东西，必定在一个与我占据的地方不同的另一地方。只有这样，我才能感觉到我与它分开着，不是一个东西，这种分别是在外的感觉方面任何两个东西之所以为两个东西的最起码的必要的分别。而这种分别，正是空间上的不同地方的分别。所以在外感官方面，只要是有与我不同的另一物的表象，那么，空间表象就是必不可少的条件。没有空间表象作为前提，根本不可能表象另一事物，即并非自我的另一事物，也即在我以外的另一事物。这样，从人的认识考虑，在外感官方面，感觉到任何事物，得到任何事物的表象，空间表象都是不可少的根本前提。

上边说的是对我们以外的对象的感觉。其次，还应注意到，我们常常感觉到在我们以外不只是一个东西，而是众多的东西，各式各样的东西。我们有在外面的好多样东西的表象。往窗外一看，看到楼房、银杏树、悬空的电线、蓝色的天空。这些东西各有其特殊的外貌，很容易区别开来，可是，此外还有个更重要的根本条件使得它们是可以区别开来的，这就是它们都各处在一个不同的特殊的地方。它们，作为众多的表象，所以会表现着在不同的地方彼此邻近地存在着的东西，空间表象也依然是必要的前提。

关于时间的表象，我们这样想：我们经验到各样事物不断地在变化，一个显现跟着另一显现发生，另外，又陆续出现新的显现，并且好多事物可以并存，这些事物也会变化，于是又有另外一些事物并存。从事物的这样的嬗递变化，我们抽引出时间表象，时间表示事物的先后相继；好多事物并存就是这些事物出现于同一时间之中，这些事物一经变化，又有另外一些新的事物也是出现于继起的同一时间之中。必定是先感觉到事物的变化，才能抽引出时间表象。没有这样的感觉，不可能得到时间表象。

康德从另一方面想：对于各式各样的东西，我们看出它们是共存或先后相继，而我们之所以会知觉到它们共存或先后相继，正是由于我们对于不断变化的或共存的显现的知觉是以时间表象为普遍必然依据的前提。

以变化的事物为例：香山的黄栌树，它的叶片夏天是绿色，到秋天遍山一片火红。黄栌叶又绿又红。这怎么可能？可是事实确是如此。但事实又不是这么简单，这里边涉及一些复杂情况。黄栌叶又绿又红是在不同条件之下。我们说，地球自转到太阳直接照射赤道的情况下，黄栌叶是绿的，地球自转到太阳射向北回归线的情况下，黄栌叶是红的。一切事物都可以与此相类，又是这样，又是别样，其所以如此是由于情况或条件不同了。由于地球自转，任何地方可以又是白天又是黑夜；由于公转，地球可以又在太阳与月球之间，又在太阳与月球的另一边。对于这类不同情况所导致的同一物又是这样又不是这样，我们认为是有先有后，其又是又不是乃是先是后不是。黄栌叶不是简单的又绿又红，而是先绿后红；地球上任何地方不是又是白天又是黑夜，而是先白天后黑夜，或先黑夜后白天。其他等等，也是如此，有先后之分。这个先后之分，是谁说的？是我们说的，是我们的认识，我们这种认识，离不开时间表象。正因为我们有时间表象，才有所谓先后。其所以有并存，也是由于同样情况。

按照前边的通常想法，我们从事物的并存或嬗递变化抽引出时间表象。窗外楼房、银杏树、电线和天空，我认为都是彼此共同存在着的。它们的存在于同一的时间之中，不分先后，楼房存在的时间正是银杏树存在的时间，也正是电线和天空存在的时间。一个炎热的晴日，我们看到一片乌云从天空西北方伸延到头顶上，跟着有闪电，瞬间雷声震耳，霎时间大雨如注。这是我们的一件对天气变化的经历。我们有走路的经历，与朋友交谈的经历，听贝多芬D大调小提琴协奏曲三个乐章从第一个音符到最后一个音符的经历，等等。每一次经历都包含着先后继续着的时间。我们经常知觉到若干对象在同一个时间中并存，我们也经常经历到若干对象在时间中先后继续出现，所以我们自然会从中抽引出时间表象。时间表象只能是这样地从经验抽引出来，没有另外的可能。人类认识发展史和儿童智力发展史显然更有力地证明了这个道理。

可是，康德的想法，从一定角度看，是不是更深入了一步？他想的是：你把时间以及空间概念从多次的经验抽引出来，那样不是正好表明时间和空间的表象已经包含在经验里边？如果从多次的经验里抽引出时间空间，是不是每一经验都必定已经包含有时间或空间的表象？不然，时间或空间是不可能被抽引出来的。这样看来，倒是一切关于事物的经验里边已经普遍地、必然地含有时间或空间的表象，在这基础上，才可以从多次的经验中抽引出时间或空间的概念。当然，从多次的经验实例中抽引出时间或空间的概念，也是对时间或空间表象的一种认识，但是，利用这种经验的归纳方法所认识到的时间空间并不能表现时间空间的真正本性，因为事实上时间空间是我们一切感觉经验的先天条件。

那么，是不是在一切感官知觉出现时，我们已经有意识地在使用时间或空间的表象，利用这样的表象来安排感官对象？康德并不是这样考虑的。他主要不是从心理学角度考虑问题（当然，实际上有时他并不能完全不管心理学的问题。一门科学总不能不同有关的别的科学发生这样或那样的联系）。问题不是我们是通过经验还是不需要经验、在经验之先已经意识到时间、空间或者已经有意识地运用时间、空间表象去安排知觉到的对象，他认为按照知识学的立场，应该肯定这样一个原理，当然也是真理：时间、空间是我们的感觉经验的先天的条件，这与我们在经验中实际上意识到或没有意识到这个原理，实际上是否有意识地使用这个原理进行认识活动，并无关系，这是两种不同的考虑。前面的原理是知识学原理，后面的实际经验情况的考察是心理学的问题。时间、空间，作为感觉经验的先天条件，在经验中我们可以意识不到，也完全没有意识到的需要，但这并不表明不存在知识学的这样一个先天的原理。

我们知道，康德主张一切知识起于经验，那么，关于空间、时间的知识也必是从经验得到的。这个起于，是从时间角度说的。在经验之前，人实际上不会有任何知识。这就是说，只有出现了经验，一切知识才得以出现。通过经验在一定的时间中出现的知识，其中一部分是无可预料、只能给定的各式各样千变万化的特定表现，还有另一部分是一切特定表现的必然的、严格普遍的形式或条件，前一部分具有一种来源，后一部分具有另一种来源。前一部分的来源是在我们以外，因为它们是给定的，必须靠着经验才能认识到。后一部分的来源值得考虑。它们是一切感觉经验的先决条件或前提。虽然我们的经验总是有限的，我们永远不会有完全的经验，可是，并不需要完全的经验，甚至根据一次经验，也可以了解到空间或时间表象是感觉经验的必然条件，甚至只需要一次经验，也会了解到空间时间表象是一切感觉经验的普遍条件。这两种知识正是有这样的不同。后一部分知识具有必然性和严格的普遍性，其所以如此，不是由归纳多次经验表明的，不论依据怎样重复的经验，也不能得到这样的了解，因为依靠经验得不到必然性和严格的普遍性。空间时间表象事实上真正说来本质上不是从经验中抽引或归纳得到的经验概念。因为,从心理学的立场,考察个人的认识的发生和发展过程,完全应该肯定从婴儿时期开始,对空间或时间都有通过经验逐步认识的情况。但是这种研究不是知识学的内容。知识学不从个别的人着眼,而是对知识作本质分析。

§4　空间时间表象的来源问题

在感觉经验里有一种普遍必然的因素,空间时间是一切感觉的先天条件。首先这条原理不是依靠对经验的归纳,而是根据对于感觉的可能性所做的分析,认定其本质的因素,这是真正的知识学分析。通过这种分析,抓住了形成感觉的必要的基本成分:空间与时间。这是上节得到的结论。

空间时间表象的根源究竟如何? 追究先天表象的真正来源始终是康德的一项重要课题。他并不像后来某些康德哲学的解释者(主要是新康德派)那样忌讳先天表象的起源问题。他宁可冒以心理学玷污知识学的指摘,也要弄清楚知识中先天因素的起源。因为他的知识学面对着的不是什么漂浮空际无所依傍的纯逻辑结构,也不是什么断绝人间烟火的绝对精神的自身运动,他面对的是人类的科学知识。知识学既然肯定人类有先天知识,那么,知识学就应承认自身必然还有这样的任务,即说明先天知识的来源。并且他还有必要在两个方面反对错误的知识起源说,因而也必须提出自己的知识起源说。一方面是唯理论的以神学为背景的天赋观念说,一方面是经验论者的一切知识的经验起源说。这两种说法从不同方面对自然科学发展起着消极作用。天赋观念说把概念的演绎作为知识的唯一方法,不受经验的检验,任意构造所谓真理的体系,自以为有十足的必然性,实际上不过是反科学的概念游戏。经验论以实际经验为一切知识的来源,置身于事实的海洋,只满足于一孔之见,终必迷失方向,陷于支离破碎,无补于抓本质、求必然的科学要求。

空间时间表象一方面不是具神学性质的天赋观念,另一方面也不是从经验抽引出来的经验概念,这种概念没有必然性和严格的普遍性,而是一切感觉经验的必然的、普遍的条件,那么,与此相对应,是不是应该断定:感觉经验的客观对象必定是以空间时间为其普遍必然的条件,也即空间时间是一切客观对象的存在形式?这样,空间时间的表象的来源不是完全应该肯定是客观的,并且,正由于空间时间是客观对象本身的存在形式,所以我们才有了作为一切感觉经验的必然的普遍条件的空间时间表象?

我们知道,《纯粹理性批判》的工作是知识学的分析或先验的分析,是对人类理性最可靠的成就——数学和自然科学——从严格的普遍性和必然性方面进行的本质分析,最后目的是确定人类理性认识能力的根本作用及其活动的范围和限度。所以,这种知识学完全不是在已经存在的不少关于世界本身的实在的本体论体系以外再加上一个新的本体论体系,而是建立起从来无人尝试过的对于认识能力本身进行反思的哲学的知识学。这种考察的主题是作为数学和自然科学的创作者的主体的活动,而不是客观世界本身。这种考察方法就是批判方法。

根据批判方法或先验方法的知识学,不是去冥思虚无缥缈的绝对的、无限的本体,它干的是踏实的工作,它牢牢地抓住数学和自然科学的实际,这是现实的、无可置疑的真理。它联系这个实际考察认识的主体性。它的方法的根本精神使它必然地从数学和自然科学这样真正的知识出发，并且必然在这个范围以内进行考察活动，对人类的认识能力和限度作出真实结论。

它在考察感性时，与经验论有某种联系，也是必然的。因为经验论从洛克开始，越来越偏重对感觉能力的反省。休谟把认识问题集中在感官知觉的基本观点，也成了康德考察作为认识的第一个方面的感性的基本观点的一部分。休谟排除了关于客观对象的认识，宣布认识不可能超越感官知觉。康德实际上至少在论述感性的部分接受了休谟的这个论点，虽然在知性部分以及感性具有先天形式方面，他提出与休谟全然不同的理论，但是实际上并没有摆脱休谟的阴影（关于这个问题，在阐述知性活动时再作说明）。

由上可见，第一，考察的主题是与数学和自然科学相联系的主体的认识能力，目的是从主体自身对给定的知识材料的活动论证（经验的论证已经被认定不能解决问题）知识的必然性和严格的普遍性。这样，知识学与客观对象处在什么样的关系之中？知识学考察的是知识，为了考察知识，必定要涉及对象，不过有一定限度，只限于所能涉及的对象，或者叫做可能经验的对象。

第二，形成知识，必有材料。材料不是来自主体自身的臆造，而是给定的。获得知识材料，依靠感性，得到的是感官知觉。通过感官得来的有关对象的知觉，是构成知识的材料的唯一来源，除了感官知觉，别无任何构成知识的材料，这就是说，对于客观对象的认识，只能依靠知觉。我们不能离开知觉，也不能超越知觉，只能通过知觉，来认识对象。既然一切材料来自感官知觉，那么，在知觉以外，通常所肯定的对象是不是无从说起？休谟认为最好不讲通常肯定的那个对象。

康德认为休谟是有道理的。但是他自己的任务是论证数学和自然科学的必然性和严格的普遍性，也即客观的普遍有效性，所以完全不能同意休谟的结论，仍然有必要确定知识的对象。不过，认识对象，真正说来，并不是感性单独地所能做到的，感性只接受知识的材料，这就是形形色色的感官知觉。感性接受材料时，以空间时间表象为普遍必然的形式，这是应该肯定下来的。至于是否应该肯定空间时间更是感觉经验的客观对象的存在形式，至少在当前阐述的感性方面，无从得出这样的结论，因为我们只有感官知觉。当考察知性的活动时，将全面讨论对象问题，会得出什么结论，只能到那时再看。

§5　空间时间是先天的表象

据§3，对外面事物的感觉，空间是根本条件。一个表象，纯从主观方面说，是感觉，如联系到对象，就是直观。说空间是感觉到外面事物的根本条件，也就是说空间是直观到外面事物的根本条件。我们试一试：能不能有一个关于外面事物的表象，可是不在空间里面，根本不可能。空间表象是一切向外直观的基础。反之，倒完全可以设想一空间，其中什么对象都没有。可见，一切直观到的外部对象都必定在空间里面，空间是外显现的基础。

所以，康德主张空间决非经验的表象，它是一种具有必然性的先天表象，它是向外直观也就是外显现的必不可少的条件。所谓先天的表象，我们知道是具有必然性和严格普遍性的表象，这种表象显然不能来自经验，那么其来源如何？来源只能是人类认识能力本身，属于人的本性。先天的基本标帜是必然性和严格的普遍性，如从来源说，它必定属于人类本性。这个问题在阐述知性范畴的来源时，一并说明（参看 A 24 = B 38—9，RS 67）。

同样，时间也是一个必然的先天表象。一切直观到的对象——显现——不能不在时间里，可是，我们却可以从时间中把显现排除掉，设想空的时间。所以，时间是先天地给定的。只有在时间里面，显现才可能有全部的现实性（A 31 = B 46，RS 74）。

§6　空间时间不是概念，是直观

空间时间表象不是从经验抽引来的经验概念，它们属于人类意识本身。我们要问：它们属于意识本身哪一类表象？意识本身的表象可以是感性方面的，也可以是知性方面的，感性与知性是两种不同的认识能力。感性接受对象，与对象直接接触，感性的表象都是特殊的、变化的，外感官的表象都是具体的。感性的表象，只要是与对象直接接触（除了感性表象，没有其他可能与对象直接接触的表象），总名之曰直观。知性不与对象直接接触，知性与对象的关系是间接的。知性的表象不是特殊的、具体的，而是抽象的、一般地，可以应用于同一类的所有的对象，这叫做概念。知性形成概念，利用概念下判断，思维对象。

那么空间时间是直观还是概念？它们不是从经验抽引出来的经验概念，会不会是知性固有的先天概念，如果我们设想有这样的概念？

上面的问题，如果联系到人类的知识能力，也就成为如下的问题：空间时间表象属于知性，还是属于感性？感性与知性，职务不同，必须注意严加区别，不容混淆，这是知识学的一项根本性的工作。所以空间时间表象是知性的概念，还是感性的直观，必须作出明确的论断。

空间时间表象不是知性概念，而是属于感性直观，这是他的明确论断。得出这个论断包含着如下的推论：空间时间表象不可能是概念，因此不属于知性，不属于知性就必定属于感性，因为人类除了知性和感性以外没有其他的认识能力。[①] 既然属于感性，就必定是直观。

问题是空间时间表象何以不是概念。

概念是许多特殊个体的共性。空间是共性？那么与共性相对的特殊个体是什么？只能够仍然是空间。空间可以有无数的部分，但不管有多少部分的空间，它们都不过是唯一整个空间的部分。并没有好多个空间，只能设想一个独一无二的空间。再者，概念如果是从许多特殊个体抽象出来的共性，那么就必要先有个体，然后才能抽出共性。可是，所谓空间的各个部分能够作为整个空间的基本要素的来源先于整个空间出现吗？不可能这样。正相反，空间的所谓的各个部分只能是在整个空间里，原来就属于那整个空间。整个空间是在先的，而不是空间的部分。所谓空间部分只能通过想像对整个空间加以限制才可以出现，而由好多（想像

① 按照康德，在思辨理性方面有感性、知性和理性（狭义的理性）三个层次。知性综合感官材料，理性对知性的成果进行最高的综合，以求达到绝对的全整。但是由于实际上不会有与理性所要求的相合的对象，所以理性的对象只是超出一切可能经验对象的不能认识的理念，因而理性不是真正的认识能力，虽然理性对人有重大意义。这个问题将在本部分的第三编详谈（第三编作者未及完成，参见本书附录）。

的)空间部分形成的一般的空间概念只有这样才能出现(A 24—5 = B 39,RS 68)。

还应注意,空间表象是一个无限的给定的量。而一个概念也恰恰与无限多的具有那概念所包含的特性的个体表象相关联着。那么,空间表象会不会是概念?不能这样想,两种情况有很大的差别。因为一个概念与无限多的具有它所包含的特性的个体表象的关系是统摄的关系,凡具有那样特性的个体表象都归属在那概念之下,而并不是包含在概念之内。可是,空间表象却是各空间部分都只能包含在整个空间之内,而不是归属在整个空间之下,如果各空间部分都统摄在整个空间之下,那么整个空间与所谓空间的部分就成了两回事,而实际上所谓的空间的部分不过是对于整个空间的限制,一切空间部分直到无限都是共存的,离开了空间部分,也就没有整个空间,空间部分也正是整个空间(取消对它的限制),整个空间也正是空间部分(如果对它作出一定的限制)(参看 A 25,B 39—40,RS 68—9)。可见,空间表象与概念的情况根本不同。

时间表象也不是概念。现在、刚刚、今天、昨天这样的不同时间,并不是各自分开的、独立的、好像是个别的时间,它们都只能是唯一时间的一部分。只有一个时间。一个表象,如果与它相关联的只能是一个单一的对象,也就是说,它只能通过一个单一的对象被给定,这就是直观,不可能是概念。概念是同好多好多具有同样性质的个别对象相联系,其联系也不是直接同个别对象联系,而是通过一定的标志(个别对象的一定性质)间接地同好多好多个别的对象相联系。所以,时间表示的是一个唯一,一个唯一的东西,必定有它的特性,但是,不可能有概念(A 31—2 = B 47,RS 75)。

不同的时间不会共存,只能是继续的,现在与刚刚,今天与昨天,不是共存而是继续着的。这就是时间的固有的特性。这种特性根本上不是属于概念的,不可能从概念推论出来,它是综合性质的。它是怎样来的?它属于时间表象,它是直接包含在对时间的直观里面的。

时间也是无限的,时间的无限性意思是一切一定量的时间之所以可能,只是由于对那唯一的作为基础的时间加以限制的缘故。如果一表象的一些部分,一个对象的每一个量,必须通过限制才能把它们表象出来,那么这整体的表象就不会是概念,因为概念所包含的只是其所统摄的个体对象的一定特性,而不是具有那样特性的全部的个体表象本身。可见,必定有一个根本的直接性的时间直观,一切时间部分都以它为基础(A 32 = B 47—8,RS 75)。

§7 空间时间是先天的直观

空间时间的表象是先天的表象。作为表象,可以是概念,也可以是直观。它们不是概念,是直观,因而不是思想,不属于知性,属于与对象直接接触的感性。这都是已经论述肯定下来的。

先天的直观不同于经验的直观。这里有一杯茶,我看到茶杯的形状、上面的彩画、里面深黄香喷喷的热茶,这都是经验的直观,是我的感觉,离开经验无从得知,也不能保证它们永远如此,热可以凉,黄可以黑,香味越来越淡。我们已知,直观是与对象直接相关联的,直观的出现必定是由于对象被给定了。这样,直观总是经验的、后天的。那么,先天的直观似乎是从术语本身就自相矛盾,直观总是后天,怎么可以说先天的直观?直观而又是先天的,这不可能有别的意思，只能是表明直观中有普遍的、必然的方面。这样，空间时间作为先天直观，就是经验直观的普遍必然的形式或条件。热茶、黄色、香味都在空间、时间里面，不可能不在空间、时间里面。所以，先天直观指的是空间时间对于经验直观、对于感觉有普遍的、必然的效用。这是空间和时间在一般认识中的根本性作用。

§8　作为先天直观的空间表象是（欧几里得）几何学的基础

在康德看来，从批判理性、了解理性这个根本任务说，空间时间的另外一方面作用更值得注意。这就是空间、时间与某一类知识即先天综合知识的本质关系。

先看空间与欧几里得几何学的关系。

几何学包含的是先天综合知识。这样的知识根据是什么？它们何以可能？这是康德在《纯粹理性批判》提出的第一个问题。空间同解决这个问题有什么关系？

> 几何学是一门科学，它综合地而且先天地规定空间的各种性质（B 40，RS 69）。

几何学以空间为对象，它是关于空间的科学。几何学知识之所以能有必然性和严格的普遍性，空间表象的性质应是决定性因素。我们已知空间是外显现的先天条件（§5），而它本身又是一门科学——几何学——的唯一对象。从空间与几何学的本质联系出发，相对于久已公认为颠扑不破的几何学真理系统，空间应该具有以下特性：

> (1) 它必须是直观。因为几何学纯以空间为对象，它的定理是综合的，不是分析的，如果空间是概念，就不可能纯以它为根据，得出综合判断来。空间必须是直观，才可以借以得出综合知识。
>
> (2) 但是这直观必须是先天的，就是说，在关于一对象的一切知觉之先出现于我们之中，从而就必须是纯的直观而非经验的直观。因为几何学命题都是确定无疑的，也就是说一定意识到它们的必然性，例如：空间只有三维；这类命题不能是经验的判断或经验判断，也不能从它们引申出来(B 41，RS 69)。

可见，从几何学真理体系出发，显然需要在我们的意识方面有一种向外的直观，这直观必须是先天的，也就是"出现在客体自身之先"(B 41，RS 69)，这样，就可以先天地对几何学的客体进行规定。这种向外的直观属于主体，是主体的形式上的构造、特性，也即主体的外感官的形式，主体正是在这种构造和特性或形式的条件之下为客体所刺激，因而得到关于客体的直观。

前面(§§ 3—7)已经说明空间(还有时间)是先天的直观。康德认为他的这种空间理论正好解决了几何学的可能性问题，因为正是这样的空间理论才是几何学的真正基础，才真正满足了几何学的要求。这就对知识学的第一个问题："纯数学如何可能？"从几何学方面(此外还有算术方面的问题，请看 § 12)作了回答。

这样的空间理论，并且只有这样的空间理论，才能解决几何学的可能性问题。从这件事实显然更足以看出这种理论必定正确。因为，几何学之为真理是不容否认的，既然他的这种空间理论与几何学的要求完全相合，所以，从这方面，又可以进一步表明这种空间理论一定正确、无可怀疑，因为它与几何学的真理体系这样的一种真实的实际完全适合，它显然是几何学作为先天综合判断体系的真实基础。

§9　是不是循环论证？

康德自称他对空间时间表象作了两种不同方式的说明。像在§§ 3—7 所转述的，空间时间是先天的直观，主要肯定它们的来源不能是经验，而是必然和严格普遍的，它们作为感性接受对象的形式，应该在一切经验之先已经在我们意识中（关于这个问题，在阐述知性范畴的来源时将深入考察）。他把这方面的阐述称为“形而上学的表述”（metaphysische Erörterung, B 38，RS 66）。像在§ 8 所转述的，空间是先天直观的理论正是几何学先天综合命题的可能性条件，正好说明了几何学的可能性，是几何学的理论基础。由于这个理论足以正确说明作为颠扑不破的真理体系的几何学的可能性，因而这个理论自身的真理性又得到一个重要的关键性的验证，这等于是一个新的佐证，也可以说是旁证。他把对空间理论的这种联系于几何学的检验，称为“先验的表述”（transzendentale Erörterung, B 40, RS 69）。

曾经有这样的意见：康德陷入了循环论证：以先天的空间理论

说明几何学，反过来又以几何学证实先天的空间理论。

这种意见忘记了：他根本上并没有，也无须利用几何学证明先天的空间理论。以《纯粹理性批判》为根据，在 §§ 3—7 所阐述的空间时间的先天性理论，是从作为意识的基本事实的感官知觉出发，得出空间时间表象是感官知觉的可能性的必然和普遍的条件的结论的，得出这种结论是根据对感官知觉所作的本质分析，当时的分析完全没有涉及几何学，是独立于几何学所进行的分析。所以，对空间（时间）的形而上学的表述独立于先验的表述，并不以后者为前提。从两种表述的关系看，形而上学的表述是根本性的，是基础，只有形而上学的表述才正面地建树起空间（时间）的先天直观理论。它的出发点是感官知觉本身，方法是找出一切感官知觉的在感性范围内的可能性条件。

然而，事实恰好表明：独立于对几何学的考虑从而得出的理论，与几何学的特性相合无间，显然是几何学的可能性的独一基础。这里，这种理论表现出双重效用：（1）空间的先天直观理论构成对几何学可能性的真正说明；（2）由于不涉及几何学，在这意义上独立地建立起来的空间先天直观理论，完全妥当地阐明了（当然指的是在感性方面）几何学作为先天综合命题的体系的可能性的基础，而既然这个真理体系又是具有不容置辩的可靠性，如果一种空间理论，由于其他方面的根据（这里指对感官知觉的本质分析），被认为是真理，而如果这理论在别的方面又正好适于用来解释几何学这个真理体系（这个真理体系还从来没有像这样妥当地解释过），这不是又一次地、从另外方面显出它的正确性和真理性？可见，先验的表述以形而上学的表述为前提，没有形而上学的表述，先验的表述就无从说起，就不能够被提出（参看 B 40，RS 69 关于先验的表述得以成立的两点要求)。

所以,并没有循环论证。

在《导论》中,由于其针对反对意见作补充解释的特殊情况,只结合几何学和算术作了与先验的表述类似的重点说明,而没有着重复述《纯粹理性批判》中的形而上学的表述。这样就给人以一种印象,似乎空间的先天直观理论纯是根据几何学提出来并从而被确定下来的。但这也不过是似乎如此而已,实际上,《导论》不是独立的,它是对《纯粹理性批判》的某些方面所作的补充性说明,离开《纯粹理性批判》,《导论》完全不能够,也即完全不足以作为康德的知识学的正式的即使是扼要的阐述,依靠《导论》,不能正确地认识、更不用说了解批判哲学(对《导论》一书在康德知识学的演变中的地位,在阐述知性部分还要提出讨论)。

§10 几何学在纯直观中构造概念

从历史发展看,康德的空间理论是对欧几里得几何学真理性的很重要的严整的探讨。为了对这种空间理论有更确切的了解,有必要联系他的几何学理论再进一步展开它的某些细节。

空间是向外的直观,它属于主体本身,它是主体的涉及接受对象的形式方面的构造或特性,是主体的外感官形式(B 41,RS 69—70),是我们向外直观的对象——显现——的可能性条件。

几何学依靠作为先天直观的空间表象,所以它的命题才可能是先天综合判断,现在问题是这里所谓依靠,其真正的情况如何?几何学的先天命题又何以有客观有效性?

> 哲学的知识是来自概念的理性知识，数学的知识是来自概念的构造的理性知识。构造一个概念，也就是先天地把与概念相应的那个直观表象出来。因此，为了把概念构造出来，就需要一种非经验的直观，这个非经验的直观，作为直观，应该是一个单个的客体，但是，作为一个概念（一个一般的表象）的构造，在所构造出来的表象里面丝毫不会减少从属于那概念的一切可能的直观的普遍的有效性。例如，我构造一个三角形，我描绘出与这概念相应的对象，或是凭着单纯想像在纯直观里进行，或者还可以在经验直观中在纸上来描绘，总之这两种做法都完全是先天的，根本不需要从任何经验寻求样本。我画在纸上的单个图形尽管是经验的，却仍然表现了那概念，无损于其普遍性，因为，对于这个经验的直观所注意的永远仅仅是构造概念的动作，对于这概念来说，有好多规定性如边和角的量全都是不相干的，因而就把这些不会改变三角形概念的区别抽掉了（A 713—4 = B 741—2，RS 657—8）。

这段话解释得很清楚。数学的特殊方法，同时也是它的特殊方便之处，就在于可以把它的概念构造出来，也就是形象地表现出来，进行针对直观形象的论证。但是，数学并不依赖经验，它所通过形象表现的只是它的概念所包含的特性。关键是数学在纯直观里构造概念，这样，数学就有一种方便，利用又是形象的又是普遍的对象进行工作。

什么是纯直观，前面（第一章，§5）作过说明。联系到数学，还需进一步了解。空间是外感官的形式，它是向外直观到的显现的可能性条件。空间作为纯直观，它本身并不包含着经验的东西，它并不与外面的显现在一起。可是，空间（和时间）本身也即空的空间（和时间）是不能被知觉到的（B 207，RS 221）。这是从经验方面说的，因为知觉是经验的意识，是经验的活动（B 207，RS 221）。经验到的是显现，显现都在空间时间里面，纯直观当然不会是经验的对象，它属于主体自身。那么，纯直观从其与数学的密切关系看，究竟是什么样的表象？空间（和时间）有两个方面的不同的表象，这两方面的表象都是先天的。一方面是感性直观的形式，这个方面与感觉经验分不开，是感觉经验的条件，也是外面显现的条件。另一方面，空间（和时间）还可以仅仅表象为空间直观（时间直观）自身，这就是单纯的空间表象（时间表象），空间表象（时间表象）还包含着空间（时间）部分，当然都是统一在空间表象（时间表象）里面（B 160，RS 178[b]—179[b]）。

> 表象为对象的空间（就像几何学实际需要的那样），包含着不仅是直观的形式，还包含着按照感性形式给定的众多（Mannigfaltig）结合成一个直观的表象，所以直观的形式只提供单纯的众多，而形式的直观却提供表象的统一性（B 160 注，RS 179[b]）。

几何学的方法是从定义开始，根据定义，才提供出来关于几何学对象的概念。定义是怎样产生的？它不是来自经验，也不属于知性本身的概念，它是知性的创作，它有一个必不可少的条件：它所设想的必须可以先天地在纯直观中加以构造，如果不然，它就不会进到数学里面来。根据这种概念构造的对象——具有统一性的直观表象——必然与概念的特性完全相合，一点不多，一点不少（A

729—730＝B 757—8，RS 670—1）。正因这直观的表象仅仅表现了概念本身所包含的特征，是概念的直观化，所以它既是概念诸特征的形象化，又有概念的普遍性。

空间纯直观，作为单个的客体，究竟包含什么内容？抽掉经验的知觉，作为纯直观的空间，就是单纯的具有统一性的包含着众多的空间表象。其所以可能是众多，仅仅由于它们既是彼此在外、彼此并列、彼此共存，而它们本身又具有统一性①。在纯直观中构造概念，需要的是想像力，不是对于一个特定的经验对象，例如一枝紫薇花的经验的想像作用，而是与纯知性相结合的先天的想像力，它设想的仅仅是与数学概念的特征相应的图形，并不想图形的大小以及任何方面的量（如三角形的边的长度与角的大小），这样就是在纯直观里构造了概念。即使把图形画在纸上，像通常所做的那样，可是那纸上的图形仍然应看作仅是数学特定概念的代表，仍然具有真正的普遍性，因为我们只应从概念所包含的特征来看那纸上的图形，结果我们设想的是根据概念的特征所描绘出来的与概念完全一致的形象，纸上的三角形尽管有一定的大小，三边各有一定的长度，三个角各有一定度数，但实际上我们完全没有看到。纸上的是个特殊的三角形，想像的是普遍的有代表性的三角形。所以，几何学即使应用了经验直观（纸上的图形），实际上却是为先天的想像力所规定的纯直观。

---

① 作为感性的形式，空间（时间）也必然从属于知性的先验统觉的综合统一性。这样的统一性与经验对象的综合联系在一起。空间时间作为纯直观，它们本身（不与任何经验对象相关联）具有必然的统一性。与经验对象相关联的感性形式的统一性，不与经验对象相关联的纯直观的统一性，都不能不来自知性的先验统觉的综合统一性。关于这个问题，将在阐述知性范畴的作用时加以探讨。

他在1789年5月26日致赫尔茨(M. Herz)的信中有这样一段话:

> 一个圆形的可能性完全不是依据一个实践上的命题:用一条直线围绕一固定点运动画出一个圆形,如果这样就纯是具有或然性的了,一个圆形的可能性是在圆形的定义中给定的,因而这圆形是根据定义构造出来的,也就是在直观里,可是不是在纸上(经验上),而是在想像中(先天地)画出来的。因为我总可以用粉笔随便在黑板上画一个圆形,并在圆形里边画上一个点,于是我就可以根据(所谓的)名义上其实是实在的定义,就着这个圆形来论证圆形的一切性质,尽管这圆形跟用一条固定在一个点上的直线通过旋转所画的圆根本不相一致。可是我认定圆周上的各个点与圆心距离相等。所谓画一个圆形,乃是从定义(或者是所谓公设)引出来的实践上的结果,如果这个可能性,即使是圆形这样的可能性,不是已经在定义中被给定了,那么就不可能要求得出这个结果①。

① 令人感兴趣的是康德这样的观点:几何学图形虽然可以是具体的、画在纸上的经验的图形,但是,由于先天的想像力,我们所注意到的却是一个与特定的量无关的、仅仅表现几何概念的特性的具有普遍性的图形,两千多年前,在对数学有特殊爱好的希腊人中间就出现了闪光。亚里斯多德在《形而上学》BKZ的第10章中,由于探讨实体问题涉及定义问题,他讨论了部分与整体。部分可以有三种不同情况,有一种情况是质料本身可以有部分。这时他说到质料本身的区别:"某样质料是可以知觉的,而某样质料是理智的,可知觉的质料例如青铜和木头以及一切可变的质料,而理智的质料则是那样的东西,它出现于可知觉的东西里,可是并不作为可以知觉的东西,这样的东西就是数学的对象。"(1036^a 9—12)

§11 几何学的客观有效性

应该承认,康德肯定空间时间作为纯直观,是先于一切实际知觉出现于我们感性能力的(B 166, RS 187[b])。几何学(数学)的原理是独立于经验先天地被认识的。他并没有讳言先天包含有时间上在先的意思。问题是何以会有并非来自上帝的天赋观念而是属于人的认识能力方面的时间上在先?如果说对于这样的问题只能根据发展观,根据进化论,根据生物学的积累的遗传学说才能得到正确说明,那么他当时还没有充分具备这样的条件。他对于这个问题的较完整的说明,将在后面解释范畴起源时一并考察。

几何学原理具有客观有效性,能够普遍地适用于外部世界,这是无可否认的事实。几何学原理一不是来自概念分析,二不是来自经验归纳。几何学的原理如果是从经验中归纳出来,那么就只能说经验告诉我们如何如何,显然不会有必然性。另一方面,实际上,一切从经验归纳而来的东西都没有严格的普遍性,如果肯定其普遍性的话,其普遍性也是极有限的,因为这种所谓的普遍性其实不能超出作为归纳出某一原理的根据的原有的极有限的事例。但是,几何学的普遍性却是严格的、不容许任何例外的普遍性。关键在于,如果几何学原理不是从经验中归纳得来,而是独立于经验的,那么为什么会有对外部世界的普遍的有效性?

解决这个问题的关键在于空间(和时间)既是纯直观,又是经验直观(感觉)的先天形式。在几何学,空间纯直观是客体,我们把概念在空间纯直观中构造出来。而这种纯直观正是作为感性先天形式的空间(时间)的客体化。但是,如果仅仅是纯直观,那就不好

说它意味着什么，不好说它表示什么。正是由于相应的经验对象，纯直观表示的是什么意思就很清楚了。

> 空间有三维，两点之间只能有一条直线，等等，所有这些原理，以及那门科学（几何学）所操作的对象的表象，虽然都是在意识中先天地产生出来的，如果我们不是总能在显现（经验的对象）方面表示出它们的意义，那么它们仍然是毫无所指。所以我们要使一个抽象概念成为感性的，也就是在直观中表现出与其相应的客体来，不然概念就（像人们所说的）无可了解[①]，也就是没有意义。为了满足这种要求，数学就构造出图形，图形是呈现在（虽然是先天地产生的）感官方面的显现。在数学中，量的概念利用数目得到它的支柱和意义，而数目又是靠着可以看见的手指、算盘的算珠或一划一划、一点一点。概念以及源于概念的综合原理或公式，总是先天地创造出来的，可是它们的运用以及与其相关对象的联系最终仍然只能落实在经验上面，它们先天地（从形式方面）包含着经验的可能性（A 239—240 = B 299，RS 290—1）。

---

① “无可了解”，原文是“ohne Sinn”，在“Sinn”一词下面特加了着重符号。Sinn 指“感官”、“感觉”，也可以作“意义”解。“ohne Sinn”，一般作“没有意义”解，且有贬义。在这里，前边刚说过“要使”概念“成为感性的‘einen abgesonderten Begriff sinnlich zu machen’”已经加上了着重符号。所以，可以看出这里的“ohne Sinn”的“Sinn”，他是借着这个词的双关意义（既指“意义”，又有“感觉”之类的意义），目的却是强调其“感觉”方面的含义，这样，底下跟着的“也就是，没有意义”（d. i. ohne Bedeutung）才突出“ohne Sinn”的通常意义。有意思的是，他在这里利用语言艺术和解释学方法强调了概念（不仅数学概念）的客观有效性仅仅在于与相应的感官经验对象的关联这样一个批判哲学即哲学的知识学的真理。

所谓“知识”，必须与一定的对象相关联。例如一概念，如果最终没有一定的经验直观与它关联着，那么，它本身虽然无疑仍然是一个思想，但是因为没有对象，所以不是知识。数学概念也是一样。先天的数学概念本身，还不能算是知识，必须设想只有按照纯直观这种形式才会出现的相应的经验表象，必须肯定数学概念与感官对象的联系，才能说有了知识。所以，几何学的原理作为先天知识，必须具有与经验对象相联系的客观有效性（B 146—7，RS 159^{b}—161^{b}）。

一方面是几何学的纯直观方面的先天的原理，一方面是相应的经验对象，这两方面似乎原来并不相干。但实际上并非如此。空间（和时间）纯直观也即是经验直观的先天形式，所以是一切经验直观的可能性条件。因此，几何学中通过纯直观建立的原理必定对经验直观完全适用。空间（和时间）之为一切显现的本质形式，表现在空间（和时间）通过知性的综合作用接受和把捉显现，所以，数学在这种的综合方面所建立起来的先天原理，必然普遍适用于空间形式所接受和把捉的一切对象。正由于此，几何学才必定具有普遍性和客观有效性。

上面所说，已经涉及知性活动，虽然只能简单地点出。在论述知性的第二篇中才会把涉及知识的主体的活动深入展开。现在首先要明确的是几何学（数学）的对象是纯直观，纯直观属于感性，因此，在感性这个部分的论述里，康德的重点是解释在纯直观中构造概念的数学的先天综合知识的可能性。但是，数学的先天综合知识的产生从根本上不能没有知性的作用。在分析一个总体对象时，不得不有先有后，先感性，后知性，这是自然的合乎实际的叙述方法。但不能忘记：一切知识离不开知性作用。数学知识以感性纯直观为对象，所以数学的先天综合知识的特定的可能性要在感性范围内来说明。但数学之为先天综合知识的一般的可能性还需要联系知性活动才能得到充分的说明。

§12　时间表象与算术以及动力学的关系

时间作为先天的直观，同解决先天综合判断的可能性问题有什么联系？

> 几何学以空间纯直观为基础。算术甚至在时间里把一个一个单位继续地增加，从而构成其数的概念；特别是纯粹力学，只有利用时间表象才能构成运动概念(《导论》，§10，AA第4卷，参看中译本第42页)。

首先是数学(算术)的数。数目是数的概念在时间纯直观中的构造。再往根本上说，一般量的概念也是这样构成的。量的概念是说：对于一物采取这样的规定，从而我们可以认为在该物中确定包含有多少次的"一"，而这个多少次的"一"之所以实现，是由于对"一"继续的重复，而继续的重复只能是由于时间以及出现在时间中各个单位的综合(A 242 = B 300，RS 292)。所以，数的概念在直观中的构造以及数的一切运算(算术)都离不开时间，因为时间正是表现量和数的概念所需要的纯直观。可见，算术(以及代数)的先天综合知识以时间纯直观为其可能性的先决条件。

此外还有力学所论证的关于一般的运动——地点的变化——

的先天综合判断。它们的可能性首先依靠时间,因为离开时间表象,运动、变化都不能设想。在同一客体中具有互相矛盾着的、对立的谓语,如同一物又在又不在同一地点,这就是变化、运动。如果时间表象不是先天的直观,那就不可能设想经验中的普遍的变化和运动。只有在时间里,我们才能认识到一对象具有两个互相矛盾、对立的规定性。互相矛盾对立的规定性在先后继续着的不同时间里可以属于同一物。所以这种时间观点从一个根本方面说明了动力学中的先天综合知识的可能性(B 48—9,RS 75—6)[①]。

量与数的概念是不是从经验对象中引申出来的?不是。如从经验对象引申出来,那么它们不会有严格的普遍性。量与数是由知性本身所提供的,所以,它们才具有严格的普遍性。它们可以在纯直观——时间——中构造出来,因而关于量与数的运算(算术、代数)就在数与数的关系方面提供出先天综合判断。

运动概念离不开运动的物,所以,运动概念不是知性的纯概念。但是,像前面所说,由于时间纯直观,一般的变化、运动的思想才有可能性,变化与运动只有在时间中才是可以理解的,所以,有关变化与运动的先天综合判断(这种判断具有必然性和严格的普遍性,但由于概念包含有经验内容,所以不是纯先天综合判断)只是在时间的基础上才具有可能性。

几何学还可以把纯的运动作为对象,即把运动当作单纯的对于空间的描画,这样,运动就是一种在外直观中的多在时间中的继续综合的纯的活动,这样的知识是纯先天综合判断(B 155 注,

① 动力学不是纯科学,跟几何学不同。动力学考察运动,运动不能没有关于运动者的知觉,所以离不开经验。

RS 171[b])。这里，康德把由笛卡尔开始创建的解析几何学的成就按照他自己的新观点一并加以考虑。

总之，算术(包括代数)、动力学以及解析几何学的先天综合判断都以时间为其最终的依据，其可能性也从而得到妥当的说明①。

从另一角度看，正是由于这种时间观点之能以完全恰当地说明算术(代数)、动力学以及解析几何学的先天综合判断的可能性，根据某些其他的观点都不可能说明这种可能性，因之时间作为纯直观的理论的正确性也就等于获得了又一次的明证或旁证(关于时间的先验的表述)。

时间纯直观像空间一样，是经验直观的可能性的条件，因此，像上节关于几何学所说的同样道理，算术(代数)、动力学等科学在时间根本条件下建立起来的原理必定对于经验直观完全适用，具有严格的普遍性和客观的有效性。

§13　总结空间时间表象的本质

关于以上对空间、时间的特性的说明，可以作如下的结论：

(1) 空间、时间并不表象任何物自身②(Dinge an sich)的性质，也不表象物自身互相之间的关系。

---

① 运动概念中包含着空间与时间的结合(A 41 = B 58，RS 82—3)。由于这里着重讨论的是时间方面的问题，所以没有涉及空间，请读者注意。

② Ding an sich 和它的多数 Dinge an sich，中文译名不统一，如"物自体"、"物本身"、"自在之物"、"物自身"等。"物自体"让人想到物体，可是，Ding an sich 与物体(Körper)不同。"自在之物"稍嫌拖累。本书用"物自身"这个译名。

（2）空间是一切外感官的显现的形式，它只是感性主观的条件，正是在这条件之下，我们才能有向外部对象的直观。时间也是感性的主观条件。时间是内感官的形式，它是直观我们自己以及我们的内部状态的形式。

（3）时间是一切显现的先天的形式条件，空间只是向外直观的形式，只是外部显现的先天条件。而一切表象，不管是否以外面的物作为对象，由于都属于意识的不同规定，就都属于我们的内部状态。内部状态都从属于我们向内直观的形式条件，也就是都从属于时间，所以，时间是一切显现的先天条件。显现有内显现和外显现之分，就着内显现说，时间是我们意识的内显现的直接条件，在这基础上，时间就是外显现的间接条件（这三条结论连同以下的说明均参看 A 26—41 = B 42—58，RS 70—83）。

§14　对空间时间表象的本质的说明：1.显现与物自身

现在对以上结论作如下说明。

空间时间与物自身无涉。请注意：现在必须开始认真使用“物自身”这个术语。“物自身”这个术语以及与“物自身”涵义类似的另外名称（如“实体”、“本体”等），在康德以前以至古希腊都已出现，可是，特别是“物自身”这个词，从康德开始才成为一个很重要的哲学用语。康德对“物自身”概念用力最深，极富创见，贯注了心血。物自身与显现严格对立，物自身虽然是批判哲学的最重要术语之一，但是它并不可知，只有显现才是知识对象，这个重要思想构成他的批判哲学与前批判时期哲学思想的根本性区别，它因而形成批判哲学的主要标帜。

物自身不可知。物自身作为解决好多难题而提出的设想，与他的哲学中的几条主线都密切联系着。因此，虽不可知，却有重要作用。我们对物自身，尽管它仅仅是一种设想，如何了解它的意义，绝不能一下子说清楚。他本人也从来没有集中地把它讲透过。本书打算先按对主题阐述的次序把同它相关的一些想法逐一介绍。对它的综合论述放在本书的第二部分比较合适。

从他对自己体系阐述的情况看，从批判哲学的实质看，物自身的思想应该说与整个体系同始同终，贯彻始终；从物自身思想在体系中的作用说，他是在批判理性这项工作一开始，就与感性相联系提出物自身思想。所以雅可比说得非常正确：没有物自身，进不了康德的体系。

对物自身的肯定，当前的理论根据是：

> 空间根本不表象任何物自身的性质以及物自身互相之间的关系，就是说，根本不表象属于对象本身的规定性。因为不管是绝对的还是相对的各样规定性，都不能在它们所属的物的存在之先直观到，也就是不能先天地直观到（A 26 = B 42，RS 70。着重点是我加的）。
>
> 时间不是独立存在的，也不是属于物的也就是说把对于物的直观的一切主观条件都除掉之后它还依旧存在着的客观的规定性。因为在前一种情况下①，时间就会成为这样一种东

① 前一种情况指的是牛顿的绝对的空间时间理论。

> 西：它并没有实在的对象，可却又是实在的。在后一种情况下[①]，时间作为属于物本身的规定性或秩序，那么它就不能作为对象的条件先于对象出现，并经由综合命题先天地被认识以至先天地被直观。可是这种情况完全可以成为事实，如果时间不过是只有在它这样条件之下一切直观才能在我们之中出现的主观条件。因此，这个内直观的形式就可以先于对象，也即先天地被表象了（A 32—3 = B 49，RS 76。着重点是我加的）。

物自身想法的直接根据是空间、时间表象的先天性和作为人类感性形式的直观性。另一方面的根据是数学和动力学这些科学知识的必然性和严格的普遍性。数学（几何学和算术）和动力学的先天综合知识要求空间、时间表象的先天性和直观性。空间、时间的先天性，也就是空间、时间表象的主观性。（因为先天性表示独立于经验，甚或在经验之先。先天性的标帜是必然性和严格的普遍性。这二者都不能从经验得来，都与主体的认识能力有根本联系。）任何表象都有主观性的这样一种特性。但是空间、时间表象的主观性却是某种普遍的主观性，必然的主观性，不是个人的、在这种情况下常常是偶然的主观性，而是整个人类的主观性，作为知识学对象的主观性，所以是具有特殊重要意义的、康德以前人们没有注意到的普遍的主观性，也即属于人类认识的基础的主观性，所以又是必然的主观性。

既然空间、时间具有普遍必然的主观性，那么，通过空间、时间

① 后一种情况大致指莱布尼茨对空间时间的观点。

认识到的对象，就不会等同于对象自身，通过空间、时间认识到的对象，已经是在人类感性的特定形式空间、时间的条件下的对象，而不是不为空间、时间主观条件所统摄的对象的原本的样子。作为人类感性所固有的接受对象的形式的空间、时间，不会是属于原来的物本身的性质，我们不能说对象本身在空间、时间里边。因此，正是以空间、时间的主观性为根据，完全应该肯定人类感官通过空间、时间所接受的关于对象的表象与我们可以设想的并且完全应该设想的、把人类直观的一切先天条件都除掉的对象本身不是相同的东西，不能混为一谈。人类感性所接受的对象必定处于空间、时间条件之下，设想到的不处于空间、时间条件下的东西，就是对象本身，前者称为显现，后者就是物自身。

显现从属于感性的直观，物自身独立于感性直观。这是康德哲学对物自身的第一次素描，当然已勾勒出物自身的能以在哲学思维中设想并加以捉摸的基本点。

§15　对空间时间表象的本质的说明：2. 外直观

正像洛克把人类知识的源泉分为向外的感觉和向内的反想，康德把直观分为外直观和内直观。洛克把人的心灵看成原来是一张白纸，康德认为人类认识以固有的形式为先天的条件。在洛克，知识来自感觉和反想，总起来就是来自经验。在康德，知识的来源不仅是经验，还有与经验完全不同的先天来源，这个来源并且有其特殊的重要性。因此，洛克的感觉就可以是与客观存在的原本对象恰相符合的第一性质的观念。而康德的直观，不管是外直观还是内直观，都不能与真正客观的对象相符合，与其相应的只是显现。他的外直观、内直观是认识材料仅有的来源，却不是认识形式的来源。

外直观是向外的直观。我们有种种感官，如视觉、听觉、触觉等，通过这些感官，可以感觉到在我们以外的显现，所以这些感官是外感官。但是，这些外感官只是在空间形式的条件下，才能感觉到外面的显现，这就是说，只有在空间形式下，才能有向外的直观。颜色、声音、软或硬等感觉的出现都与外边给定的对象分不开，尽管这些感觉只是主观的。这些感觉是个人不同的感官在特定条件下的特殊状态，但是这种特殊状态之出现是由于外面对象刺激了我们的感官。一定的外面对象刺激了某种感官，那种感官就会呈现某样特定的感觉。而空间正是我们感性接受对象刺激的一种方式，只是通过空间的主观条件，我们的外感官才能受到一定对象刺激从而产生关于这个对象的直观，才有特定的感觉。空间是外直观的形式，它属于我们感性。既然只有通过空间形式才能直观到外面的对象，而关于对象我们知道的只是显现，不是物自身，因而就使我们容易了解以下两点：

（1）显现的形式在实际知觉之先就在我们的意识中给定了[①]；

（2）空间作为纯直观，一切外面的对象都可以在这纯直观之中加以规定，因而就可以在一切经验之先包含着作为显现的外直观对象的原则。几何学之所以有客观有效性，正由于此。

---

① N. K. Smith把原文的“mithin apriori im Gemüte gegeben sein könne”译成“and so exist in the mind apriori”，把“给定了”译为“存在”，显然不妥。在康德，“存在”必定涉及经验事实。而在实际知觉之先给定了的形式，在这种设想的情况下（因为形式的来源是先天的，可以这样设想），它不可能存在。

因此，外直观得到的表象，从它们与物自身的关系说，并无洛克所谓第一性的观念与第二性的观念那样的区别，因为它们都不表现物自身，都只是显现的表象。显现当然决非虚幻，因为显现是物自身的显现，这是康德坚决的一贯主张，这是他的知识学的基本观点。

对一个作为显现的物体的表象分析起来，可以看出有三种本源不同的表象（A 20—1 = B 35，RS 64）：

（1）由知性来的：实体、力、可分性等；

（2）属于感觉、从经验得到的：软、硬、重量、不可入性、色等；

（3）纯直观方面的：广延、形状。

把由知性加到上面去的一般性质（1）放在一边。（2）的表象，主要是洛克的第二性的质，不过也包含有洛克所谓的第一性的质，即不可入性。对于不可入性，洛克认为应称之为凝固性，凝固性是更根本的从正面说的名称。凝固性是属于物体本身的性质。而在康德，则认为不可入性也是来自感觉经验的表象，所以属于（2）（B5，RS 41*）。（3）的广延和形状，在洛克是第一性的质，在康德则是先天的纯直观。

（2）与（3）相同的是：第一，它们都属于显现范围，第二，都具有某种主观性质，但由于来源不同，（2）来自感觉经验，（3）来自感性本身，是感性的形式，是纯直观，所以其主观性并不是个人的特殊的主观性，而是全人类的普遍的主观性。（2）与（3）两种表象，由于来源不同，其主观性也有重要区别。洛克的经验论根本不容许这种区别。

在这里，我们可以进一步了解一下所谓感觉（Empfindung）。感觉的特性是个人的主观性，单纯从感觉认识不了客体（B 44，

RS 72)。感觉是被意识到的表象,这就是说,它是知觉,可是这种知觉仅仅与主体联系着,它仅仅表明是主体的一特殊状态,所以它与一般的直观(经验的直观和纯直观)不同,它不是客观的知觉,直观是与对象直接发生联系的客观知觉(A 320 = B 376—7, RS 354)。酒的美味不是酒的客观规定性,如果说酒是显现,美味也不属于客体,美味属于喝酒的人的感官的特殊构造。我们看一个物体,虽然会看到颜色,可是颜色都不是那物体的性质,颜色不过是视觉器官在一定方式中为光刺激时所出现的特殊状态。对于显现来说,色与味这样的感觉只是人的特殊机体所偶然附加的作用(A 28—9, RS 72)。

可见,感觉的主观性与人的感觉器官分不开。感觉器官是人身感受外界不同对象的刺激的特殊机构。感觉甚至人人各异,因为感觉器官总受它本身只是其一个有机部分的整个身体的特定状态的影响,世间没有两个人有完全相同的身体,更不会有两个人身体处于完全相同的状态。但是,又不容否认,由于是人类的感觉器官,所以,对于一定对象的感觉,在正常情况下,人们的感觉基本上又是相同的(假定人们所居的空间中的不同位置,对一定对象的感觉不产生多么严重的影响)。所以,感觉虽有很大的主观性,这主观性也不是绝对的,感觉仍有其普遍性,这里边透露着感觉的可靠性,真实性。感觉是人类认识材料的真正来源,其根据正在这里,不然,人怎么能有知识?

所以,属于(2)的表象来自感觉经验,有主观性,并有较大的主观性,可是,也不妨碍其有普遍性,虽然只是建立在经验基础上的比较的普遍性。(3)类的表象是先天的纯直观,有严格的普遍性,这是从知识学角度说的。可是,它毕竟也躲不开主观性。(2)类表象是主观的，因为其表象离不开感觉器官；(3) 类表象是主观的，因为其表象离不开感性。(3)与(2)虽然都是主观的，其区别现在更清楚：(2)来自感觉经验，与感觉器官相联系；(3)是感性的先天形式，与感性相联系。广延，作为空间的本质表现，是感觉经验的先天形式或条件，而(2)类的表象只有在这种先天条件之下才可能出现。(3)与(2)的根本区别正在这里。洛克之不容许这种区别，是由于他的经验论看不出这种区别。

巴克莱为了否定客观的物质世界，把洛克的第一性的质说成是与个人感觉同样地纯是主观的，与第二性的质并没有任何区别。

康德把空间(广延是空间的本质表现，形状是以空间表象为基础的变相)与人类感性相联系，从而使其从本质上具有先天的主观性，这种观点使他把洛克的第一性的质的广延和形状看成与色、声、香、味等同属于显现范围，从而在这个意义下具有主观性。

这种观点(作为崭新世界观的批判哲学，从一开始就碰到多方面的攻击)被人们指摘为与巴克莱相类的思想①。

这种指摘显然包含着重大的误解。

知识材料的来源仅仅是感觉经验，这个原理当然表现他与经验论的重要联系，但也表现与经验论的重要分歧。因为，来源于感觉经验的还不直接地是知识，在洛克(他所谓的感觉知识 sensitive knowledge)、巴克莱和休谟，基本上感觉经验直接地就算是知识了。在康德，感觉经验只是知识的材料。必须经过知性加工，依靠知性自身提供的形式，感觉经验才能转变成为具有客观性的知识，而不仅是原来的与个人感觉相联系的主观的知觉。与巴克莱(也包括

① 持这种看法的人最早是 Garve, Feder, Mendelssohn；后来还有叔本华。

休谟）更不相同的是他还明确肯定在感觉经验以外有与其相应的东西，没有这样相应的东西，显现完全是不可能的（B 26—7，RS 25—6）。

请看《导论》中对他自己立场的很明确的申辩：

我们，并无损于外物的现实存在，肯定外物的好多谓语并不属于这些物的本身，只属于它们的显现，这些谓语本身在我们表象以外并不存在，这个看法早在洛克时期以前，特别是在他之后已经是完全被首肯和公认的了。这指的是暖、色、味等。但是，我却要在这些谓语以外，出于重要的缘故，再把剩下的人们所谓物体的第一性质：广延、地位以及一般的空间，连同一切从属于它的（不可入性或物质性、形状等），都视为单纯的显现，对于我这样的观点，是不能提出一点点根据来反对的。因此，正如有人主张颜色不是附着于客体自身的性质，只是作为变相附着于视觉，不能就因之被称为一个唯心论者一样，也不能单纯由于我认为还有更多的、其实是构成物体直观的一切性质，都只是属于显现，就把我的体系叫做唯心论；因为［我的体系］并不像在实际的唯心论，按照那种说法，显现的物的存在就消失了，而只是指出物自身究竟是什么样子，通过感官根本认识不到（AA 第四卷，第 289 页，参阅中译本第 51 页）。

什么才是唯心论？唯心论一定主张：

只有思维实体，而我们认为是在直观中所知觉到的别的

> 物，都不过是思维实体中的表象，实际上并没有在那些表象以外存在着的相应的对象。与此相反，我认为，对我们来说，在我们之外作为我们感官的现存对象的物是给定的，只是这物自身会是什么样子，我们毫无所知，……（AA 第 4 卷，第 289 页，参阅中译本第 50 页）。

我们认识的虽然只是物的显现，但是作为显现者的物却不能予以否认。唯心论恰恰是取消了作为显现者的物。应该承认，他的观点确是不同于巴克莱。

不过，现在还远不是探讨这种观点是唯心还是唯物还是其他什么性质的观点的时候。我们最好还是耐心地循序前进。

§16 对空间时间表象的本质的说明：3. 内直观，时间是一切显现的先天的形式的条件

内直观不是直观到外面的对象，是直观到我们自己以及我们内部的状态。一切外直观以空间为条件，一切在空间里直观到的都是外而不是内。内直观与空间没有直接联系，因为它不是向外的对空间里的对象的直观。涉及我们内部的表象都不在空间之中，但是，这样的表象却在时间之中，时间规定我们内部表象与表象之间的关系。所以说时间是内直观的形式。时间不是外显现的直接的规定性，时间与形状、地位这样的以空间为表象的条件的性质显然可以不发生直接关系。欧几里得几何学必须在空间纯直观中构造概念，但是，它的操作并不牵涉时间。在内里直

观不到空间,向外直观不到时间[1]（A 33 = B 49—50, RS 76—7）。

虽然时间只是内直观的形式,它与以空间为条件的一切性质没有直接关系,可是,一切表象,即使是以外物为对象,也都不外乎是我们意识方面的一些规定,这样,也就都属于我们内部状态,由于一切内部状态都从属于内直观的形式条件,所以也就都从属于时间。这样,时间显然就是一切显现的先天条件。空间作为外直观的形式,只限于是外显现的先天条件。时间首先是一切内显现（我们的心灵状态）的直接的条件,而外显现也不能不是意识的规定,外显现也必定属于心灵的一定状态,因而时间又间接地是一切外显现的先天条件（A 34 = B 50, RS 77）。

§17　对空间时间表象的本质的说明：4. 先验的观念性与经验的实在性

既然空间、时间只是我们感性的形式,它们只是作为显现的物的被直观的先天条件,并不表现独立于人的感性、从其本身看的物自身的性质,那么,就应该是只能从人的立场才能谈到空间和具有广延的东西,才能谈到时间。离开了我们的主观条件,离开了我们为对象刺激从而获得外直观的唯一普遍条件,把对象当作物自身,

---

[1] 康德从直观形式这个根本方面对空间和时间作了严格区别。现在还不好对他是否完全割裂空间时间这个问题作出结论。因为只有联系到知性的活动才能对空间时间感性形式的作用以及它们的互相关系得到充分的了解。另外,他认为在运动概念里,空间和时间是结合在一起的（A 41 = B 58, RS 82—3）。

就不能有所谓空间表象。时间是我们获得内直观的普遍条件,也是表象能力通过内直观把握外直观的普遍方式,如果离开了这种方式,把对象当作物自身,就无所谓时间表象。空间、时间只与显现相联系,只与感官对象相联系。这样,只要加上一定的限制:如果我们所说的只是感性的对象,只是从显现看的物,而不是不加任何限制的对象本身,那么,就应承认空间是外显现,时间是一切显现的普遍的必然条件。

可见,对于我们的感性来说,空间、时间丝毫不是什么虚幻的、任意的东西,它们具有实在性和客观的有效性。对于一切从外面可以直观到的对象,空间都有它的必然效用,它适用于一切这样的对象,一切外直观对象都必在空间中。时间必定运用于一切显现或一切可以经验到的东西,不拘是外经验还是内里的经验。因此,空间、时间的实在性就不是绝对的,因为从空间、时间作为感性的特定的、虽然是先天的条件看,就不好设想它们是什么绝对的东西。对于感性直观的对象,对于显现,它们必然地是其不可少的条件,对于独立于感性的物自身,它们就毫不相干,就说不上实在性。因而这种实在性只应是经验的实在性(empirische Realität)。

关键是要肯定空间、时间作为感性先天形式的实在性,有一定的限制。加上一定限制,空间、时间就在这个范围内(也就是知识学的范围内)有普遍的有效性。这种普遍的有效性也即经验的实在性。一定的限制是:感官经验的对象,而决非物自身。

如果不以这种限制为前提,完全不考虑我们的感性及其特性,如果从一般对象或物自身方面看,那就无法肯定空间、时间仍有实在性,所以,空间、时间不仅有经验实在性,还有先验的观念性(transzendentale Idealität),这就是说,它们是先天的形式,它们是知识的先天的可能性条件（参看 A 26—30 = B 42—5，A 34—6 = B 51—3，RS 70—73，77—9）。《导论》的一段话，也讲得很清楚：

> 当我说到时间、空间里的对象时，我说的不涉及物自身，因为我对物自身毫无所知，我说的只是显现中的物，也就是作为对于客体的一种只是人类才有的特殊认识方式的经验。这样，关于我在空间或时间里面所想到的，我就不能说，即使我没有想，它们自身也是在空间和时间里面，因为这样我将陷于自相矛盾。因为空间和时间，连同其中的显现，全不是在我的表象以外的在其自身中的存在，空间、时间它们本身不过是表象方式，如果说单纯的表象方式却又存在于我们表象之外，那显然是矛盾。所以，感官对象只在经验之中存在，反之，如果在没有经验或在经验之前，居然会给定着有其自身持续着的存在，那就等于设想在没有经验或在经验之前，实际上却已经有了经验（AA 第 4 卷，第 341—2 页，参看中译本第 125—6 页）。

空间、时间的经验实在性和先验观念性是互相联系不可分的两个方面，先验观念性是根本的性质，经验实在性是以先验观念性为其根源的必然表现或作用。应该说，先验观念性代表着康德的知识学，甚至他的全部哲学的特点。他认为先验观念性甚至是一切显现的本质：

> 在我们的表象以外，一般的显现是没有的，这正是我们所

愿意称呼的显现的先验观念性（A 507 = B 535，RS 504）。

他认为他的批判哲学应恰当地称为先验的观念论或先验的唯心论（transzendentaler Idealismus，A 490—1 = B 518—9，RS 491）。

§18　从历史看康德空间时间理论的特点：1. 与牛顿和莱布尼茨客观的时空观的对立

康德认为他的空间、时间观点比牛顿和莱布尼茨的空间、时间观点（前一种观点在一般自然科学家中间，后一种观点在德国哲学界各有较大影响）都合理、都妥当。

他考虑问题的出发点正是他的互相关联的中心主题：科学的可能性和道德自由的理论根据。科学包括数学和自然科学。道德自由源于实践理性的根本需要。

牛顿与莱布尼茨的共同点是他们都主张空间、时间具有“绝对的实在性”（A 39 = B 56，RS 81），它们是客观的存在，它们的实在性不限于经验对象，这种实在性根本上是独立于经验的；从另外一方面说，它们不是主观的，不属于人的感性形式。牛顿与莱布尼茨的不同点是牛顿主张空间、时间是独立自存的，而莱布尼茨则主张它们是从属于实体的现象①。

牛顿观点包含有内在矛盾：有两个永恒的、无限的、独立自存的“非物”（空间、时间），这“非物”存在着，实际上却没有任何实在

① 关于莱布尼茨的空间观点，请再参看第一章 § 3。

的东西，其存在是一切实在东西可以填充于其中（A 39 = B 56，RS 81—2）。康德所说的“非物”，原文是 Unding，通常意思是：荒谬，不可能（也指怪物），又指不存在的东西，他用的是后面这个意义。他认为关于“无”的思想，一种是一个概念没有一定的直观与它相应，也就是没有对象的概念，这样的概念不能属于实际的可能性范围，可是这种想法本身并无矛盾，也不能断定其不可能，仅只是一种“想出来的有”或“推论的有”（ens rationis）。但另外还有一种：想到的对象是自相矛盾的，根本没有可能性，对此不能形成概念，这就是 Unding（A 290—292 = B 347—9，RS 332—3）。

牛顿的空间观点与原子论比较接近，是原子论观点更加形而上学的表述，并且加上神学因素，譬如他说空间是“上帝的感觉中枢”。早在十七世纪，笛卡尔就反对原子论，反对原子论的虚空，笛卡尔的立场是把物质与广延等同的机械唯物论。后来莱布尼茨主张空间、时间是事物的现象之间的秩序，也反对原子论和空的空间，并同牛顿的学生柯拉克（S. Clarke）进行了反对牛顿观点的讨论。

牛顿有牢固的上帝信念，可是他的绝对时空观却与神学调和不起来。莱布尼茨反驳说：“如果空间是一种绝对的实在，远不是与实体相对立的性质或偶性，那么它就会比实体还有更多的存在性，上帝也毁灭不了它，甚至不能把它改变分毫。它不仅整个说来巨大无伦，并且每一部分都永恒不变，这就是在上帝之外出现一个永恒事物构成的无限。”[①]康德似乎觉得比莱布尼茨指出的问题更

① 与柯拉克讨论的第4封信（据 M. Morris 英译《莱布尼茨哲学著作集》，1934，第205页）。

为严重，因为在神学里，上帝的信念或观念绝对不受空间、时间条件限制，

> 但是如果先已把〔空间、时间〕二者当作物自身的形式，并且即使物取消了，它们作为物存在的先天条件，仍然存在着，这样，它们既然是一切存在的条件，那么，也就必定成了上帝存在的条件了（B 71，RS 92）。

当然，这里康德更主要是考虑到绝对，考虑到行动上的绝对，实践理性的自由，他不能同意牛顿的观点。

而莱布尼茨把空间、时间当作现象，这样，当他企图涉及对象本身，涉及对象的绝对方面，构造一个单子论的本体论体系，这种观点对他倒没有什么妨碍。

可是，如果以数学的可能性作为标准，与莱布尼茨观点对比，牛顿的观点倒有一个重要优点：既然空间、时间是客观的实在，这就给数学提供了确实基地（A 40 = B 57，RS 82）。因为数学并不是以现象世界为根据，进行抽象活动，它根本是理性的创造，它是以独立于经验的纯空间时间为对象的创造性操作，需要的是独立于经验的空间时间对象。

而从数学的可能性看，莱布尼茨的观点就有明显的缺点。空间、时间如果是从经验抽象出来的现象与现象之间并列的关系或前后相继的关系，并且都是模糊的表象，那么，先天的数学原理，从其与空间里的现实东西的关系方面看，怎么就能必然地应用到它们上面去？并且数学原理本身的不容置疑的确定性不是首先就成了问题？因为，空间、时间都成了从经验得来的表象，根本不具先

天性质。所以，这种观点，由于不承认实在的并且是客观有效的先天直观，所以既不能说明先天的数学原理的可能性，也不能说明来自经验的知识何以必然会跟数学的原理一致（A 39—41 = B 56—8，RS 81—2）。

总之，从数学的可能性看，不管是牛顿的观点，还是莱布尼茨的观点，都不妥当。莱布尼茨的缺点，已如上述，实际上，牛顿的观点也并不能保证数学原理的知识学方面的先天性，因为，空间、时间不是感性纯直观。康德之所以说牛顿观点可以为数学提供基地，仅仅是由于按照莱布尼茨，空间、时间与现象分不开，要把握住它们，永远要通过经验进行抽象。而牛顿的独立存在的空间、时间，却无须通过经验抽象，它们与作为感性纯直观的空间、时间有表面上的相似，因而可以设想它们是数学原理的真实对象。但是，既然空间时间是客观存在的实在，就不能说明数学的先天性。

康德自认他的空间、时间观点，既包含着牛顿和莱布尼茨观点各自积极的因素，又没有其严重的缺点，既解释了数学的可能性，又为实践理性的自由准备好关键性条件。

§19　从历史看康德空间时间理论的特点：2. 与巴克莱、休谟和亚里斯多德、笛卡尔、斯宾诺莎时空观的区别

康德的空间时间观点的特点是以空间时间为人类感性的先天表象，从而肯定其在认识上的客观的普遍有效性。

历史上的大多数哲学家都主张空间有普遍性。这种普遍性可

以是与独立于人的意识存在的物质世界相联系的客观的普遍性（持这种观点的包括唯物论的哲学家，还有亚里斯多德、笛卡尔等以及以牛顿为重要代表的科学家），也可以是与独立于人的意识存在的但却是与所谓“本体世界”相对的“现象世界”或“感觉世界”相联系的客观的普遍性（以柏拉图、莱布尼茨为代表）。

唯心经验论者巴克莱和休谟，根据他们主观的、以个人意识为基础的感觉论，一切都不外乎由上帝引起的个人知觉（巴克莱）或无法确认其根源的主观印象（休谟），则从根本上否定了空间的客观性，当然也不可能承认空间的严格普遍性。

涉及时间，情况有一定的不同。

唯物论者和以牛顿为代表的科学家当然肯定时间的客观的普遍性。巴克莱、休谟当然不承认时间的客观性，也不承认时间的严格普遍性。

此外，先看亚里斯多德。

在《物理学》第4篇第14章，他提出没有心灵会不会有时间的问题。[①] 因为，在第11、12章，他论证了时间是运动的量度，时间是数，其所以有数，是以有能进行计数者为前提。如果只有属于心灵的理性能够计数，那么，没有心灵，就很难说有时间。当然，他认为运动是客观的，独立于心灵的、作为运动特性的先与后也是客观的，只是作为运动的计量的时间应当是依靠心灵的。在我看，这是他的一种考虑，似乎还不能说是他确定的主张。

笛卡尔把时间同绵延加以区别。绵延指一物一般的继续存在，绵延属于一物的本身。时间作为运动的量度，是在思想之中，

① 223^a25f.，参看张竹明中译本，商务印书馆，1982年版，第136页。

它只是思想的"样态"。动的东西与不动的东西从绵延看,没有什么区别,运动快的与运动慢的在同一小时中,运动的量不同,可是时间上无长短之分,绵延还是相同的。只是为着了解一切事物的绵延,才用一种最巨大的、最有规则的运动——天体的运动——的绵延(那种运动产生年和日)作为共同标准,这样才有所谓时间。时间只是一种思想方式,对绵延的内容并无增加。①

斯宾诺莎跟笛卡尔一样,认为时间只是"思想的样态",它是表象能力的手段,而表象能力是不能给我们真观念的。② 在斯宾诺莎,时间与绵延有重要区别。绵延指存在物的延续③,绵延根本上来自永恒的事物,只是当把绵延同永恒事物分开,孤立地看绵延,这样才会出现时间④。时间是表象能力或者特殊地说是想像作用对于孤立地看的绵延所做的限制⑤。所以,在斯宾诺莎,时间也是主观的,涉及时间关系的认识不属于真知识,这种知识由于依靠想像作用,因而带有偶然性。按照理性的要求,就不应从时间的关系去认识事物,理性要求的是必然性知识⑥。斯宾诺莎思想的最高境界是与上帝(实体)在理性基础上的合一,这就是永恒。永恒并不

① 笛卡尔:《哲学原理》第1部分,原理55、56、57(E. S. Haldane & G. R. T. Ross 英译本〈下引此书版本同〉,第1卷,第241—2页)。

② 1663年4月20日致Ludwig Meyer信(《斯宾诺莎通信集》,C. Gebhardt德译本,1914,Leipzig〈下引此书版本同〉,第50—51页);1666年6月10日致Johan Bouwmeester信(同上书,第165页)。

③ 斯宾诺莎:《伦理学》第2部分,定义5〔贺麟中译本,商务印书馆,1981年版(下同),第41页〕。

④ 致L. Meyer信(《斯宾诺莎通信集》,第50页)。

⑤ 斯宾诺莎:《伦理学》,第5部分,命题23证明(贺麟中译本,第237页)。

⑥ 斯宾诺莎:《伦理学》,第2部分,命题44,特别是附释(贺麟中译本,第77—8页)。

是时间上的无限，时间作为表象能力的手段，不可能达到无限。永恒根本不能用时间来解释，永恒与时间没有任何关系，二者纯是两回事[①]。斯宾诺莎在这里与笛卡尔不同的是他着重地论述了绵延在存在上的偶然性。实体的存在是必然的，而一切样态，作为样态，都没有必然的存在。实体的存在是永恒，与此相对，样态的存在则是绵延[②]。绵延是存在的延续，但又是不确定的延续，所谓不确定的，就是说这种延续不能根据存在物自身的本性加以规定，这就是：绵延不是存在物的本质[③]。显然，在斯宾诺莎，时间就是对于不属于存在物本性的只有偶然性存在并且被孤立起来看的绵延所作的主观上的限制。

康德与巴克莱、休谟观点的区别比较简单。因为，巴克莱、休谟的主观主义观点与严格的普遍性无缘。

亚里斯多德、笛卡尔和斯宾诺莎都提出关于时间的主观性理论。但是，他们虽然都指出时间是由于思想的作用产生出来的，没有思想的计量活动（亚里斯多德、笛卡尔）或限制活动（斯宾诺莎），不可能有所谓时间，可是，他们都肯定了有一种思想的计量或限制活动加诸其上的那个被计量或被限制的某种客观存在物。在亚里斯多德和笛卡尔，那个被心灵或思想所计量的是一定的物体的客观的运动。在斯宾诺莎，为想像作用所限制的是从永恒事物脱离出被孤立地看的绵延，利用想像作用不能正确地了解实体的样态，不能正确地了解绵延，涉及时间的关系不是对绵延的正确了解，可是，无论如何，想像作用加于其上的绵延从其根源和本质说，

① 斯宾诺莎：《伦理学》，第 5 部分，命题 23 附释（贺麟中译本，第 237 页）。
② 1663 年 4 月 20 日致 L. Meyer 信（《斯宾诺莎通信集》，第 48—9 页）。
③ 斯宾诺莎：《伦理学》第 2 部分，定义 5（贺麟中译本，第 41—2 页）。

无疑是客观的。

康德强调时间的必然性和严格的普遍性，这就直接同巴克莱、休谟甚至霍布斯、洛克都有了区别。

他与亚里斯多德、笛卡尔和斯宾诺莎的真正界线，在于他把时间(和空间)视为一切认识的必然和普遍的条件，而其所以如此，根本上是由于时间空间作为感性接受对象的先天形式，属于人类感性的本性，是它所赋有的机制。亚里斯多德和笛卡尔并没有否认时间的必然性和普遍性。亚氏认为时间是运动的量度，而运动是潜能到现实的过渡，运动是永恒的。在笛卡尔，时间也是运动的量度，不过运动只限于物质实体，并且运动不是物质实体的本质属性，只是其样态。但是从笛卡尔认为在整个物质世界一切物体都相对地处于恒常的运动状态来看，在这个范围之内运动也还是普遍的、永恒的。[①] 斯宾诺莎的观点与以上二人有很大不同。像上所说，斯氏认为根据想像作用涉及时间关系的知识不是真知识，根本不应该从时间角度去认识事物，所以他当然是否认时间的必然性以及普遍性的。但是，即使亚里斯多德和笛卡尔也并未强调、更谈不上论证时间在认识的可能性方面的必然性和普遍性。这个情况跟他们认为时间只是人主观上对运动的计量活动才出现的这种观点是分不开的。康德与这三人在这方面的界线还不是主要的。

康德的独特观点是：空间时间(现在把二者合在一起谈)是人类感性本身固有的形式或条件。人通过感性与外界联系(感性的活动体现为不同感官的活动)。感性是接受性，它需要的是一切外来的材料或者说各种各样的信息，不然它就会空无内容，无所尽其

① 参看笛卡尔：《哲学原理》第2部分，原理13(英译本，第260页)。

用。但它本身也并不是空空如也,它也不会是白手起家(像洛克所喜欢说的),它不是自身不具任何规定性、无依无靠的什么东西,天下没有这样的东西。假定有这样的东西,姑名之曰“真无”,那么这种形而上学的“真无”,也就永是“无”,它不会接受任何影响,不会“有”,因为它缺少从“无”转化为“有”的一切可能性和根据。按照康德,感性是人类的感性,是理性的人的感性。他曾设想上帝有理智直观而非感性直观,也曾设想其他的理性存在者具有与我们人不同的感性。人的感性特点是以三维空间和一维的时间作为它接受表象的框架,这二者是感性的要素。没有这种框架或这样的要素,人的感性就不存在了。感性既然是接受者,就不是“真无”,就有其特性,特性是空间时间,外物的刺激与感性的接受都要通过这样的媒介。从另一方面着想就是:凡不以此为媒介的都必定与感性无关,也不会成为我们的感觉材料。不与外界发生接触,感性无从得到材料,康德不仅承认这一点,并且坚持这一点。如没有任何外来的材料,那么单从材料这方面说,可以是空白,但感性本身决非白板或白纸(白板也还是板,白纸也还是纸,板作为板,纸作为纸,都是具有特殊规定性的物,不是空白)。感性是以特定的空间关系和时间关系为形式的接受性。空间时间是感性特有的形式,不是对象本身的性质,对象本身原与空间时间无关。这就是以上所说的先验观念性。

亚里斯多德、笛卡尔和斯宾诺莎虽然都认为时间是主观的,那只是说时间是由于对某种客观存在物(运动或孤立抽象的绵延①)

---

① 在斯宾诺莎,绵延被孤立起来,割断了与永恒事物的联系,这样就已非真实,而为虚妄,已不应算是客观的,但是,究竟还有一个原与永恒事物联系着的真实的绵延,没有这真实的客观的绵延,也不会有被孤立着的绵延。

所做的主观方面的计量或限制才出现的，没有这种计量或限制，无所谓时间，但更重要的是，没有特定的客观存在物，就直接地不会有主观上得以进行计量或限制的具有特定的延续性的客观对象，那就根本不可能有时间。在他们，其所以有所谓时间，关键的关键是客观存在物的特定的延续性。所以这样的时间观点的主观性应该说是相对的。

康德的空间时间观点之前无古人之处在于完全不以任何客观存在物的特定的规定性作为空间时间表象的产生的直接的客观基础，对于外来的感觉材料本身，空间时间表象纯是加到上面去的（B 1—2，RS 38）。这是彻底的主观性，又是全人类的主观性。当然，这也正是人在知识方面的主体性的表现。

§20　“不能重叠的对应物”

现在简单说明一下康德在阐述他的空间理论时曾多次提出的一个论点：“不能重叠的对应物”（inkongruentes Gegenstück）。下面是《导论》§13的关于这个问题的一段话：

> 还有比我的手或者我的耳朵同它们在镜子里的影像更相似，在各方面更相等的吗？然而我不能把镜子里所看到的这只手放在原来的手的位置上去；因为，如果这是一只右手，那么在镜子里的就是一只左手，而在镜子里的右耳就是一只左耳，它决不可能放在右耳的位置上去。在这种情况下，仅凭我们的理智是想不出什么内在的差别来的，然而感官却告诉我

> 们，差别是内在的，因为，不管它们彼此多么相等、相似，左手却不能为右手的界线所包含〔它们是不能重叠（“重叠”中译本作“相合”——作者）的〕，而这一只手的手套也不能戴在那一只手上（AA 第 4 卷，中译本，第 46—7 页）。

这里提出的是一个值得注意的情况：有两个东西，它们无论是从量的方面还是从质的方面都没有区别，不管是它们的大小、各自部分之间的比例以至各自部分之间相对的位置都完全相同，可是，尽管如此，二者却不能互相代替，这个东西的界限不能恰好与那个东西的界限重叠。

他在 1768 年的《论区别空间中各个方位的基本根据》中第一次提出了这个问题。他利用这个问题达到什么目的？在这篇论文中，他的立场是接近牛顿的。他肯定绝对空间有真正的实在性，它独立于一切物质的存在，并且是物质的组合的可能性的基础。

在论文中，他首先把空间中所谓“位置”（Lage）与“方位”（Gegend）加以区别。“位置”指的是一个东西与另一东西在空间中的关系。“方位”是指具有“位置”的东西，总起来看它们跟绝对空间的关系。空间中各个部分彼此的“位置”之间的关系是以“方位”为前提的，因为只有按照“方位”，它们才会总起来出现这样的关系，它们彼此之间的一定的关系总是关联着“方位”，与“方位”分不开的。一切具有广延的东西，其各部分之间相对的“位置”，固然从它们本身就可以看出来，可是只要这些部分在它们相对的“位置”之外更有了一定的秩序，那么这个一定的秩序就必定是朝向着一定的“方位”，“方位”就是把这个具有广延的东西同在它以外的空间联系起来，这个所谓“在它以外的空间”并不是指这个东西周围的地点,因为这些周围的地点仍然不过是以这个东西的各部分的“位置”为中心的向外的延伸,这样仍然涉及不了“方位”,“在它以外的空间”指的是唯一的、普遍的、绝对空间,对于这个唯一的空间,每一个广延都只是其一部分。

绝对空间的客观实在性还需要进一步的论证。

先看空间中的“方位”概念是怎样产生的。

从我们的感官出发,我们所认识到的外面的一切,只能是由于它们与我们自己的关系。我们所看到的按照直角相切的三个平面,是由于物理的空间有三维。正在根据着这按照直角相切的三个平面对于我们身体的关系,才产生出空间中的“方位”概念。

与我们身体的长相垂直,就是水平面。由于水平面,而有上和下。与水平面相垂直,就出现另外两个平面。从我们的身体看,一个平面横向地把我们分开,这就出现前和后,纵向地分开,就出现左和右。

有了“方位”概念,有了左和右的不同的方向,于是出现了“对称”,于是出现了“不能重叠的对应物”。这是只有通过感性直观才能认识到的现象。

重要的是大小相同、形状完全相似的物体不能重叠的事实,表明两个物体的区别有一种内在的根据。规定一个物体的形状的完全的根据不只是依靠它的各部分彼此相对的“位置”,而且还根据着它同普遍的绝对空间的关系。不过,我们并不能直接知觉到物体同绝对空间的关系,可是我们所知觉到的物体之间的区别,对称的物体与物体的不能重叠,是来源于这样的关系。

康德在《论区别空间中各个方位的基本根据》这篇文章中主要是提出不同于莱布尼茨的空间理论,主张空间的性质不是指物质各部分彼此相对的位置，正相反，只是由于与绝对空间的关系，才出现物体各部分相互间位置的关系或秩序。空间自身的规定性，它的内在性质，是以绝对空间为基础的。在物体的结构方面，其真正的区别完全是来自绝对的根本的空间，没有这样的空间，就不可能有物体与物体的关系。

这种理论显然接近牛顿的空间理论。但是，康德主要是从几何学的可能性来考虑的，他认为从几何学的性质看，莱布尼茨的空间理论是站不住的，必须把空间从物体与物体的相互的关系独立出来，它有自身独立的（“绝对的”）现实性。而“不能重叠的对应物”论据正是为了服务于这个目的被使用的。

《论区别空间中各个方位的基本根据》发表以后过了两年，在就职论文《感觉世界和理知世界的形式和原理》（1770）里，康德又使用“不能重叠的对应物”的论据。这时他的空间（还有时间）理论已经发生重大的转变，抛弃了牛顿的绝对空间（绝对时间）的理论，提出空间（时间）是纯直观，是感觉世界的根本形式的崭新观点。他虽然也利用了“不能重叠的对应物”这同一事实，但是最后提出的却是不同的新的观点。那么，这里是否有根据同一事实为相反的观点作论证的明显矛盾？

在我看来，不能这样说。

在《论区别空间中各个方位的基本根据》里，同莱布尼茨的观点相对立，把空间从物质与物质的关系独立出来，主张空间具有独立于物质的固有的实在性，这是一个主要方面。这时，他已经强调几何学里涉及的是关于广延的“直观的”判断，这就是说，几何学的关于广延的判断不是知性对概念进行任何样的分析所能得到的。这样就把感性与知性的作用具有性质的不同的问题也引出来了。

这时，他根据空间中“不能重叠的对应物”的事实断言这是由于在空间方面有其“内里的根据”。只是在当时，他还认为空间具有绝对实在性，因而他最终把上述的空间方面的“内里的根据”归之于绝对空间本身。《论区别空间中各个方位的基本根据》虽然最终仍然肯定了绝对的空间，可是其中的关键思想是人的身体、人的感性直观是“方位”的基础，是“不能重叠的对应物”现象出现的必要条件，是空间方面的这种现象的“内里的根据”表现出来的必要条件。所以，实际上，“不能重叠的对应物”的现象，虽然最终被归结到普遍的绝对空间，它直接地却以人的感性直观为根据，直接地却说明了空间的感性直观的属于人类主观性方面的意义。

因此，当康德从 1768—1769 年进入向批判哲学的过渡时期，主要由于解释几何学知识的先天性，终于在《就职论文》里断定空间（时间）是纯直观，空间（时间）是人类感性形式方面的原理，因而是主观方面的意识规律时，仍然使用“不能重叠的对应物”论据，是完全可以理解的，并不能被看成是应用同一论据证明相反的论点。

后来，康德在《导论》的 § 13 也使用了“不能重叠的对应物”论据，论证空间是人类的外直观的形式，在空间中出现的“不能重叠的对应物”是相对于感性直观的显现，与《就职论文》上述的论证结论基本上也一致，当然，由于已经进入批判时期，《导论》中已经是与不可知的物自身相对的“显现”，而不是《就职论文》中的与理智可以认识的物相对的“显现”，这是二者的最重要的不同之处。

康德在《纯粹理性批判》（包括 AB 两版）中没有提出“不能重叠的对应物”来对空间感性形式作论证。在《导论》中使用了，可是在《纯粹理性批判》的 B 版并没有把这个论证补充进去。这可能成为一个可以追问的问题，也可以不必追问，因为《导论》是对《纯粹理性批判》的一种补充说明，写的时候曾经考虑当时人对《纯粹理性批判》的某些批评意见。事实上也没有出现把《导论》中涉及《纯粹理性批判》中重要问题的某些不完全相同的补充论点都加到后来修改的B版里面去。

§21　“蓝色眼镜”？

对康德的空间时间理论的了解和解释上，有一个比较常用的举例：康德的空间时间理论如果使用一个容易体会的事情来说明，就好比是人类戴着有色的，譬如蓝色的眼镜看世界，因而世界上的一切一切就都变成蓝色的，而不是原来的样子了。不清楚是谁最早提出这个说法，不过英国的罗素是有名的一个[①]。好像利用这样的举例来说明康德的空间时间理论是比较普遍的。我过去在讲课时也这样解释过。

对于一事物的一定方面A利用另一种事物的情况B加以说明，因为这种事物的特定情况即B与前一事物的一定方面即A有类似之处，而B原是大家熟知的，所以，通过B就也会比较容易地理解了A，这就是举例说明问题的好处，举例是解释事实的一种好的方法。

但是，举例总有一定的限制甚至缺陷。所举的事例与被解释的事实主要是在一定的方面类似，而不可能是全面的类似。只有与被解释的事实的原本情况完全相一致的情况，才是最理想的事

① 罗素：《西方哲学史》，Unwin，London，1979，第680页。

例，但是，正是由于这种情况与被解释的情况完全一致，同时也就完全不能起到举例说明的作用，因为，既然这种情况与被解释的情况完全一致，那么其不易理解之处也必然相同无异，那对于理解那个需要解释的情况能有什么帮助呢？

所以，B 与 A 一定又相似，又不相似，才能用来举例。

但是，B 与 A 的类似，必须是在 A 的主要方面，也就是那个表现其本质的情况上与其类似，这样才可以从 A 的决定性的方面对它的主要疑难之处有了清楚的领会，而不至于只注意到枝节方面，甚至得到的不是正确的领会，陷于错误的了解。只有与 A 的本质情况相一致的 B 才是正确的举例。如果 B 只是从一个非本质的侧面与 A 表面上相似，通过 B 并不能抓住 A 的真正特性，从而引起错误的理解，那么这个 B 就不是恰当的例子。

“蓝色眼镜”的例子对康德的空间时间理论就不是一个恰当的举例。

“蓝色眼镜”的例子只在表明由于戴上有色的眼镜这个主观方面的特性因而使得所见的事物发生一定的变化这一点上，起了一定的极表面的说明康德的空间时间理论的作用。

重要的是，按照康德，作为感性形式的空间时间，它们属于人类主观的表象能力，它们对于感觉到的对象所产生的影响的性质，与所感觉到的对象之间仅只增加了一定的颜色——蓝色——这样的变化相比，很不相类。“蓝色眼镜”举例的缺点正在于此。

从古希腊到十八世纪，具体对象的大小——广延——总是其根本的属性。康德以知识学代替本体论，主张空间时间是感性的先天形式，只能以人类的立场才能肯定其实在性。由于空间时间是一切经验对象存在的基本方式，我们根本不可能设想任何经验对象不在空间时间中。可见，康德的先天的空间时间理论是意谓着人类在认识活动中所实现的第一次重大的对经验对象的改变，尽管人类在感性阶段纯是接受对象。

"蓝色眼镜"的譬喻虽然表示了人的主观方面的特殊情况对经验对象必然产生一定变化，但是它完全没有表明那种变化涉及的是通常所认定的经验对象的一些根本性质。当我们说物自身不应该在空间中，不应该在时间中，我们完全不能设想物自身是处于什么情况，所以，只按照先天的空间时间理论，就足以断言物自身是不可知的。而"蓝色眼镜"的譬喻由于没有表示出这种重大的变化，一个球不是蓝色的，还可以设想是别的什么颜色的球，至少还可以设想一个球或者具有球的形状的东西。那不是对于感觉到的对象本身的基本方面仍然可以加以设想？一种颜色的变化不是完全不能表现出像先天的空间时间给经验对象带来的那样的我们根本无法从否定这样的性质（空间和时间）来加以设想那个对象本身是什么样子的重大变化？

所以，"蓝色眼镜"的譬喻只在一定的限度内，对我们的了解有点帮助，它只能是肤浅的了解，主要是它不能表明先天的空间时间在认识上的**主观上的**（**尽管是接受性的**）**关键的决定性**，因而这个譬喻甚至是引入歧途的。

§22　康德的空间时间观点的哲学意义

我们主要应该对康德的空间时间理论的哲学史的意义作出一种估计。

康德当然也是自然科学家。在 1755 年的《一般自然史与天体理论》中,表现出明显的牛顿的时空观影响,虽然在富有生气的发展观点上是超出了牛顿的。直到 1768 年的《论区别空间中各个方位的基本根据》,他也仍然承认绝对的空间时间。

从 1769 年进入过渡时期。《就职论文》(1770)第一次发生思想上的重大变化:空间时间成为人类感性的纯直观。《就职论文》实质上表现从传统的本体论哲学向哲学的知识学的伟大转变。这个转变的主要标志就是空间时间从客观的绝对性向纯直观的主观性的转变。

所以,康德的批判哲学的时空观是哲学的时空观,并且是哲学的知识学的时空观。

康德哲学的时空观与他的时代的自然科学必然有不可分的联系,这是无可否认的。他认为像"空间是三维的"以及欧几里得几何学的原理对于物质世界的经验对象都是绝对真实的。所以,我们站在今天相对论和量子力学创建以来的科学的新的基地来看他的上述想法,显然是早已过时。

但是,把康德的时空观从哲学方面加以考核倒是合理的,必要的,因为它原本属于一种哲学的探讨,而并非是自然科学研究的成果。

从古代,哲学家们就不断对空间时间的最一般特性进行思考。在长期的本体论占统治地位的哲学发展中,哲学家的时空观是他们的自然哲学的一个部分。例如古代的原子论把虚空——空的空间——与原子视为宇宙的两个始基,虚空是无限的。近代莱布尼茨的单子论则把空间和时间视为从经验抽象出来的客观的现象之间的并列或前后相继的关系。康德哲学中对空间时间的理论是创新的。他是从知识学出发讲哲学的。他不是断言世界本身如何如何，他考察的是我们人类是怎样对世界进行科学的认识的。所以他的批判既非过去的本体论哲学，也不等于是自然科学的研究本身。

康德的做法是数学和自然科学作为人类知识的典范，在感觉经验范围之内，确立知识，也即经验的先天的可能性条件。他所谓批判的方法，实质上不过如此，这里并没有不切实际的好高骛远，所以，康德的批判方法取得的成就是深远的。

康德的空间时间理论在哲学发展方面的成就应该归结为以下几个方面：

（1）它们是欧几里得几何学、数学的“数”的构成以及自然科学考察的主要对象“运动”的可能性的基本条件；

（2）它们是人类的感官经验对象的认识的可能性的基本条件；

（3）所以它们才又是欧几里得几何学、数学中有关数目的特定原理和自然科学中的运动原理的客观有效性的可能性的基本条件；

（4）尽管空间时间是人类感性接受对象的形式，可是，肯定空间时间之为人类感性直观的先天形式，却是对人类认识上的主体性的重大肯定；

（5）知识学上的这个新的观点构成康德哲学所谓的“哥白尼革命”的前提和组成部分，并且是新的世界观的基础和新的批判哲学的引线；

（6）最后，这个观点终归成为康德哲学的既启迪理智、又陷入于困惑的难题的总根子。

现在我们在阐述康德哲学的道路上已经迈出重要的一步。底下继续前进。

最后需要补充一点：对于康德的空间时间理论的全面的解释，并不是单单的感性这一部分所能完成的任务，因为认识是人的理性思维的整体的创造性活动，只有再通过对知性活动的阐述，甚至还要等到对理论理性在认识上的重要意义有了体会，才能对康德的时空观的整个图景和作用得到充分的领会。

第二编　知性

第三章　知性的形式：范畴

§1　知性与感性

知识是怎样产生的？从主观方面说，感性是一个主要来源，但是，像前面所说，仅仅感性不能产生出知识，此外还需要另一个重要的源泉，就是知性。感性接受表象，知性是根据接受到的表象来认识对象的能力。由于感性，对象只是被**给定了**，在主观方面产生了表象，只有知性才能就着表象来**思想**对象。知性与感性二者在认识中作用不同，知性的特性是从自身产生出概念，表现认识中的主动性（Spontaneität）①，感性只是接受性。二者各有固定的职能，感性不思想，知性不管接受。缺少任何一方，都不可能出现知识。

> 直观与概念构成我们一切知识的要素，因此，概念如无在一定方式与其相应的直观，或者直观而无概念，都不能提供知识（A 50 = B 74，RS 94）。

---

① Spontaneität 这个词过去曾译"自发性"，从康德的用法看，不很妥切，现改今译。

> 没有感性，对于我们就不会有对象被给定，而如无知性，对象就不会被思想。思想无内容是空的，直观无概念是盲的（A 51 = B 75，RS 95）。

知识必定是感性与知性合作才能出现。

> 因此，正像必然要使我们的概念具有感觉意义（就是给予它以直观中的对象）一样，也必然要使得我们的直观本身可以理解（就是把它置于概念之下）（A 51 = B 75，RS 95）。

这里首先要明确两点：

（1）知性与感性各有自身不同的特定职能，二者不能混同。

（2）知性与感性二者必须结合，才能产生出知识，缺少任何一方的作用，知识决不可能出现。

紧紧抓住这两点，应是康德知识学的一个特色，因而这两点思想就深入人心，对知识学的发展是一贡献。近代的唯理论和经验论各有所偏，有时导致二者的混淆，更严重的是使得对知性或感性作用的片面性了解愈陷愈深。

认识对象，就要思想对象。对象不是仅仅接受下来的问题，不思想，能不能说认识到对象？所以，对知性的分析是知识学的另一严重的任务。

§2　知性：判断的能力

对知性的分析，就是在知识的形成中了解知性在认识中的作用。知性的作用是一种活动，有活动必有受动，活动必定通过受动而显现。所以对任何活动必须结合受动方面的表现来进行分析，这是唯一可以把握的，舍此无从入手。

感性直观与对象的联系是直接的，并且只有感性直观才与对象有直接联系。感性直观给定我们一个一个的个别对象。知性的表象就不同了，它的表象是一般性的，叫做概念。利用概念来认识对象，这是知性的特点。利用概念认识对象的结果是得到关于对象的判断。知性的认识总是采取判断的形式。所以，要了解知性，必须从判断入手。一切知识都不过是判断。所以我们的工作正应从判断开始。

> 由于我们能以把知性的全部活动归结为判断，因此一般地说，知性就可以认为是一种实行判断的能力（A 69 = B 94，RS 109）。

§3　一般知性活动的核心：概念

既然只有感性直观才能与对象有直接联系，那么，概念同对象的联系必定是间接的，判断也就是关于对象的间接的知识。概念只能同对象的一定的表象（可以是直观，也可以是概念）相联系，所以，判断可以说是对象的一定表象的表象。从知识和对象之间的关系看，直观不经过中介，是直接的；概念是直观以外的，终归必是以直观为中介的、与对象发生联系的第三者。

“一切物体都是可以分割的。”

在这个判断里边，谓语“可以分割的”是一个“可分割性”的概念，它是一般的，它可以与好多其他的概念或直观发生联系，当前是与“物体”概念联系着。而“物体”终归是与一些显现相联系的。所以，由于利用“可以分割的”概念，就对这些对象作了表述，这种表述具有间接的性质，因为它是利用有普遍适用性的概念对于从直观得到的直接的表象的表述。

由于概念是一般性的，如果概念作为谓语，它就可能有广泛的应用，它可以用于这个表象，也可以用于别的表象，一个概念总可以用作好多判断的谓语。“可分割性”可以联系于“物体”概念，也可以联系于植物、动物、桌子或者别的东西。一个概念对多种多样的表象都有效，从而它就能够应用到多样的对象上面去。

知性思想对象。直观不是思想，思想是利用概念得到知识。直观不是判断，判断是利用概念认识对象的结果。可见，知性的活动：思想或判断，其核心在于与直观相对的概念（关于以上请参看：A 50 = B 74，RS 94；A 67—9 = B 92—4，RS 108—9）。

概念可以是纯的，也可以是经验的。包含有感觉、以对象的实际出现为前提的，是经验概念。不带有任何感觉的，就是纯的。纯概念就是范畴。现在我们不去区别经验的和纯的概念，先一般探索一下概念的特性。

感性直观依靠外面的刺激，概念则是依靠功能（Funktion）。功能指一定的作用或活动以及它产生的效果、完成的工作；通常是联系着有机体来说的。康德说概念依靠功能，又有特别意义。这里所谓功能特指一种统一性的活动，由于这种统一性才把一些不同的表象统摄在一个共同的表象之下。所以说概念的基础是思想的主动性，与感性直观之以接受印象为基础有根本区别。正是由于概念的这种功能，所以判断就表现出在一些表象中间赋予统一性的功能：

> 因此，一切判断就是关于我们的表象的统一性的功能，就是说，不是用一个直接的表象而是用一个把这个直接表象和更多的表象都包括起来的更高级的表象来认识对象，从而把好多可能的知识综合成为一个知识（A 69 = B 94，RS 109）。

按照知识学的分析，判断是概念的统一性功能的表现，概念的统一性功能在判断里得到展开，概念实际上先天地蕴涵着判断的可能性条件①。判断是概念的现实表现。概念的统一性功能及其在判断中的成就，归根到底，也即知性本身的功能。

传统逻辑把判断看成主语谓语两个概念的关系，而对这种关系仅仅是从表面形式上来了解，是一种外在的关系。康德在概念和判断的问题上，抓的是意识的统一性功能。从意识的统一性自然会认清概念与判断实质上的根本联系，概念的功能是基础，判断是这种功能的显现，而意识的统一性是焦点。康德在他的逻辑学讲义（1800 年出版）中对判断是明确地这样说的：

> 一个判断是对一些不同的表象——这些表象构成了一个

① 从实际的活动方面看，任何概念都在实质上蕴涵着判断，特别是经验概念，离开了判断，不能构成概念。但是，从抽象分析的角度，仍然可以把概念同判断作为不同的对象分开考察。康德的知性范畴是先天概念，它们是纯思维形式，它们是形成判断的先天条件，但是它们本身还不能说是包含有关于任何经验事实的判断。

> 概念——的意识统一性或它们的关系的表述(第9卷,第10页,着重点是我加的)。

他不认为判断是两个概念的外在联系,判断表述一个概念里面的一些表象原已由意识的统一性所结合起来的关系。“人”的概念涉及好多表象,如“有理性”、“有死”、“苏格拉底”等等。因此可以提出“苏格拉底是人”这个判断。在这里,意识的统一性功能是核心。概念体现意识统一性的根源。判断是其表现。这个道理是康德知识学的关键。

§4　判断的形式

知性以意识的统一性为统率,通过它的概念,究竟有多少不同的功能?这里是不是构成一种完整的系统?以前还不曾有人这样考虑过,更不用说提出答案了。康德有天真的想法和决心完全而彻底地解决这个问题。

知性的意识统一性功能最终都要通过判断表现出来。判断的统一性正表现了知性的功能,判断的全部不同的统一性就表现知性的全部功能。判断的不同的统一性就表现为判断的不同形式。

> 判断的形式是不同的表象,作为这样的表象,其所以从属于一个意识的在种类和方式上的规定性(《逻辑学》,AA第9卷,第101页)。

知性表现在判断上的功能可以归结为量、质、关系、样式四大类，每一大类包含三个要素：

（1）判断的量：一般、特殊、单一。

（2）判断的质：肯定、否定、无限。

（3）判断的关系：定言、假言、选言。

（4）判断的样式：或然、实然、必然（A 70 = B 95，RS 110）。

以上的判断分类表是康德对以前逻辑学在这方面的观点整理加工之后的排列。传统逻辑学中对判断的分类主要限于量和质方面，并且一般采取二分法。康德把关系和样式方面的分类同量、质并列起来，增加了判断的种类。他不是像传统逻辑那样仅仅考虑到判断的表面形式，而是更注意到知识内容方面的各种特点，从而对传统逻辑学量和质方面的二分各补充了单一判断和无限判断，把知性思想在各个不同方面表现为三个要素的观点代替二分法。这是一种重要的发现。贯穿于整个体系之中的这种三分观点对哲学的发展有深远的影响。

§5　先验逻辑

对纯理性的活动作全面系统的说明，是康德哲学的任务。这个任务的第一部分是考察理论理性，就是说明纯理性在认识方面的活动，这就是哲学的知识学。在认识方面，首先说明感性，然后是知性，最后是理性（狭义的）。关于一般的知性规则的科学是逻辑学（A 52 = B 76，RS 95）。当前我们已经来到逻辑学范围。

从历史上看，亚里斯多德是逻辑学的奠基人，他主要系统地阐述了认识中的推论形式。后来的培根主要探讨了认识中的归纳方法。康德以前的逻辑学主要在这两个人的影响下发展着。亚里斯多德的逻辑学同他的“第一哲学”(关于世界的最一般的知识)是分开的。培根的方法论与他的唯物论有密切联系,但仍是两回事。总之,在康德以前,逻辑学仅仅是不涉及认识对象的一般的推理和认识方法,很少注意到方法与世界本身的特性的任何联系。

康德在传统的“一般逻辑”或“形式逻辑”(A 50—55 = B 74—9, RS 94—8)之外提出他的先验逻辑。

> 我们已经指出:一般逻辑不涉及知识的一切内容,也即不涉及知识对客体的一切关系,只考察知识与知识相互关系中的逻辑形式,也即一般的思想形式。但是,由于既有经验直观也有纯直观(先验感性论已经论述过),那么在关于对象的思想方面也很可能会有纯的思想与经验的思想之区别。如果这样,那就会有一种并非完全不涉及知识内容的逻辑;那种逻辑所拥有的就都是关于对象的纯思想的规则,而排除一切具有经验内容的知识。那种逻辑也要考察我们关于对象的知识的不能归到对象方面去的根源。可是一般逻辑就不涉及知识的这种根源,它并不管表象是先天地来自我们自身还是仅仅在经验中给定的,纯就着知性在思想时、在相互关系里运用表象时所遵循的规律,对表象加以探讨,因此它所注意的就只是那些表象所能有的知识形式,不管那些表象是怎样来的(A 55—6 = B 79—80, RS 98)。

归纳法的问题比较复杂。如果不谈归纳方法,一般逻辑或形式逻辑的规则只是进行形式推论的规则,并不考察对象本身。正因不涉及任何特定对象,所以才可以应用于任何特定对象而皆准。它的普遍性仅是思想的最一般活动得以实现的最基本的普遍性。它的一般规则在认识中是必要的,但作用有一定限度,与知识内容不相干,是思想的纯粹形式方面的结构安排的规律。

知性的活动是思想对象。有没有关于对象的普遍的纯思想也即纯概念,正像感性在接受对象方面的纯直观?如果有这样的关于对象的纯思想,那么探讨建立这种纯思想体系的可能性、原则以及这种纯思想应用的范围,将是对逻辑学的一大提高,对知识学的一大突破,对哲学一大贡献。

先验逻辑就是关于认识对象的普遍的纯思想的逻辑。这种逻辑不以探讨思想的普遍推论方式,而以探讨所认识的对象的纯的普遍的规定性为目的。什么是"先验的"(transzendental)?我们前面曾引用过下面一段话:

> 现在提出一点请大家注意,这对底下的全部研究都有影响,要很好记住,就是:并不是每一先天的知识都应称为先验知识,而只有那种使我们认识到某些表象(直观或概念)怎样正好只能先天地加以运用或是先天地可能的知识(也就是先天知识或其先天运用的可能性的知识),才是先验的知识(A 56 = B 80, RS 98—9)。

可见,先验逻辑的特性是:

(1) 它不是完全不涉及认识对象,它必定要涉及认识对象;

(2) 它考察的是关于认识对象的纯的普遍性的思想;

(3) 它不是一般地阐述关于认识对象的纯的普遍性思想,而是以说明这种思想的可能性及其客观有效性为任务。

这项工作由于考察的是纯知性（纯的普遍性思想也即纯概念）的可能性和运用的规则，所以也是一种逻辑学。但由于它包含的是关于认识对象的纯思想，所以也会形成一种世界观。这是逻辑学兼世界观，世界观的严格的规律化、系统化。这是历史的新的转折点：世界观如果以逻辑学为基础，为逻辑学所支配或统摄，那就为逻辑学吞噬一切、为绝对唯心主义的发展的可能性作了一定准备。

§6　知识的内容与综合

先验逻辑要涉及知识的对象或知识的内容。怎样着手这种从未有人设想过的工作？

问题是探讨关于对象的纯知识的可能性。一切知识必须从感性直观开始。“先验感性论”已经对感性直观的起源及其可能性的先天条件得出结论。知性以感性直观为材料，应用概念进行思想，得出判断。单靠感性得不到知识。作为知识材料的感性直观总是给定的，并且是零散的。材料被接受下来，却还不是知识，因为还没有被了解。为了构成知识，知性主动地根据一定的方式把零散的材料整个地注意、抓住、贯穿联结起来，这种作用就是综合。只有经过这种作用，才能构成知识或判断。

综合是知识活动的本质，是产生知识的关键：

> 不过我所谓最一般意义下的综合是指把不同的表象相互结合起来从而把它们的众多的方面在一个知识里加以把握的

活动。如果这多样的东西不是经验的，而是先天地给定的（像在空间和时间里面），那么这样的综合就是纯的。对我们的表象进行任何分析之前，表象必须先被给定；因而从内容说，任何概念不可能从分析产生出来。只有对多样的东西（不管是经验地还是先天地给定的）加以综合才可以产生出知识，最初这知识固然只能是粗疏的以及混淆不清需要分析；可是却只有综合才是真正为知识收集要素并把它们结合起来构成一定内容的。所以，当我们打算确定知识的第一源泉时，首先要注意的就是综合（A 77—8 = B 103，RS 116）。

综合是知性的活动。知性利用概念进行认识，得到的是判断。那么综合与概念是什么样的关系？现在要注意的是既然综合是把不同的表象结合起来，总起来把握，那么这种结合是怎样进行的？是怎样总起来把握的？是没有任何意识纯靠心血来潮信之由之毫无线索可寻的举动，还是根据一定的方式？如果是前边那样，恐怕就很难说会有什么确定性的知识。康德认为这是根据一定的方式的。他认为知性的功能在于综合活动统摄于概念，从而受概念的支配。这就是说，不是无所依据的、游移不定的综合，是特定的综合，是由纯概念来统摄的综合，何以如此，也不难理解。形式逻辑总结出来的有限的判断形式，不是显然表明知性的活动是按照一定的方式？可以说，综合是有统一性的，有统摄的，有主宰的。这个主宰，来自知性，直接地起作用的就是知性的概念。如举个例，最简单的就是计算数目的活动。计算数目就是根据概念进行的综合活动。我们如根据十进位法计算数目，就是以十来统摄对数目的计算，被计算的数目在十的概念之下获得了统一性（A 78 = B 104，RS 117）。

§7 范畴与判断

传统逻辑一般地通过分析说明一个概念对所有同类的表象(个体)的统摄关系:人的概念之所以统摄一切个别的人是由于它包含着一切个别的人所共有的特征。

先验逻辑是要说明形成知识(关于客体的知识)的根本活动。这种活动必定是以一定概念为根据的按照一定方式赋予表象以统一性的综合活动。这个想法在哲学史上产生了深远影响。这是一个需要认真考虑的问题。如能提出确当的有一定说服力的论据,那将是知识学的一项重要发展。

判断是知识的表现形式。考察知识要从判断入手。判断是通过综合活动产生出来的。形式逻辑说判断表示主语和谓语的关系。这只是从表面说明,未能道出知识的底蕴。形式逻辑也没有向自身提出这样的任务。

为了对综合活动与判断以及纯概念——范畴——的本质关系有扼要的了解,请看下面这一段很重要的话:

> 在一个判断里,给予不同表象以统一性的这种功能,也在一个直观里对不同表象的单纯综合给予统一性,这种功能,一般地说,就叫作知性的纯概念。因此,正是知性,并且正是由于它的这同一种作用,在概念里它利用分析的统一性赋予一判断以逻辑的形式,又利用对直观里一般多样的东西的综合统一性为直观的表象带来一种先验内容。因此,这种作用叫做知性的纯概念,这些纯概念先天地朝向着客体,这是一般逻

辑所办不到的(A 79 = B 104—5, RS 117)①。

这段话是康德对知性功能所作的纲领性说明,决不可等闲视之。

现在是要向读者揭示知性的功能的实质,目的是使读者对知性的纯概念也即范畴的作用有基本的了解。这是先验逻辑的独特任务。为了作好说明,最好对照着一般逻辑,这样就容易抓住知性范畴在认识上的更基本的独特作用,先验逻辑的特征也就自然勾勒出来。

统一性的根源是知性的纯概念。知性的纯概念,由于是统一性的根源,所以它的作用是赋予综合以特定的统一性,也即以其特定的统一性来支配、控制综合。

一般逻辑告诉我们:根据一定的思想律(矛盾律),如何正确无误地利用已有的知识(不管是具有必然性、普遍性的知识还是不具必然性、普遍性的知识)得出蕴涵于其中的一些其他知识。

① 这段话很重要,在理解上存在着分歧。(甲)按照我的译文,第一句话中,"叫做知性纯概念"的是"功能",按照 N. K. Smith 英译,是这句话中的第二个"统一性"。统一性是知性的纯概念也即范畴吗?范畴本身必定具有统一性,但范畴并不仅仅是统一性。在我这段引文前面只有几行,康德刚刚说过,"概念(指范畴)给予纯综合以统一性"(A 79 = B 104, RS 117),可见,范畴不仅仅本身具有统一性,它是使得纯综合具有统一性的源泉,换句话说,范畴不仅本身是有统一性的,它更是统一性的原因。统一性的原因与统一性不是一回事。"叫做知性纯概念"的是"统一性"呢,还是"功能",这是一个对康德理解上的问题。(乙)按照我的译文,底下的又一个"叫做知性的纯概念",指的是"作用"(复数),按照 Smith,指"表象"(复数)。知性由于它本身的作用赋予表象以先验内容,如果"表象"指范畴,那就是说,范畴自身原本没有先验内容,是知性由于另外的某种作用首先把先验内容加给它的范畴。这样,范畴怎么会是"知性的纯概念"?所以,这里又是一个对康德的理解上的问题。按照 Smith,似乎康德的范畴不是功能或作用,而据我看,康德的范畴恰恰不能离开知性的功能或作用来理解。这个道理在下文中将逐步得到阐述(附带指出,我过去在《18 世纪末—19 世纪初德国哲学》中的译文是以 Smith 译本为根据,因而据我现在的理解,在这句话里有以上的错误)。

例如关于概念：一般逻辑指明任一概念（不问这概念是经验的还是纯的）与其所属的个别事物的表象的关系。“人”的概念具有某些本质特征，凡具这些本质特征的个别对象均为“人”的概念所统摄。反之，凡属于“人”的概念的都必定具有“人”概念的这些本质特征。

先验逻辑揭示的是纯概念（不是来自经验的概念）的作用。一般逻辑说的是概念统摄着一切具有该概念本质特征的个别事物的表象，先验逻辑说的是范畴统摄着对于一些表象的纯综合的活动，范畴给予纯综合以特定的统一性。这里还需注意不能忽略“先验感性论”已经得到的成果，我们要掌握住“先验感性论”与知性活动的不可分的联系，因而纯综合指的是在空间时间先天形式之下的综合。空间时间是我们接受对象表象的条件。所以，范畴的作用应该是通过空间时间的条件直达到对象的表象的构成。对知性来说，这是与一般逻辑所表示的完全不同的作用，对认识来说，这是根本的作用。

一般逻辑以“人”的概念为根据，说“苏格拉底是人”，这就把苏格拉底归入“人”这个逻辑的种（genus），这样，“苏格拉底是人”的含义就不仅是一个特定的所谓苏格拉底被称为人，它的含义是苏格拉底与好多好多的其他具有“人”的本质特征的东西都是同一种类的事物。所以说，“在一个判断里，给予不同表象以统一性”是逻辑的功能，这是一般逻辑所阐述的知性的功能。

但是，从先验逻辑看，说“苏格拉底是人”除了把苏格拉底这个特殊对象按照“人”的概念的本质特征归到该概念之下这种逻辑功能之外，还有更根本的功能，那就是把一些表象综合起来，并且是按照一定的方式，也就是根据着一定的统一性进行综合，从而把这些表象构成一个对象，因而得以表示它具有一定的本质特征，即人的本质特征。这种功能真正是我们认识的基础。这就是“……也在一个直观里对不同表象的单纯综合给予统一性。”

现在有两种统一性：“分析的统一性”和“综合的统一性”，它们都是知性的功能或作用。

一切概念都蕴涵有分析的统一性。例如“红”的概念表象的是一般的红的特性。红的概念只是一种思想。实际上，红这个性质是属于好多个别事物的，如苹果、太阳等。红的性质不是孤立地存在的。它必定同别的表象（一定的形状、硬度或燃烧着的东西等）结合在一起。对于一些个别事物（苹果、太阳等）进行分析之后，得出为这些事物所共有的一种特性，如红这个特性。这就是通过抽象作用所得到的一种表象。这个表象是知性的一项创造，它只存在于意识之中，它是独一无二的，它是单一的，它又是统一的，因为它是一个独特的方面，一个独特的标志，它是好多个别事物的这种类似的性质的总代表，其所以是总代表，是由于对好多个别事物的特殊方面作了分析，才得以产生出这个代表好多个别事物的特殊方面的单一的表象，这是知性的分析的统一性。抽象的概念都是这样形成的。

另外是综合的统一性。在认识过程中，综合的统一性首先在直观中表现出来。把直观到的一些表象综合成为一个整体，多样的表象就有了综合的统一性。

综合的统一性是更根本的作用。因为只有在直观中把一些表象，包括红色的表象，综合成为一个整体，才会出现一个东西，一个对象，并且是一个红色的东西，红色的对象。有了一些这样的带有红色表象的对象，才能进行分析，形成一定的概念，例如红色概念。概念是分析的统一性的表现。分析的统一性以综合的统一性为前提（B 133—4，注，RS 143[b]）。

重要的是，不管是分析的统一性，还是综合的统一性，都是知性的活动，都是为知性所支配的按照一定方式的特定的统一性。这就是知性的纯概念或范畴的作用。康德认为在直观中对一些表象的综合，应该肯定是有规则的。综合活动是形成知识的根本活动。形成知识也就是得出判断。按照传统逻辑，判断有一定的形式。传统逻辑对判断的形式进行了考察和总结，应该作为重要根据。判断，它的任何特定形式，都体现了一种分析的统一性，体现出特定的规则。所以，这个规则是知识的重要表现形式，是了解认识活动的钥匙。这个规则表现着知性的功能或作用，这种功能或作用不仅表现于知识的判断，它先天地首先或根本上在对直观的表象的综合方面已经在实现，已经是必然的。没有这种作用，就没有对直观的表象的综合统一性，就不会有知识的对象，就不会有关于知识的对象的特定的按照一定规则的认识，因而没有这种综合统一性，就不可能有分析的统一性，就不会产生判断。

知性支配、控制对于直观中表象的综合，这是知性的功能。知性的这种功能或活动先天主动地按照一定的方式，也就是按照一定的规则。这种按照一定先天规则支配、控制对于直观中表象的综合的功能，康德名之曰知性的纯概念或范畴。知性的纯概念按照一定的先天规则支配、控制对于直观中表象的综合、给予这样的综合以一定的统一性当中，就对这些表象作了特定的安排，给它们"带来一种先验内容"。正是知性纯概念的这种按照一定规则支配、控制综合的功能，为关于客体的知识的形式以及判断的形式打下基础。知性纯概念在综合统一性方面与知识的客体①有着必然

① 什么是"客体"，"客体"与"对象"区别何在，将在以后深入探讨。

的联系。先验逻辑就是主要考察这种先天的联系，而这是一般逻辑从来不曾想到的问题。

§8　范畴表的辩证法

既然是知性按照一定规则支配和控制综合直观到的表象的功能也为判断的形式打下基础，既然知性的综合统一性是它在逻辑功能方面表现出来的分析的统一性的前提，既然先验逻辑所探讨的与一般逻辑所探讨的都是知性的功能，不过一般逻辑只涉及判断的形式方面，而先验逻辑探讨的却是知性与客体的普遍必然的联系方面，是深入到认识核心方面，那么，一般逻辑在形式方面对于判断所进行的长期研究和整理工作，就必定为先验逻辑提供有益的准备工作。与先验逻辑直接有关的是一般逻辑对判断形式所作的整理和总结。对判断形式的整理和总结，根据上面所讲的道理，应该为知性的全部逻辑功能提供系统的线索。知性的逻辑功能以知性的根本性的综合直观中表象的功能为前提，知性的分析的统一性以其综合的统一性为前提。所以，判断形式的系统应该是知性的根本性的认识功能的直接表现。判断形式的体系必定是发现**知性的全部认识功能**的可靠依据。知性的全部认识功能也就是知性的全部范畴，也就是范畴的体系。所以，传统逻辑对于判断形式的总结成了康德（至少在一定程度上）发现范畴体系的基本线索。

康德参照传统逻辑，对于判断的分类作了改进，重新加以安排，提出如下的四个组，每组包含三个要素的判断表：

I
判断的量
全称的
特称的
单称的

II
判断的质
肯定的
否定的
无限的

III
判断的关系
定言的
假言的
选言的

IV
判断的样式
或然的
实然的
必然的

与上面的判断表相对应，康德制定了以下的范畴表（A 80 = B 106, RS 118）：

I
量的方面
统一性（Einheit）
多数性（Vielheit）
全体性（Allheit）

II
质的方面
实在性（Realität）
否定性（Negation）
限制性（Limitation）

III
关系方面
附着性和自在性（实体和状态）的关系[①]（der Inhärenz und Subsistenz, substantia et accidens）
原因性和依靠性（原因和结果）的关系（der Kausalität und Dependenz, Ursache und Wirkung）
共存性（动作者和受动者之间的交互作用）（der Gemeinschaft, Wechselwirkung zwischen dem Handelnden und Leidenden）

① 康德对 Akzidenz 的定义是“实体的规定性，这些规定性无非是实体存在的特殊的方式。”（A 186 = B 229, RS 239）。所以，Akzidenz 在康德主要并不是指一些对于实体来说只是偶然出现的性质。Akzidenz 是实体存在的方式，在这个意义上，Akzidenz 甚至是必然出现的。Akzidenz 与实体主要区别是 Akzidenz 是实体存在的一定的表现，实体本身不变，而 Akzidenz 是变化的。因此，这里把 Akzidenz 译为“状态”。

IV

样式方面

可能性(Möglichkeit)——不可能性(Unmöglichkeit)

存在性(Dasein)——不存在性(Nichtsein)

必然性(Notwendigkeit)——偶然性(Zufälligkeit)

了解这个范畴表并且记住它，对于了解康德的知识学以及他的全部哲学体系都至为重要。这是知性功能的总体系，是知性活动的纲领。因此是知识学的主要内容。范畴作为知性的形式，相当于空间时间之为感性的形式，但是，像上所说，它们是与客体相关联的，所以，所起的重要作用又是与空间时间很不相同的，其中道理以后解释。这个范畴表由于是总结了知性的全部功能，所以，它又是康德思辨地考虑问题的基本框架，因而就对整个康德哲学的某些方面都有影响。

康德对于这个范畴表表现出很大信心。知性作为人的认识能力，它的功能必然是一完整的统一体系，如果按照正确途径，把它发现出来，就应该正好把握的是那个整体，它的要素增加了不成，减少了也不成。正因为包含着这些范畴，所以我们的知性才是纯知性。这些范畴是按照一个根本原则系统地展开来的。什么原则？知性根本上是判断的能力，从判断的系统表现来挖掘知性的全部功能，这是可靠的途径。

亚里斯多德最早研究了范畴的体系。康德称赞他的思想细密敏锐，但是认为他列举的十个范畴不是以正确的原则为根据，只不过是零碎地摭拾拼凑起来的。并且其中的五个不能归入范畴。“时候”、“地方”和“位置”都是感性形式——空间、时间——的不同样式，凡涉及空间时间的各样不同状态的，都是与接受对象的方式不可分的，都不能归入知性的纯思想。“活动”和“受动”是从因果范畴引申出来的概念，也不应归入范畴。另外，在《范畴篇》最后，亚里斯多德论述的“在先”和“同时”也是感性形式的不同样式，“运动”是经验概念，不是纯概念。总之，康德认为只有根据判断的全部的系统的形式发现出来的才是知性的最根本的概念——范畴，才显现出知性的全部功能。

从理论上讲，范畴表引申自判断表。但是我们不妨设想当康德以传统逻辑对判断的分类作为参考，在构思过程中，判断表的设计在一些方面倒过来为范畴体系的蓝图所影响，也并不是没有可能。

康德的范畴表及其指导思想对德国古典哲学的发展产生重要影响：

（1）四组范畴可以分为两类。第一类包括量的范畴和质的范畴，可以名之曰数学的范畴，它们针对的是直观的对象（纯的以及经验的）。第二类包括关系范畴和样式范畴，可以名之曰动力学的范畴，它们针对的是对象的存在（或者是从对象彼此间的关系看，或者是从对象对知性的关系看）。第二类范畴都由互相关联的两个方面所构成，例如实体和状态，原因和结果，可能和不可能，必然和偶然等，而第一类范畴却不是这样（B 110，RS 121—2）。按照康德，空间是外显现的形式，时间是内显现的形式。人的认识是以在空间的形式中接受到外部对象对感官的刺激为首要条件，所以第一组的范畴是量的范畴。其次才是直观对象的质。而任何性质都有一定的强度，因此，也是一种量。所以，第一类范畴是数学的范畴。

可以看出：康德这种想法包含着不少可供发挥的因素。第一类范畴涉及的是单纯在空间时间感性形式条件下的孤立的对象。

第二类范畴涉及的是在空间时间中却又是在动力学规律之下互相关联着的（动力学的）对象（关系范畴），以及这样的对象对人的知性的关系（样式范畴）。从认识的发展看，先是认识对象与对象中间的一定的联系，在这基础上才可能有知性对于对象之间的相互联系的认识的层次（可能性、存在性、必然性）。因之，第三组范畴是关系范畴，第四组是样式，这两组都涉及动力学的范围。这四组范畴的次序表现认识的一种过程。后来在黑格尔建立的范畴的逻辑发展体系中，康德的设计还看得很清楚：质与量是"有论"的主要部分，互相关联着的关系范畴属于"本质论"，样式范畴则属于"概念论"。

（2）四组范畴中的每一组均包含有三个要素。从总的方面看，这种对于三分法而不是二分法的爱好，是康德哲学很有趣味也很值得深思的一个特点。无疑，康德哲学的观点、方法的一定的形而上学性质给人以深刻印象，并且似乎这种倾向在一定程度上表现作为哲学家的康德的气质，以致人们总觉得从他那里学不到什么辩证法。实际上，现在看来，这种看法并不全面。从历史上看，康德是有意识地利用三个要素观点考虑问题产生重大影响的哲学家。他的哲学体系不是从希腊开始的理论与实践的两大部分，而是理论、实践、鉴赏三个部分；人的意识活动包含着认识、情感、欲望三种能力；而认识能力又是知性、判断力、理性三个阶段；与此相应的是合规律性、合目的性、最终目的三种原则，人的活动体现于自然、艺术、自由三个不同的方面；实际的认识活动能力是感性、想像力、知性，而知识的形成又是通过空间、时间、范型、范畴三种先天的形式，等等。他喜欢三个要素并不是为了追求形式上完满的偶然现象，这是与他把综合活动看成理性（广义的）的一种最重要的活动分不开的。他在《判断力批判》里这样说：

> 人们弄不清我在纯哲学的区分上何以几乎总是采取三分法。实际上这是根据着事情的本性。我们如果进行一种先天的区分,那么或者是分析的,按照矛盾律,因而总是二分的(讨论的对象或是A或是非A');或者就是综合的,而如果在这种情况下要是从先天的概念(而不是像数学那样从与概念相符合的先天直观)出发,就必须按照一般的综合统一性所要求的,也即(1)条件,(2)一个为条件所制约的,(3)由那个为条件所制约的同它的条件的结合所产生出来的概念,从而这种区分必然是三分的(AA第5卷,第197页注)。

康德由于着重阐述思想的综合作用而得出层层新意。在贯彻分析的同时,更重视综合,探讨综合,有意识地运用综合。他的体系就是一个细致分析过的伟大的综合。因此,他实际上提供了不少辩证法思想。

他的范畴表每组的三个要素有这样的关系:每组的第三个范畴都是第二个范畴与第一个范畴的结合。第一组量的范畴:全体性是把多数性看成为统一性。[①] 第二组质的范畴:限制性是实在性与否定性的结合。第三组关系范畴:共存是一个实体与另一个实

---

① 康德按照传统逻辑的办法,在判断表的量的方面,第一是全称判断,其次是特称判断,另外又补充上单称判断。传统逻辑认为在三段论式中,单称判断可以像全称判断一样对待,因为单称判断的主语只是单独一个对象,当然无所谓周延不周延的问题,可是,正因此,却只应看成主语是周延的,而不能是不周延的。这是从形式上可以这样看。康德认为从量的方面,全体与单一是不同的,所以从知识的性质看,应该补上单称判断。尽管他在判断表上把全称判断放在第一位,可是在范畴表的量的那组却把与全称判断相对应的全体性范畴列在三个要素的最后面,而不是放在第一位,这就明显看出他有意识地把这组范畴的次序按照综合统一的指导思想重新作了安排。

体由于各自的动因互相规定。第四组样式范畴：必然性的存在正是通过可能性本身被给定的（B 110—111，RS 121—2）。

既然每组的第三个范畴是前两个范畴的结合，那么，第三个范畴不是成了一种引申出来的次一级的概念？这样的概念不是不应在知性的范畴表中占有地位？康德认为尽管每组的三个范畴有上述的联系，可是第三个范畴却表现着知性的特殊的作用，这个作用与见之于第一个范畴和第二个范畴的作用都不相同。例如，一个数目（属于全体性范畴）的概念是否一定从多数性概念与统一性概念的结合就可以得出来？并不是这样，因为像无限这个表象就不可能。把一个原因概念和一个实体概念结合，也不是立刻就可以了解一个实体是另一个实体之中的某样状态的原因。这都需要知性的另外的特殊作用①。别组范畴也是一样。

（3）在第三组关系范畴里面，“共存”范畴与选言判断相对应。每一选言判断都由一些并列的判断部分构成，这些判断部分互相制约，同时又形成一个整体。它们之中任何一个判断如被肯定，其余的判断就被排除掉，如果某些部分排除了，剩下的自然就是被采纳的。与这种情况相对应，康德辩证地阐述了“共存”范畴的含义。

与选言判断中各部分又联系又排斥的情况类似，对于由实在的事物所构成的整体也应该这样看。在事物共存状态之中，一个部分并不是从属的，这一部分并不是那一部分的单纯的结果，那一部分也并不是单纯的原因。共存不是因果的单线式的关系，它“是完全另外一种形式的联系”（B 112，RS 123）。共存的事物同时存

① 作为全体性的数目，康德似乎只承认无限才需要知性的另外的特殊作用。实际上任何有限的数目，作为全体性，都表现着知性的另外的特殊作用。

在,它们不是从属的,而是并列的,彼此相互制约,互为因果。一个物体的各部分既相互吸引,又互相排斥。共存的东西正是通过相互排斥而又相互制约,所以才是一个整体。上帝创造世界,上帝单纯是因,世界单纯是果,世界不能反过来对上帝产生制约作用,康德认为这样不能形成一个整体。知性通过共存范畴所想的是:事物分为一些部分,每一部分的存在都是排他的,却又互相联系成为一个整体。而选言判断所体现的正是知性的这种同样的思想作用。同样作用既体现于认识活动,又体现于特定的判断形式。所以,他认为从全部判断形式表引申出全部范畴是发现纯知性的全部功能的唯一正确的方法。

事物既相互排斥又相互结合成为整体的辩证观点在他的思想中并不是个别的,孤立的,而是他思想的一个重要方面,这显然对德国古典哲学产生了重大影响。早在《自然通史及天体理论》中他就在牛顿天体力学基础上,作了重大发展,论证了全宇宙乃是由于物质自身具有的引力和斥力从而不断运动发展着的密切联系的整体。而自然界中的有机体更是交互因果、高度复杂,甚至可以认为非人类知性所能把握的对象。再而人类社会也是处于离心的个人主义与向心的同情关怀交织之中,全世界的远景应是若干共和制的独立国家的联盟。总起来看,在科学方面,他强调在理性指导之下向着纵深和广度两个方向发展、内容不断丰富而又密切联系、天衣无缝的无限行进,在真理标准上,强调只有在全部认识的互相联系之中才能判别真伪。

第四章　什么是对范畴的先验演绎？

§1　先天的表象（空间、时间和范畴）与天赋观念的区别

范畴像空间时间一样，是先天的。“先天”意思是独立于一切经验，它的特性或标志是必然性和严格的普遍性。

有一个问题，应该先考察一下，就是：所谓先天的范畴（当然也会涉及空间时间，但最突出的是知性的范畴）既然独立于一切经验，那么，它们是怎样产生的？康德有没有讲到范畴的来源？他是怎样讲的？

这是一个重大问题，也是困难问题，康德讲得不多。

一些研究康德的学者（大部是新康德主义者）喜欢说“先天”是“逻辑上在先”，企图避开是否事实上在先的问题，这样也就把来源的问题躲开了。实际上，我在前面已经指出，康德本人不但没有说过“逻辑上在先”这样的话，并且他倒是常表示空间、时间范畴确是时间上在感觉材料出现之先已经在我们之中存在。

底下我们看几个例。先看两句，它们在《纯粹理性批判》的 A 版与 B 版都是相同的：

如果有某样东西，感觉只是在它里边才得以有一定次序，才得以在一定形式中被安排，那么它本身就不会仍然是感觉，所以，一切显现的质料在我们当然只能后天地给定，可是显现的形式全都必定针对着感觉在意识中已经先天地准备好，并且因而可以与一切感觉分开来加以探讨（A 20 = B 34，RS 64）。

我所说的概念的分析，指的是那种

还很少尝试过的对知性能力本身的解析，为的是单纯在先天概念的诞生地知性里边发现它们，并对它们一般的纯粹应用加以分析，借以探讨先天概念的可能性，……因此，我们将追踪纯概念直到它们在人类知性之中的最初萌芽和秉赋，它们正好是这样预先准备着，直到最后借着经验的机会才表现出来（A 65—6 = B 90—1，RS 106）。

底下再看两句，它们各出于A与B的文字不同的《先验演绎》：

如果没有那先于一切直观材料并且一切关于对象的表象都只是由于它才可能的意识统一性，那么我们就不能有知识，也不会有知识与知识互相之间的联系与统一（A 107，RS 156[a]）。

但是这种仅仅限于经验对象的知识，并非因而就都来自经验，正相反，不拘纯直观还是纯知性概念这些知识要素，它们都是在我们之中先天地出现的(B 166,RS 187[b])。

范畴既然是先天的,不能来自经验,那么是不是像唯理论者所谓的天赋?也不是。先天不是来自经验,不管我们赞同不赞同,这个意思还是容易理解的。不是来自经验,又不是唯理论所讲的天赋,这就需要说清楚是怎么回事。

康德早在《就职论文》中就肯定了知性的纯概念。当时(1770)甚或更早些恐怕已经在想这种知识的来源问题。在1772年2月21日致赫尔茨(M. Herz)的信中他批评了神学的天赋观点:

> 柏拉图设想一个神性的、先前获得的、精神性的直观作为知性纯概念和原则的根源。而马勒伯朗士则设想出这个原始的本然(Urwesen)具有一种甚至持续不断的永恒的直观。各式各样的道德学家关于根本的道德规律也这样设想。克茹西乌斯(Crusius)①设想一些被移植进来的为了下判断的规则和概念,这都是上帝为了(使人的心灵)与物和谐按照它们必须是什么样子早已移植入人的心灵的。前一种体系可以称为"超自然影响"(influxum hyper physicum),后一种体系可以称为"理智方面的预定和谐"(harmoniam praestabilitam intellectualem)。不过这种"急用机关请出的神仙"(Deus ex Machina)实在是人们在决定知识起源及其有效性时所采用的最荒谬的办法,并且这种办法不仅是关于我们知识结论的一种骗局,它

① 克茹西乌斯(Christian Adolf Crusius, 1712—1776)是沃尔夫哲学的反对者,著有《指导如何实行理性的生活》(1744),《理性的必然真理纲要》(1745),《到人类知识的确定性和可靠性之路》(1747)等。

还有别的恶劣影响，因为它将为各样奇谈怪论或求神的、无谓的幻想提供方便（AA，第10卷，第131页）。

在《纯粹理性批判》第1版中说：

因此，我们将跟踪纯概念直到它们在人类知性之中的最初幼芽和禀赋，它们正好是这样预先准备着，直到最后借着经验的机会才表现出来。而也还是由于这同一知性除掉加到它们上面的经验条件，在纯的情况下把它们表现出来（A 66 = B 91，RS 106）。

后来在《导论》（1783）里，他对克茄西乌斯的观点公开进行了批评。他认为事实上克茄西乌斯的体系里就有假原则，由于克茄西乌斯没有可靠的真理标准，所以就无法区别什么原则真是从上帝来的，什么并不是来自上帝（AA，第4卷，第319页；中译本第93页注）。

在B的《先验演绎》末尾，才对这个问题作了简短讲解。

在这里主要仍然是批评唯理论的神学的天赋观点，正是在对这种天赋观点的批评当中，康德透露了自己观点的一些要点。

当时关于有机体的来源问题，主要有三种不同的观点：自生论、预成论和新生论。简单地说，自生论主张生物体是从无生命的物质自然发生的。这种观点很早就出现了，如亚里斯多德在《动物史》中就说过有些鱼可以从泥沙中生长出来，有些昆虫可以从腐土或植物质中产生出来。① 预成论主张有机体在性细胞中已经是以

① 亚里斯多德：《动物史》569ª 11，539ª 24；《形而上学》Z 第7、9章。

现成的胚存在了,有机体的个体发育不过是预先存在的各器官在量上的增长。预成论是十七至十八世纪在生物学中占统治地位的形而上学观点并且是上帝创造世界的神学的一种表现形式。新生论主张性细胞中并不存在着任何雏形,生物体原先并不存在的各种组织和器官都在发育过程中逐渐形成。德国的卡·弗·沃尔夫(K. F. Wolff, 1733—1794)在1759年发表了《发生论》,提出了这种观点同预成论展开了斗争。

康德以有机体产生的这三种观点作为参考、对照、比喻来考虑和说明范畴的产生问题。

从经验直观得来的经验同经验对象的概念之间的必然的一致,可以有两种情况:一是经验使得概念可能,另一则是概念使得经验可能。康德认为第一种情况对于知性的纯概念是不存在的,因为这样的概念先天地存在于我们之中,那就是说,它们独立于经验。他把纯概念产生于经验的主张比做生物学上的自生论。他的想法恐怕是主张具有必然性和严格普遍性的范畴(以及感情的纯形式空间、时间)来源于没有必然性和严格普遍性的经验,正像主张生物来源于无生命的物质,这两种观点都主张绝不相同的东西之间的过渡,所以是类似的。他认为这种异类过渡是无法设想的(《判断力批判》,§80,AA,第5卷,第424页)。无生命的物质怎么会产生出生物?不可能。没有必然性和严格普遍性的经验怎么会产生出具有必然性和严格普遍性的范畴?与给定的具体对象分不开的经验怎么会产生出纯直观、纯概念?不可能。

排除了经验使范畴可能的第一种情况,就剩下范畴使经验可能的第二种情况。范畴使经验可能这种情况可以比喻为新生论。

实际上还有另一种情况,是"中间道路",就是上述康德早就批评过的以神学为基础的天赋观点，即：

> 范畴……不过是主观的、跟我们的存在一同植根于我们之中的为着思维之用的禀性，我们的造物主作了这样安排，使得我们的禀性在运用时恰好与经验所紧紧追随着的自然律完全一致（纯理性的一种预成论体系）……（B 167，RS 188[b]—189[b]）。

现在需要的是同这种预成论体系划清界限。

按照康德的想法，从传统逻辑总结和制定出来的判断形式表引申出知性的范畴，乃是一个完整的体系，代表知性的全部功能。但是，在预成论体系，就很难说那种禀性究竟有没有一定的范围，在将来的运用中会不会要假设会出现前所未见的新的先定的禀性，这种假设很可能没有止境。

更麻烦的是必然性问题。康德认为按照预成论体系，那么范畴就没有什么必然性可言，由上帝移植在人中间的与生俱来的秉赋只能纯是主观的。因为认识的客观性只能建立在认识与对象的直接关联上面。“中间道路”的观点，依靠的是上帝的安排与干涉，认识才能与自然界的规律一致，认识与对象并非直接接触，只有主观表象的变化，表象的生灭与在它以外的现实存在毫无联系，在这样情况下（“中间道路”主要是“天赋观念说”加上“预定和谐说”），认识哪里会有什么客观性？原因概念如果只是由于上帝任意放在我们心中的思想，因而我们用因果关系去把心中的表象联系起来，这不是成了幻觉，还有什么真正的必然性可言？

康德认为科学的必然性是客观的必然性。这是由于在我们之中先天存在的纯直观和纯概念。因果关系正是由于知性主动地直接去联系经验的表象,因而表现为客体方面的必然联系,所以是客观的必然性。其所以如此,只是由于范畴加之于感性直观上的必然性,认识就需要范畴,范畴是使经验可能的决定性条件,是形成经验客体的条件。范畴的这种重大作用是康德的知识学的核心问题,关于这方面的问题,后面将详细分析,现在只是与预成论体系对照概括地揭示范畴的这种主动的特性。

康德指出,范畴是“我们知识的自我思想出来的先天的第一原则”。(B 167,RS 188[b])

什么是“自我思想出来的”?范畴不是上帝的恩赐,是来自知性本身的根本的思维形式。

为了进一步理解这里的“自我思想出来的”,我们需要参考三年后出版的《判断力批判》的80、81两节,康德在那里是根据目的论的原理谈有机物的起源问题。关于有机体的内在的合目的性的形式的来源,他仍然主张新生论,反对自生论和个体的预成论(individuelle Präformation)。他把新生论也称为种的预成论(generische Präformation)。新生论或种的预成论与个体的预成论的分别在于个体的预成论把由同种所产生的每一单个有机体仅仅看成为那个东西的分离物(Edukt),这分离物不是新生的,而是先已存在的。新生论主张由同种所产生的每一单个有机体都是在那个东西以外的新的产物(Produkt)。为什么这种理论也是一种预成论即种的预成论呢?这是因为生产出新的同种个体的那个产生者本身所具有的产生能力如果从其内在的合目的性的职能来看,还是属于它的始祖的,因此应该说其本质形式(spezifische Form)从可能性方面说已经是预先形成了。

康德坚持新生论或种的预成论立场反对个体的预成论，其核心问题是预成论或个体的预成论把每一有机的个体的出现都当作源于上帝的早已存在的有机体从母体的分离，也就是在新的个体的不断诞生的种的延续上，靠的只是超自然力量，而非自然的力量，从而是一种反科学的观点。与此相对立，在有机体的起源和发展方面，康德目的是尽可能充分地应用自然力进行说明，尽可能削弱和限制超自然力量的作用，所以康德的观点即使包含着一些时代局限性，仍然对进化论的形成产生重要影响。他批评主张个体的预成论的人们：

> 把自然界的形成力从每个个体排除掉，为了使其直接出于造物主之手，……他们拥护预成论，……宁可不利用随时的创造活动来省掉大量超自然的安排（随时的创造活动之所以需要是使得在世界开端时形成的胚芽经历长时期直到它发育时不为自然界的破坏力量所影响从而保持不受损伤），同时又使更大量的难以计数的这种预先形成的东西永远处于展开过程之中，相应的创造活动因而成为完全不需要和毫无意义的了（AA，第5卷，第423页。着重点是我加的）。

康德认为新生论的好处是既有经验根据，理性又乐于接受，因为新生论者

> 认为自然界，从其中万物来看，其可能性固然根本上只有根据目的因才能想像，可是，至少只要涉及繁殖，就认定它们都是自生的，而非仅仅是展开，这样一来，终于尽可能少地利

用超自然就把来自最初根源的一切跟随着的后果交给了自然界(至于那使物理学完全束手无策的最初根源,就可以无须费力用原因链条——不管是什么样的原因链条——来规定了)(AA,第5卷,第424页。着重点是我加的)。

以上所介绍的,有两点值得注意:

(1)尽管康德受当时生物学、古生物学、胚胎学、遗传学等学科发展水平的限制,否定从无机物到有机物和有机物的这一个种到另一新的种的演变,尽管作为他整个体系的组成部分之一的从理性出发的目的论的设想(与神学目的论根本不同)是可以讨论的,可是他站在当时先进的新生论立场,与保守的、神学的预成论进行斗争,主张在同一种之内的每一新的个体的出现都是自然界本身的一项创造性的活动,都形成一个新的产物。他极力强调自然界中每一个体有机物内在的能动性和创造活动,这种内在的能动性和创造活动完全合乎理性,是理性的要求,实际上,联系到康德对理性的根本观点,主动和创造正是理性的本质。

(2)与上一点不可分,由于人类的理性本质上的创造性,必须尽可能地限制、削弱所谓造物主的干预,把它逼到一个理性不能再前进(这是为当时历史条件所决定的)的无关重要的角落里,尽可能地把能动性归诸自然万物本身。因为,按照康德,自然界正是理性(不限于理论理性)的范围,并且只有自然界才是理性的范围。因为理性的创造在自然界必然畅行无阻("科学的未来形而上学")也应该力求实现(道德律在感觉世界的普遍实现)。

写到这里,我们不是可以看出,康德《判断力批判》的这种新生论观点与三十五年前他的《一般自然史与天体理论》中的观点是何其一致？1755年他打破了长期统治人们思想的僵化的宇宙观，在这样做时，他主要论证了物质本质上具有运动能力，断定宇宙是由于自身的必然性发展和形成的，目的是排除牛顿的“第一推动力”，尽可能地限制上帝的作用。当时，他对把握自然界的规律性已经表现出信心，新兴自然科学在理性上给予他的最高享受，溢于言表。三十五年后，在生物学发展的历史局限性条件下，他坚持根据有机物自身的创造性活动说明生物界的变化，排斥造物主的作用。

康德在《判断力批判》中从有机体的起源与变化的角度阐发了新生论，这对我们当前讨论的纯概念的性质有什么启发？

他认为自己对纯概念来源的观点大致可以称为“纯理性的新生论体系”（B 167，RS 188[b]）。他又说范畴是“自我思想出来的第一原则”，是来自知性本身的思维形式。这显然意谓着知性范畴的作用是创造性的主动活动，人类的一切认识；从知性范畴的必然作用说，都是主动性的表现，每一项新的科学认识都是一次纯概念的创造性的思维活动。

> 自身产生表象的能力，或知识的主动性，叫做知性（A 51 = B 75，RS 95）。

这种活动不能单靠经验真正地加以说明，更不能归之于神，只能由于地地道道的知性本身。正像有机物不能来自无机物，自生论是站不住的，先天的也即必然的、严格普遍的纯概念也不可能来自特殊的经验，个别的特殊经验不管重复多少次，也还不等于必然性和严格的普遍性。另方面，正像每一个体有机物的出现都是同种有机物自身的创造性活动，并不属于超自然的力量，知性范畴的每一次运用也都是知性自身的活动,完全不需要超自然的作用。有机物只能来自有机物,纯思想只能来自纯知性。一方面把每一有机物的产生活动交给了自然界,另方面,要把每一纯概念的主动活动交给纯知性,也就是人之所以为人的纯粹理性。对于有机物的"最初根源",最好不去理会,对于纯概念的"最初根源",如把握住它是人的纯知性的主动性和功能,这就是抓住了本质。关于理性的纯概念——理念,也贯彻了同样的观点,以下关于理念的论断将有助于我们当前的探讨:

> ……只要这样的理性纯概念(先验理念)被给定了,如果人们根本不认为它们是天赋的,那么就只能是出现于理性活动之中(《导论》§43. AA,第4卷,第330页)。

如果人们追问知性的来源呢?

> 人类的知识有两个分支,它们也许产生于一个共同的但却为我们所不知道的根源,即感性和知性(A 15 = B 29, RS 58)。

在1790年《论发现一切新的纯粹理性批判由于一种较早的批判而成为多余的》一文中,康德站在新生论立场,对于人类主体认识活动的根基提出更明确的进一步说法。他主张人在认识活动和行为实践两个方面的根基都是天赋的:一方面作为感性直观的根基的接受力和作为十二范畴的根基的具有统觉统一性的知性主动性是天赋的;另一方面,作为人的本性行使自由时采取一定准则的主张根基也是天赋的。但特别要说清楚的是他所谓天赋的，指为人类所固有，属于全人类，这与神完全无关。作为根基的人类认识的主动性是属于人类的本性或本然。这种根基又不能说纯是被赋予的，因为要注意，人是认识的主体，人是主动者、创造者①。

从以上所说，可以看出关于人类知识中的纯形式（纯直观和纯概念）的来源问题，是康德对照着生物学中有机体产生的不同观点来考虑的。他反对自生论和个体的预成论，赞同新生论，这个立场在当时是先进的。在当时，进化论还处于萌芽时期，还没有为生物学大量的典型事实以及有关这类事实的科学结论所论证，那是十九世纪中叶的事情。洛克在一定程度上应用了发生学观点考察人的思想活动，洛克根据经验论探讨观念的形成有相当大的说服力。可是康德不赞成洛克的办法。主要因为洛克的经验的说明取消了纯概念的必然性和严格的普遍性。洛克的方向是否就完全是错误的方向？康德始终不能忘怀的是知识的必然性和严格的普遍性问题。不解决这个问题，"科学的未来的形而上学"无从说起。但是，必然性和严格的普遍性被他绝对化了，因而成了难题。这个问题，以后再作分析。

§2 "演绎"

"演绎"（Deduktion）这个词来自拉丁文的 deductio，在哲学上

① 关于本节所讲的康德哲学中范畴的起源问题，请参看拙作《康德哲学中范畴的起源问题》的较详细的阐述（参见《德国哲学》第5辑，1988年，北京大学出版社）。

指推论或推理的过程(原来的动词 deduco 有引出、表明的意思)。

康德从法学的角度使用这个词。譬如法学家阐明权利或不合法的要求时,他会讲到在诉讼中有两方面的问题:一是法律的根据问题,一是涉及事实的问题,必须加以区别,同时也要从这两方面来进行证明。第一方面的证明是要对权利或者甚至还要对依据权利所提出的申请进行论证。这方面的论证就叫做演绎(A 84 = B 116, RS 126)。

所以,康德所谓演绎一般地是指为某事物所宣称具有的某项权利阐明其正当的根据;特殊地是为所说的知性纯概念(范畴)在认识中所起的重要作用,进行严格论证。

§3　何以要进行对范畴的先验演绎?

从一定的经验事实概括得来的经验概念需要不需要演绎?这种概念总有经验事实在一定范围里保证其客观的实在性,它自来以经验为根据,用不着演绎。

成为问题的是那些纯概念。纯概念不是来自经验事实,它们独立于经验,可是又必然要在认识对象方面起作用,必然要应用到经验事实上去,并且这种运用又必然是在经验中起普遍必然的作用,是先天的运用。这就涉及合不合法的问题,也即权利问题,这种运用有何正当根据?这就需要演绎。

什么是先验演绎?为什么要进行先验演绎?

“先验的”意义,第一章§5作了一定的说明,读者可以参看。

“先验”主要指有关认识能力或先天的认识方式(空间、时间和范畴)的知识。“先验”与“先天”不同。其不同在于知识的层次不同。“先天”是具有特定性质的关于对象的知识:独立于经验,等等。“先验”之为知识,不是关于对象的,而是关于某些知识的,这些知识必定是先天的知识。如果说,“先天”属于第一层次的知识,那么,“先验”就是第二层次的知识,它是知识的知识,它属于“知识学”或“认识论”的范围。

“先验”是高一层的知识,是讨论先天知识的。它讨论的重点是先天知识的可能性:先验的

> 指的并不是什么超出一切经验的东西,它指的固然是在经验之先的(先天的),但是限定了不过是使经验知识可能而已(《导论》,附录。AA,第4卷,第373页)。

先验这种思想代表着康德知识学的基本观点和基本方针,他的知识学就是以先验观点为指导原则前进的。“先验感性论”考察感性的先天形式(空间时间)作为一切显现的先天条件的可能性;“先验分析论”考察知性的先天范畴作为一切知识的先天条件的可能性;“先验辩证论”考察在一定认识中出现必然的错误和矛盾的可能性。这是他的知识学主干的三个部分。

先天知识的可能性问题解决了,其他像知识的范围和界限就都可以弄清楚。所以,先验的观点是一个涉及和决定知识全局的观点。

我们已经知道,康德参照传统逻辑对判断形式所作的研究成果,本着自己对统一的知性的想法,制定了包含四组的判断形式的体系,又进而从判断形式的体系引申出代表着人类知性的全部功

能的范畴体系。知性是判断能力,判断的基础是知性的纯概念即范畴。范畴的统一性功能表现为判断。十二范畴正是知性活动的全部要素。它们是认识的法宝。知性是认识的统帅,它们都是统帅部的成员。

像前面所说过的,范畴不是从经验引申、归纳得来的,另外也不是神赐的。它们属于知性本身。它们之所以是知性活动的要素,是判断的基础,关键是它们必定要同对象发生某种联系,不然它们不会成为认识的基础和要素。但是,不是来自经验的,怎么能同对象发生必然的联系?这是先天范畴的根本问题,也是康德知识学的核心问题。

解释和论证范畴必定要同对象发生联系,必然会应用到对象上去从而获得关于对象的知识,这就是演绎。

范畴是先天的,对于先天范畴的演绎,属于先验知识的性质,这种演绎显然应该叫做先验的演绎。

先验的演绎是与经验的演绎相对立而言的。经验的演绎是说明以经验为根据并对经验进行归纳思考从而获得概念的过程,讲的是事实问题、起源问题。所以,实际上这种说明并不是演绎。概念来自经验,自然可以应用于经验,不成问题,一切都得到解决。但这样的概念只能是没有必然性的经验概念,也没有严格的普遍性,不是康德所说的范畴。对先天的范畴作经验的说明正是南辕北辙。因为范畴与经验的关系应该是:与经验对象有必然联系但又独立于经验,这就是说,范畴一定要表象对象,但范畴之能以这样做却完全不依靠经验。所以,对范畴的说明不能是经验的(A 85—6 = B 118, RS 127)。

康德对洛克的评价很高,他认为洛克探讨了知识根据经验从特殊的知觉上升到一般概念的过程,这在历史上是一次新的尝试(A 86 = B 118—9, RS 128)。但是,对于知性的纯概念来说,这种办法显然不合适,因为这种做法正是上面所说的经验的说明。康德对休谟也很推崇,同时他也着重指出休谟依靠感觉经验对因果关系的分析和结论都是错误的。

§4 先验演绎是知识学的新的方向

在空间时间方面已经进行过先验的说明,可以作为当前即将进行的对范畴的先验演绎的参考。

前面第二章曾对空间时间表象不是来自经验而是先天的直观作了说明。康德把这方面的说明称为"形而上学的解释"(metaphysische Erörterung)。跟着他又阐述了空间表象与几何学的关系,时间表象与算术和动力学的关系,他把这方面的说明称为"先验的解释"(transzendentale Erörterung),而不是先验的演绎。

> 我所谓先验的解释其意义是解释一个概念,作为一种原理,从而可以理解其他的先天综合知识的可能性(B 40, RS 69)。

空间是纯直观,以此为根据,就可以理解几何学定理为什么是先天综合判断,作为纯直观的空间说明了几何学的先天综合判断的可能性。这里没有着重提到空间时间作为感性的先天形式与对象的联系问题。空间时间是人类感性本身的先天形式,它们何以必定会与对象发生关系？这是知识学的问题，也属于先验性质的问题。但是，这个问题比较容易说明：

> 感性直观的对象必定与先天地在意识中存在着的感性的形式的条件相适合，那是很清楚的事情，因为如果不然它们就不会成为我们的对象了（A 90 = B 122—3，RS 131）。

由于空间时间是感性接受对象的先天形式，只要是我们的对象，必定在空间时间之中，空间时间与对象有必然联系，简直不成为问题。所以，在这里没有什么合法不合法的问题，用不着进行演绎，只要把空间时间是几何学、算术、动力学等科学的可能性的条件，从而这些科学都必定有客观有效性这一点作出解释，就已经是作了重要的先验的说明了。

对于知性的纯概念，就不是这样了。范畴不像空间时间，空间时间是对象在我们直观中出现的必要条件，只有通过感性的这样的纯形式，对象才能为我们所直观到，对象才能表现给我们。空间时间是对象作为显现的可能性的先天条件。范畴却根本不是接受对象的条件。表现给我们的对象是不是一定会与我们知性的作用以及范畴合适呢？这不好确定。范畴并不是对象显现的什么必然的条件。在直观中出现的对象看来并不需要知性的作用。范畴是知性固有的。思想的主观条件为什么一定会有客观的有效性？这种条件怎么会提供关于对象的知识的可能性的条件？整个疑难就在这里。譬如原因概念指的是：在 A 与 B 不同的两者之间，按照一定的规则设定 B 以 A 为根据。这只是思想里的一种特殊方式的综合作用。显现怎么就会正与这样的情况相适合呢？显现是对象方面的，原因概念是思想本身的。如果表现给我们的对象与我们的概念根本不相一致，我们的概念不就成了空幻的思想，那样还有什么客观性？如果我们想用经验来解释，说经验告诉我们显现是处于因果联系之中的，这种解释无补于事，因为现在说的不是经验概念，而是先天的概念（因果概念），麻烦的问题是先天的概念何以有客观有效性？先天概念而有客观有效性其合理的根据在哪里？这就必需进行对先天概念的演绎，这种演绎只能是"先验的演绎"。

明确了上面所说的先验演绎的必要性以及对概念的先验演绎比对空间时间的先验的说明难度大得多，就应预先对进行这种演绎的根本方针有所考虑。

当前正进入知识学的核心。现在的问题是知识学的根本问题。先天概念的客观有效性就是先天概念与其对象的关系问题。康德指出：我们的表象（现在主要是说概念）与其对象的关系有两种可能的方式：

（1）只是由于对象才使得表象具有可能性，对象是主，表象是从，对象决定表象；

（2）只是由于表象才使得对象有了可能性，表象是主，对象是从，表象决定对象（A 92 = B 124—5，RS 133）。

从第一个可能方式看，对于我们的感觉来说，确是这种情况。对于先天的概念来说，不会是这种情况。因为从这种方式得到的只能是经验的表象。所以，为了解决当前的问题，第一个可能方式应该排除掉。

只有考虑第二条道路。

表象使对象具有可能性，这也有不同的情况：

（1）从存在（Dasein）方面看，表象产生了另外的客观对象；

（2）表象使被认识到的对象得以出现。

上帝创造世界可能是第一种情况，不过康德的想法与此毫不相干。他所想的第一种情况是在实践上人们出于自己的意志的道德行为所产生的结果。但那是实践方面的事，与当前的探讨无关，所以第一种情况不应予以考虑。

剩下的就是第二种情况。

很清楚，第二种情况属于认识范围。

我们从经验得来的认识总包含有两个方面：首先是通过感官所直观到的东西，这是在空间时间中给定的材料。另一方面，关于那通过直观所给定的对象必定有一个概念。可见一切经验知识都有一般的对象的概念作为它的基础，这概念是它的先天条件。我们是否可以设想，知性的纯概念如果有客观的有效性，一定正是由于纯概念，经验知识在思想的形式上才获得了可能性，也就是，一般地只是由于纯概念才能想到所谓经验的对象，这样，范畴就同经验对象有了必然的联系。康德的意思是我们可以设想范畴对于对象先天地有所规定，就是说，一个对象作为我们经验的对象或是作为我们认识的对象，它必然地、普遍地会有什么样的规定性，我们知性范畴正是在这个方面表现出它的作用，满足了经验对象或认识对象的条件。

现在的问题是：是否也会预先有先天的概念，它们虽然不是什么东西被直观的唯一条件，却是那些东西作为一般的对象被思想的唯一条件，因为正由于此，一切关于对象的经验知识才按照必然的方式与这种概念一致，而如果不是这样设想，

> 任何东西也不会成为经验的客体(A 93 = B 125—6,RS 134)。

康德认为:对象本身或物自身不能认识。对象必定是可能经验的、可能认识的对象,必定是经验对象,认识对象。这样,不是可以设想:我们知性的纯概念是对象之所以成为经验对象或认识对象的可能性的条件?

因此,康德认为对范畴的先验演绎的指导思想是:要把范畴当作经验(将涉及直观和思想两个方面)可能性的先天条件,范畴是经验可能性的客观根据,如果这样,范畴的必然性、普遍性也就是自然的事了(A 94 = B 126, RS 134)。范畴

> 如没有这种对可能经验(一切知识对象都在这里面)的根本性的关系,那么,它们〔范畴〕对任何客体的关系都无法理解(A 94 = B 126—7, RS 134—5。着重点是我加的)。

什么是"可能经验"?"可能经验"不仅是指当前的经验或过去的经验,它不限于过去、当前的经验,也包括未来的经验,它泛指一切可以在经验条件(感性的条件和知性的条件)之下出现的一切,设想这一切都处于经验条件之下而能为人们所感受和认识,这就是"可能经验"。根据这样的设想,那么一切知识的对象,一切我们可以认识的东西,都必定在可能经验之内。任何从经验来的知识都在直观得来的材料之外还有一个一般的对象的概念。没有这样的概念,很难设想会有关于经验的知识。所以,可以认为范畴对可能经验的关系是一种根本性的关系。只有通过这种关系,我们才有经验,才有关于对象的经验,我们的知识才有客观有效性,这就是说,

我们的知识才同客体有了必然联系。

这是十八世纪出现的崭新的,也是大胆的设想,由于这种设想以及对这种设想的论证,康德才成为哲学的知识学的创建人。

康德哲学既反对唯理论悬空地虚构本体论,也不满意经验论完全从经验角度对知识的分析,因为这种分析无视自然科学的重大成就。唯理论远离感性对象的实际,从事对所谓天赋观念的具有很大随意性的分析,主观上构造出关于整个世界的本质的蓝图;经验论则极力摭拾零碎片断的、终归是少量的并且是具偶然性的经验事实,企图用以对知识问题作出高出经验层次的实质性论断。这都等于南辕北辙。

现在必须有新的知识学。不管我们是否赞同康德的观点,可是他却实现了哲学史上一次创举。"山重水复疑无路,柳暗花明又一村"!

正像对空间时间的论证是从一切感性对象之所以被接受成为感觉对象的可能性条件入手一样,现在对范畴的演绎或论证也要从有关经验对象的思想或知识的可能性条件入手。

知识的可能性条件就是知识的必要条件。当然,必要条件不一定是充分条件,只有全部的必要条件才能构成充分条件。任何事物出现,都少不了必要条件。某一必要条件虽然不是充分条件,但是,它是一定事物出现所不可少的方面,因而是必要条件。如果能确定全部的必要条件,那么对一事物就有了本质的认识。在康德看来,作为人的认识活动的结果的单纯知识本身的必要条件不外两方面:形式和内容。这两个方面缺一,都无所谓知识。形式与内容都是知识的必要条件,但各自都不是充分条件,只有二者合起来,才满足知识的充分条件。我们可以说,唯理论主要是仅仅把天赋观念就看成是知识的必要条件和充分条件，天赋观念本身及其推论既有形式上的普遍性，又包含有无限内容。经验论可以说主要是把经验看成是知识的必要条件，甚至也是充分条件，特别是巴克莱和休谟，更接近这种想法。他们不大注意到知识的形式方面，虽然巴克莱考虑到规律性与上帝的关系，休谟则提出意识的主观上的"习惯"等。但是，他们（包括洛克）都没有把知识作为知识的规律性或知识的形式看成知识的基本要素；所以，这方面的问题从一开始就不是他们那种主要是心理学的知识学的重要方向。这种片面性表现出对他们的经验论先驱弗·培根在方向上的一定变化。

康德认为知识的内容只能来自感觉经验，这必须由对象给定，这虽是知识的必要条件，但其特点是现实性、特殊性、变动性，不具有必然性和普遍性。个别对象具有什么性质或不具有什么性质，并不属于知识学范围。只有从一般方面看知识的构成因素，才注意到知识的一般的内容，而且不仅一般的内容，还有一般的形式，这甚至是更值得注意的方面。

从十八世纪人们对自然科学的严格规律性的素朴信念出发，康德认为经验论已经表明，知识的必然性与严格普遍性，凭经验是无法解释的。另一方面，对科学知识的综合性质的解释，又非唯理论的逻辑推论所能胜任。他认为正是人们的认识形式本身才是知识的必然性和严格普遍性的来源。已经说明了感性形式是作为对象的显现在空间和时间之中被接受的必然和普遍的条件，那么，知性形式（十二范畴）是不是对象被思想成为知识的客体的必然和普遍的条件？

什么是知性的形式？柏拉图的理念还不能算是知性形式，那只是某一类特殊事物的特征的概括。源于知性的知识形式必然表现于一切知识，应该是更根本得多的东西。一切知识都不外乎是判断，判断是知识的表现。传统逻辑把判断分为四大类，也就是一切判断从其所表达的对象的基本性质方面看，可以分为四组：量的判断、质的判断、关系判断和样式判断。知性是下判断的能力。判断的四大种类，一方面表现知识对象的四个基本特征，另一方面，更根本的，因为它们正表现知性本身在认识方面的先天的规定对象的功能。知性的认识功能，先天地按照四种不同的方面规定对象，这就是范畴的作用。从判断的四大类可以了解为什么知性的范畴恰有四个组。如果要考察知识的形式，那么，构成各种不同判断的知性范畴（应用到经验对象的最一般的基本概念），才是最基本的形式。这种形式属于知性本身，所以具有必然性和严格的普遍性。

对范畴的“先验演绎”就是不依靠对先天范畴根本不相适合的从经验进行考察归纳的方法，而是根据对于构成知识的必要条件和充分条件的探讨，在指出形式加内容是构成知识的充分条件的基础上，表明由直观给定的经验内容是知识的必要条件，但是这种必要条件的来源是后天的，因而不能提供必然性和普遍性，只有来自认识主体的人类知性本身的形式，才是必然的和普遍的。从经验论证知识形式的必然性和普遍性，必定漏洞百出，陷入歧途。所以，必须考察知识本身，论证知性的形式——十二范畴——何以是知识或判断的必然的和普遍的必要条件。没有这样的先天条件，就没有知识，这是知识的可能性的**先天条件**，正像知识的内容也是知识的可能性条件，但却是**后天条件**。对于后天条件，离开经验，无从说起。而对于先天条件，却可以进行全面系统的考察，以便对知性形式从整体上、从本质上把握。对范畴之所以是构成知识的必要的先天条件的证明，不做则已，要做就不能有任何臆度或漏洞，不应是或然性的，必须万无一失，因为这是知性范畴本身特性的要求。所以康德认为必须遵循从知性本身的结构论证知识形式是加诸经验内容，规定经验直观，因而我们才能获得关于客体的知识的唯一的具决定性的可能性条件这样的道路。正像《先验感性论》采用的是表明如果没有感性的先天形式——空间时间——我们不会得到认识对象，因而空间时间是对象之所以能被给定于我们的先天的可能性条件的方法一样，"先验演绎"采用的是表明如果没有以知性的功能（能动性）为基础的知性形式——十二范畴，我们就不会构成知识，因而十二范畴是构成关于客体的知识的必然普遍的可能性条件的方法。富有历史意义和现实意义、不能等闲视之的是：不管对空间、时间之为感性先天形式的说明，还是对范畴之为构成关于客体的知识的先天形式的"演绎"，都贯彻了对理性批判考察、开创理性自知的新的精神和方法。

为了领会"先验演绎"在康德知识学中所体现的新的精神和方法，有必要对B版"序言"中关于怎样转入哲学革命的探索和道路的总结，作一番说明。并不是夸大，这个总结是全部西方哲学史中人类在精神上所表现出的一项实现最有指望、最有前途的飞升宣言。

数学和自然科学是两千多年来人类智慧的财富。前人对于人类知识积累这份宝贵财富的奥秘，知之不深。

数学从人类理性开始发展的最早时代以来，已在令人惊叹的希腊人中进入成为一门科学的坦途。可是我们不要以为,数学像理性只是对它本身加以考察的逻辑学那样容易地就走进神圣道路的,或者甚至它自身就会开辟出一条道路。我倒是很相信,数学长时期(特别是当它还在埃及人当中)处于摸索之中,其所以出现这种变化,应归功于有那么一个人在一次尝试中幸运的灵机一动所引起的革命,从这个人的努力以后,数学就不再错过我们必须选择的轨道,这样就终于打开并且基本上勾勒出一门科学在一切时代和无限广阔领域里安全可靠的道路。比发现有名的好望角航路重要得多的这段思想方法革命的历史,这位出色革命家的事迹,我们都不知道了。不过,第欧根尼·拉尔修记下的传说,对几何学证明中最简单根本不需要论证的基础方面的东西,都保存有据称是发明者的姓名,对开辟新路的头一步足迹所产生的变化的纪念,在数学家们看来,一定特别重要,所以使人念念不忘。第一个证明等腰三角形的人(也许是泰利斯或者我们可能提出的别的什么人)心中,曾恍然一亮,因为他发现,并不是对于在图形中所发现的什么东西,或甚至单纯对图形的概念进行探索,似乎这样就会了解到图形的特性,事实上倒是由于把对概念本身(经过构造)先天地所想好的表述出来,图形的性质才必定产生,他还发现,为了先天地而又准确地认识,除了根据他自己按照图形概念所放进的东西从而必然得出的结果之外,根本不需给事物加进什么东西(B 10—2, RS 16—7)。

近代自然科学的飞速前进,也是因为出现了性质相同的思想方法革命。康德很推崇弗·培根。弗·培根对这场以经验原则为基础的自然科学革命起了重要推动作用。跟着如伽利略、托里拆利(Torricelli, 1608—1647)、施塔尔(G. E. Stahl, 1660—1734)等人所做的科学实验,对自然科学的发展是一种关键。他们运用新的实验方法,从一定原理出发,按照预先的设计,"审讯自然",①正是这种特点才使探索自然的人恍然大悟:

> 他们(指对自然界进行探索的人——引者)了解到,理性所领会的只是理性本身按照它自己的构思、设计所产生出来的东西,理性必须以它从可靠规律得出的判断的基本原理为指针,让自然界回答它的问题,决不要只让自然界牵着自己前进;因为,如果仗着偶然的,并非按照预定计划所进行的考察,是不能形成必然规律的,而理性寻求和需要的正是必然规律。理性必须一只手拿着自己的原理,只是由于这些原理,相互协调的显现才合乎规律,另一只手携带根据那些原理设计的实验,来到自然界,向自然界求教,可却不是像学生那样,老师愿意讲什么就讲什么,要像一位进行审判的法官,让证人回答他提的问题。甚至物理学取得如此有益的思想方法革命,也完全要归功于这样的省悟,就是:必须以理性自身置于自然界之中为根据,到自然界中去探索出(不是去捏造)那原属于它、因之必须向其学习而光凭理性自身将毫无所得的东西。这样,自然科学经历了整整这么多世纪的纯粹摸索之后,才走上科

① 以上三位自然科学家所进行的重要实验,根据康德的陈述是:伽利略关于测量在重力影响下落体运动的一种设计是,"使得由他自己先测定好重量的球体从斜面往下滚动";托里拆利在流体动力学方面,关于测量大气压强的设计是"使大气承受跟一个他认为已经预先测量好的水柱相等的重力";施塔尔在倡导燃素说时进行的实验是"利用抽掉和再把某样东西复原的办法使金属转化为石灰,再把石灰转化为金属"(B 12—3, RS 17。重点是我加的)。

学坦途(B 13—4,RS 18)。

数学和自然科学走上坦途,是由于思想方法的"突然革命"(B 15—6, RS 19)。康德理会到过去学者的省悟。前人在科学实践中透露了伟大智慧,他们的成就在数学和自然科学的实践本身。康德反思理性本身。他的成就是表现了深入智慧本身的智慧,即对理性的批判。

在概念推论中兜圈子(如唯理论者的办法),还不是智慧。智慧不离乎实际。推进支配自然的科学,需要智慧。推动人类精神的道德实践,大有智慧。而对智慧本身的自觉,又是一个新层次的智慧。这新层次的智慧属于哲学,是哲学的跃进。这新层次的智慧将改造哲学自身。

>……我们所采取的有关思维方式的变化了的方法是:对于事物,我们能先天地认识到的,只是自己放到里面的(B 18, RS 21)。

从数学和自然科学的具有必然性和严格普遍性的知识,看出人类的感性和知性的形式,这就是知识学。哲学的知识学是哲学入门,它发现人的认识能力是知识的枢纽。康德对自己这个发现的重大意义,有高度自觉:

>直到现在,人们认为一切知识都必须与对象一致,但是,按照这样的假定,我们就完全没有希望利用概念先天地从某些方面形成对象,以便扩大我们的知识。因此,我们就要在形

而上学的工作方面，进行以下的尝试，看看是否可以更好地向前进，就是认为对象必须与我们的知识一致，这样就跟希望得到关于对象的先天知识，即在对象被给定予我们之前就要对它有所掌握的可能性，更为合适了。这正像哥白尼的创见：当他认为群星围绕观察者旋转，总不能正确解释天体运动时，他就尝试主张观察者转动，群星倒处于静态，看看这样是否会更正确地说明天体运动。在形而上学方面，关于对象的直观，我们也可以试用类似办法。如果直观必须与对象的结构一致，这样我就看不出来人们何以能先天地对于物有所认识，可是，假如对象（作为感官的客体）与我们的直观能力的结构一致，那么我就完全可以设想这种可能性。但是由于这样的直观如要成为知识我就不能停止于此，这样的直观必须作为表象与作为对象的随便什么东西相关联，并且这对象也一定被那些表象所规定，这样，我就会或是认为我用以规定对象的概念仍然是与对象一致，这样就重新陷入那同样的困境，就是我怎么就会先天地关于对象有所认识；不然我就认为对象，或经验也是一样（只有在经验之中，对象才能作为给定的对象被认识），与这些概念一致，这样，事情就好办了，因为经验是一种需要知性的知识形态，我必须认定知性规则在对象给定予我之前就在我之中，因而必定是先天的，是表现于先天概念之中的，以这作为前提，因此，一切经验对象必然与概念一致，并且必定与它们相符合（B 16—7，RS 19—20）。

用天文学上哥白尼对托勒密体系的革命，比喻他自己在哲学上的创新，很引人入胜。哥白尼倡导日心说的《提纲》大约开始写于1506年,1513年开始写《天体运行论》,从初稿经过三十多年到1543年正式出版《天体运行论》,这年是他七十岁的终年。18年后,弗·培根才降生。哥白尼不仅在天文学上引起革命,实际上也是新兴自然科学革命的开路先锋。他在《天体运行论》序言的开始就宣布:

> 哲学家①的深思同一般人的看法相去很远。哲学家目的是在上帝允许人类所及范围内追求一切事物的真理。所以我认为应该摆脱那些违背真理的错误意见。②

哥白尼从托勒密体系本身的好多困难,已经看出正确假设的重要性:

> 我们发现,在数学家③所谓μέθοδος(研究,探索)的过程中,他们不是忽略了一些必不可少的细节,就是塞进毫不相干的东西,如果他们遵循确定的原则,就不会如此。因为,如果他们采用的假设不错,由此得出的结果也就可以验证。④

历时几十年观测,哥白尼越来越认识到地动假设的正确性:

① 哥白尼所谓哲学,还是按照古代以来包括各门学问在内的用法。

② 哥白尼:《天体运行论》中译本,科学出版社1973年版(下同),第1页。

③ 从古代到望远镜发明前,人们靠肉眼观察天象,再利用几何学(特别从欧几里得著成《几何学原本》以后)作为重要的说明天象的工具,几何学在天文学进展中具有重要作用。在这样的背景下,哥白尼常把天文学家称为数学家。

④ 哥白尼:《天体运行论》,第4页。

从地球运动的假定出发，经过长期反复观测，我终于发现：如果其他行星的运动同地球运动联系起来考虑，并按每一行星的轨道比例作计算，那么，不仅得出各种观测现象，而且一切星体轨道和天球之大小与顺序以及天穹本身，就全部有机地联系在一起了，以致不能变动任何一部分而不在众星和宇宙中引起混乱。①

伽利略在论述哥白尼最初依据托勒密体系的假设，无法把各个行星的运动综合成为一个完整体系时说：

由于他（指哥白尼）深深懂得，虽则天体现象也可以靠基本上错误的假设自圆其说，但是如果能根据真实的假设引申出这些现象来，那就要好得多；……②

哥白尼之所以能提出新的地球运动的科学假定反对支配人们1400年之久的地心说③，除了一些别的原因，主要是由于他不为感觉所蔽，以理性思维来考察和分析天体现象，从而提出科学的假设，成为自然科学革命的天文学的支柱。实际观测配合以理性思考，在一定关键场合，理性思考甚至处于指挥引路的宝座，这是近代自然科学发展的途径。伽利略在《关于托勒密和哥白尼两大世界体系

① 哥白尼：《天体运行论》，第5页。

② 伽利略：《关于托勒密和哥白尼两大世界体系的对话》，上海人民出版社，1974年版，第444页。

③ 这是从托勒密体系出现算起，如从亚里斯多德算起，还要增加500年。参见上书，第426—427页。

的对话》中对哥白尼大胆依靠理智反对人们单纯信赖感觉常识,表示赞赏:

> 我要再重复一遍,当我想到亚里斯塔克和哥白尼能够使理性完全征服感觉,不管感觉表现为怎样,依旧把理性放在他们信仰的第一位,我真是感到无限的惊异。①

伽利略欣赏哥白尼在天文学中尊重理性,这也正是康德所指出的新兴自然科学方法的重要特征。哥白尼提出日心说,又是新兴自然科学的先驱,都与这一点分不开。

康德觉察到哲学应该学习数学和自然科学成功的发挥理性主动性的新观点、新方法,因而与作为新兴自然科学先驱的哥白尼有思想上的天然联系。哥白尼不断发现托勒密体系在解释天体运动中的矛盾,在理性闪光的照耀下,提出地动的科学假设,作为原理和指针对行星运动作出基本上正确的解释。康德受到数学和自然科学的启示,领会到智慧在认识中的主导作用,在一般的方面,在知识学方面,提出关于认识的新观点。这个新观点也是自古以来素朴反映论的一百八十度的大转变。所以正是哲学上的哥白尼革命。

两千多年间知识被认为是事物的模本。现在来了一个完全相反的大转弯,理性的构造是知识的架格,知识对象必须按照理性的架格,知识对象是内容,内容必然要在感性和知性形式统摄之下。

① 伽利略:《关于托勒密和哥白尼两大世界体系的对话》。亚里斯塔克(310—250 B. C.),希腊天文学家,倡导地球围绕太阳运动的学说。

丢掉两千多年的常识，把理性因素视为知识的决定性条件，虽然还不是充分条件。知识的必然性和严格的普遍性，正是理性本身的主动性在经验对象中一定的表现，是理性的烙印。实际上，一切以经验对象为内容的知识，一切判断，都是理性的活动。

根据关于知识的哥白尼式假设，联系人类认识活动的实际，正像哥白尼以地球自转和公转为根本的参照系，康德以理性自身的活动为根本的参照系，作为知识与对象的矛盾的主要方面，为构成一切知识的唯一的、先天的可能性条件。从这个前提出发，联系通过感觉经验得到的对象或显现，不仅显现的一般条件即空间时间，可以了解得清清楚楚，使经验对象得到其在感性方面的先天可能性条件的明确规定；更重要的是，对于知识的客体以及一切可能经验的对象的先天可能性的条件，即构成一切知识的先天的决定性条件，一切认识活动的主动性的核心，知识的客观性的真正根源，通过纯概念形成判断的认识活动的客观性的实际表现，以及在这样的论证下从总的方面所确定下来的人类知识的界限，等等，都提出了崭新的观点。

> 这样，我们称之为自然界的各种显现之所以有秩序、有规则性，是我们自己把它放进去的；如果不是我们或者我们意识的本性原来放进去的，我们也不能在里面发现它们（A 125，RS 184[a]）。

以人的主体性建立知识的客体，主体性提供客观性，从而又提供必然性和严格的普遍性。这样，真正意义下的知识问题，就进入新的境界，为长期蔽于感觉经验而被隐藏起来的理性照亮了的境界。这是智慧的升级。这就是范畴的先验演绎。“范畴的先验演绎”的特点在于抓住知识可能性的先天条件,说明其为一切知识的普遍必然的条件,没有这样的先天条件,虽有材料,却成不了知识。另一方面,仅有这样的条件如没有感觉材料,知识也一样无从出现。但知识的形成与内容虽然都是必然的,却处于不同的地位:内容是要给定的,所以是后天的,各式各样,变化不定,是无法预知的。总起来说,内容是必要的,但是,它们是个别的、主观的,完全没有必然性和普遍性,所以,它们还不具备知识的特性。但是,只要为感性形式所接纳和安排,为知性的形式所综合以及融合、点化,单纯的内容便转化成为理性的产物,具有知识特性了。知识的形式或知识的决定性因素,是人类理性自身活动的规则,是我们理性的“自我所思的先天的第一原理”(B 167, RS 188[b]),是知识的客观性的基础,又是知识的必然性和严格普遍性的源泉,所以,完全是可以为理性本身所反思和掌握,并且正确地认识甚至先验的论证或“演绎”的原理。

前边说过,哥白尼在天文学上的革命,其意义不限于天文学,他是新兴自然科学的先驱。恩格斯把哥白尼与路德相提并论,路德在传统的基督教教义方面,哥白尼在天文学方面,都对基督教进行了挑战。从哥白尼开始,自然科学从宗教解放出来。① 从基督教的教义看,哥白尼以日心说代替地心说,把人推下上帝宠儿的宝座,这似乎降低了人的地位。实质上,地动说的科学假定,是人类理性在自然科学范围中的胜利表现,是理性作用与实际观察相结合的新方法的旗开得胜。这完全不是人的地位降低,却是对人类

① 参看《马克思恩格斯全集》,中文本,第20卷,第362—3、365、533—4页。

理性的肯定。另外更值得玩味的是:长期以来,按照对天文现象表面上的观察认识,都把地球和地球上面的人置于中心地位,哥白尼提出问题:我们不是可以这样设想:并不需要假定整个宇宙在转动,“为什么不承认天穹的周日旋转只是一种视运动,实际上是地球运动的反映呢?”①这不仅是天文学的新假定,从人类认识的发展史看,这也是新的知识学萌芽,正是在这方面,很可能还给予康德重要的启发。我们知道,康德是在认识与对象两方面究竟应以哪方面为主哪方面为从的问题上拿哥白尼的创新的假定作比拟的:

> ……哥白尼的创见:当他觉察群星围绕观察者旋转,总是不能正确地解说天体运动时,他就尝试着认定观察者转动,而群星倒处于静态,看看这样是否能更正确地说明天体运动(B 16, RS 20)。

可见哥白尼的功绩不仅在反神学,建立新的天文学以及开创近代自然科学和运用新的方法等方面,还应该肯定他对于新的知识学方面(尽管他决非有意识地考察一般知识学问题),即把认识对象——行星——的某样特性运动归之于认识主体(地球上面的人)自身的特性(人随着地球运动所见到的视运动)所给予的重大启发性,正是在这方面康德把他自己直接地同哥白尼相联系。

康德似乎贬低了人的认识能力,人的知识对象限于显现,却论证了人的认识的主动性。理性形式是人的认识的控制性的结构。

---

① 哥白尼:《天体运行论》,第22页。

经验对象的秩序属于理性的本性。合乎规律的自然界是人类认识的表现。作为材料的经验对象不经过我们理性的融合,那就只是主观的感觉,成不了客观的知识。一方面好像贬低了认识的作用,另一方面又提出所谓物自身的新设想。假如康德知道黑格尔自以为包罗万象的绝对唯心论体系,他恐怕不见得信服。因为康德的现象界包含着人类所能认识的一切,他的观点实际上并没有牺牲人的理性所能认识的任何东西。但是,凡此一切,他名之曰现象界;而在此以外,还有所谓物自身,这是人所能认识到的一切之外的新的范围,虽不能知,却表现理性的某种智慧。所以实际上,康德的批判哲学比黑格尔的绝对唯心论提供了大得多的理性活动领域。这一点在实践理性的活动中得到实证。

以"先验感性论"为前提的"范畴的先验演绎",是康德哲学的基石,集中表现了人类智慧在知识学方面向高层次的飞跃。

§5　"对象"与"客体"

大家看到:上节最后这两段引文里,有"对象",也有"客体",两个术语同在一句话里出现。"对象"的原文是 Gegenstand,"客体"的原文是 Objekt。直到现在为止,我在前边的论述的文字里,很少提到"客体",大都用"对象"这个词。因为在前面的论述里,主要涉及"对象",可以不谈"客体"。从现在起,在使用中要对"对象"和"客体"加以区别。这种区别是必要的。这种区别是源于康德知识学的根本观点。不作这种区别,就不大可能对康德的观点有正确的了解。

德文中 Gegenstand 和 Objekt 这两个不同的字，意义都是指的我们所谓“对象”，可以通用。只是 Gegenstand 是一个地道的日耳曼字，而 Objekt 则是源于拉丁文。问题是在康德哲学里，两个字是不是也是完全通用？英国的 N. K. Smith 认为在《纯粹理性批判》里，或者甚至在包括康德其他一切著作里，两个字没有区别。① 在康德著作的其他英译本中，据我所了解，同 N. K. Smith 一样，把 Objekt 和 Gegenstand 都译成英文的 Object。因为在英语中，关于“对象”只有源于拉丁文这一个词。法文 A. Tresmaygues & B. Pacaud 的译本（1944）对原文中 Gegenstand 与 Objekt 有重要区别之处都用括弧注上原文是 Gegenstand 还是 Objekt。所以，在英语世界的康德研究方面，人们大体上是不区别 Objekt 和 Gegenstand 的，人们是只用 Object（“对象”）这一个词来了解和解释康德的知识学的。我在长时间中也在这种影响之下。

看起来，这种做法并不是没有问题的。我认为，尽管在不少地方，康德对这两个字的意义并没有给予重大区别，可是在另外不少地方，却有重大的不能忽视的区别，这中间的区别，特别是康德在 Gegenstand（“对象”）之外使用 Objekt（“客体”），涉及康德知识学中的根本性的具有创造性的并且产生深远影响的观点。从现在起，对康德知识学的阐述，就要按照原文使用“对象”和“客体”两个不同的术语，对这方面的重要区别将结合着他的观点一步步加以分析说明。

---

① N. K. Smith 在他的《纯粹理性批判》英译本（1929，第 126 页）A 93 = B 125 的一句译文的译者注中说：“康德在这里，像在别的地方一样，把 Objekt 和 Gegenstand 作为意义相同的术语使用。”

第五章　范畴的先验演绎

§1　B版的《范畴的先验演绎》表现康德更发展的观点

康德不只一次告诉我们,《范畴的先验演绎》是一项最重要的探索,他在这一部分花费的劳力最大。请看《纯粹理性批判》第一版序言中一段话:

> 我认为从探讨知性能力以及决定其应用的规则和限制看,没有比我在《先验分析》第二章《知性概念的先验演绎》里所作的研究更重要的了;这项研究也费了我最大劳力,不过我希望这不是白费的。要知道,这一相当深奥的研究具有两个方面。一个方面涉及纯知性的对象,要对知性的先天概念的客观有效性作出论证从而得出解释,因此对我的目的来说,正是本质的方面。另一个方面是研究纯知性本身,作为知性基础的可能性及其认识的诸能力,这是从主观方面进行研究;这些问题的研究尽管对我的主要目的很有重要意义,却与它的本质无关,因为主要问题总是:知性和理性独立于一切经验可以认识什么并且可以认识多少,而非思想能力本身是如何可

能。第二个方面的研究，可以说是为一给定的结果找原因，这样它就有点类似假设的性质(虽然我将在另外场合指出并不是这样)，所以看起来在这方面就好像我可以设想，而读者也可以有别的设想。关于这一点我要预先提醒读者：如果我的主观演绎没有产生像我所预期的完全的说服力，可是我在这里所作的主要工作——客观演绎——却仍然有其全部力量(A 16—7, RS 10)。

对这段话我们先注意两点：

(1)"演绎"对康德知识学的重要性。他主观上对它重视，因而使他付出艰巨劳动。

(2)"演绎"有两个方面：主观演绎和客观演绎。涉及认识对象、先天概念的客观有效性的客观演绎是"演绎"的本质部分。

从第二点可以看出：从《纯粹理性批判》的第一版(A版)，康德就很清楚"演绎"所要达到的主要目的和为了达到主要目的所应采取的探索方针。

1783年出版的《导论》的目的是消除A版出版后人们对他的哲学的某些误解，并在主要思想线索方面企图作出通俗易懂的解释。《导论》里也包含有扼要论证知性范畴的客观有效性的部分(主要是§§ 14—22)。

1787年《纯粹理性批判》出了第二版(B版)。B版把原来A版的"演绎"部分全部删掉，完全重写。在B版《序言》中这样说：

关于这第二版，我认为做得很合适，就是抓住这个机会尽可能地对一些难于理解以及模糊不清的地方加以补救，因为，也许我不免要负责任，眼光敏锐的人们在评论本书时，可能正是从那些地方产生了好多误解。论断本身及其论证，还有关于形式以及计划的全面性，我都看不出有什么需要改动的地方。其所以能够这样，一部分是因为在出版之前我在这些方面都进行了长期的思索和考察，一部分是由于事实本身的性质，也就是由于纯思辨理性的本性。纯思辨理性包含着一种真正的结构，在这里面的一切都是工具材料，也即全体都为着个别，而每一个别又都为了全体，因而只要有一点点毛病，不管是过失（错误）还是缺欠，它势必在运用上就会表现出来。我预料，这个体系今后也会保持不变。这并不是什么自以为是，纯是因为在这体系里面，不管是从纯理性的最细微的要素到整体，还是再回过来从整体（由于整体也还通过纯理性的终极目的在实践方面为了自身被给定）到每一部分，所产生的结果全都一样，这种尝试为我们提供根据，因而只要打算对一最小的部分加以改动，不仅这个体系，并且一般的人类理性就要陷于重重矛盾，这就使我完全有理由具有这种信心。只是在表达方面还有好多事要做，这次再版我决定在这上面做些改进：一部分是有关"感性论"的误解，主要是有关时间概念的误解，再一部分是知性概念的演绎晦涩不清，再就是在论证纯知性原理方面有人认为证据不充分，最后是对理性心理学所以受到非难的悖论所作的错误解释，对这些方面都要加以补救（B 37—8，RS 32—3）。

康德自己认为在B版中，主要观点没有改变，改动的只在表述方面，目的是消除误解和使难懂的地方容易理解。但是，像上所说，“演绎”部分却是完全重写的。

可见，光是康德自己正式刊行的著作，关于范畴的演绎就有三份文字上全然不同的论述。面对着这三份不同的论述，尽管应该承认它们的基本观点的一致性，我们怎样分析理顺康德的更为成熟的观点？

光是关于A和B《范畴的先验演绎》的长期研究和讨论本身，例如认为是A的观点妥当（B不如A），还是B写得更好，还是各有优点等等，就是“康德研究”里一项需要付出极大劳力的科研题目。我无力也无意于这项研究。我不想在这项讨论中增添另一些枝节的议论或表示一下什么主观的想法。我只能透过晦涩、啰嗦，甚至也有似乎自相矛盾的论述，按照其中联贯的观点和论证，理出主线，加以说明。

在这项工作中我有一个重要的指导思想：从三份不同的论述看，与康德自己所说的不同，他的观点在某些问题上，并且也还不能说是次要的问题上，是有一定变化和发展的，尽管这种变化和发展并不影响其整个体系的基本观点。我这个指导思想来自原始材料的实际，不是凭空的臆想。这个指导思想将在本书的第二部分加以论证。

根据上述指导思想，我认为B的“演绎”代表康德更为成熟的思想。所以我的叙述将以B的“演绎”为主，再根据A作一些补充。《导论》的观点则不预备涉及。

这里先简略说一下为什么以B的“演绎”为主。

A的“演绎”，除了论证层次不清楚，论述上显得重复、啰嗦以外，主要缺点是对知性本身的认识活动过程占据了很重要的地位。

这种论述就是康德自己所谓的演绎的主观的方面，主观演绎。另一方面，关于对象究竟是什么，却没有作出明确的阐述。“先验演绎”的重点本应在论证先天概念的客观有效性方面，即客观演绎（主观演绎与客观演绎的区别，请看 A 16—7，RS 10）。在 A，没有作到把对象问题当作根本的出发点和全部论证的核心，特别是，关于对象问题，还可以看出没有完全克服旧哲学的独立的对象的影响，另一方面就是还没有完全把握住新的关于客体的观点，这是与未能真正地克服传统的符合说的影响相联系的，因而在 A 中大讲先验对象，大讲亲合性，使全部论证陷于混乱不清，并且矛盾重重。这些缺陷表现康德在 A 中的有关对象的考虑还不够成熟。所以，对于 A，主要应是参照其主观演绎的部分。A 中的重要缺点，在 B 就完全为成熟的关于客体的观点所纠正和代替。在《导论》中，除了关于对象问题依然没有达到新的观点的水平以外，又出现了区分知觉判断与经验判断的新的重大困难问题。

对上述看法，现在暂不作深入说明。底下就开始对《先验演绎》的说明。

§2　综合作用

阐明范畴的客观有效性叫做客观演绎，这是先验演绎的本质的方面。

认识对象就是由知性去思想对象。在认识过程中，除了思想的能力——知性——发挥作用，还不能没有感性的活动。知性本身怎样同对象发生关系，怎样思想对象，也要说明。这些问题涉及的是经验的可能性的先天的根据，都属于认识的主观源泉。这方面的探讨叫做主观的演绎。主观演绎也是先验演绎的一部分。所以主观演绎尽管是考察认识的主观源泉，却不应从经验的角度考察，不是注意在某一特殊情况下认识能力有什么特殊表现，而是要看其一般的、先天的作用，考究其先验的素质（A 96—97，RS 139[a]—140[a]）。

康德在探索知性的认识活动时，发现并抓住了其中最根本的活动：综合活动。对综合活动的阐发是康德在知识学方面关于思维的能动性的重大的富于创造性的贡献之一。①

综合作用，一般地了解，就是把一些不同的表象互相结合，从而把它们总起来掌握在一起成为知识的活动。如果被结合的多样的表象不是由经验所给定的，而是像空间、时间那样先天给定的，这就是纯综合作用（A 77 = B 103，RS 116）。

我们从直观得到多样的表象，都是给定的。因为我们的直观的特性是感性的，就是通过对象的刺激来接受关于对象的表象。当然，已经知道，直观的形式（空间、时间）是属于我们的表象能力的，不过，这仅仅是主体接受对象刺激的方式而已，也就是说，对象的给定，只能是在空间时间的方式之中。通过空间时间得到的表

① 关于“综合”的思想，最广泛地看，可以溯源到恩培多克勒的爱与恨的原则，黑格尔对这作了高度评价（见《哲学史讲演录》，第1卷，中文本，第320—327页）。但是，在恩培多克勒，实际上只是物质个体的外在聚合。亚里斯多德在《论灵魂》第三篇第六章里认为错误的认识是由于把与对象不相合的思想放到关于对象的认识里面，这是由于心灵的综合作用。在他看来，对于单一对象的认识，似乎只是反映，那是不会发生错误的。莱布尼茨认为单子之中的知觉是在单一之中对于多的表象（《单子论》第14节及以后，还有第25节）。莱布尼茨并没有谈意识的综合作用（第25节所说的也还不是思想的综合作用），他着重谈单子的统一性以及单子的知觉本性，这可能对康德有一定的启发作用。

象之所以必定是多的，是因为多的不同的表象必定出现在不同的空间，也还可以出现于不同的时间（不同空间的表象也可以出现于同一时间）。直观中的多样的表象如果要联系起来成为知识，需要综合作用。

不是对象需要综合，是在直观中出现的关于对象的多样的表象需要综合。

既然是对于多样的表象的综合，综合必定是主观的作用。那么，综合作用来自哪里？是来自感性本身，还是来自知性？

> 可是，对于一般的多样东西的联结（conjunction），永远不会由感官进入我们之中，因而也就不会是同时已经包含在感性直观的纯形式里边了。因为，联结是表象能力的一种主动性活动，我们为了把联结同感性区别开来，就称之为知性，因此，一切联结，不管我们意识到还是没有意识到，是直观方面的多样东西的联结，还是不同的概念的联结，是经验直观方面的还是非经验直观方面的，都是知性活动，对于这种活动我们将一般地把它叫做综合作用，这样也是要引起注意，就是，如果不是我们自己已经先联结起来的，那么我们就不可能为我们自己表象出客体方面的任何联结，并且，在一切表象中间，联结是唯一不是由客体给定的，而是只能由主体自身来做的，因为联结是出于主体的自动的活动。在这方面我们很容易想到，这种活动必定根本上是统一的，并且对于一切联结都必定同样地有效。而表现为它的对立面的分解（分析），永远以它为前提；这是由于知性如不是先前把什么东西联结起来，它也无可分解，因为只是由于知性才有联结起来的东西给予表象

能力（B 129—130，RS 138[b]—139[b]）。

综合作用是知性的能动性的一般表现。这是形成知识的根本作用，关键作用。所以，

……**接受性**只有同**主动性**结合起来才能使得知识可能（A 97，RS 140[a]—141[a]）。

接受性是感性直观与**对象**接触的条件，**主动性**是**主体**的活动。**认识是主体和对象的关系**，这里已经包含着康德对认识的根本了解。

§3　综合作用的三要素

如果把**联结**这个概念加以分析，就会想到其中包含着三个要素：

（1）多样的东西；

（2）对这多样东西的综合作用；

（3）这多样东西的统一性。

联结表示着多样东西的综合的统一性（B 130—131，RS 139[b]）。

所以，联结与统一性的关系是：并不是由于联结，才有所谓统一性，

正相反，只有把统一性加到"多样东西"上面去，才可以设想联结。

底下根据最基本的关于对象的认识活动把联结或者从主体的活动说也即综合作用的这三方面的要素的互相关系说明一下。

认识离不开表象。各个不同的表象可以由不同的来源产生出来，可以来自外物的影响，也可以由于内部的原因，可以是先天的，也可以是经验的。不管它们来源如何，有一点是相同的，即一切表象都是被我们意识到的，都是属于内感官的不同样态。这样，就有一个重要情况需要牢记，这是考察认识时的一个基本了解：一切知识都必定从属于内感官的形式条件，也就是必定从属于时间，知识中的一切秩序、联系和关系都必定在时间里实现，都必定带着时间的特性。

每个直观里的表象不只是一个，而是多样的。其所以是多的，是由于我们在次第出现的印象序列中对时间作了区别，在每一瞬间，就是一个单一的印象（A 99，RS 143[a]）。

康德认为人类的直观之为感性的，空间时间之为感性直观的先天形式，也即我们接受对象刺激的方式，这都是必须肯定并且不可能进一步解释的事实。这只能归诸"自然"。我们关于对象的表象都由刺激产生，关于外物的表象离不开空间，而一切表象又都离不开时间。时间是连续不断的。但是，我们不可能在一个时间里获得关于一个对象的直观，也即不可能一下子获得对象的大体上的全貌。我们只能一瞬间一瞬间地获得关于一定对象的直观。永不中断的时间在我们的感性直观里却是一段一段的，与一段一段时间相应的是不同的表象。

彼此零散不相联系的印象是休谟认识论的前提，也是休谟怀疑论的无可克服的注定的现实。彼此分开的零散的、多样的感性表象也是康德知识学的基本现实。与一般经验论不同的是康德根据人类感性的本性对这样的事实作了深入理解，认为这种事实不是知识的无可改变的现实，倒是知性能动作用的不可缺少的对手。

§4　把捉的综合

从感性直观的表象的多到一个具有统一性的直观，需要的是对那个多从头到尾一个不漏地经历过，把它们保持住、把握住，并且把它们集中起来，这种动作可以叫做把捉的综合（Synthesis der Apprehension）。所谓把捉的综合是说这种综合针对的是直观方面给定的对象的表象。在直观方面，给定的或呈现的固然是多，可是，在主观方面，其所以有这个多，并且这个多之能够包含在一个直观里边，都是由于把捉的综合的作用。

从先验演绎的角度看，重要的是以纯的表象而非经验的表象为对手的把捉的综合，这是与先天知识密切联系的纯的把捉综合。没有这种综合，就不可能有先天的空间表象和时间表象。空间时间作为接受对象刺激的方式，是感性直观的先天形式，是必然的、普遍的，可是，从认识的活动方面看，在对直观到的多数表象的把捉综合的活动中，也产生出空间和时间的表象。单从空间时间表象看，作为其必要条件的就是纯的把捉的综合。这是综合作用的第一个方面。

§5　想像作用的再生综合

把捉的综合把感性直观方面的多数的表象都保持住并且把它

们集中起来。所谓保持住是什么意思？

保持住就是把在前一段时间，更根本地是在前一刹那时间已经出现过的表象保存在意识里边，不使其在直观的下一个时间里消逝。这是获得一个完整的直观所必要的。这里表明必定有一种必然的、普遍的、再生的活动，就是说当下不被直观的对象的表象必能再现。

在经验中，以下事实比比皆是。看见桂花，想到香味。由于闪电，想到即将大雨。这是根据经验的联想，也就是表象的再生。这种表象的联想或再生的前提是现象本身具有规则，并且原来从现象得来的那些表象不管是同时出现的还是先后出现的，也都有规则。表象的联想或再生在主观方面是由于我们的想像力(Einbildungskraft)，从花想到香，从闪电想到下雨，这是经验的想像力。经验的想像力的作用与现象具有的规则分不开，现象本身如果无任何规则可言：

> 如果朱砂一时红，一时黑，一时轻，一时重，一个人一时是这样的动物样子，一时又变成那种动物样子，正当白昼最长的日子，大地上一时果满枝头，一时冰雪连天，……(A 100—101，RS 145[a]—146[a])。

我们的经验的想像力就无从发挥它的作用，根本不会由红色的表象想到沉重的朱砂。康德认为人的经验的想像力与现象的规律性有密切联系。假如现象像上边所说的那样变幻无常，人的经验的想像力就没有发挥作用的机会。

经验的想像力与现象规律性的紧密联系，这是一个方面。从主观方面看，经验的想像力有没有必要的普遍条件？为了解剖人类认识活动，透视知性活动的真谛，不能止于为经验想像力找到现象方面的前提，还要深入到经验想像力的基础，力求弄清它与一般认识能力的关系。这都属于康德知识学的重要课题的组成部分。对于知识能力的经验表现的溯本穷源，这正是康德的批判方法的体现。

例如：我在思想里画一条线，或者想的是从一天中午到另一天中午的这段时间，或者只是设想一个数目，那么，只有在思想里继续地把一个表象跟着另一个表象把捉住。假如不是这样，在思想的进展当中，前面的表象（线的前面的部分，时间的先行部分，彼此连续表象的某些在先出现的单位）不是得到再现，而是不断地从思想里消失掉，那就永远不会有一个完整的表象，不会有上述的那些不同的思想，甚至连不拘什么表象都离不开的那最纯的、最基本的表象；空间、时间的表象也根本上不可能产生。所以，现在应该明确指出，前面第一、二两章所论述的空间、时间感性纯形式的接受性，离开了当前正在探讨的知性的综合作用，就成了僵死的、丝毫不起现实作用的潜在的能力了。第一、二章只是孤立地论述感性的形式。感性与知性是两种不同的认识能力，但是在认识时必定是合作而不能分开。

在实际的认识活动中，知性的材料来自感性。空间、时间是感性接受对象的纯先天形式，来自感性的一切表象都在空间、时间之中。因此，如果作为现象的形式的空间时间本身首先就不能形成一定的完整的表象，永远是后边的一部分出现，前面的部分在思想中就全无踪迹，不会再生，那么，它们能不能接受对象、作为对象的表象的感性形式呢？是不可能的。我们的空间、时间感性形式自身就是需要先联结起来的，只有在这样的条件之下，对于一定现象的首尾联贯起来的再生的综合才是可能的，经验才是可能的。所以，一种属于想像力的普遍的纯先验的综合是我们的经验想像力对于一定现象的表象所进行的再生综合的可能性的条件。这可以称为先验的想像力，属于意识的先验的活动，经验的想像力的再生的综合不过是它的表现。

根据以上所说，要注意的是把捉的综合不能没有先天的再生的综合，二者不可分。没有先天的再生的综合，把捉的综合就成了无根之木（以上参看 A 100—102，RS 145[a]—149[a]）。

在感性直观方面活动的这种属于想像力的先验的综合，康德还称之为形象的综合（figürliche Synthesis），以别于知性范畴的综合。

前面已经说过，综合作用是知性能动性的一般表现。那么，想像力的先验的形象的综合是属于感性，还是属于知性？想像力的特性是在直观中表象还没有现实地出现的对象。根据这种特性，想像力为知性提供相应的直观，从这方面看，想像力属于感性。可是从想像力实现的是对再生的表象的普遍的综合作用看，这是主动性的表现，它是规定者，是先天地规定感性的能力，不像感官只能被规定，它是知性之作用于感性，是知性的第一次运用于对象，并且是其他一切运用的基础。所以，它又必定属于知性。从主动性看，想像力还可以称为产生的，与此相对的是上述的从属于经验的再生的想像力及其再生的综合，再生的综合以经验的联想规律为根据（以上参看 B 151—152，RS 165[b]—168[b]）。例如，一物体在空间中运动，这必须通过经验来认识，但是，与此相联系作为它的可能性条件的还有另一方面，就是还可以把运动看成为对于一定空间的描绘,那么运动就是产生的想像力对于外直观中的多所进行的继续的综合的纯活动。产生的想像力的先验综合是经验中的再生综合的基础(B 155 注,RS 171[b])。

§6 概念中的认定的综合

把捉的综合不能没有产生的综合。但是,如果只是这两个方面,这就仍然缺少一种更根本的条件。因为如果不是意识到我们当下所想的正是一刹那之前我们所想的那同一个东西,那么,尽管是一个表象又一个表象继续不断地为想像力产生出来,再现出来,对认识又有什么用呢?那么,当下出现的总是一个又一个新的表象,它们与逐步地产生出它们的那个活动简直是毫无联系,完全不属于那个活动,这样,表象的多数的部分永远不可能成为一整体,因为它们没有统一性。统一性从何而来?只有意识活动才能给予表象的部分以统一性。康德举这样的例:

> 如果在计算时,我忘记当前浮泛于感官之前的单位逐一为我加起来,这样尽管是一个一个地继续增加,对于数量的出现以及数的多少我全不会知道;因为这个数目概念正是这种综合统一性的意识(A 103, RS 150[a])。

这里涉及这样一个真理:认识不是照相,直观到的一个接着一个的表象以及构成表象的一个接着一个的部分,不是电影拷贝上接续着可是本身却全无所属彼此孤立的一个一个的图像。认识不能没有意识，不能没有意识的统一的综合活动，不能不产生出概念。

康德指出，Begriff（概念）这个词本身①就告诉我们这是一个意识，它把一个一个逐步直观到的并且是经过再生的多联结成为一个表象。事实上，这个意识常常微弱无力，不那么明显，这就是说，我们不大能从它的活动，也就是直接从它已产生表象来知道它，而只是从它所产生的结果来知道它。可是，尽管如此，却必须要有这样一个意识，如果没有这样的意识，就不可能有概念，也不可能有真正的所谓知识。

§7　综合作用的基本方面

以上是对知性的综合作用的初步分析。以上的分析着重在联系感性直观方面给定的对象考察综合作用的实际活动，因而使我们对综合活动的特性及其对一般认识活动的重要性有一定的了解。但是，以上的分析较多地涉及经验的认识，基本上还未涉及先天综合知识，从知识学看，理论上的深度还不够。所以，需要继续深入。

在没有开始走下一步的时候有必要先把以上对综合作用的分析中应视为进一步探讨的基础的几点归结如下：

（1）我们的感性是接受性，表象中的零星部分都可以在感性

① 德文 Begriff（概念）这个词，从语源上说，来自动词 begreifen，意义是捉住、把握、了解。

直观中被给定。而直观的形式是主体被刺激从而接受对象影响的方式，是先天地属于感性的。但是综合作用根本不会来自感官，也不会包含在感性直观的纯形式——空间、时间里面。综合作用不同于感性，是主动性，它是知性的活动。

（2）综合作用是认识活动中的最根本的活动。只要我们自己不是在先已经进行了联结的活动，那么我们就不可能对我们自己表象出在客体方面有什么联系。没有知性的主动活动，就没有认识方面的联系，从而综合作用对分析作用的关系是这样：分析以综合为前提。只有知性先前已经联结起来的，才好进行分析。

（3）综合活动根本上是与统一性分不开的。如果从概念上对联结分析一下，它包含着：

a.　多样的东西的概念；

b.　多样的东西的综合的概念；

c.　多样的东西的统一性的概念。

> 联结是多样的东西的综合统一性的表象（B 130—131，RS 139[b]）。

康德为自己确定的任务是对理性的批判。理性的活动与对象分不开。但是，总的任务是联系着对象来考察理性的功能。理性的活动本身是重点。所以，在知识学方面，是联系对象来考察认识活动，重点在认识活动本身，处处从认识方面着眼。从不孤立地谈对象，总是从认识的角度谈对象。以当前的问题为例：联结是一种表象，不是什么别的联结，要知道，说的是认识上的或是认识到的联结。这是出发点，在认识方面，所谓联结（这就是联结的表象）必须有多样的东西,这是联结活动的对方;还必须有综合的活动,这是联结的实现;最后还必须有统一性,这是实现联结的根本。从认识看,只有当统一性的思想加到多样东西的思想上面时,联结的想法才能出现。面对着多数的东西,把它们一个一个地联结起来,可是只要没有统一性的思想,联结的结果就不会实现,也根本不可能产生出真正的联结。

§8 统一性与统觉

以上对综合作用的考察,得出一个重要结论:感性直观提供的表象只是给定的零散的原材料,而综合作用才是真正主动的认识活动。

综合是意识的活动,特殊地说,是知性的活动。

通过感官,直观到关于对象的种种表象。但是,产生认识的关键在于从直观得到的表象是否被意识到,是否为知性所掌握。感官接触的是缤纷绚丽的感觉世界,不同感官对它们所接触到的一切都会有相应的表象。但是,只要没有综合活动,没有被意识到,直观到的表象就不可能转变成为知识。康德说得很生动:

> 我思必定能够伴同我的一切表象,不然,在我之中被表象的东西就会根本没有被思想,那就等于说那表象或者是不可能,或者至少对我什么也没有(B 131—132, RS 140[b])。

尽管是所谓我的表象,但是,仍然要有我思作为我的表象的真正基础。反过来,没有我思,就不会是我的表象。我思正是表象之所以成为我的表象的必要条件。

提到我思,就想起笛卡尔的我思。笛卡尔认为我是一个思想的东西,怀疑、理解、肯定、否定、愿意、不愿意、想像、感觉全可以称之为思想,不管这样的活动所涉及的对象是真是假,但是,总可以肯定有一个我,是毫无问题的。从我的思想活动,引出一个确实无误的实体的我,这是笛卡尔。康德不是这样。康德认为笛卡尔所推论出来的实体的我依靠的是一种错误的推论。因为从思想推论不出一个独立存在的实体。根据一切思想活动或一切判断,可以断定有一个主体,这主体是具有规定作用的主体。任何判断都是它所包含着的一些成分(主语、谓语等)之间的关系,必须有一主体,它是规定判断之中的那样关系的。但是,那主体并不是什么实体(B 407)。笛卡尔忙于建立传统的哲学体系,他的兴趣不在于向认识论深入。

在康德看来,构成知识的一切表象都必定具有我思的印记。那么,前边首先专门讨论过的感性方面的直观,就是一种表象,直观是先于一切思想就出现的表象,可见,从认识一开始,从对象刺激了感官使我们的知性活动起来,直观得到的表象就已经在其所出现的主体之中与我思有了必然联系。我思不属于感性,它是主动的活动(Actus der Spontaneität)。①

我这表象这样的自我意识,根本不是直观,它是一思维主

① Spontaneität 或译"自发性",不妥。在康德,Spontaneität 与接受性、被动性相对,指异于感性的思想的自动性,指形成知识的活动,特别是综合活动。请看 A 77 = B 102,RS 116。

> 体的主动性（Selbsttätigkeit）的一种纯理知的（intellektuelle）表象（B 278）。

它是知性的表现。感性不可能是孤立的。知性的触觉一定要延伸到感性。

可见，一方面是感性、知性二者要严格区分。感性是接受性，知性是主动性。没有感性，我们将一无所知，因为没有可供认识的材料，没有对象。没有对象，认识能力根本不会活动起来，另一方面，感性、知性二者又必须结合，才能进行认识。感性固然是接受对象的唯一通道，但它仅仅是接受性，不能有任何别的作用。感性在其空间时间的形式中接受的是零散的表象，这些表象一开始就需要在空间时间形式中加工，就需要在空间时间形式中保持（把捉的综合），在空间时间形式中再现（再生的综合），在空间时间形式中统一（认定的综合），等等。感性与知性的结合是贯彻始终的。不如说先有一个感性阶段，然后再来一个知性的阶段。不可能机械地僵硬地划分这样的阶段。尽管要严格区别感性与知性的不同功能，并且尽管根据二者的功能不同必须承认接受对象的感性的活动是进行加工的知性的必然前提。

康德把对感性直观材料进行加工的根本条件，也即形象地表现着认识主体所具有的统一作用的我思，称为纯统觉（die reine Apperzeption）（B 132，RS 141[b]）。莱布尼茨提到过统觉。他把知觉（perception）同统觉（aperception）加以区别。[①] 他所谓统觉是指高

① 莱布尼茨：《单子论》，§§14，30；参看《人类理智新论》，第二篇第9章和第19章；《理性基础上的自然和神恩的原理》第4节。

级的、人类的灵魂所独有的单子的内部状态,也就是对于知觉的意识,是反思的知识。任一单子总不断有与外面事物的变化相关联、相适合地也在变化着的内部状态,即知觉,但只有灵魂才能意识到这种内部的知觉,才能意识到所谓我,才想到有,想到实体等等抽象的思想,这是清晰的、具有必然性的思想,这是理性的活动。莱布尼茨所谓统觉,大致上指对必然性知识的认识能力以及这样的知识。与他的唯理论和天赋观念观点相联系,统觉也就是自我意识。正像莱布尼茨认为知觉是在单一(单一的实体,也即单子)中之多①所提示的与多密切联系不可分的统一性对康德之强调多样东西的综合不能没有统一性有一定影响一样,他的统觉(自我意识)观点也对康德产生一定影响。但是,康德在解决先天综合的问题当中对统一性以及统觉都有更深刻的见解。

有纯统觉,也有经验统觉。统觉总是意识到我自己。经验统觉也是意识到自己,不过这种自我意识完全属于对我们自己内部状态的变化和不同表现的知觉,这纯粹是经验的,并且在不断生灭之中,根本不可能提供一个在内部现象的流程中的常住的我,这种意识也就是经验的意识(A 107,RS 155[a])。纯统觉与经验统觉又相对立。

纯统觉是根本的统觉。因为纯统觉作为我思这个表象的根源,它必定要伴随着一切别的表象,一切经验意识都离不开它,它是独一无二的,永远自同一的。在它之外不可能再有其他更根本的表象来伴随着它了。它是唯一根本的。正是由于这个根本的统觉,根本的自我意识,一切其他的表象才均属于唯一的我,才均是

① 莱布尼茨:《单子论》§14,《理性基础上的自然和神恩的原理》§2。

我的表象。有了这个根本的而不是经验的条件,知识才有了可能性。所以,纯统觉自身的统一性康德名之曰自我意识的先验的统一性(B 132, RS 141[b])。

§9　统觉与综合

一切从直观来的表象都必定归属于我思,归属于纯统觉。反过来,就是我思或纯统觉对于我的一切表象都有同样的必然联系。所以,这就是说,在直观方面给定的众多表象中,那个纯统觉并不是由于表象的不同而有所不同,或者有多少表象就有多少个统觉,相对于众多的表象,统觉本身必定是彻底地同一的。与此相对立,经验的统觉(经验的意识)是与每一特殊表象直接结合着的意识,每一个特殊的表象就是一个特定的意识,正因为这一特殊表象,于是就有一个特定的意识,这个特定的意识与这个特殊的表象是一回事,这个特殊表象仅只属于这个特定意识,这个特定意识只以这个特殊表象作为其唯一的内容。这个特殊的表象不存在,相应地,这个特定意识也就不存在。正像直观到的众多的表象彼此是分开的一样,与这些众多表象直接结合着的众多的经验意识也是彼此分开、不相联系的。但是,要注意,经验意识的这种分散状态,仅只是我们孤立地、抽象地就着它自身的特性来说才是如此。在这种设想的情况下,表象经验的意识都与纯统觉的彻底的同一性不发生联系。在这种情况下,当然不会有知识。经验意识的表象怎样才会同纯统觉发生联系,使同一的我思伴随着那些表象呢?

重要的是我必须把一个表象同另一表象结合在一起，并且我要意识到它们的这种被综合。只有当我能把众多的给定的表象联结在一个意识之中，我才能设想这些表象均属于一个意识，在它们之中存在着意识的同一性，同一的我思与它们必然地联系着。所谓直观中给定的表象全部属于我，意思也不外是我把它们在一自我意识中结合起来了，或者至少是能够在一自我意识中加以结合。所以，纯统觉或我思在统摄众多表象材料上所表现的同一性还不是根本的，它有一种根据。这个根据表现着知性对感性的必然的统摄作用，表现着知性对感性的必然的影响和联系。这个根据是在一切我们关于对象的思想之先就有的对先天的直观（空间、时间）的众多部分的综合统一性。对于直观的对象的综合以对直观的形式——空间、时间——的众多部分的综合为前提。在综合空间时间部分的基础上综合直观到的众多的材料，在这样产生的综合统一性的基础上，才有纯统觉的彻底的同一性。

康德再次强调：所谓联结并不是原来属于对象，只是通过知觉才为知性所掌握的。联结只能由知性来实行，它只是知性的作用，只是知性的功能或职责（B 134—B 135，RS 144[b]—145[b]）。现在对知性可以作出更具体的规定：知性是"先天地进行联结并且使给定的表象方面的众多从属于统觉统一性的能力（B 135，RS 144[b]—145[b]）。这里的重要之点只在于：从动的方面看，在认识的活动中，统觉统一性的关键是综合作用。纯统觉或我思，也即统觉的彻底的同一性，其本身仅仅是认识的主体，单单的认识主体并不会有它的对方，即给定的对象或材料，它的对方只能来自与对象直接联系的直观，这样它才得到作为它的对方的多，才能把这个多联结在一个意识里边进行思维。只是相对着在直观中给定的表象的多，并且经过对多的综合，我才可能意识到自我的同一，因为只有这样，表象的那些多成为一，才把它们全都看成是我的表象，这样也就是，我先天地意识到对那些表象的多的必然的综合，这就是统觉的根本的综合统一性，只要是对于我说是给定的表象，就全都由它统摄，重要的是：其所以由它统摄，关键只在于综合作用（B 135—136, RS 145[b]—146[b]）。

§10 统觉的分析的统一性与综合的统一性

一切意识到的表象都是我的表象，我所意识到的表象显然属于我。我是在认识中的我。我是在直观的我，是获得表象的我，是意识到表象的我，是在思想表象的我。属于我的表象正是由于我思，一切我的表象都少不了我思，我思是我的一切表象的根本条件。我思是每一个我的表象的印记，是每一个我的表象的必然的主体。

但是，我思又只能是唯一的，不能是多数的。不应该有多少表象，就有多少我思。如果有多少表象，就有多少我思，那就不是我，那就是我之外的他，我也成了他，那就没有了我。休谟根据他的印象的原子论观点，就取消了我。休谟否定的是各种唯心论者肯定的作为实体的我。康德也不承认作为实体的我。康德论证的是作为科学认识的先决条件的、作为普遍必然的主体的我。这是前人所未及见的，其所以如此，除了康德承受的德意志民族深思审问的传统这个特定原因以外，前人一般未把认识问题作为重点，也是重要的原因。我是统一的，不是分散的。相对于不同的表象的我思，是同一的我思，是统一的我思的表现。相对于不同的表象的同一的我思，也就是前面所谓的“必定能够伴同我的一切表象”①的我思。一切表象所不可少的同一的我思，实际上以我把给定的表象的众多联结在一个意识里为前提。一切表象都离不开同一的我思，在一切表象中都看出同一的我思，这是统觉的分析的统一性。同一的我思以在一个意识里进行联结活动的我思为前提，这就是统觉的分析的统一性以综合的统一性为前提。被认识的材料来自直观，直观到的表象的众多没有联结；作为自我意识的统觉：“我思”本身，没有对象。统觉联结表象的众多，使其从属于自身的综合统一性，我思从而能够伴同着表象。统觉、我思是认识的主体，综合统一性正是这个主体在认识中最根本的活动的实现。

康德还根据一般的经验概念来说明分析统一性之以综合统一性为前提，也就是在认识中综合比分析更为根本。红的概念是指一种性质，这个性质存在于某些东西之中，它是同其他的表象结合在一起的。通过对不同的可是都具有红的性质的东西的分析，可以得出红的概念。然而，那些都具有红的性质的却又各自不同的东西的表象显然都是综合活动的结果。可见，这也表明在认识中综合活动有根本的重要性：

> 因此，统觉的综合统一性就是我们必须把知性，甚至全部逻辑的一切运用，并且从而还有先验哲学都要紧紧联系到它上面的那个最高点，而实际上这个能力正是知性本身（B 134，RS 143[b]）。

---

① 见本章§8。

§11　客体不是物自身

一直到现在,主要考察的只是知性本身。只是为了阐明知性的活动,涉及到综合作用的实际表现,才联系到从外面来的知识材料,也即从直观得来的表象,特别是表象方面的零零散散的多种多样。在综合作用的实际表现这方面不好再深入探讨,因为越是深入到具体的运用,就越涉及实际情况,越涉及心理学方面的问题,其中细节还待进一步考察,这样的考察主要必定是经验性质的考察,大家的看法也不见得一致。

首先对知性有一个基本的了解是必要的。这样的基本了解包含以下三点:

(1) 知性与感性的本质区别:感性是接受性,知性是主动性。

(2) 知性的主动性表现于其根本性的先天的(必然的和普遍的)综合作用。

(3) 纯统觉(纯自我意识,"我思")是综合作用的主体,这也就是知性本身。纯统觉作为主体不能离开综合作用,离开综合作用,它是无意义的纯形式。所以,纯统觉的综合统一性是知识的最高原则。

对知性有了这种初步了解,才能进到认识问题的核心:认识的主体与客体的关系。而只有在与客体的关系方面,也才能透彻地阐发知性的功能。

什么是客体?

客体不是物自身。因为物自身不属于认识范围。物自身不进入空间时间,所以不会成为认识的对象。这个道理在论述空间、时间时已经作过论述。依据空间时间是人类感性接受对象的先天形式,从而一切作为对象被接受进来的都只能是显现,而非物自身,这种观点得出物自身不可知的结论,是康德论证物自身不可知的主要论据。在1770年的就职论文中,康德已经明确主张空间时间的主观性,通过感性只能认识显现。但是,这时他还认为知性可以认识事物本身。到了批判时期,康德把感性和知性二者紧密联系,强调"思想无内容则空",知性必须从感性获取认识的材料。这样,既然感性提供的一切材料都只限于显现,那么,知性也就只能认识显现。这是从就职论文到批判哲学中间的根本性转变。

此外,康德在《导论》§14 中又单从知性方面论证了物自身不应该是认识对象。这是物自身不可知的另一种证明,也是对他自己过去思想的自我批判。他的论点如下:

(1) 从事物的普遍的规律性方面着眼,如果把事物看成是物自身,那么不管是先天的还是后天的,都不能认识。

(2) 物自身并不是与我的知性符合,相反,我的知性必须与物自身相符合。因此,物自身就必须是先给予了我的;这样,物自身显然不可能先天地为我所认识。

(3) 物自身的规律是独立于我的经验必然地属于它们。经验固然告诉我有什么东西,那东西是如何如何,但是,经验从来不能告诉我那东西必然如此不能如彼,因此,根据经验不能认识物自身的规律(AA,第4卷,294,§15,中译本第57—8页)。

§12　客体的特性

前边曾经指出:康德之使用"客体"这个词,常是用来指示与

“对象”所指的不同的意义。现在可以提出这个问题：客体是什么？

康德曾经这样表达他的想法：首先我们可以注意一下什么是知觉判断（Wahrnehmungsurteile）。知觉判断，作为一种认识，它仅仅以感官方面的直接的知觉为根据，它纯属于经验的判断（empirische Urteile）。这种判断仅只需要在一个思维着的主体之中对知觉有一定的逻辑的联系，它仅只在主观上有效。客体不是如此，客体是处于另外一种关系之中，客体表示的是不仅对我们自己有效，重要的是应该永远有效，并且还应对每个人有效。这是康德在《导论》中所持的观点（《导论》§18，AA 第4卷，第297—8页，中译本，第63—64页）。

后来在《纯粹理性批判》第二版里，康德又从另外的角度来说明客体，这个角度应该说是深入了一步。他说：

> 一般地说，知性是知识的能力。知识是给予的表象联系到一个客体的被规定的关系。而客体乃是那样的东西，在它的概念之中一个给定的直观的众多被联结起来了（B 137，RS 147[b]）。

知识（不是纯主观的知觉）是关于客体的知识，所以它总包含有两方面：一是知识本身，另一是客体。二者关系如何？它们是简单的模仿（知识模仿客体）还是什么别样的关系？回答：不是简单的模仿，而似乎是一种有机的统一或内在的统一的关系。知识里包含着给定的表象作为要素，但是，只要成为知识，那些表象就不仅是给定的了，它们更是被规定的。所谓规定（Bestimmung，拉丁文是 determinatio）在传统逻辑里是指一个概念，由于其所包含的内容的深化，或也可以说是其特性的增加，从而它的范围就进一步受到限制，也即一概念的内包的增加势必使其外延缩小。所以，规定也即限制。① 因此，给定的表象，经过规定，受到一定的限制，就不是原来的表象，就是新的另外的表象。如果说给定的表象是来自直观，来自对象，那么，这新的另外的表象就不是来自直观，不是来自对象。但是，对给定的表象的规定和限制，又不是任意性的、主观性的，不是属于感觉范围的，而是属于思想方面，属于概念的认识方面。经过规定、限制而出现的是新的东西，叫做客体。似乎经过规定和限制的给定的表象就联系到客体，落实到客体。

而叫做客体的新的东西的特征就是它已不是从直观来的零散的表象，不是多，恰恰相反，所谓客体指的是一个有统一性的整体，是从直观来的零星的多样的表象的联结起来的东西。客体尽管包含着多样的表象作为它的材料，但是它们必定已经不是零散的了，而是成了一个统一物。不然的话，我们就仍然只有给定的零散的表象，永远不会有客体。

这里预先指出：康德这个思想在西方哲学史上是一个新的思想，一个很重要的思想。这是集中表现了人的思维客体化的主观能动性的思想！了解马克思主义哲学与德国古典哲学中间的关系的人都会承认，这个思想的影响是深远的！康德知识学的精髓就在这里。底下我们看这个中心思想的细节。

§13　统觉的综合统一性与客体

前边已经充分说明过，联结或综合的活动只能是知性的主动

① 参看亚里斯多德的《后分析篇》，第1篇第27章，87ª 34以后。

的活动。如果不是知性先已实行了综合，就不可能想像客体方面有任何样的联结（参看 B 130，RS 138[b]）。像上所说，客体之为客体，其所包含的各因素是联结起来的，这是其根本特征。所以，没有知性的综合，也就没有联结起来的客体，也就没有知识。前边也充分说明过，综合活动的根本原理是在综合给定的表象当中必不可少的意识的统一性，也即统觉的根本的综合统一性。因此，统觉的这种综合统一性正是知识的最高的条件，当然，这也不外就是知性的根本作用。现在可以指出：统觉的根本的综合统一性之所以是知识的最高条件，其关键在于它是建立起来的客体的可能性的条件。

我们可以举例说明统觉的根本的统一性的作用。比如，单纯的直观形式或直观形式中的零星的东西，如果没有知性的综合作用，能够成为知识吗？不可能。空间是外部的感性直观的形式，空间仅仅提供给我们以先天直观的众多部分，这只能说一定的知识有了某种可能性。如果我们打算认识空间里面的随便什么东西，例如空间中的一条线，就需要把线画出来，由于画线，给定的众多部分就有了一定规定性的联结，而这样的特定的联结不是由于综合作用，是产生不出来的。而综合活动必须是统一的，这就是意识或统觉的统一性。在这里，这种统一性表现为一条线的概念。所以，正是由于综合活动的统一性，也即表现在一条线概念里的意识的统一性，我们才认识到一个客体（具有一定规定性的空间也即一条直线）（B 137—138，RS 148[b]—149[b]）。

由上可见，统觉的综合统一性既然是使我们认识到客体的根本条件，那么，就应该说，统觉的综合统一性是一切知识的一种客观的条件。这个所谓客观的条件有两方面的含义：

(1) 它是我们认识到一个客体的条件;

(2) 它又是每一直观之对于我成为客体必须从属的条件。

第二方面的含义更值得注意。这是一个创新的观点。正是这个新的重要观点才为德国古典哲学开辟了广阔的前进道路!

意识的综合统一性,是在空间中画出一条线之类事情的必要条件。画出了一条线,我们就认识了一条线。认识到一条线,是知识。认识到的那条线是客体。认识和客体都以意识的综合统一性这个同一的条件为基础(B 137—138, RS 148[b]—149[b])。

通过直观给定的众多部分,是材料,它们本身还不是知识。只有通过统觉的综合作用,才把感性的材料改造成为知识。另一方面,感性的材料,离开了统觉的综合统一性,只是零散的众多部分,也还不是客体。因为,像前所说,所谓客体必是一种统一的东西。客体与统一性何以有必然的关系?

人的感性是被动的接受性,其结果是在空间时间之中的零星的知觉。这是主观的。我只有这样那样的知觉,这一切都只是我自己的东西。我不知道别人的知觉是什么样子,因为我不能知觉到别人的知觉。分散性和主观性,这就是感性材料的特性。因为是在空间时间中被动的接受,所以就是在空间时间中的知觉的分散性。因为是通过对象刺激感官才产生知觉的接受性,所以又必定是特定的感性知觉的主观性。从认识方面看,既然是我们的认识,那么它从根本上就必定是主观的。因为所谓认识,如果不是主体的认识,还能是什么?这是根本的方面。另外一方面,尽管是主体的认识,却不能永远停留在主观性的范围。认识应该是对主体以外的某个别者的认识。认识的目的是认识别者。认识必须在基本上的主观性范围之中达到某种客观性。认识主体的整个目的必须是建立客观性。要由认识的主体自身来扬弃主观性。关键是主体的综合活动，关键是统觉的综合统一性。主体通过自身的统一性的综合作用扬弃了感性材料的主观性。因为不活动则已，只要进行活动，就是对于感性材料的活动。主体的综合活动赋予感性材料以统一性，这就扬弃了感性材料之作为材料的性质，使之成为现实的别者，这就是客体。认识必须是主动性，没有主动性，不可能产生认识；没有主动性，就谈不到对方或对手，客体就无从产生。活动与对手是对立的统一。综合作用是认识一定的客体的必要的知性方面的因素，而对于客体来说，又是来自认识能动主体方面的决定性因素。我手里拿着一个物体，我感觉着沉重。这说的是我的主观的感觉，仅仅是我个人的感觉。但是，如果我认识到："这物体是具有重量的"，这就离开了个人的感觉，这就是对于一定客体的认识，因为物体与重量这种性质联系在一起，获得了统一性，并且它们的联系属于不依于主体感觉的客体，与主体处于任何情况并无关系。而所以能够得到这样的认识，零散的感觉之所以被扬弃从而出现了统一的客体，决定性的原因是综合活动，综合活动的基础是统觉的综合统一性。

§14　统觉的客观统一性与主观统一性

像上所说，统觉的先验统一性或综合统一性是知识的最高条件，因为它是使我们认识客体的根本条件，从而就是一切知识的客观的条件。在一个直观里给定的众多的东西，只是由于被统觉的综合统一性所统摄，才被联结起来，形成一个关于客体的思想或关于客体的概念。所以，这种统一性是客观的统一性，因为它是作为客体的可能性的先天条件的统一性。

与统觉的客观统一性相对的是统觉或意识的主观的统一性。前边说过（本章§8）统觉有纯统觉与经验统觉之分。经验统觉是对我们自己内部状态的变化和不同的表现的知觉，这都是纯由经验得来。与经验统觉在一起的是主观的统一性。主观统一性指的是来自感官方面的、来自经验的表象与表象在空间中的排列以及在时间中的次序，这种空间中的排列以及时间中的次序都是**依靠感官的，都是经验的**，所以是主观的统一性。这种排列和次序都是在内感官中表现出来的，是通过内感官被意识到的，因为即便一切来自外感官的表象，只要被意识到，都必定要从属于内感官。所以，意识的主观统一性，虽说是一种统一性，显然与统觉的客观统一性有根本的区别，它的特点是离不开内感官，它是内感官的规定性，因为它与感官分不开，它来自经验（B 139，RS 151[b]）。主观的统一性纯是就着感官知觉到的表象的经验本源这个方面来看的，纯从经验看，感官知觉到的表象有它们的在空间时间中的特殊的安排和次序，从而有它们的特殊的联系，这就是主观的统一性的种种特殊表现。经验统觉与主观统一性都是纯就着来自经验的感官知觉的特殊表现方面来看的。这是知性与感性结合的经验方面的表现。这是知性能力的一个片面，但还不是其根本的方面。

内感官在主观统一性之下所提供的众多的表象只是为统觉的先验统一性的根本的综合作用准备了材料。

前面说明过的把捉的综合、想像作用的再生综合以及在概念中的认定的综合（§§3—6），正是纯从经验一方面看，所以也正是显示了主观的统一性。主观的统一性也就是经验的统一性。表象的联想（Assoziation der Vorstellungen）也是经验的统一性。因为表象的联想的基础是个人的经验，具有偶然性。例如：对于"鸟"这个词，人们的具体的想法不见得相同，一个人想到麻雀、鸽子，另一个人想的是黄雀、百灵、鹦哥。这是由于他们两个人的经验不同。

主观的统一性不可能给我们带来严格意义的知识。在知识中，主观的统一性必定要从属于统觉的先验的统一性。孤立地、抽象地从直接的感官知觉方面看，是单纯的主观统一性。在认识中，它必定从属于"我思"。内感官的形式是时间。时间作为内感官的纯形式，它包含着来自直观的给定的众多。时间本身是纯形式，它不是什么特定的直观，它是**一般的**直观，它不是从经验来的，它不依靠经验，它在意识的先验的、根本的统一性的统摄之下。而时间之从属于统觉的根本的统一性，正是通过来自直观的众多必定要从属于唯一的"我思"（也即统觉）的综合统一性而表现出来。所以，以感官的直接经验为根据的主观统一性必定从属于**统觉的先验统一性**，与主观统一性相联系的经验的综合（具体说，就是单纯从经验方面看的把捉的综合、想像作用的再生综合以及在概念中的认定的综合）必定从属于**知性的纯综合**。不然，尽管有主观的统一性，而直接经验到的感官知觉仍然只能像毫无根基、无所系缚的飘浮不定的表象，成为不了知识。这是由于以经验为根据的主观统一性以及与此相联系的经验的综合，都只是以直接的零散的感官经验作为其唯一的依据，因而都只是主观的。只有统觉的根本的先验统一性才是客观的。如果单纯从经验来源看，从具体的、给定的感觉材料看，就只能是与内感官在一起的主观的统一性。这是一般的经验论的观点，一般经验论停止于这样的观点。但从严格意义的知识看，就少不了统觉的先验的统一性，并且必定是客观的统一性，这才是知识的基础。这是康德的观点。

§15　统觉的客观统一性与判断

既然对统觉的客观统一性有了理解，现在应该进一步看看知识的具体表现形式：判断与这种统一性的关系。

一个判断是一个知识。但是，一个判断里面还包含着一些可能是来自经验的概念或知识。例如："物体是重的"这个判断里边包含着"物体"、"重的"这样的来自经验的概念。"物体"与"重的"两个不同的概念在上面的判断里有一种关系。现在的任务就是要考察这种关系：

（1）判断说的是"物体"，不是"物体"以外的任何别的东西。判断说的是"物体"有"重量"，不是具有"重量"以外的任何别的性质。

（2）因此判断说的不是感觉，判断没有涉及主观。当然，这并不表示判断的材料与感觉经验完全无干。"物体"与"重"都是经验概念，都来自感官经验。但是，一般地说，判断的形成有这样一种特点：它的立足点或着眼点不是主观的感觉，它有意地无视主观的感觉，它的根本目标是撇开狭隘的主观感觉，设立一种超出主观感觉的东西。判断说"物体"与"重"有一种联系，用"是"表示。这是"物体"与"重"之间的关系，与主观的感觉无涉。当然，任何特定的物体，例如一个橘子，有特定的重量，例如二两重，必须得自经验。可是，在判断里，不仅"物体"与"重"都直接地避开了经验，更重要的是表明了它们之间的联系,这种联系实际上是主观经验不能提供的。在主观经验里,只是一个橘子和我手拿着橘子感觉到压力这样的两件个别的知觉。"物体有重量",这种联系的构成属于知性。

可见,判断是由知性作用构成的概念之间的一种不直接涉及主观感觉的客观的、特定的关系。

与上述表现在判断之中的关系相对的另外一种关系,就是一种纯主观的关系,这种关系的基础是与给定的经验直观不可分的再生的想像力的规律,是经验的联接的规律。在经验中,当我拿起一件随便什么东西时,有沉重的感觉。这样的经验可以有好多次。跟这样的经验相联系的是再生的想像力,从一个特定表象联想到另一特定表象,也是在这基础上产生出来的。在这样情形下,表象的联接仅仅是:当我拿起一物体,例如一只橘子,我就感觉到一定的重的印象。这是不是判断?康德认为这只是我自己的知觉,因为这里所说的只限于我自己的直接的感觉经验。这是纯粹的主观性。

判断的特点是与主观性相对的客观性。怎样解释这样的客观性?不能根据感觉经验,因为感觉经验提供的恰恰只是主观的情况。康德认为判断实质上是知性把一些给定的认识置于统觉的客观的统一性之下的方式。判断"物体是重的"中的缀词"是"的作用,是肯定给定的表象的统一性是客观的,不是主观的。表象之间的联系不以我为根据,不以我为转移,它"是",独立于主观地、自身地"是"。"是"是真正的知识的一种标志。所以,康德认为,这个自身地"是",其实是表示着那些表象与根本的统觉的必然的统一性的联系,这个统一性是客观性的根本来源。因此,"物体是重的"

这判断中的两个表象，才不论主观的情况如何，而是在客体方面联结在一起的（以上参看 B 141—142，RS $153^b—5^b$）。

§16 一切感性直观必定从属于范畴

前边已经说过：通过感性直观给定的众多部分，只是知识的材料，还不是知识，只有当它们由于统觉的综合作用被统摄在统觉的根本的综合统一功能之下，才可能产生直观的统一，才有可能成为知识，比如对于空间中的一条线的认识就是这样（§13）。

而在§15 又说过：知性把给定的表象（可以是直观，也可以是概念）置于统觉的客观统一性之下，由于这种活动，就形成了判断。而把给定的表象置于统觉的客观统一性之下，又必定通过一定的方式，这种方式就是判断，因而，判断总表现为一定的方式，这是判断的逻辑功能。

因此，任何在感性直观里被给定的众多，它们只要是被置于统觉的根本的统一性之下，就必定为判断作用的任何一种逻辑功能所规定。也就是说，感性直观方面给定的众多只有通过知性的一种特定的综合作用，或为判断作用的一种特定的逻辑功能所规定，才被置于统觉的根本的统一性之下的。统觉的根本的统一性要通过特定的综合作用，也就是特定方式的判断作用或判断作用的特定的逻辑功能，才能实现。

前边（第三章，§7）也曾说过：知性按照一定的方式，也即按照一定的规则控制着对于直观中表象的综合，这种按照一定方式支配、控制着对于直观中表象的综合的功能，或者按照判断作用的一定的逻辑功能来规定直观的表象的逻辑功能，就是知性的纯概念或范畴。

可见，给定的直观中的众多必然要从属于范畴或统摄在范畴之下（B 143，RS 155^{b}—6^{b}）。因为，在认识中，对象是通过直观被给定的，而为了获得知识，直观必须具有统一性，这就是说，直观的众多必须统一起来成为客体。直观的众多怎样才能统一起来形成客体？那就必须进行综合，使直观的众多都统摄在统觉的统一之下。而范畴发挥的正是这样的作用。

从另一角度同样可以看出范畴的这种作用。对于直观中给定的众多的知觉，是经验的意识。单纯从其本身看，经验的意识彼此不发生任何真正的、内在的联系。经验的意识必须从属于一个纯意识（也即纯统觉），正如经验直观要从属于一个纯直观。而经验的意识之从属于一个纯意识，实际上正是由于范畴的作用（B 144，RS 156^{b}—157^{b}）。

§17　范畴的应用与想像力

范畴是知性的纯概念，它们是知性所固有的思维形式，不是从经验引申来的经验概念。那么，它们是怎样应用于感官的对象从而形成知识的？

相对于一般的直观对象，作为知性纯概念的范畴，仅仅是思维形式。它们还不是关于对象的具有特定内容的知识。但是，应该知道，它们之所以是思维形式，正是因为抽象地看，它们的特性是**以统觉的统一性为基础的对于众多的综合作用**，从而也就是**以知**

性为基础的先天知识的可能性的根据。

另一方面,我们的对象来自感性直观。在感性直观方面,我们有一个以感性的接受性为基础的先天形式——时间,时间是感性的接受性的普遍的根据(也具有比空间更大的与感性的外的和内的一切直观相联系的普遍性)。

所以,主动的知性就能够凭借它自身的统觉的综合统一性,来规定内感官,时间正是内感官的普遍形式。所谓规定内感官,实际上是规定内感官之中的给定的表象的众多,这些众多当然都是在时间之中的。

这样,就可以明白,那个把先天的感性直观中的众多统摄起来的统觉的综合统一性,乃是我们的直观的一切对象必然要从属的条件。正是由于我们直观的一切对象必然从属于知性的统觉的综合统一性,所以,知性的范畴就得以应用到直观给定的对象上去,于是范畴就获得了客观的实在性。

可见,范畴应用于直观的对象是以直观的普遍的形式——时间为中介的。知性与感性的联系是通过时间这个内感官的普遍形成。知性利用一定的范畴的综合作用是指向感性的给定的直观,但是,必须通过时间这个普遍的形式。

知性的先天的综合作用本身是统一的,但是像前面分析过的,表现为三方面的不同的要素:纯把捉的综合、想像力的先验综合以及统觉的先验的综合统一(本章§§4—9)。纯把捉的综合是直接加之于给定的表象的综合的先天的根据。统觉的先验的综合统一,抽象地说,也就是见之于范畴本身的综合作用,这还可以名之曰“理知的综合”(synthesis in tellectualis)(B 151,RS 166[b])。剩下的就是作为再生综合的基础的想像力的生产的综合。像前面所说

（本章§5），想像力是当对象不在直观中呈现的情况下表象对象的能力，想像力又属于感性，又属于知性。由于它按照感性的条件为范畴提供给定的直观，所以，想像力属于感性。但是想像力既然发挥的是生产的综合作用，也就是主动性，所以，它更是知性对感性的作用，并且是知性对于我们所能获得的直观对象之应用的发端。知性对于直观对象的一切规定都以此为基础，可见想像力在认识中的重要地位。

联系到当前的范畴应用于直观的对象的问题，就可以完全清楚地了解想像力的关键作用。一般地说，想像力就是在统觉的统一性的支配之下直接对感性的形式——时间起规定作用，实际上，也就是在范畴的支配之下对时间，并通过时间对给定的直观对象实现知性的先天综合作用。因此，它才是想像力的先验综合。因而这种综合是形象的综合，与纯从知性本身看的理智的综合不同。当然，像上所说，知性的先天综合作用是统一的，普遍地、抽象地看是理知的，实际地看是形象的。范畴自身作为思维形式，必定是理知的综合，但是，范畴必定要应用于直观对象，所以其综合作用又必定是形象的（以上看 B 150—152，RS 164^{b}—8^{b}）。

关于想像力在感性与知性之间所起的中介作用，在下一章还将详细阐述。

§18　范畴与自然界的规律

到此为止，已经表明：给定的直观中的众多必然要从属于统觉的综合统一功能，认识才可能是关于客体的认识，认识才有客观的有效性。而从属于统觉的综合统一,构成关于客体的认识,是通过判断实现的,也即是通过范畴的作用实现的。因此,直观中的众多必然要统摄在范畴之下,因为只是由于范畴使直观到的众多具有综合统一性,我们才有关于对象的知识。

以上说的是知性,也就是以知性为其诞生地的范畴在认识中的关键作用。这样,范畴的先验演绎已经走了重要的一步。现在需要进一步考察知识材料的来源,说明在感性方面关于一切感性对象的经验直观是怎样给定的,这种经验直观的联接的规律性与统觉的综合统一性有什么联系,与范畴有什么联系;并且,这种规律性具有普遍必然的特性,不是根据经验可以解释,甚至自然界也正是由于这样的认识才成为有规律的,因而才有了它的可能性。知识必定表现规律性,自然界也必定是有规律的自然界。这一切的根据在哪里?

关于这个问题,由于上面已经论证了知识的产生在于知性利用范畴赋予直观到的表象的众多以综合统一性,就不难解决了。

说明这个问题必须从作为感性形式的空间、时间入手。

我们的一切知识起于经验。所谓起于经验就是说知识必须有材料,而材料只能来自对象,联系着对象就有了经验直观或知觉。一切经验直观必定从属于空间时间的先天形式。不在空间时间以内的,不会是我们的直观对象,对此也就不会有什么经验直观。而空间时间不仅是感性直观的形式,并且它们本身就是直观,它们包含着众多的部分,它们先天地表现出众多部分的统一性。这种统一性当然以综合作用为前提,而综合作用只是知性的作用,可是,空间与时间只能在感性直观中被给定。空间时间在感性直观中被给定要通过综合作用。空间时间根本上都是独一无二的直观的表象,只有一个空间、一个时间。每一特定的空间部分或时间部分,都以对唯一的空间或唯一的时间的限制为前提。而每一特定部分的空间或时间本身也仍然包含着部分。所以,不管是唯一的空间或唯一的时间,还是利用限制得到的部分的空间或时间,都少不了综合作用。正因为都少不了综合作用,所以,空间和时间表象,作为在感性中被给定的直观,它们在一切概念之先已经是具有统一性的了。这就是说,知性的作用一直延伸到感性,延伸到感性的直观,首先是感性的形式:空间、时间。

既然作为在感性中被给定的空间和时间都是由于知性的综合作用而有了综合统一性,那么,一切在空间时间里边出现的表象也就不仅要从属于空间时间这种感性形式,而且还要伴随着空间时间一起受空间时间这样的综合统一性的支配。那么,也就是说,一切在空间时间中的表象的众多部分的综合统一,是直观到的表象的把捉的综合(也即经验的直观)的条件,而这种条件随着空间或时间直观的被给定也同时出现了。

显然,这个综合统一性不可能是什么别的综合统一性,它只能是那个把一般给定的直观的众多东西联接在一个根本意识里的先验统觉的综合统一性,这种联结是按照知性的纯概念即范畴进行的。所以,一切对于直观到对象的把捉的综合,一切使得知觉得以产生的综合,总之,一切与经验的直观相联系的综合,都在范畴的综合作用统摄之下,于是经验的直观,就由于范畴的作用,获得了在感性方面所没有而纯源于知性的种种规定性。经验直观、知觉的联结,由于范畴的加工,就转变成与真正知识同义的经验,因此,康德得出结论:范畴是经验之所以可能的条件。如果说范畴是经验的形式,那么,经验的对象就是经验的材料,因此,范畴不仅是经验之所以可能的条件，并且实际上，范畴更根本地是对于一切经验对象总会畅通无阻，具有普遍必然的有效性（以上参看 B 159—161，RS 177[b]—180[b]）。

现在举一些事例来说明范畴的这种有效性。

例如：对象是一所房子。对于这所房子直观到的众多表象我们通过把捉的综合有了知觉，这就是对于这所房子有了经验的直观。我们之所以能得到这样的经验直观，一方面当然需要有感官的对象，另一方面又必须有空间这个直观形式。而从空间这方面说，还不能没有空间以及一般外在的感性直观的必然的统一性，不然，空间以及空间中的外在的直观都不能成立，首先，那所房子的形状就无法形成，也无从加以表示。因为只有当空间中的众多部分为这种综合统一性所统摄，在这种情况之下才好表现出形状。我们知道，这种综合统一功能不是感性本身所具有的，不是源于空间本身的规定性，而是来自知性的活动，是一种特定的对于一个直观中的同类的东西的综合，这就是量的范畴的作用，把捉的综合或知觉必定要彻头彻尾受这种作用的支配，不然的话，一切量的表象就不会产生。

再如，我知觉到水结为冰。这就是说，我知觉到水的两种不同状态（液态与固态）在时间中处于相互对立的关系。时间是内直观的形式，属于感性。那么，水的液态与固态这样的现象，作为内直观，在时间中的相互对立的关系是怎样建立起来的？液态与固态二者在时间中需要联接，不然它们不会产生联系，也不会有相互对立的关系。联接只能通过综合作用，没有相对于众多的部分的统觉的综合统一性，任何表象的众多部分或任何表象与其他表象之间不会发生联系。同理，没有这种综合统一性，作为内直观的水的液态与固态在时间中的先后相互对立的关系，也是不可能的。既然综合作用以及由此产生的任何联系都不是源于感性的直观本身，而是源于知性及其想像力，那么，如果结合时间这个感性直观形式加以考虑，就会看清楚，以在时间中出现的感官知觉为素材，我们实际上必然是凭借着原因范畴来规定一般在时间中所发生的事情的关系的，正是在结果及其原因的关系的概念支配之下，对于上述的给定的显现进行经验的把捉。

正如显现必定要与感性直观的先天形式（空间、时间）相一致，不然就不可能成为我们感性的对象一样，自然界显现的规律必定要与知性联结一般的众多部分的主动能力以及知性的先天形式即范畴相一致，不然就不会成为我们认识的客体，也不会成为合乎规律的自然现象。因为显现并不是独立自在的东西，显现离不开具有感官的主体，它只是相对于这样的主体而存在。同样地，显现的规律原不在于显现本身（真正说来，我们不好说什么显现本身），显现的规律只是相对于显现所属的主体而存在，其所以如此是由于主体有知性，知性又具有它自身的形式：范畴。显现与物自身的区别和对立永远是康德哲学的根本原则。物自身必然从属于其本身的规律，这样的规律必定独立于知性，假设有某种知性能够认识到它的话。而显现是什么？显现不过是关于物的表象，而这并不是物本身的样子。既然是我们对物的表象，那么这样的表象之间如果有一定的联系，并且这种联系又是有一定规律的，这种有规律的联系除了来自知性，不可能有别的来源，因为知性是联结的能力。

所以，把以上对范畴逐步所作的论述综合起来，就应该如下所说。由于感性直观，我们得到关于对象的众多零星表象。联结这些众多部分的是想像力。想像力是知性能力对于感性的零星的众多部分发挥作用的表现。从它直接把捉直观的众多部分的材料来看,要依靠感性。另一方面它的纯综合的统一性正好是知性本身的独特作用。一切知觉的出现都直接由于把捉的综合。这种经验的把捉的综合必须以统觉的先验综合统一性为基础,而这也就是以知性的范畴为基础。所以,在经验中一切能够意识到的、可能的知觉,也就是说,一切显现,从其联系看,都在范畴的支配之下。范畴是给予显现以及作为显现总和的从质料方面看的自然界以先天规律的。而从形式方面看必然合乎规律的自然界,其根据也正是范畴。

这样看来,我们叫做自然界的各种显现之所以有秩序、有规则性,是我们自己把它放进去的;如果不是我们或我们意识的本性原来把它放到那里面,我们也不会在那里发现它们。因为自然界的这种统一性应该是一种必然的、即先天确定的把各种显现联结起来的统一性。假如在我们心灵的认识根本源泉中没有包含这种先天统一性的主观根据,假如这种主观条件不是在经验中一般地认识一个客体的可能性根据,从而同时又是客观有效的,那么我们怎样能够把一种综合统一性完全先天地带进来呢?

……这样看来,知性就不仅是借着比较各种显现来形成规则的能力,知性本身为自然界立法;这就是说,没有知性就根本不会有自然界,即不会有显现的众多部分的按照规则的综合统一性。因为显现,作为显现不是出现在我们以外,而只是存在于我们感性中。但是,显现作为在一个经验之中的认识对象,连同它所能包容的一切,都只是在统觉统一性之中才

寄簃文存	沈家本
中国婚姻史	陈顾远
中国法律在东亚诸国之影响	杨鸿烈
孔门理财学	陈焕章
上海工业化研究	刘大钧
乡村建设理论	梁漱溟
中国经济原论	王亚南
金翼	林耀华
幼稚园教材研究　幼稚教育新论	张雪门
近代中国留学史　近代中国教育思想史	舒新城
THE ECONOMIC PRINCIPLES OF CONFUCIUS AND HIS SCHOOL	Chen Huan-Chang
孔门理财学	陈焕章
THE GROWTH AND INDUSTRIALIZATION OF SHANGHAI	D. K. Lieu
上海工业化研究	刘大钧
THE FINANCING OF PUBLIC EDUCATION IN CHINA	Ronald Yu Soong Cheng
中国教育财政之改进	陈友松

【第六辑　四十种】

齐如山国剧论丛	齐如山
先秦文学 中国文学史讲义	游国恩
中国文学批评史（上、下）	罗根泽
中国文学发展史（上、下）	刘大杰
宋元明讲唱文学	叶德均
晚照楼论文集	马茂元
汉书窥管	杨树达
欧化东渐史	张星烺
西域史地考古论集	黄文弼
中国疆域沿革史	顾颉刚　史念海
先秦诸子系年	钱　穆
古器物中的古代文化制度	徐中舒
中国社会之史的分析（外一种：婚姻与家族）	陶希圣

唐代长安与西域文明	向　达
古代神话与民族	丁　山
小屯、龙山与仰韶	梁思永
中国史纲	张荫麟
岳飞传	邓广铭
胡惟庸党案考	吴　晗
等不等观杂录	杨文会
欧阳竟无内外学	欧阳竟无
中国佛教史	蒋维乔
中国宗教思想史大纲	王治心
理学纲要	吕思勉
汉魏两晋南北朝佛教史	汤用彤
两汉经学今古文平议	钱　穆
墨学源流	方授楚
中国哲学大纲	张岱年
中国伶人血缘之研究　明清两代嘉兴的望族	潘光旦
中国乡约制度	杨开道
藏族宗教史之实地研究	李安宅
中国封建社会	瞿同祖
法律教育	孙晓楼
财政学总论	陈启修
社会主义经济论稿	孙冶方
变态心理学派别	朱光潜
旧石器时代之艺术	裴文中
中国教育财政之改进	陈友松
THE SYSTEM OF TAXATION IN CHINA IN THE TSING DYNASTY, 1644-1911	SHAO-KWAN CHEN
清代中国的税收制度	陈兆鲲
VILLAGE AND TOWN LIFE IN CHINA	L.K.Tao Y.K.Leong
中国的乡村与城镇生活	陶孟和　梁宇皋

中华现代学术名著丛书

《中华现代学术名著丛书》

【第一辑　四十种】

马氏文通	马建忠
国故论衡	章太炎
王国维文学论著三种	王国维
吴梅词曲论著四种	吴　梅
中国中古文学史　汉魏六朝专家文研究	刘师培
中国文学批评史（上、下）	郭绍虞
甲骨文字释林	于省吾
中国俗文学史	郑振铎
汉语语音史	王　力
红楼梦辨	俞平伯
中国韵文史	龙榆生
汉魏六朝诗论丛	余冠英
台湾通史（上、下）	连　横
秦汉史	吕思勉
中国史学史	金毓黻
史学要论	李守常
中国通史简编（上、下）	范文澜
国史大纲（上、下）	钱　穆
中国史纲（一、二卷）	翦伯赞
春秋史	童书业
魏晋南北朝史论丛	唐长孺
明清社会经济史论文集	傅衣凌
西夏史稿	吴天墀

中国伦理学史（外一种）	蔡元培
新唯识论	熊十力
东西文化及其哲学	梁漱溟
科学与玄学	罗志希
中国艺术精神	徐复观
论逻辑经验主义	洪　谦
九朝律考	程树德
比较宪法	王世杰　钱端升
中国法律与中国社会	瞿同祖
中国民治论	鲍明钤
中国官僚政治研究	王亚南
通货新论	马寅初
中国经济思想史	唐庆增
中国厘金史	罗玉东
北平生活费之分析	陶孟和
论社会学中国化	吴文藻
第四种国家的出路	吴景超

【第二辑　三十种】

目录学发微 古书通例	余嘉锡
积微居小学金石论丛	杨树达
现代中国文学史（外一种:明代文学）	钱基博
篆韵源流	赵荫棠
诗言志辨　经典常谈	朱自清
话本小说概论（上、下）	胡士莹

司马迁之人格与风格 道教徒的诗人李白及其痛苦	李长之
明清史讲义（上、下）	孟　森
国史要义	柳诒徵
中国南洋交通史	冯承钧
通史新义	何炳松
魏晋清谈思想初论	贺昌群
中国救荒史	邓云特
认识论	张东荪
科学方法论 科学概论	王星拱
中国哲学史大纲	胡　适
知识论（上、下）	金岳霖
法相唯识学	太　虚
陈康：论希腊哲学	陈　康
康德的知识学	齐良骥
中国文化的展望	殷海光
中国道教史	傅勤家
监狱学	孙　雄
中国法制史概要	陈顾远
新政治学大纲	邓初民
财政学	何　廉　李　锐
中国之棉纺织业	方显廷
中国田制史	万国鼎
南洋华侨与闽粤社会	陈　达
文化人类学	林惠祥

【第三辑　三十五种】

中国小说史略 （外一种：汉文学史纲要）	鲁　迅
现代吴语的研究	赵元任
古典新义	闻一多
谈艺录	钱锺书
唐诗综论	林　庚
中古文学史论	王　瑶
中国近三百年学术史（新校本）	梁启超
通鉴胡注表微	陈　垣
隋唐制度渊源略论稿 唐代政治史述论稿	陈寅恪
中国古代社会研究	郭沫若
古史辨自序（上、下）	顾颉刚
安阳	李　济
绿营兵志	罗尔纲
东汉的豪族	杨联陞
佛道散论	蒙文通
中国哲学史（上、下）	冯友兰
艺境	宗白华
西方美学史（上、下）	朱光潜
近代唯心论简释	贺　麟
康德学述	郑　昕
历代刑法考（上、下）	沈家本
中国商事法	刘朗泉
中国近百年政治史	李剑农
中国政治思想史（上、下）	萧公权
中国国民所得（一九三三年） （外一种：国民所得概论）	巫宝三
中国棉纺织史稿	严中平
当代中国社会学	孙本文
乡土中国　生育制度　乡土重建	费孝通
滕固美术史论著三种	滕　固
中国古代服饰研究	沈从文
A GRAMMAR OF SPOKEN CHINESE 中国话的文法	Yuen Ren Chao 赵元任
MODERN DEMOCRACY IN CHINA 中国民治主义	Mingchien Joshua Bau 鲍明钤
THE GOVERNMENT AND POLITICS OF CHINA 中国的政府与政治	Ch'ien Tuan-sheng 钱端升
THE POST-WAR INDUSTRIALIZATION OF CHINA, INDUSTRIAL CAPITAL IN CHINA 战后中国之工业化　中国之工业资本	H. D. Fong 方显廷
LAW AND SOCIETY IN TRADITIONAL CHINA 中国法律与中国社会	T'ung-Tsu Ch'ü 瞿同祖

【第四辑　三十种】

中国旧小说考证	胡　适
文心雕龙札记	黄　侃
卢前曲学论著三种	卢　前
孟姜女故事研究及其他	顾颉刚
中国目录学史	姚名达
校雠学	向宗鲁
唐五代西北方音	罗常培
中国文法要略	吕叔湘
清史探微	郑天挺
中国文化史（上、下）	陈登原
中国文化与中国的兵	雷海宗
佛学研究十八篇（校点本）	梁启超
中国景教	朱谦之
德国古典美学	蒋孔阳
神学四讲	赵紫宸
法律哲学导论	居　正
民国司法志	汪楫宝
国际法大纲	周鲠生
罗马法原论（上、下）	周　枏
马克思的政治思想	吴恩裕
欧美各国现行宪法析要	龚　钺
经济史：历史观与方法论	吴承明
从古典经济学派到马克思	陈岱孙
中国历史上的基本经济区	冀朝鼎
中国教育改造	陶行知
平民教育与乡村建设运动	晏阳初
中国教育制度沿革史	郭秉文
COTTON INDUSTRY AND TRADE IN CHINA 中国之棉纺织业	H. D. Fong 方显廷
KEY ECONOMIC AREAS IN CHINESE HISTORY 中国历史上的基本经济区	Ch'ao-Ting Chi 冀朝鼎
THE CHINESE SYSTEM OF PUBLIC EDUCATION 中国教育制度沿革史	Ping Wen Kuo 郭秉文

【第五辑　三十种】

词史	刘毓盘
元白诗笺证稿	陈寅恪
上古音研究	李方桂
从诗到曲（上、下）	郑　骞
训诂学概论	齐佩瑢
唐代进士行卷与文学　古诗考索	程千帆
南朝文学与北朝文学研究	曹道衡
先秦政治思想史	梁启超
中国史学通论	朱希祖
隋唐史	岑仲勉
中国地理学史（先秦至明代）	王成组
中国妇女生活史	陈东原
基督教与中国文化	吴雷川
中国天主教传教史概论	徐宗泽
道教史	许地山
论道	金岳霖
文化与人生	贺　麟

可能。而统觉统一性是经验中的一切显现必然合规律性的先验根据。这个同表象的众多部分相联系的统觉的统一性(就是说由一个独一无二者来规定),就是规则,而知性就是给予这些规则的能力。因此,一切显现正是这样才作为可能的经验先天地处于知性之中,并且正是由于知性才有其形式的可能性;正像它们作为单纯的直观是在感性里,由于感性,它们在形式上才可能(A 125—127,RS 184[b]—7[b])。

这就是对范畴的先验演绎作出的最重要结论。需要补充的一点是:康德认为知性赋予自然界的只是最一般的纯的规律,如自然界的显现总有量、有质,处于一般因果联系之中,等等。至于与具有无限丰富内容的自然显现相联系的特殊的经验规律,就其特殊的方面而言,就不能从知性范畴引申出来,只能通过经验才能加以认识。但是无论什么特殊的经验规律,就其一般方面看,必定是外在来自知性的最一般规律的统摄之下(以上参看 B 162—5,RS 181[b]—186[b])。

§19　范畴的应用范围只限于经验的对象

康德的知识学所要解决的问题是:人们的认识能力"独立于一切经验可以认识什么,并且可以认识多少"(A 17, RS 10)。这也就是指某些先天知识的来源、客观有效性以及应用的限度的问题。属于我们感性本身的先天形式的空间时间,其来源不是经验的,由于它们是我们接受对象的刺激形成表象的方式,所以必然有经验实在性，一切给予我们的对象必定在空间时间之中，必定是感官的对象，不在空间时间中的就不是我们的对象，它们是显现的形式，并且只是显现的形式，与物自身不相干，物自身不在空间时间之内，物自身不会成为我们的对象。

关于范畴已经明确，其来源是先天的，它们是知性固有的概念，不是来自经验的概念，并且已经论证：范畴是一切经验之所以可能的条件，也是一切经验对象之所以可能的条件，自然界规律，甚至于自然界本身，都以范畴作为根据和基础，范畴无疑具有客观有效性。现在问题是范畴应用的范围。

范畴本身是纯思维形式，范畴如果不与一定的知识材料结合起来就不可能形成知识，所谓"思想无内容是空的"。我们的知识材料，都来自感性的直观，此外别无其他途径，那么，范畴的应用限于感官的对象——显现，这是顺理成章的结论。

这个结论是显而易见的。可是另有一点需要分析清楚。我们的感性是接受性，它所固有的仅只是接受对象刺激的方式，没有对象的刺激，感性形式不起任何作用，所以空间时间感性形式的对象只限于感官对象，二者的关系是必然的。知性是主动性，知性的范畴是主动的思维形式，是能动的综合作用，是不是可以设想这种形式或综合作用的应用不必限于感官对象？因为范畴是"关于一种一般对象的思维形式"（A 51 = B 75，RS 94—5），甚至范畴就是"关于一种一般对象的思想"（B 146，RS 159[b]—160[b]），"一般对象"与某一范畴的特定的规定性相应。因为范畴的规定性又是纯思想，如原因范畴本身作为纯思想不过是指根据与后果的必然联系。在认识中，所谓"对象"，总是直接面对着的，这样产生的结果就是直观。只有通过直观才能与对象直接发生联系。因此，"一般对象"

就是“一般的直观的对象”。可是“一般的直观”，就不限于我们所具有的这样的感性直观，应该也包括着与我们的直观不必相同的别种感性直观。别种感性直观也有它的对象。这种另外的感性直观的众多对象，从道理上讲，也需要知性范畴的综合作用。甚至还可以设想根本不是感性的直观，这种直观不以空间时间为其固有的形式，它的对象不在空间时间之内，可是，这样的对象岂不是也需要范畴去综合？总之，“一般的直观的对象”就是指不限于我们的特定的以空间时间为形式的感性直观的对象。从道理上讲，范畴不像空间时间之限于感官对象，它的应用可以扩大到“一般的直观的对象”。

其所以应作这样的分析，是因为我们应该注意到知性与感性的上述区别，由于这种区别，所以，只要了解了感性的特性，就会明确空间时间感性形式必以我们的感官对象为限。同时，只要了解了知性的特性，也应明确范畴的应用范围可以不受感官对象的约束，它在理论上可以应用于一切直观（包括非感性的直观）的对象。但是，尽管我们从理论上应作这样的设想，可是实际上我们并不能超出感官对象；因为与我们感性直观不同的另外的感性直观，对于我们不是现实的，只是一种设想。按照这种设想，由于我们得不到与我们的感性直观不同的任何另外的直观，因而范畴只能是空洞的，范畴在这方面不可能形成任何客体。涉及到非感性的直观更是如此，虽然关于这方面的客体我们可以这样设想：凡是属于感性直观的，全都与它无关，它没有广延，它不在空间之中，它的延续不是时间，既然没有时间，也就无所谓变化（因为变化是不同的规定性在时间中继续出现），等等。但是，这只是说我们所设想的客体不是什么，而根本没有说出它究竟是什么，这样也就依然不能为范畴提供相应的直观。

通过以上理论上的分析,就有充分理由断定知性范畴的应用只限于感性直观的对象。也即只限于经验的对象,除此以外,范畴不可能有客观实在性以及客观有效性。离开了经验对象,范畴只是没有客观实在性的思维形式,也就没有任何现实的意义(以上参看 B 146—149, RS 159[b]—164[b])。

请大家注意:按照康德知识学的一系列观点,得出以上有关范畴应用的范围和限制的结论,像上所说,是顺理成章的,也是不难理解的。重要的是康德的这个结论构成了他批判一切旧的"形而上学"体系和进行影响深远的哲学革命的基础。康德认为过去的哲学都在一种意义上或在另外一种意义上超越了可能经验范围来建立空中楼阁式的虚假的真理体系。他的新观点将成为揭示它们弊端的有力工具,也是辨别知识学问题正误的唯一标准。

§20 能否认识作为认识主体的"自我"?

现在还剩下一个问题需要回答:前面说过,从直观得到的一切表象都需要"我思",不然就不会是我的表象,就与我没有关系。而这个"我思"也即纯的自我意识或纯统觉,它的先验的综合统一性通过十二个范畴构成知识以及知识的客体之所以可能的条件。那么,对于这个"自我"能不能加以认识?怎样认识?

前面论述时间时说过:时间是内感官的形式,通过内感官我们可以直观我们自己以及我们自己的内部状态。感性是接受性,它由于在它自身固有的方式之中为对象刺激获得关于对象的直观。

那么,对于"自我"的认识岂不是要在内感官方面首先为"自我"所刺激,从而得到以时间为形式的直观的表象,再由知性的范畴来综合,才能认识到"自我"?这样,在认识上,对于"自我"不是成了被动的关系和间接的关系?这岂不是只能认识作为显现的"自我",认识不到"自我"本身?可是,难道不是任何人都直接意识到自己,了解自己的内部情况,又清楚,又直接么?

每人对自己内部情况有很明晰的意识,并且是直接的意识,这当然不错。但是,重要的是了解到的一切究竟属于作为显现的自我,还是自我本身。

按照康德的观点,这里先要对以下二者加以区分,绝不应混淆。一是属于感性的内感官,时间是它的先天形式:

> 意识借着内感官直观它自己或它的内部状态,但内感官并不会提供把心灵本身作为一个客体的直观;不过内感官却有一个规定的形式,只有在这形式之下对意识的内部状态的直观才是可能的,因此,属于内部的规定性的一切,都在时间关系中表象出来(A 22—23 = B 37,RS 66)。

这是康德关于内感官的基本观点。

统觉以及它所具有的综合统一性,属于知性的功能。

为了理解康德,这里必须注意:他的一个很重要的观点是知性与感性二者虽然都是人类必不可少的认识能力,二者必须结合才能得到知识,可是,它们是两个不同的能力,是两回事,职责不同,各司其事,秩序井然,从不僭越。内感官所具有的是单纯的直观形式,这种形式方面的众多在感性方面是毫无联系的,所以在内感官方面并没有具规定性的直观。感性形式中的零星的材料需要综合起来。另一方面，知性本身只是综合功能，只是活动的统一性，甚至在不与感性结合的情况下，它也会意识到它自身的这种活动的统一性。知性的活动的统一性需要的是关于对象的材料。

> ……它们〔直观〕即使在感性之中被给定了，〔知性〕也不能像是联结它自己的直观的众多部分那样把它们把握于自身之中，……（B 153，RS 169[b]）。

对于像人类这样的知性①，直观的材料总是通过感性另外给定的。对知性来说它总是陌生的，正如材料本身总是零散的。

从历史上看，在康德之前，没有人讲过纯自我意识。没有想到纯自我意识，也就没有对纯自我意识的认识的问题。

如果看看历史，就会明确：关于"自我意识"，这是老早已有的思想。大体上说：从苏格拉底的自知到莱布尼茨的统觉，洛克的反省，巴克莱的对自我的思念（notion）以致休谟的一束知觉以及与休谟不乏联系的十八世纪法国启蒙思想家的观点，讲法多种多样，甚至表现出尖锐的对立。有的主张心灵本身是独立存在的精神实体；有的不承认物质以外还有精神实体，所谓心灵或意识不过是物质机体——大脑——对外物感觉功能的别名，有的根本不承认什么实体，人的意识不过是一些知觉或观念而已。有的认为对自我的意识要依靠思想，有的认为只要依靠向内的感觉，另外有的则认为

① 康德认为只有上帝的知性和直观是结合起来的，这是直观的知性或理智的直观。在这种情况下，主体客体是统一的。

要凭着理性的直觉，因而对自我还有直接把握与间接认识的不同说法。但是，总起来看，前人都没有设想过在认识方面起重要作用的所谓的纯自我意识或纯统觉。按照康德的理论，前人所想的自我意识都只能说是经验性质的自我意识，都不是作为一切直接间接涉及一定具体内容的经验的自我意识的必然条件的具有先天的综合统一性的纯自我意识。

这个纯自我意识是怎样构成的，它的本质是什么？

康德认为从一般表象的众多的先验综合，从统觉的发挥综合作用的根本的统一性，从知性这样的认识的主体条件，我意识到我自己。我意识到我自己是什么？我意识到的不是我自己对自己的表现，也不是我的本然的样子，我所意识到的只是我在（ich bin），也就是：有我。如没有这个我，就没有真正的认识主体，也就没有作为综合作用枢纽的统一性，那时表象的众多就不会有先验的综合，当然就不会有任何知识。

我在，有我，这是一切知识的根本条件。对于这个我，能不能进一步认识？康德认为这个我是一个思想，一个纯思想；它本身具有存在（Dasein）。那么是不是可以对我的存在进一步加以认识？

认识必须有两方面的因素：一是从对象得到的材料，二是对材料的思维，也即直观和概念。

要认识存在着的自我，首先要有直观。我们的直观是感性直观，必须在一定方式之下接受对象的刺激从而得到关于对象的表象。

我们有内感官和外感官，通过外感官获得外直观，通过内感官获得内直观。所以，我们要在内感官方面受到刺激，才能获得对于自我的直观。由于外边的对象的刺激，得到外直观。外直观当然是属于我的，外直观作为我所得到的关于外界对象的表象，当然是在我的意识之中，属于我的内部状态，可是在这样的情况下，它们并不是关于我自己的直观。所以，为了获得对于我自己的直观，我必须在内感官方面受到内部对象的刺激。

什么是内感官？内感官单纯指内部直观的形式——时间形式。由于感性与知性的区别，感性只是接受性，所以内感官的形式仅仅是接受对象刺激的形式，内感官的形式并不提供任何联结的活动。

刺激内感官的东西，刺激者，是什么？当然不是外面的对象。只能是属于意识的东西，只能是意识到的关于外面对象的表象以及由这派生出的另外的意识到的表象，这些都是内感官的对象。这些表象，也即对象，只有通过时间形式才能成为我们内感官的对象。

由于内感官，由于内感官的时间形式，并且还由于意识中有了各样的内容，这些内容首先是受到外面对象刺激出现的表象，此外就是由此派生出来的表象，因为存在着这些条件，就出现了内直观，也即自我直观。

由于外面对象的刺激，知觉到关于这种对象的表象，也就是意识到关于外面对象的表象，这是直观对象的我。

由于上述的关于外面对象的表象，意识获得了基本的内容，从而意识也成了对象，按照康德的观点，这只能首先是感官的对象，内感官的对象。这就是说，直观对象的我又成为对象，成为在内直观中，在时间的形式之中被给定的对象。这就形成了直观自身的我以直观对象的我为对象的局面。以直观对象的我为对象的以时间为形式的直观自身的我，是自我意识。但是，这个自我意识仍然只是内感官的规定性（B 139，RS 151[b]）。

前人关于自我的意识的想法尽管多有不同，但是，有些点大体上是一致的，就是：对于自我的意识总会是直接的[①]。以莱布尼茨为例。莱布尼茨的单子论认为单子的知觉是它的内部状态，尽管知觉是表象外物的。对这种内部状态的意识或反思的认识是统觉[②]。什么是反思？反思是对我们意识里的东西（特别是天赋的观念）的注意作用[③]。可见，这里所谓反思并无黑格尔所谓的间接性，它是直接的。莱布尼茨认为通过反思活动，就想到所谓我，又想到有、实体等，以至上帝[④]。自我、有、实体等等都是天赋在我们心灵（esprit）之中，并且都是我们的理智的直接对象[⑤]。另一点更是大家共同一致的。认识到的自我，正是真正的自我，地道的自我本身。

康德的出发点是知性与感性功能上的严格区别，以及在认识上的二者之必须结合。所以他主张内感官与纯统觉是截然不同的，前者属于感性，后者与其综合统一性当然属于知性。他的看法比前人复杂。对自我的认识不可能是直接的，这种认识也必须是感性——内感官——与知性的结合。

我在哪里？我直观外面的对象。从外直观得到的表象就是内

① 当然不是没有别的看法。主要的像中世纪的托马斯，就认为心灵通过抽象的思想活动认识自身，这种对自我的认识是反思的（参看 *Contra gentiles* III. 46；*Snm. thed.* I. 87，1.）。

② 莱布尼茨：《自然与神恩的原则》，§4（R. Latta 的《莱布尼茨的单子论及其他哲学著作》，1898，第 441 页）。

③ 莱布尼茨：《人类理智新论》，A. G. Hangley 英译本，第 2 版，第 45 页（参看中译本，上册，第 6 页）。

④ 莱布尼茨：《单子论》，§30（R. Latta 同上书，第 234 页）。

⑤ 莱布尼茨：《人类理智新论》，同上英译文，第 45 页（参看中译本，上册第 6 页）。

感官的给定的内容，内感官依靠时间形式接受这些内容。内感官必须受到刺激。那么，内感官怎样受到刺激？

为了对自我进行认识，知性就必须利用其统摄直观到的众多材料的能力对内感官进行规定。这样，感官的自我这个主体就成了被动的主体。知性通过其想像力的先验综合对作为被动的主体的内感官中的表象实行综合，这样，内感官就被刺激了（B 153—154，RS 168[b]—170[b]）。如果承认我们的感官只有在外面被刺激了，才能认识到客体，那么，对于内感官，也就要承认我们只有在里面为我们自身所刺激，我们才能直观到我们自身。我们怎么竟会为我们自身所刺激？康德认为这并不包含有什么困难。我们思想的任何一次注意的活动，就是内感官受到刺激的一个实例。内感官里边的众多表象，如果任其出现或消逝，不去理会，那么它们就不会成为自我意识的真正内容，就不会成为内感官的实际的材料。当知性按照它所想到的联系对内感官进行规定，这样就有了内直观，这也就是知性的综合活动所对付的众多，这就是所谓注意，也就是对内感官的刺激，这种对内感官的刺激，不通过知性是不可能实现的（B 156—7，RS 173[b]—4[b]）。

§21 先验演绎的总结

正像“先验感性论”论证了空间时间是：

（1）感性直观的先天形式；

（2）接受对象作为显现的普遍条件。

“先验演绎”论证了知性的范畴，从而也包括一切先天的理论知识是：一切经验的可能性的先天条件。这意思是说，它们是：

（1）对空间时间中的一般显现的规定；

（2）它们的来源是与作为感性根本形式的空间时间相关联的作为知性的形式的统觉的根本的综合统一性原理（B 168—9，RS 190[b]—191[b]）。①

范畴之为经验的可能性原理，一方面并不涉及经验的众多的内容，而只是对空间时间中的一般显现的规定，另一方面，其所以能进行这样的规定只是由于它们是统觉的根本的综合统一性功能的实现，它们表现为知性的形式。这种功能或形式只能在对象上面发挥作用，没有对象，它们本身只是空洞的，不能构成关于对象的知识，另一方面，不与知性形式结合的显现，是没有规定性的，也不是知识。这种功能或形式必定要关联到对象，也就是必定关联到空间时间里的显现。知性范畴的客观实在性的根据在于此，其应用范围限于显现而不能达到物自身的根据也在于此。

① 在这里，N. K. Smith 由于没有抓住这个最后结论是以知性纯概念（reinen Verstandesbegriffe）的作用为核心，所以译文不够准确。

第六章　范型的中介作用

§1　知性与判断力

康德的先验逻辑与传统的形式逻辑，在考察的主题和方法上都不相同，他在考虑先天知识的基本构架方面，常常以传统逻辑作参考，并进行比较。传统逻辑关于正确的思维形式主要讨论概念、判断和推理，他认为这三个部分与作为人类的高级认识能力的知性、判断力和理性（狭义的）相对应。

康德对理性有广义的和狭义的不同用法。狭义的理性专指人类出于本性力图认识绝对真理的要求和在这方面追求的永无止境的努力。但是，绝对真理不能认识，所以，理性提出的问题根本上是错误的，永远得不到正确回答，任何回答都可以为相反的主张所推翻。因此，“先验逻辑”分为两部分：阐述知识或真理的部分，属于“先验分析”，这是第一部分，这部分不涉及狭义理性方面的问题。对理性陷入迷误和矛盾的批判和正确的处理方法，并且必然涉及理性在认识方面怎样才能发挥积极作用，这些都属于第二部分，即讨论认识中的失误或幻相的“先验辩证”。至于此外理性在先天地决定意志方面，甚至还产生更大的积极作用，那就是实践理性了。实践理性与理论理性(在认识上表现出来的理性)都属于广义的理性。

判断力也属于人类高级的、即具有能动作用的意识能力。康德是最早对判断力进行透辟考察,在哲学体系里给予它以重要地位的哲学家。判断力,不管是表现在认识方面,还是表现在美感的判断或目的论的判断方面,也都属于广义的理性。因为从康德整个哲学体系看,以合目的性为其先天原则的判断力,是使知识对象即自然界与道德实践二者之间得以结合起来的能力。如果从小的范围看,从作为对象的入门的知识来看,与知识一样,判断力也是关于认识经验对象的先天能力,所以,它像范畴一样,属于先验逻辑的分析部分即讨论真理的部分。

传统逻辑只是从形式上对作为判断的知识进行分析,判断由概念组成,利用判断进行推理。它不管内容,所以它不涉及什么样的对象,一般地可以归属到某种规则的判断力的作用。

按照先验逻辑,首先,作为关于对象的知识的表现形式,判断,是由于感性与知性结合才产生出来的。判断力是知性与感性的中介。

> 如果把一般的知性解释作规则的能力,那么判断力就可以了解为归属到规则之下的能力,即:区别某样东西是不是从属于一个给定的规则的能力(A 132 = B 171,RS 193)。

所以,判断力正是实现知性功能之运用于感性材料,按照知性的范畴来综合、统摄和规定给定的适当的“某样东西”,从而构成判断。

“范畴的先验演绎”论证了知性范畴的客观有效性。现在还需要对范畴运用到经验对象上去的先天的条件，也就是对判断力的实际功能作出明确的阐述，这样，对范畴的客观有效性的论证才不至于仅是停止于一般的原则性的方面。

在认识方面[①]，一般地说判断力就在一定的特殊情况中，辨别和判定这种具体情况是不是属于某样一般的规则的能力。从日常生活可以看出判断力或辨别和判定的能力，是一种特殊的天然才能，是不容易学到的。一个人知道好多一般的道理，并且能联系具体的事例来阐明那些道理，可是不见得在实际生活中就能很好的判断某样当下情况正好属于某一正确道理从而能解决好他所遇到的问题。例如一位医学家讲课内容丰富，条理清楚，能结合实际令人受到启发，可能在诊断一个幼儿的疾病上倒不如一个医学造诣赶不上他的儿科大夫准确。一位企业管理的专家可以讲得内容具体，头头是道，不见得就能胜任某一加工厂的领导职务。康德认为判断力当然可以通过对实例的学习和从事实际工作得到提高，可是，靠实例来领会也还有缺点，因为实例总有片面性，使我们的理智不大能从总的整体方面正确地掌握规则的普遍性。

在认识方面，先验逻辑不仅要论证先天范畴的客观有效性，像在"范畴的先验演绎"中已经作的，还要先天地明确范畴应用于对象的情况或条件。其所以可以这样做，正是因为范畴与其对象有一种先天的联系。所以先验逻辑必须把一定的情况或条件讲清楚，就是说，一有在那样的情况或条件之下，对象就能与知性范畴相一致地确实给定。

① 这意思是说，这些不涉及对美的感受方面，在美的感受方面，判断力是与其在认识方面的作用不同的另一种提供先天综合判断的能力。

在"范畴的先验演绎"一章中，已经说过先天的、生产的想像力在先验统觉的统一性的统摄之下，实现对于感性材料的综合活动。可见，在认识中，实际的综合活动是由想像力来执行的。我们知道，先验统觉的统一性是与众多的感性直观材料必然联系着的，不然它就是空白的思维主体，单纯的自我，毫无知识可言。由于统觉的统一性一方面是彻底的自我同一性，另一方面又必须面对和联系着众多的感性表象，所以，统觉的同一性又必然是一种统一性，必然本质上是与众多先天地相联系的综合统一性。所以，先验的统一性必然是综合统一性，以先验的综合活动为前提。由此可以看出，先验的产生想像力的综合活动在知识中的重要作用。正因为这种情况，康德对统觉的自我同一性、统一性与综合活动的关系的了解，不是僵硬的，而是具有辩证的性质。他肯定：

> 我们自己先天地意识到联系着那一切永远能以属于我们知识的表象的我们自我的彻底的同一性，这是作为一切表象的可能性的一种必然条件（因为在我之中的一切表象只有同别的一切表象全都属于一个意识，从而至少必定能够在一个意识里联系起来，才能表象出什么东西）。这原理是先天地确定的，因而可以称为我们表象的（因而也是在直观中的）一切众多的**先验统一性原理**。由于在一个主体中的众多的统一性是综合的，所以，纯统觉提供一切可能直观中的众多的综合统一性原理（A 116—7，RS 170[a]—171[a]）。

可是，这种综合统一性原理，是以综合为前提的，既然那综合统一的原理是必然的，那么，作为它的前提的综合，也必是先天的。

这样,实际上由想像力来执行的综合活动,就成为全部众多的感性材料结合在一个知识里的先天条件。因此,甚至可以认为由于想像力的纯的(产生的)综合活动而可能的统一性原理,乃是在统觉之先作为一切知识之所以可能的根据(A 118,RS 172[a]—173[a])。

但是,想像力又并非是独立于知性无所依傍的认识综合能力。从根本上看,从与感性相对的知性的整体看,纯我、先验统觉的同一性、它的原初的综合统一性仍然具有根本意义,只有这才是全部认识的根基。

§2　范畴应用于显现的可能性条件

不难看出,范畴之实际应用于经验对象,属于一般与特殊的问题。因为,按照康德,范畴是知识中最基本的一般概念。尽管根本的出发点以及表现的方式不同,应该承认这个问题与西方哲学的历史的最早发展是密切联系的。“本原”、“无限”、“有”等等,都是对一般的最初表现。柏拉图第一次对这个问题作了明确的深入的讨论,他的立场叫做“理念论”。他在变化的、个别的感觉世界之外设置了一个原本的、抽象的理念世界,感觉世界是对理念的某种“模仿”、“分有”。在这样观点基础上,对抽象理念的认识是理性对理念的反映,与凭借感觉对个别事物的认识并无直接联系,对个别事物的认识只提供机缘,引起生前原在理念世界的灵魂对理念的“回忆”。柏拉图的这种观点是后来经院哲学否定个别事物的实在性,把一般实体化、绝对化的实在论的思想来源。亚里斯多德基本上在柏拉图的直接影响下,曾着重肯定认识个体事物只是认识其中的一般的形式，而具体的质料，个体之赖以成为个体的质料，总是不能认识的，真正的认识涉及的只是一般。知识即使不能离开个别事物，与个别事物有密切关系，可是，知识的目的并不是认识个别事物，至多也只是把个别事物当作一般的实例。他在反对柏拉图的理念论时，曾把个别事物肯定为第一实体。在这基础上，主张对个体的感性认识在时间上先于对一般的本质的知识，并且一般也只能通过个体来认识，但是，柏拉图的影响又使他主张每一个体之所以形成，只能是由于它的本质，即一般，个体之所以能存在，只是由于一般出现在其中。对于个体，作为个体的认识，涉及的只是个体的偶然方面，对于个体，作为个体，不能有科学的认识，只能有“意见”。事物的本质是最可以认识的，真正的认识就是认识个体中不变的本质。虽然感觉到的个体，对我们说，是容易认识的，可是，一般仍然是供给我们以严格知识的唯一对象，一般本身是更根本的，更可以认识的，因为只有它才具有知识对象所必须具有的不变的性质。亚里斯多德的目的论把形式与质料的结合看成是外在的，因而对于一般与(包含有质料的)个别，也就不容易做到真正的结合。真正的对本质的知识与对个体的偶然性知识，二者之间也就不可能有真正的过渡和联系。

中世纪的实在论与唯名论之争，是西方哲学的一次重大事件。实在论无非是把亚里斯多德关于一般的重要观点应用于基督教神学。重要的是唯名论的发展。唯名论对基督教神学具有思想解放意义。它之否定一般的客观存在，是提出了重要问题，虽然它又陷于另一种片面性。

唯物的经验论者洛克在唯名论与实在论的论争之后，显然较深入地考虑了这个问题。他有两个重要观点：(1)肯定存在于某些个体事物中的相似性;(2)看重人之所以异于兽类的抽象作用。根据他的立足于感觉主义的简单观念和复合观念的思想,他认为利用抽象作用获得的一般观念是一种复合观念,我们用一般的符号("词")表示这样的观念。他承认一般性的抽象观念在心中存在。人们虽然不能认识事物的"实在本质",却可以通过感觉经验借助抽象活动认识到事物的"名义本质"。这样,抽象的一般——"名义本质"来自对个体事物的感性认识,一般与个别有密切联系,可是,洛克的困难是:"名义本质"虽是一般,"实在本质"却是事物的不可知的基础,那么,把"名义本质"当作"本质",究竟有多少客观实在性,不是仍然成为问题?

到十八世纪,由于法国唯物论声势浩大的新兴思潮的传播,在对个体事物的感觉这样的唯物的、经验的思想基础上,一般与个别的直接联系才成为比较普遍被接受的学说。概念是根据实际对象或经验引申出来的,概念包含的是好多在重要方面一致或相似的对象的某些特征,并且只能是这些实际对象的某些特征,不然无从得到概念。这是从特殊到一般。一般必定来自特殊,尽管一般与特殊在对象上实际是结合在一起的,可是,从认识一般的角度看,只能以一些个别的、特殊的、相似的对象为根据,抽象出一般。产生概念的方式是通过抽象思维活动。既然一般是以特殊归纳出来的,反过来,从一般到特殊,就是把这样产生的一般概念再应用到与原来考察过的特殊一类的对象上去,这种应用不会有什么困难,是很自然也是很易理解的事情。如果应用到一定的似乎是同类的对象时,在一些基本点上,有些与概念的规定适合另外出现某种不适合,还可以利用同样方法,变化概念的内涵,提出新的概念以便适应新发现的情况。总之,从特殊抽象得到的概念,反回来应用于一定范围的特殊对象,原则上不存在问题。

上面谈到的历史上一些有影响的观点,是不是应该说都把问题看得比较简单?客观的事物似乎是一般或相似的方面与特殊的结合,一般或相似是什么?特殊又是什么?每样特殊事物都有其基本特性,从这种基本特性或者说彼此类似的基本特性属于一个别事物 a,也属于另一个别事物 b,又属于另一个别事物 c 等等而言,因此把这样的基本特性称为一般或相似。一般似乎是人们所想到的,好像是一种统一的东西,但是它不能离开个别事物,实际上是各自分开地、独立地存在于不同的个别事物,那么,一般究竟是怎样存在于个别之中?一般或相似必须先是实在的,才可能是思想的。那个思想的,怎么能够等于实在的?如果不经过人类的抽象思维,那个存在于个别事物中的一般是什么样子?实在的一般是什么样的东西?也就是,不站在人类知识的立场,个别事物的那个所谓的一般指的是什么?人们头脑中的所谓一般与存在于每个个别事物中的所谓一般,是不是相同?说一般与特殊在个别事物中结合,究竟是怎样结合的?

大家知道,思想的东西与感觉的东西是完全不同的两样东西,一种是抽象的,就是说:无形、无声、无色、无味、摸不着,也不是通过对身体内部状态的种种自我的机体感觉所能感觉到的,一种是个别的、具体的,有一定形状或一定声音或一定颜色或一定嗅味或一定硬度,或是通过身体内部的种种感受器官感觉到的各种切身的感受。思想是通过人的任何感官都无法体会到的另外一种东西。思想需要的是理解,而人类任何感官的作用也跟理解不是一回事。那么,从感觉向一般概念的过渡,或把概念应用到个别对象上面,何以可能?怎样解释?总起来说,对这个古老的问题的认识，直到十八世纪康德时，是不是仍然若明若暗，模模糊糊？

康德为自己规定的任务是探讨和阐明范畴这样的一般与特殊结合的必然的、普遍的条件。他看到，没有这种说明，新的先验的知识学理论必定是不清楚、不充分，甚至会被认为是武断臆造的。

一般与个别相结合，特殊地从康德的观点说，就是范畴与经验对象相结合，把经验对象归属到（Subsumtion）一概念（范畴）之下。解决这个问题的基本条件是什么？

> 在把一对象置于一概念之下的一切归属作用中，对象的表象必须与概念［的表象］相似，也就是，概念必须包含将归属在它下面的那个对象所被表象出来的东西，而这正是所谓的：一个对象是被包含于一个概念之中（A 137 = B 176，RS 196—7）。

指出一般应用于个别的基本条件之后，康德举例如下：

> 盘子的经验概念与圆形的纯几何学概念具有相似性，那是由于在盘子概念中所想的圆，可以在圆形的纯几何学概念方面直观到（同上）。

这个实例说明的是经验对象与几何学概念的相似性以及作为经验概念的盘子的形状可以归属到几何学的圆形，反过来，也是说几何学概念具有客观的有效性。一般与个别结合的基本条件是：二者都是从表象方面来看的，而且二者的表象是相似的。全无共同之处的两个东西谈不到结合或归属，归属的对立面是统摄。归属是说具体的、个别的客体归属于一定的概念，统摄是说一个概念包含着或应用于好多个别的客体。

这里的想法的特点是知识学的，而非本体论的。康德把本体论的或基本上本体论的一般与个别结合的问题，转变为彻底的知识学的个别客体归属概念或概念包含个别客体的问题。离开人类知识，如果说事物还有一般与个别结合的问题，但那必定属于物自身的不可知范围，不在考虑之列。相似是表象之间的相似，概念当然是表象，个别必定是经验客体，经验客体必定在空间、时间之内，必定包含有感觉，必定是知觉到的，因而也必定是意识中的表象。都属于意识中的表象，尽管性质有别，有抽象与具体或个别之分，但从意识的范围看，都是表象，这是它们根本上的一致。既然同属表象范围，就有表象与表象从内容看相似与否的问题。内容相似，自然就有直接的联系，内容不相似，能不能联系就要看有没有使它们发生联系的适当条件。这样，一般与个别的本体论方面的问题就取消了，从康德哲学观点看，那属于没有根据的虚假问题。

盘子概念中的圆的性质与几何学纯直观的圆形相似，我们说，盘子是圆的。盘子的圆形可以归属到几何学的圆形概念中，几何学圆形概念统摄、包含着盘子经验概念的圆形。盘子的经验概念中的圆的性质与纯直观的圆形，都是表象，彼此又是内容的表象，把盘子概念的圆的性质归属到纯直观的圆形，不会遇到困难。

康德是从先验论出发才考虑到通过表象与表象之间相似来沟通范畴与经验对象的联系的可能性的。如果先验论站不住，这种想法是否就成为无的放矢？应该承认，即使先验论站不住，可是，范畴与个别的经验客体，都作为表象，考察这两种不同的表象之间的相似和联系的可能性条件,是一个历史上未曾深入思考的问题,这种考察对知识学的发展仍会是一项重要贡献。

知性纯概念,例如实体、原因和结果、交互作用等,同经验直观的圆形、红的颜色、香味等,虽然都是表象,可是从其所表象的内容看,却无类似之处,在任何经验直观里也看不出有什么实体、因果必然联系等等的迹象。

显然,必须有作为中介的第三者,这个第三者一方面与范畴同类,另一方面也与显现同类,兼有双方特性,它作为表象,既是理知的,又是感性的,这种中介使得范畴可能应用到显现。它作为范畴应用于显现的媒介,也必须有普遍性和必然性,它是纯的,不掺杂经验内容,另一方面,它也必定与经验的普遍条件是一类的。这种媒介叫做先验的范型①(transzendentale Schema, A 138 = B 177,RS 197)。

§3　先验的范型

范畴是经验的可能性的先天条件,因而范畴之应用于显现当是无可否认的事实,并且作为中介的先验范型之实际存在也必无可否认。

先从范畴开始分析。范畴之所以是经验成为可能性的条件,是说它是先验统觉的根本认识功能的表现,每个范畴就是一个具有特定含义的纯的综合统一性。如果不是应用到经验对象,那么

① Schema 或译作图型、图式、构架。在康德哲学,译作“范型”较妥当。

范畴本身不过是纯思维形式。

统觉的综合统一性必然与之相联系的众多，只能是给定的，只能来自感官。一切表象，只要意识到的，都属于内感官，因而必然都属于时间形式。统觉的综合统一性对内感官的一切表象实施综合作用，而这综合作用必然与之联系的那些众多表象，只能是在时间中的众多表象。这种综合作用必然通过时间把内感官的一切表象联结起来。

这样看来，时间必定对知性范畴之应用于显现有重要的作用。

现在有必要对时间的先天方面的性质作一总的考察，把它在认识中的作用弄清楚。

（1）时间是内感官的形式的条件，内感官的表象不是独一无二的，是众多的，一个一个彼此分开的，时间对于内感官出现的这些众多表象起一种联系作用，因而这些表象才可能有先后相继的一定的秩序。从知识学的立场看，如果没有时间的普遍形式，众多表象的先后秩序是不可能的。

（2）时间既然是内感官中一切表象的形式的条件，它伴随着一切出现于内感官中的表象，是其普遍、必然的条件，那么，从它本身看，从它单纯地作为内感官的先天形式看，从它作为独立于众多表象的纯直观看，它本身必定也是包含着众多部分的，不过这却是先天的、众多的时间表象，而不是经验的作为质料的众多表象。

（3）以上两点都是在“先验感性论”中阐述的。但由于分析有一定步骤，在“先验感性论”中还有未曾说明的，就是：时间，作为感性形式，作为内感官的先天形式，与作为外感官的先天形式的空间一样，它们都必有统一性，它们既包含先天的众多，又必是统一的众多。一个空间包含好多部分,一个时间由好多瞬间的时间连续而成,没有统一性这是不可能的。综合统一的作用是知性的作用。所以,"先验感性论"中的论述必须与"先验分析论"联系起来,才能得出完全的了解。分析是层层深入的,而理解必须是综合起来的,整体性的。所以,应注意到:时间的先验统一性是由于知性的综合活动。

（4）知性通过范畴实现综合统一作用。利用范畴把感性的表象综合起来并且使其成为具有统一性的客体,是知性功能的实际表现。在"范畴的先验演绎"中已经表明范畴包含着内感官的先天的形式条件(特别参看 A 119,RS 174[c]—175[a]),实际上,正是范畴通过时间实现其对于感性表象的综合统一作用。范畴由于赋予内感官的形式时间的综合统一性,因而就必定通过时间使感性表象在时间形式下得到综合统一性。十二范畴是知性统摄感性表象的不同规则,因此,范畴对时间的综合统一作用也必然使时间从属于一定的先天规则。

总起来看:

> 那么,时间的一个先验规定性是跟范畴(范畴形成时间的统一性)同类的,由于它是一般的,并且依据一个先天的规则。可是另一方面,时间又跟显现同类,由于时间是包含在众多的每一经验表象之中。借助于作为知性概念的范型的时间的先验规定性,以其居间的作用把显现归属于范畴,只是这样,范畴才得以应用于显现(A 138—9 = B 177—8,RS 198)。

所以,范型(Schema)一般就是指先验的时间规定性(eine transzendentale Zeitbestimmung)，就是以规则为根据的先天的时间规定(A 145 = B 184，RS 203)。另一方面，如果从范畴只能应用于可能经验的对象，不然它们就只是纯思维形式，不能成为知识来看，范型也正是限制范畴应用范围的感性的先天的和形式的条件(A 140 = B 179，RS 199)。这种既为特定范畴所规定，又必然是内感官的表象能的具有普遍形式意义成为范畴应用于显现的唯一条件的具有特定规定性的时间，就是先验的范型。

范型是想像力的产物。想像力是当对象不在直观中出现的情况下表象对象的能力，既属于感性，又属于知性，是介乎感性和知性之间的能力。但是，从其以范畴为根据发挥的是生产的综合作用(而非再生的综合作用)看，它更是知性之作用于感性。正由于此，这样的想像力的综合作用并不直接影响到特殊的经验直观，它发挥的是感性(内感官)规定性的统一性作用。所以，范型并不表现任何特殊的或具体的图像(Bild)(A 140 = B 179，RS 199)。例如，我们一个接一个具体地表象五个点：

·····

这就是关于5的图像，范型不是这样的东西。假如我们只是想一般的数，可以是5，也可以是100，这就不能是什么图像，这是表示一种方法，一种基本的设计，我们利用这样的方法或设计，以一定的概念为根据，把数目具体地表象为一定的图像。范型本身并非图像，它是概念与一定的图像之间的过渡的关键性中介。想像力为一般概念获取其相应图像所采取的一般方法，就是那概念的范型。

底下联系着几种不同的概念考察范型的作用。

先看可以感觉到的对象的概念。可以感觉到的对象同它的概念有性质的区别,任何可感觉的对象跟它的概念都有很大距离。

作为数学概念应用于直观方面显现的基础的并不是什么关于对象的图像,而是范型。对于三角形概念,有什么三角形图像恰好与它相当?没有的。任何图像都表象不了三角形概念的一般性。三角形概念的一般性质使得它适用于一切三角形,不拘是直角的,还是斜角的(锐角的或钝角的)。三角形的范型是有普遍性的,它不在直观里,只能在思想观念或想像之中,它是想像力对于空间中的一种纯的形状的综合的规则。

经验概念和经验对象或图像的关系也是一样。这种对象或图像与经验概念总有很大距离。经验对象是个别的,有具体形象,经验概念是对好多同类的经验对象的抽象,它是对一类经验对象的共同特性的一般思想。同经验概念直接联系的是想像力所产生的范型,这就是按照某一特定概念的规定性来衡量、规定、明确一定直观的一种规则。狗的概念指示一种规则,我的想像力按照这规则可以一般地构想出一特殊种类的四足动物——狗——的形象,而并不限于已经看到过的任何个别形状的狗,甚至也不限于我自己可以提供的任何可能的狗的具体形象。

对于范型,首先要明确它不是具体的图像,图像也是想像力的产物,图像是再生的想像力以经验直观为根据产生出来的,而感性事物的概念的范型,例如空间中形状的概念的范型,则是纯的先天的想像力不依于经验的产物,它可以说是一种有普遍性的关于对象的标志的缩写(Monogramm)。以这样的范型为规范,才可能想像出具体图像,而具体的图像必须有范型为中介,才得与概念发生联系,范型是图像的一般的标志或表象,图像本身与概念永远不能直接关联。

康德认为知性对于显现及其感性形式所实现的范型作用（Schematismus）是隐藏在人类心灵深处的一种隐秘的技巧。

再看知性的纯概念。知性纯概念的范型，与数学的纯感性概念（三角形概念）以及经验的感性概念（狗的概念）的范型都有不同之处：范畴的范型不能导致任何图像，不可能从这种范型产生出任何图像来，范型是以各范畴的统一性的规则为根据的纯综合作用，它是想像力的先验作用的产物，因为范畴是认识一切可能经验对象的先天条件，那么，范型的中介作用就表现在按照特定范畴的统一性规则通过时间形式对内感官作一般的规定。

康德的范型理论表现他哲学思考的细致和深邃。固然，主要是他的先验的范畴论迫使他必须解决范畴与根本是另一来源的对象之间的关联问题，但是，他考虑这个问题时，必然会使他深入探讨一般与个别又有区别又有联系这个知识学中需要细致阐明的关键问题。

在这个问题上，不同派别有不同的困难。唯物论应探索的是物质之转变成思想的条件，康德的先验论的困难在于先天的纯思维形式如何能够应用于外来的对象。

先验论是一种形式主义。关于对象的认识，决定性的条件是纯知性的形式，而关于经验对象的与认识经验对象的可能性的条件又是一致的，所以，在这种前提之下，问题的解决势必仍然沿着形式主义的方向。

康德把感官区分为外感官和内感官，这种办法给他解决这里的问题提供很大方便。一切从外感官得来的表象，只要是意识到的，就必定也是内感官的表象，因而也必从属于时间形式。内感官的一切表象，必定成为人的意识的内容，这是经验的意识。如果不明确这一点，甚至不明确内感官的存在，那么，感觉到的有关外物的表象，如何转变成思想的对象，倒是一个麻烦的症结。现在，一切感觉到的表象都要从属于内感官，不然不可能被意识到。这样，一切表象就都应从属于时间。时间的特性是不在外，而在内。感官分为外和内，因而有表象的从外向内的转化。这样，表象就有了新的性质，它们都成为可能的时间系列中一个一个的环节。说是可能的时间系列，因为如果不是从属于知性的统觉的综合统一性这个根本条件，那么时间形式本身就不能成为系列。所谓新的性质，就是涉及与空间地位的排列不同的先后继续或非继续（同在）的特性。这是对一切表象的普遍可能性。只要是表象，它们就从属于时间，时间形式就从而有了内容。范畴之应用于对象，也就是应用于内感官的众多表象，这必定要通过应用于时间来实现。所以，范畴应用于对象，一方面要赋予时间以合乎其规则的统一性，一方面也为时间条件所限制，要使自身适应一切经验对象都在时间中这个同样是先天的条件，范畴一定要遵循时间的特性，一定要时间化才能发挥认识的作用。当然，时间需要从属范畴的综合统一性才能是现实的感性形式，可是，统觉的综合统一性需要的是直观的材料，在人则必定并且只能是对时间的纯的众多实现它的作用，它面对着的只是时间的众多。在这里，它的对方是确定的，可能的时间系列的众多。由于这个对方的本性，对范畴来说，是另外规定了的，所以原本仅是思想形式的范畴在实现其作用中必定要使自身适应这种特定的条件，也即必定要使自身完全地贯彻在时间条件之中。时间规定性既是一切从感官（内外感官）得来的表象又是时间化了的范畴所共有的性质。由于时间、知性范畴和感性的经验表象两方面沟通起来。

§4　量的范畴的范型

现在按照范畴表的顺序说明各组的范型。首先是量的范型。

对于外感官说，它的纯的形式或形象是空间。如果不分外和内，一般感官对象的纯的形象是时间。这是由于空间只是外显现的形式，而时间则是一切显现的形式。

量，作为知性的纯概念，应用于感官对象，需要范型。

量如果联系着直观方面一般的给定的众多，那就是指同类的东西按照一个单位一个单位继续增加，不管究竟增加的是多少个单位。这就是数。数就是量的范畴的范型。

数与时间的关系如何？数是一种综合统一性，它的特性是同类直观的一般众多的综合统一性。这就是说，根据综合统一性对作为同类的直观的继续感知，就产生了数，而对于直观的一般的连续的感知，就产生了时间。可见，数的产生与时间分不开。从同类的众多方面看，是数，不从质料，专从形式方面看，是时间。

量的范畴在时间中一般地把同类的东西综合起来，赋予统一性，这就是数，这就是构成一切特定的量的可能性条件，所以说数是量的范畴的范型。

§5　量的范畴与数、时间的产生

现在结合量的范畴及作为其范型的数，进一步考察知性与内感官形式时间的关系。

空间时间都是感性形式。对象只能从感官得来，如不是感性对象，不会有任何别的对象给定予我们。所以说，对于我们可能的感官对象即来自经验的一切对象，都必定以空间时间为条件，也就是都必定以空间时间为其形式，都必定呈现于空间时间中。这都是在《纯粹理性批判》的“先验感性论”论述感情（见第二章）时所说过的。这样，空间时间对于知性的思维活动是不是好像是现成的、完全准备好的？知性所面临着的空间时间是不是对于知性纯属外在性质的东西？例如我们说：知性的对象只能是在感官形式——空间时间——中的对象，先验统觉的综合活动的对象只能是在空间或时间中的对象，一切感官对象，如果属于我们，就必定属于我们意识的状态，必定属于内感官及其时间形式，因而一切综合活动都必定通过内感官的形式在时间中进行：

我们有外部的和内部的感性直观的先天形式，它们是空间和时间的表象，关于显现的众多感知的综合，总要按照空间和时间的表象，因为感知的综合只有按照这样的形式才能出现（B 160，RS 178[b]—179[b]）。

这种量〔有连续性的量〕，也可以称为流动的量，因为在产生这种量时，（产生的想像力的）综合是在时间中的前进，对于时间的连续性，人们在习惯中特别用流动（流逝）的说法来表示（A170 = B211—2，RS 224）。

不管我们的表象是通过什么样的原因出现，是由外物的影响，还是由于内部原因的作用，是先天出现的，还是作为显现经验地出现的，可是作为意识的变相，它们都必属于内感官，既然是属于内感官的意识的变相，这样，归根到底，我们的

> 一切知识就必定都从属于内感官的形式条件，也就是都必定从属于时间，因为我们的一切知识全都要在时间之中被安排、联系起来并进入关系的（A 98—9，RS 142[a]—143[a]）。

单纯从经验的认识过程看，感性接受作为直观对象的显现的众多时，知性通过再生的想像力的感知综合，必定要在空间和时间中实现。而量的连续性的产生以及数的产生，又都以产生的想像力在时间中的综合为前提。总之，按照康德的根本想法，对于人（人不是神）来说，一切表象，不管来源如何，不管来自外还是内，不管来自经验还是先天，都要被我们意识到。外感官受外物刺激（见到的、听到的、嗅到的、尝到的、触到的），这样的感觉必定要被意识到。自己凭着再生的想像力，提供曾经感受过的表象，这样的表象必定要被意识到。来自外面或内里的一切经验表象都必定要被意识到。来自先天的表象，纯概念（范畴），它们本身是纯思想，固然原来与内感官无关，可是，如果在认识上表现出其真正的作用（对作为显现的直观对象的综合统一），就必须与感性材料相结合，这是知性对感性的规定，这种规定作用要通过范型实现。范型一方面从属于知性范畴的先天规则，这是它的基础，另一方面它必须把先天的联系表象的规则同直观的感性材料结合在一起，这样，来自先天的表象——范畴——就属于内感官，转化成为表现在时间形式中的普遍的、必然的规则，因而它们也必定被意识到。一切被意识到的，必定通过内感官，必属于内感官范围，因而必在内感官的先天形式之中。既然一切被意识到的表象都必在时间形式中，所以，一切综合活动都在时间中进行。

这还不是整个的事实。

这个问题联系着康德知识学的一个深刻的奥秘：

> 不过，联结并不是原在对象里边，它并不能从知觉偶然得来，被放在知性之中，实际上，联结是知性所执行的功能，知性是先天地进行联结并使给定的表象的众多从属于统觉统一性的能力，这个原理是全部人类知识的最高原理（B 134—5，RS 144[b]—145[b]）。

知性、纯我、我思、纯统觉、先验统觉、自我意识的先验统一性、统觉的原初的综合统一性，都表示康德知识学的核心概念，其所以是核心，关键是它们都表示那主动的综合活动。与黑格尔的只见精神主体性的虚浮的自身运转，不见人的理性主动创造性相对照，人的理性作为认识和实践主体的能动性，是康德哲学的精髓。

人是能动的主体。能动性以主体为前提，主体性也还要以能动性为根本。

> 我思必定能够伴随着我的一切表象，不然那就是在我之中，有某样东西被表象了，可是不能被思想，这就等于说：那个表象或是不可能，或者对我至少等于无。在一切思想之先就能够被给定的表象，是直观，因此，一切直观到的众多在同一主体中与我思有必然联系，众多就是在这主体中出现的（B 131—2，RS 140[b]—141[b]）。

我思、纯统觉等表示认识的原初的主体性、彻底的同一性以及统一性，可是：

……在直观中给定的这些表象都属于我，这个想法也就等于说：我把这些表象联结在一个自我意识里边，或者至少是能够把它们在那里边联结起来。这个思想虽然还不是意识到对表象的综合，可是它却以这样的综合的可能性为前提，也就是：只有我能够把表象的众多在一个意识中把握住，我才可以称它们都是我的表象，不然，就像我所意识到的多样表象那样，我就会成为好多各色各样的自我。因此，先天产生的直观众多的综合统一性，是先天地在我的一切确定的思想之先的统觉自身的同一性的基础（B 134，RS 143[b]—144[b]）。

对于在直观中给定的众多的统觉的彻底的同一性，包含着对表象的综合，并且这种同一性只因意识到这样的综合才是可能的（B 133，RS 142[b]）。

知性的综合活动，往上联系着统觉的彻底的同一性，体现着纯自我意识的主体的统一性，往下，联系着感性的先天形式：空间、时间。空间、时间是感性接受对象刺激获得感觉表象的形式。空间、时间本身也是纯直观，从而是形式的直观。不管是作为感性接受对象的形式，还是作为形式的直观，它们都以想像力的产生的综合活动为其可能性的先天条件。对于外面的对象，必须通过对空间的感知的综合活动才能获得空间中的感性表象。每一空间都是部分的组合，部分的组合的前提是综合。几何学的纯直观的表象，也是以综合为前提。

与综合活动相对，必须有被综合的东西。对象是通过一定的表象来认识的。一切表象都属于内部状态，都在内感官范围之内。对外部对象的在外直观中感知以及在想像力中再生，终归都会成为在内感官中所进行的活动。一切外感官的对象的表象，都要转变成为内感官的表象。这是认识的材料，是被综合的东西，是综合活动的必不可缺的对手。所以，如果更深入地了解，在内感官中的综合正是人的认识的能动性的集中表现。①

知性的综合必须作用于感觉表象，所以必须通过内感官，知性的理知的综合必然要实现为形象的综合：

> 因为我们还有作为基础的感性直观的某种先天形式，这种形式依靠着表象能力（感性）的接受法，这样，作为主动性的知性就能够按照统觉的综合统一性通过给定的众多表象对内感官进行规定，于是知性就能先天地思想感性直观的众多的统觉的综合统一性，这是我们人类直观的一切对象必定要从属，因而使单纯思维形式的范畴借以获得客观实在性的条件（B 150，RS 165[b]）。

这里着重说明的是：知性的综合作用只有通过对内感官之中给定的感性直观的众多表象的规定，范畴才能应用于给定的对象。这样，知性的综合作用就不仅仅停止于是理知的，而成为想像力的先验综合作用了（B 151，RS 166[b]）。想像力的特殊功能是一对象虽

① 在康德，内感官作为感性的一个方面，在知识中的重要性远远超出了洛克的反想。洛克的反想与感觉看来是脱了节的，因而感觉与思想活动的联系也是虚浮的、模糊不清的。康德的内感官至为重要，它作为先天范畴与感性表象的中介即范型依附的基础和基地，是内与外、思维与对象的桥梁，它是知识的一切材料的熔炉。

然没有在直观中出现,却可以把那对象表象出来。人类的直观是感性的[①],那么,由于这种情况,想像力为了使一定的直观同一定的范畴发生联系,它的活动必定与感性的主观条件相联系。在这个意义中,想像力属于感性。可是,想像力进行的却是综合活动,综合活动是主动性,具有规定作用,不是被规定的,它上承统觉的统一性对感官形式先天地实现规定作用,所以,想像力又属于知性,它是知性之运用于感性及其直观对象。

综合作用或想像力的先验综合,直接地规定内感官。综合作用的直接对象就是在内感官中呈现的被给定的众多表象。因为一切表象只要被意识到,就是我们的内部状态的变相。想像力的先验综合作用对于感性直观表象的继续感知,不仅赋予这些表象以综合统一性,而且产生了时间,也就是,想像力的先验综合产生了时间,这从根本上说,也就是知性的综合统一性产生了时间。离开了"先验分析",我们不能完全了解"先验感性论"。知识是知性与感性的结合,感性与知性的先后分别阐述,是由于知识学分析考察的需要(一切严格的分析考察都有类似情况),离开了知性,感性的机制即使运行,也不会出现知识。没有源于知性的原初的综合统一性,没有这个原初的综合统一性的实际运用于给定直观的想像

① 与感性的直观相对的是理知的直观。感性直观必须通过对象的刺激,才能感觉到对象,得到表象,感性只能接受对象的表象。在理知的直观,理知与直观二者不是分开来相互有严格区别、各司其职的两样不同的认识能力,而是凭着理性本身直接得到理性所思考的对象的理性与直观的统一,它获得对象根本无须外面对象对感官的刺激。在康德看来,古代的柏拉图、近代的唯理论,就持这种想法。康德在知识学中肯定人只有感性直观,必须有外在对象的刺激,才能接受到关于对象的表象,而知性只能思想,思想的材料必须给定。只是在美学和目的论的非知识的范围,他才承认人可以达到理知的直观。

力的先验综合，就既没有时间也没有空间的感性形式的统一性。这样，在感官方面，就只是支离零碎的影像而已。

时间表象的特性是前后相继，其所以如此，必定依于，一般地说，即使没有任何对象呈现也能加以表象的先验的想像力。不然，每一刹那均转瞬而逝，一个一个地消失，了无痕迹，前后无以相继。所以，由于想像力的先验综合，即在内感官中实现的综合，不仅把捉了感性直观，并且正是在这种综合活动中直接地产生了时间。

所以，每一范畴的范型都必是一种时间的规定性，都跟量的范型一样，是在对于直观对象的继续感知中间，以先验的综合活动为基础，产生了时间本身（A 145 = B 184，RS 203）。按照知识学的分析可以说：内感官本身所有的仅仅是可能的直观形式，因而如果没有知性的综合统一性，内感官自身并不包含着具有规定性的直观。只有通过形象的综合，才能在统一的时间之中意识到这些众多的特定的规定性，这样才能出现具有特定规定性的在时间以及空间之中的直观表象。

既然与纯统觉的综合统一性相关联的想像力的先验综合产生了时间，那么，时间还是不是作为感性的内感官的形式？答案是肯定的。因为虽然时间的产生，包括时间的统一性（空间的统一性也是一样），是与原初的自我意识的综合统一性相关联的想像力的先验综合分不开的，可是，仍然要明确地肯定作为表象能力的感性的接受性这种与知性主动性的根本区别。知性作用于感性，但是，知性并不取消感性，它不能代替感性。由于感性的接受性，才有众多的给定的表象，才有知性综合作用所面对的作为可能经验对象的材料，而感性的接受性是凭借它自身的形式——空间、时间——来实现的，没有这样的形式，就没有了接受性，这样就无从得到经验直观，知识就没有材料，知性就无从实现把给定的直观综合起来的主动作用。所以，感性及其形式，以其与知性主动作用性质不同的接受性看，无疑是构成知识的先决条件，从这方面看，从现实的认识构成的层次看，感性先于一切概念（B 161 注，RS 179[b]），一切知识起于经验（B 1，RS 38），时间作为内感官的接受性的特定形式，是知性活动的必要中介。这样，一方面，时间的实际产生和时间、空间的统一性固然都是由于知性的通过想像力发挥的综合作用，另一方面，也要注意到，时间以及空间是作为接受性的感性接受给定的直观的固有的先天形式。感性与知性在性质上有严格区别，二者不能混淆，因而我们不能忽视时间、空间作为感性形式的根本规定性，感性形式作为接受性是必要的，不然，知性如临深渊，面前一片漆黑。基于这种情况，康德又让人们注意：综合作用是知性对感性的规定，同时，由于综合，空间、时间才首先作为直观被给定，这样就不应否认这个由于综合而出现的统一性显然是属于空间、时间的（B 161 注，RS 179[b]）。

从以上的分析可以看出：空间特别是时间和知性、和体现着知性规定感性的想像力的先验综合即形象的综合之间的错综复杂的关系。

现在，主要是两方面直接相反的情况，一方面：时间似乎是在综合作用之先就已经被给定了，所以综合势必在时间之中进行；另一方面：时间却又是在我们对众多直观的显现以想像力的先验的形象综合为基础的感知综合之中产生的。

对于这问题，仍然要从康德把知识能力严格区分为各具不同职能的知性与感性来理解。知性有先天形式，是综合感性材料的方式。感性有先天形式，是接受刺激的方式。知识的一切材料——感性直观所接受的关于显现的表象，都不可能不在空间以及时间（内感官的形式）之中，因而对感性材料的一切综合活动都不会在时间以外进行。如果不是由于知性的综合，不仅感性接受的材料永远是零散的，就是作为形式的空间、时间也永远是没有统一性的片断。片断的空间、时间既非空间、时间的部分，更不是那唯一的、统一的空间和时间。在我们知识中，空间、时间，作为感性形式，它们表象的都各是一种统一的、唯一的、无限的量。其所以如此，是由于知性对感性的规定，即知性施于感性的综合。时间（空间也是一样）的先验规定性只是由于知性才活起来。所以说，是知性的综合产生了时间（和空间）本身。由于感性和知性各有特殊职能，所以我们可以说，也应该说：感性有其固有的先天形式，时间、空间本身是统一的、唯一的、无限的量，一切作为知识材料来自感性直观的对象的表象都在这统一的、唯一的、无限的空间、时间之中被给定。不承认感性的接受性及其固有的接受对象的先天形式，无从解决给定的知识材料的来源问题。从知性之得以发挥其能动作用看，知识材料之被给定，是第一位的。

可是，空间、时间，作为统一的、唯一的、无限的量，又必定以知性的综合作用为前提。所以说，综合作用产生了时间（和空间）。时间（和空间）不管是作为直观形式，还是作为形式的直观，都以知性的综合作用为前提。作为直观形式，综合作用在联结关于显现的给定的直观对象时，必定在时间中进行，但是，其所以能在时间中进行综合，事实上却是由于作为主动性的综合在联结给定的直观表象的同时，也赋予感性所固有的时间（和空间）形式以综合统一性。作为形式的直观，先验的形象综合在时间中构造数的系列，在空间中构造几何图形(《导论》§10,AA 第4卷,第283页)。但是,也不能忽略一个根本情况,正是在产生出时间的先验的形象综合活动中构造数的系列,正是在产生空间本身的表象的产生想像力的先验综合中构造几何学的图形。因为,一切关于外面对象的表象都在空间中出现,一切表象,作为内部状态,又都在时间中出现。所以,一切来自经验直观的表象都必然出现于空间和时间之中,一切在纯直观中出现的表象(数的系列和几何图形)也必定出现于时间和空间中。而这种情况又必定以从属于知性的规则的想像力的先验综合为前提。

> 一切显现,在形式方面,都包含着一个在空间和时间中的直观,这直观是显现在整体上的先天基础。因此,一切显现只能通过对众多进行的综合被感知,也就是被纳入经验意识中。由于对众多进行综合,一定的空间或时间的表象就产生出来,这也就是由于对同类的东西进行综合,并且也由于意识到对这些众多(同类的东西)的综合统一性(B202—3,RS 217)。
>
> 每一直观在其自身中都包含着一个众多,其所以表现为一个众多,是由于意识在印象彼此相继的情况下,对时间作了区分,因为在每一瞬间里所包含的不管什么表象,都只能是一个绝对的统一。为了从这众多得到内直观①的统一,(大致像在空间的表象中一样),因而第一步就是对众多从头到尾全部感觉到,跟着必然是把它们都掌握住,这种活动我名之曰感知的综合,因为它直接指向直观,这直观虽然提供的是众多,可是,

① “直观”,据 Vaihinger 改作“内直观”(RS 143[a])。

这众多之所以作为这样的众多而又包含于一个表象之中，如果没有相关的综合是不可能得出这样结果的。

而这种感知的综合也必定可以先天地运用，也就是可以运用到不是经验的表象。因为，没有感知的综合，我们既不能先天地具有空间表象，也不会先天地具有时间表象，因为，只有通过对感性的原初接受性所提供的众多的综合，才能产生出空间表象和时间表象来。所以我们有一种纯的感知综合（A 99—100，RS 143[a]—144[a]）。

在外直观方面，一切定量的纯形象是空间，一般感官的一切对象的纯形象，则是时间。而作为知性的一个概念的量的纯范型，则是数。数是（同类的）一个一个地连续增加合到一起的一个表象。因此，数是由于我在对直观的感知之中产生了时间本身的对一个一般的同类直观的众多的综合统一（A 142—3 = B 182，RS 201）。

广延的数学（几何学）连同它的公理，都以产生的想像力在产生形状时的继续综合为基础，……（A 163 = B 204，RS 218）。

……运动，作为对一空间的描画，是由产生的想像力对于一般外直观中的众多所进行的继续综合的一种纯的活动，因而不仅属于几何学，并且还属于先验哲学（B 155 注，RS 171[b]）。

根据以上几段引文，可以看出：

（a）与经验直观相结合的空间表象和时间表象；

（b）在空间或时间中一个包容了众多的表象；

（c）作为纯直观的空间表象和时间表象；

（d）与时间的产生直接联系的数；

（e）几何学及其公理；

（f）运动。

都以知性的综合作用（可以是涉及经验对象的感知综合，也可以是涉及非经验对象的纯感知综合）为基础。

时间是关键。空间表象（与经验直观相联系的和纯的）、包容着众多的表象、数目、几何学中概念的构造以及一般的运动的出现，都离不开时间。这是因为它们作为表象，第一，都要被意识到，因而都必在时间中；第二，它们所以能出现，必以综合为前提。

综合在时间中进行，时间又须是综合才能产生。

核心是知性的主动的综合。综合之在时间中进行，正由于综合活动产生了时间。并不是时间已经给定了，综合活动在其中进行。时间固然是感性的形式，其本身并不属于知性，但是，感性与知性结合才能产生知识，即使知识的材料——感官知觉，也不能没有经验的综合。知性综合表现为产生想像力的形象综合，通过先验的形象综合带动对直观对象的感知综合，这是知性对内感官的直接规定（一切表象都在内感官中出现。从这方面看，知性对外感官的综合规定是间接的）。知性对内感官的直接规定，必然在综合活动中产生时间。产生时间与在时间中综合是一回事。因为被综合的对象只能来自感性，所以综合活动必然施于感性方面。既然一定要在感性方面对给定对象的表象进行综合，这就当然涉及感性的先天形式。所以，综合必然赋予内感官的时间形式以综合统一性，与这样的综合相联系，相应于给定的对象，知性也还要进行感知综合。

§6 质的范畴的范型

质的范畴是实在性、否定性和限制性。

实在性如果联系到经验对象，就与感觉结合，这感觉指一般的感觉，而非特定的感觉。所以，实在性指的是在时间中的在（ein Sein）。否定性表示时间中的不在（Nichtsein）。二者是对立的，这就是在同一时间中是在还是不在，是感觉充实于其中的时间，还是空的时间。

知性的四组范畴，前两组量和质的范畴涉及的是直观的对象（B 110，RS 121）。直观的对象也就是作为显现的对象。显现总有两个方面，一方面是显现的纯形式，一方面是质料。量的范畴通过数的范型同显现的纯形式相联系。质的范畴则通过相应的范型同显现的质料相联系。

实在性表示时间中的在，否定性表示时间中的不在。在显现中与感觉相对应的是

> 作为物自身的一切对象的先验质料（事实性、实在性）〔die transzendentale Materie aller Gegenstände, als Dinge an sich (die Sachheit, Realität)〕，（A 143 = B 182，RS 201）。

这个提法值得注意，因为这是康德对显现的质料究竟是什么这问题的很少的谈论之一。这个问题的确难讲，讲起来一定很难讲清

楚，这句话就很难懂。N. K. Smith 的英译文，根据另一康德学者 Wille 的设想，在这个短语前面加上否定副词“nicht”，把这短语改为：在显现中与感觉相应的“不是作为物自身（事实性、实在性）的一切对象的先验质料”。这种做法，一方面没有可靠根据，另一方面把文义弄得更糊涂了。因为，如果仅仅说，与感觉相应的不是什么，那么，在显现中与感觉相应的是什么，就没有答案。说一个东西不是什么，当然也是一种解释，不过，这里正在说明实在性范畴与感觉的联系，因而要讲到在显现中与感觉相应的究竟是什么的问题，仅说“不是”什么，恐怕不是康德的目的。

感觉产生是由于对象刺激了我们的感官，是对象作用于我们的表象能力。通过感觉与对象联系的是经验直观，经验直观的未被规定的对象是显现。显现由形式与质料组成，形式是先天的，质料只能是后天的（A 19—20 = B 34，RS 64）。后天的来自经验，没有必然性和普遍性。质的范畴通过范型应用到对象，现在是要抓住质的一般特征。首先，与质相应的不是纯形式，纯形式属于量的范畴。与质相应的是感觉以及与感觉相应的显现的质料。怎样理解显现的质料？例如，怎样理解与红色、软、硬、不同声音等感觉相应的质料？简言之，感觉究竟何以如此？引起感觉的原因既非无从证明其存在的上帝（如巴克莱），也不是根本上不好作说明（如休谟）。感觉的原因是对象（B 1，A 19—20 = B 33—4，RS 38，63—4），是物自身（《导论》§13 附释二，AA 第 4 卷，第 289 页）。感性形式空间、时间是先天的，可是空间、时间之中的经验直观，感觉，却不是来自意识本身，是给定的，其原因不在我们之中，只能在我们以外。

任何感觉都有一定的程度，这也是一种量，因为感觉有强有弱

(如果不是由于主观方面的原因),其原因是什么? 在说明质的范畴通过范型应用于对象的问题时,应涉及与质的范畴(实在性)相对应的感觉的一般特征,即程度,并且还要涉及其所以有一定程度以及程度发生变化的根源。上边谈到的那段话整句是:

> 由于时间仅只是直观的形式,从而也就是作为显现的对象的形式,这样,在这显现中与感觉相对应的就是作为物自身的一切对象的先验质料(事实性、实在性)(A 143 = B 182,RS 201,着重点是我加的)①。

这句话应理解如下:

由于对象(不管这是指显现还是物自身)刺激我们感官,在意识中产生了以感觉为内容的有关对象的直观或知觉,这直观或知觉包含着形式与内容两个部分,从其作为意识的一个特定状态看,其形式是时间,来源是先天的。时间是内直观形式,在这个普遍条件下,一切直观的对象,都不过是显现。现在从质的范畴看,着眼点是内容。内容是感觉。感觉不是来自我们固有的感性。显现的形式部分来源于感性,其内容部分不是来自感性,来自经验,这都是确定了的。来自经验的后天的内容应该在显现中有其相应的东西。显现中与感觉相应的东西从何而来? 显现本身只是一种表现,还不能解决根本的来源问题,所以显现中与感觉相对应的是先

① 译文中"……在这显现中与感觉相对应的……",Smith 英译作"……that in the objects which corresponds to sensation ……"(即译为"……在对象中与感觉相对应的……"),我看恐不正确。按照我的理解,这里是要从显现和物自身的区别来揭示显现的形式与质料的不同来源。

验的质料。所谓先验的，指一切涉及先天知识可能性的普遍条件的东西。先验的如果与超验的相对，则着重指先天形式在可能经验范围以内的应用；如果与经验的相对，则常常具有关于先天知识的可能性条件的高层次的知识学意义。这里的先验的质料是与经验的相对而言，就是说，与感觉相对应必定存在有使一切关于自然界的知识可能的质料。这样的质料出现在显现中，因为只要是作为我们的认识对象的质料，即使其来源在我们以外，也必在空间、时间中，不然不会成为我们的认识对象。但是，另一方面，却不能不承认其最终的来源和根据只能是物自身，是作为物自身的对象。如不承认这一点，

> 那就会陷于荒谬的观点：竟然有显现却根本没有什么东西在显现着（B 26—7，RS 25—6）。

必须肯定显现中与感觉相对应的是来自作为物自身的对象（不是作为显现的对象，只有从空间、时间感性的形式方面看，才能说作为显现的对象）的先验质料。虽然这不是指个别的、特殊的、经验的质料，是指知识学层次的必须肯定的必然成为显现中的质料的一般根源或基础的东西，它们虽然来源于物自身，但却又只能作为显现的质料呈现出来。感觉方面的一切变化，包括程度上的变化（除掉必然属于个别的感觉个体的一定对感觉产生某种特殊影响的特定条件），如不归根于此，就没有其他理由可供解释。

这样，是不是意味着物自身可以认识？并不是。因为，尽管肯定物自身作为某种对象，这仅只是为了说明与感觉相对应的质料的最终来源，感觉不是无源之水，与感觉相对应的显现中的先

验质料也还不是最终的,它有它的源,这就是作为对象的物自身。物自身应是终极的对象,如不这样肯定,就会陷于上述的荒谬地步。但是,肯定物自身是对象,不等于一定可以按照物自身原来的样子被认识。由于物自身出现的先验质料已经不是原来样子,已经是在空间时间感性形式之中的东西了,已经是在显现之中了。正是由于肯定了感觉所具有的物自身的最终根源,才能肯定质的范畴由于运用于感觉到的质料从而获得事实性和实在性。知性的范畴和由此产生的知识必须有事实性和实在性,如不肯定作为物自身那方面的对象,事实性、实在性从何说起?康德用感觉、用经验说明表象的现实性,是不是意味着与肯定物自身是感觉和经验的最终根源有不可分的关联?不然的话,康德不是接近了巴克莱?

一些康德学者认为康德这句话是个极端麻烦的难题,有的(如Wille)主观臆断地改造文句,有的(如H. J. Paton)断言康德用词不慎[①]。我也同意这句话确是包含着重大难点,我的解释也还需要进一步论证,不过我认为从康德的主要观点看,这个解释可能比较恰当。

底下继续谈质的范畴的范型。

每一可感的对象一定有量,这是因为感知那个对象所实现的综合,必定是这样一种综合,即:对于那对象的互相在外的同类部分的继续综合,而与这种综合相伴随着的,必定是更根本的对那对象出现于其中的空间、时间的综合。

---

① H. J. Paton: *Kant's Metaphysic of Experience*, New York: The Macmillan Company, 1936,第2卷,第50—51页。

但是,每一可感的对象,与单纯的感性形式相对,如要成为实在的对象,那么包含的就不能仅是对空间或时间的综合,必须同时有一定的质料被综合。这样,与质的范畴相对应的就是一般的感觉,在特定时间中出现的感觉是特定的存在。感觉是在时间、空间中的存在。只有在时间以及空间中综合感觉才能提供给我们一定的对象。感觉千变万化。特别是每个特殊感觉也都不断出现强弱不同的变化,这是其普遍的特征。蓝色天空的蓝色可以很淡,但不管多么淡,却永远不是那个可能的最淡的蓝色的感觉,在任何蓝色感觉与蓝色感觉完全消失(即否定性)之间,永远可以出现一定的更淡的蓝色感觉。蓝色感觉的完全消失,就是不存在,就是一定感觉的否定,只要一定的感觉出现,那就可以更强,也可以更弱。这就是:一切感觉的普遍特征是都具有一定程度。一物具有程度,也是一种量,不过不是广延的量,不是像空间和时间所表现的那样由于继续综合同类部分而出现的量,而是一种内强的量,这就是:每一个感觉都有其不同的程度,都有强弱之分。尽管程度或强弱的识别,离不开另外的同类的感觉,可是一定的程度或强弱却仅属于那唯一的一定的感觉本身。一定程度的感觉,与所占的空间大小或时间长短的广延的量无关。一个表象占的空间小,时间短,却可以是较大程度的感觉,所占的空间大或时间长却可以是较小程度的感觉。所以说感觉的量是内强的量。

感觉,即使是关于外面对象的,只要在我的意识中出现,就必定出现在时间中。作为关于一个特定对象的表象的感觉,其程度的强弱不同,也就是或多或少地填充时间。如果感觉的内强的量等于零,那就是一定感觉本身的消失。所以,与实在性范畴相对应的必定是在时间中的一定程度的感觉,与否定性范畴相应的必定是一定的感觉在时间中的消失。

那么,作为质的范畴的最主要的实在性范畴的范型是什么?这个范型就是在时间中出现的程度。实在性范畴通过这样的范型把握各个不同的感觉的普遍的特性,而否定性只是它的反面,限制性则是二者的结合。概括起来,对于作为实在性范畴的范型的所谓程度,可以这样理解:它表现的是填充或占据时间的某样东西,或者说是作为时间的内容的某样东西的一种与广延的量不同的内强的量,由于实在性范畴通过范型实现的先天的综合作用,因而任何个别的感觉都表象出这样的特定的质,就是:当我们从具有一定程度的感觉经过一定时间到那特定的感觉的消灭,或者从空无经过一定时间转变上升到那个特定感觉的那个特定程度,这都不外乎是在时间中的量的继续不断的和一贯的产生,这种在每一瞬间中的感觉都具有的程度,是来源于实在性范畴的综合统一性通过范型在时间中所实现的想像力的先验综合(参看 A 143 = B 182—3,RS 201—2)。

§7 关系范畴的范型

一个经验的客体不仅有其量的方面、质的方面,还有与别的客体在时间中的关系的方面。

关系这组范畴包括实体性、原因性和相互结合性三个范畴。这组范畴的特点是每个范畴都包含着互相联系的两个方面,因而是关系范畴。实体性指独立自存和附着存在的关系,即:实体和偶性;原因性包括原因与依存的关系,即:原因和结果;相互结合性指主动和被动的关系，即：客体的交互作用。所以说：

> 关系范型包含着知觉在全部时间中相互之间（也即按照时间规定性的一种规则）的关联，并且把这种关联表现出来（A 145 = B 184，RS 203）。

实体范畴作为纯思想，指的是只能作为主语不能作为谓语的东西。以实体范畴为根据所构成的判断是定言判断，即对主语和谓语的这样一种综合，一定的客体必定作为主体，一定的别的客体必定只是属于主体的性质。这是实体范畴应用于经验对象所产生的一种特定方式的知识。构成定言判断的经验到的众多表象必属于我们的内部状态，因而必定都是在时间中出现的表象，都具有时间的一般性质。时间是实体范畴应用于感觉到的对象的中介。在实体范畴统摄下，由想像力实现的先验综合，表象出在时间中具有常住性（Beharrlichkeit）的实在。在时间中的实在的常住性，这就是实体范畴的范型。与此相关联的另一方面是：附着于实在的各样性质在时间中都不是常住的，都是可以变化的。这样，由于实体范畴通过其范型应用于经验对象，所谓实在或实体就是在经验中一般地对于时间进行规定的基础，这基础自然是固定常存的，附着于它的别的一切就都是变化无常的。

还应注意：我们说，附着于实体的各样个别性质都可以变化，是说在时间中可变的经验对象的存在是会消逝的，而时间本身却无所谓流逝，因此，才可以表象在显现之中有实体，实体是存在之中的不变者，即经验对象中的实在，显现中的这种不变的实体正是与恒常永在的时间相对应。

有了在时间中不变的实体，就可以联系着实体，按照时间的规定性在显现中对继续和共存作出规定。

原因性范畴在纯思中，表示的是：在任何推论中前提与结论之间的必然联系。原因性范型表示：任何特定的实在，只要被给定了，那就永远有另外某样东西在时间中继之出现。也就是：这个范型表象众多知觉按照一定规则——因果规律——在时间中继续出现；这就是原因性范畴通过时间规定性对于经验对象所表现的特性（A 144 = B 183，RS 202）。

相互结合性范畴在纯思中表示：众多的东西聚合成的一个整体，或者：一个整体中包含着众多部分。这些部分中间的关系怎样？它们不是前提与结论之间那样的关系：前提只是单方向地规定结论，不能反过来；这个整体中的各个部分互相并立，彼此都没有原因与结果那样的只是从属或单方向的规定的关系，而是互相规定或互为因果的关系，由于这样的关联，它们就构成一个整体。

相互结合性范畴表示主动与被动或实体及其偶性之间的交互作用，它的范型表示：一实体与另一实体或一实体与其偶性的规定性之间按照一种普遍规则的相互作用和同时存在（A 144 = B 183—4，RS 202）。

§8 样式范畴的范型

样式范畴不像第一、二组（数学的）范畴，表述直观方面的对象，涉及的是对象的量与质；它像关系范畴一样，表述对象的存在，不过，关系范畴表述的是对象相互间的存在关系，而样式范畴则表述对象与知性相联系的存在。关系范畴和样式范畴（力学范畴）都有互相关联的方面，在第一、二组范畴则无。

样式范畴并不涉及对象的内容，涉及的只是判断本身。它通过缀词“是”的不同程度的表现，表象知性对于一般对象的存在方面的不同程度的认识。在一定情况下，我们说“甲是可能的”，在另一种情况下，我们说“甲是现实的”，在又一种情况下，我们说“甲是必然的”。在纯思中，可能性范畴指：一定的思想上的综合，它合乎逻辑的形式规律，没有矛盾。实在性范畴指：一定的思想上的综合，它具有实在性。必然性范畴指：一定的思想上的综合，它是按照逻辑的形式规律推论出来的必然结论。

样式范畴的三个范型都各自表象作为规定对象是否以及如何从属于时间的那个相关者，即时间本身。

可能性范畴的范型是：对不同表象的综合与时间的一般条件一致。例如，一物的反面不能与该物同时存在，只能彼此前后相继。所以，这个范型把一物的表象规定在任何一个时间。

实在性范畴的范型表象：在一规定的时间中的定在。

必然性范畴的范型表象：一对象在全部时间中的定在（A 144—5 = B 184，RS 202—3）。

§9　范畴与范型

范型理论讲的是时间表象在知识中的关键作用：

（1）量的范型：对直观对象继续把捉中，由于综合作用产生出时间本身,这样才有作为量的数。——涉及的是时间的系列。

(2) 质的范型:把感觉或知觉同时间表象综合在一起,这是对时间的填充。——涉及的是时间的内容。

(3) 关系范型:按照时间性质的一定规则,使知觉在一切时间里具有相互间的关系。——涉及的是时间的次序。

(4) 样式范型:时间本身成为对象从属于时间的规定性的必然的关联者。——涉及的是时间的范围。

只是由于范型作为中介,才使范畴获得了与可能经验对象的联系,只是由于范型这种唯一实际条件,范畴才成为知识的先天的可能性条件。

但是,另一方面,正由于范型是范畴实现其功能的必要中介,范型才正好限制了范畴,这也就是存在于知性以外的感性先天条件对范畴的限制,因为范型既从属于知性想像力的先验综合的统一性,来源于先验统觉的综合统一性,可是作为时间的规定性,又属于感性,它使范畴具有时间特性,使范畴具有了内感官表象所必定从属的时间特性,打通了范畴应用于感觉对象的渠道。

所以,范畴除了应用于经验之外,不可能有别的实际作用。离开了感性条件,范畴本身不过是一些纯思想,只有纯逻辑上的意义,只表示一定表象的单纯统一性,根本不表象任何关于对象的知识(A145—7 = B 184—7,RS 202—5)。

下面一段话很重要,它把范型在知识形成中的关键地位,对范畴所起的限制作用以及范型作为范畴与知性原则之间的桥梁,作了概括:

……显现必须不是绝对地归属于范畴,而只是归属于范畴的范型。因为，如果这些〔知性的〕原则必定与之相关联的对象是物自身，那么，关于物自身就完全不可能先天综合地认识到什么东西。可是那对象只是显现，而一切先天原则最终必要落实到关于显现的全部知识，这样的知识不过是可能经验，因此，那些原则只能单纯作为经验知识在对显现综合中统一性的条件。但是，必须认为显现的这样综合只在知性纯概念的范型之中，〔因为〕范畴所包含的作为一般综合的统一性，是没有感性条件限制作用的。所以我们只应该利用这些原则，按照一种类推，借着概念的逻辑的和一般的统一性把显现结合起来，这样，我们在原则里固然运用了范畴，可是在实际运用（应用于显现）当中，却把范畴的范型代替范畴，作为其运用的钥匙，也可以说，是把范型置于范畴旁边，当作对范畴限制的条件，有如可称之为范畴的表达式（Formel）所示的那样（A 181 = B 223—4，RS 233—4）。

§10　范型论的知识学意义

在哲学发展中，康德的范型论是一种独特的理论。先验的知识学需要解决知性的纯先天概念如何应用于外来的感性对象的实际问题。这是一般与个别的联系问题。中世纪的实在论和唯名论都源于亚里斯多德有关一般与个别的探索。实在论属于从苏格拉底到亚里斯多德的主流的思想倾向，特别与柏拉图有联系。唯名论则是从亚里斯多德以个别事物为第一实体的反主流思想衍生出来，是近代经验论的一支源泉。实在论与唯名论的对立（抛开神学内容)，主要是坚执一般还是个别为实在的、各具片面性理论的争论，尚未着重考虑一般与个别的联系问题。当然，这两种同属经院哲学内部涉及知识问题的片面性理论，又对近代唯理论和经验论的对立和发展产生一定影响。

范型论在哲学和知识学发展中占有重要地位，无疑由于一般与个别的联系是个关键问题。这个问题即使今天看来，也很重要，不能置之不顾，也不能停止于简单说明。感性对具体事物的表面认识，怎样就能转化为对众多事物的规律性的科学知识？这是科学知识的可能性的根本性问题。对先验论的知识学的清醒认识，更使康德明白这是一个关键性的问题。对这问题探索的新成果就是范型论。到晚年(大约是1797年)，关于范畴应用于直观形式的可能性问题，他还曾指出：范型的作用和过程是“最复杂困难的要点之一”，他认为《纯粹理性批判》中论述范型的那一部分是“最重要的章节之一”(AA第18卷，第686页)。

范型理论的重要性在于它是关于范畴应用于经验对象的关键性说明。先验演绎根据纯自我意识(先验统觉)的综合统一性的主动性论证了范畴是建立起客体的先天的可能性条件。范型论目的是说明构成知识的一个最重要环节：先天范畴与感觉到的个别知觉的结合。在《纯粹理性批判》中，范型论底下跟着的又是重要的一章原则论(在《纯粹理性批判》中的题目是“纯知性的全部原则的体系”)，原则论是对范型论的进一步展开，阐述和论证范畴通过范型必然产生的先天综合判断，这些先天综合判断是人们认识自然界的普遍必然的依据，也即自然科学的全部基本原理。范型论和原则论，都是对先验演绎的主题即知性先天范畴是知识及其对象——显现的先天可能性条件所作的实在说明。由于原则体系是以范型论为基础所展现出来的自然界的根本原则和人类知识的珍贵果实，所以作为中间环节的范型的论述，其关键性显得尤其重要。

黑格尔曾赞扬康德的范型论是“康德哲学中最美的方面之一”①。当然，由于黑格尔哲学实质上是绝对精神的本体论的范畴论体系，如果说它也还有其知识学，这所谓的知识学也无非是范畴本身的辩证推演，并不存在一般与个别的现实联系问题②。

既然范型理论是范畴借以为众多显现之间的联系——自然界——提供基本规律的必要并且唯一可能的渠道，所以康德认为范型的作用是为从自然科学的形而上学基础③向物理学过渡提供具有规范作用的模式（das Formale）（AA 第 22 卷，第 494—5 页）。范畴是自然科学包括物理学的基本框架，这种框架只有通过范型作用才表现为自然科学的基本原理，这些原理也就是物理学必须从属并成为其规范的基本原理。可见，范型作用也是人类知性形式统帅自然科学的中介，是人类知性向自然界（包括物体——具有广延的和心灵——进行思维的两部分）颁布规律的唯一传布媒介。

范型论最引人入胜使人感到别有洞天之处，是把时间作为范型的根本。时间的先验规定性：它既是一切感官对象的形式，又有

① 黑格尔：《哲学史讲演录》，贺麟、王太庆中译本，商务印书馆 1981 年版，第 4 卷，第 271 页。

② 黑格尔认为康德所讲的范型理论，“思维、知性仍保持其为一个特殊的东西，感性也仍然是一个特殊的东西，两者只是在外在的、表面的方式下联合着，……”（同上书，同上页），这表明黑格尔从他自己体系的立场对康德的了解不能不是表面的，因为他的想法与康德以知识的可能性条件为主题对知识的批判分析完全是两回事。

③ 康德在 1786 年发表《自然科学的形而上学基本原理》。

对比空间来说更大的普遍性,就成为知性形式和感性内容联结的纽带。它成了知识的核心,知性形式与经验材料都在它统摄之下,集中于它,它表示知识和知识对象即显现的基本脉络。十二范畴通过时间更进入普遍联系,四组范畴在现实认识中必定各自表现时间的不同方面:量的范畴表现时间的排列,质的范畴表现时间的内容,关系范畴表现在时间中按照规则的顺序,样式范畴表现与对象相应的时间范围或界域(可能性指随便什么时间中的表象,现实性指一定时间中的存在,必然性指对象在一切时间中存在)。

从一般方面看,先验统觉对感官的众多表象所实现的先天综合活动,是时间的统一性产生的原因,只有通过知性的综合活动,时间才实际上产生。综合活动在对于表象实现综合的同时产生了时间,尽管我们还必须认清时间是感性的先天形式。必须有被综合的感官表象,知性才有对象,知性的综合才有实现其综合作用的对立面,而只有在这样的条件之下,才出现了时间,才出现了时间的统一性,知性范畴才有了在其中借以实现和展开其各自固有的规定性的先天条件,也才获得了出现于时间条件之下的它们按照各自的固有规定性进行综合活动的对手,作为知性的主动性的先验统觉的综合统一性才实际地建立起时间的统一性以及一切经验对象在时间之中的具有各样规定性的统一性。

可见一切感官表象,一切经验对象,一切显现,终归都作为内感官的表象出现于时间之中,都表现为在时间中的不同表象,都在时间联系起来的条件之下被规定。一切的众多和数目(属于量的范畴)、一切感觉的各样不同的程度(属于质的范畴)、一切事物之以实体为固定的基质与其性质的变化(实体范畴)、一切事物的因果必然联系(因果范畴)、一切事物的交互作用(交互性范畴)、可能的表象(可能性范畴)、现实的事物(现实性范畴)、必然的事物(必然性范畴),都以时间为条件,都被归结为时间的不同规定,所以,康德认为先验哲学的总问题"先天综合判断如何可能",就是由于上述这些以知性范畴为依据通过范型所展现出来的知识基本原理。而作为时间的先验规定性的范型,正是上述基本原理的基础。(AA 第22卷,第495页)。康德还说:

> 〔物理学〕是一种自然科学,它在主观方面依靠着经验的知识根据,而在客观方面它就构成作为经验的一种整个对象①的感官表象的体系;它本身并非纯是对于众多知觉的一个经验的汇集(通过观察和实验),因为是关于客体的普遍彻底的规定的原理,所以它更是经验的一种整个的对象。因为,第一,经验是关于对象显现的总和的绝对统一,而经验是由人制作的,经验并非单纯是从感官流进来的,第二,并不存在什么众多的经验(Erfahrungen)(因为那只不过是零散的知觉),众多事物的体系的统一恰恰是以一种范型作用为基础"(AA 第22卷,第493—4页)。

范型作用是形式与内容、一般与个别联系的唯一通道,但又不是单纯的通道,它是具有先验规定性的时间锁链。它是经验知识、自然科学经验对象即显现或自然界的统一性的关键和基础。自然界是

① "一种整个对象"原文是"ein Gegenstand",(直译是"一个对象")。康德用"对象"一词常用多数,指众多的各样感官对象。这里由于是阐述诸多经验在能动的知性的统摄下,互相密切联系,完全不是零散的,强调的是经验只有一个,与此相应,对象也不是意味着零散的,而强调它是一个,也即是一整体。

量的世界,质的世界,其各部分互相联系着的世界。量是时间的积累;质是时间中所滋生的不同强度感觉的变化;自然界的显现的各部分的互相联系表现为时间中的不变("实体")与变化("性质")的相互联系,表现为不同的显现在时间中先后的必然继续("因果联系"),表现为不同的显现在同一时间中的相互作用("交互作用")。我们对于显现的表象可以仅仅考虑到其合乎感性形式与知性形式的方面,那就是认为在随便什么时间都可以出现("可能性"),但是,一定的显现可以在一定的时间中出现("现实性"),也可以是在一切时间中都要出现("必然性")。所以,从认识方面看,一切离不开时间,一切的一切都是在时间中的显现和流逝。当然,还要注意,时间在康德不像在牛顿那样似乎是独立的容器,时间是感性的形式,而它是贯流于一切显现的规定性,却又是从属于知性的先验统觉的综合统一性和知性的不同规律(范畴)的必然表现。

> 我们只能这样解释与否定性相对的实在性:就是设想一个时间(作为包容一切有的东西),它或是为实在性所充满,或者是空白的(A 242 = B 300,着重点是我加的)。

以知识学为立足点,把时间置于一个这样重要的地位,在哲学史中是很突出的,又是空前的。这种观点给康德的与机械论自然观相对立的反形而上学自然观,从知识学方面立定基础。康德认为物质是自己运动的,这是早自 1755 年的《一般自然史及天体理论》就宣布了的,因而他认为物理学主要是动力学,在《自然科学的形而上学基本原理》(见 AA 第 4 卷)中他着重地讲了这种观点。

他通过交互性范畴肯定经验对象即显现的普遍相互的联系。所以,他的自然观与笛卡尔派和牛顿派的自然观都有重要区别,他的自然观不是形而上学机械论性质的,而是反机械论的,具有辩证因素的。现在我们又看到,在知识学中,他认为不仅一切感官知觉处于时间的流逝当中,而且一切知识,甚至一切先天综合判断都具有时间的本质特性。先天综合判断不仅是在一切时间中都有客观有效性的判断,并且无论是从量的角度、质的角度以及其客体的相互联系的角度看,都以时间为基础。这样,就从知识学的立场为整个自然界的变动不居安排好必要的条件。也应该说,这还不仅是为自然界的变动不居安排好必要的条件,而实际上还是肯定了自然界的变动不居:静止必定是在时间中的静止,因而是相对于运动的静止,不变必定是时间中的不变,因而是变中的不变。自然界是时间中的自然界,自然界贯穿于流动的时间之中,自然界是一个处于普遍联系之中的合乎规律的整体,而自然界的根本规律都表现为时间的规定性,因而自然界就是一个相对于先验统觉的无限流逝着的显现。康德这种观点的深刻含义还有待于人们的进一步挖掘。《范型论》已经在西方哲学的发展中产生重要影响。

第七章　范畴的运用于可能经验：自然科学的基本原则——"先验原则"

§1　先验原则的论证与先天综合判断的可能性

上一章阐述了知性的纯概念（范畴）应用于直观对象的普遍条件：范型作用。范畴通过范型与直观对象发生联系，使直观对象从属于它的先天的综合统一性，从而得出关于对象的综合判断。

底下的工作是要对范畴在范型的条件之下先天地提供的知识的全部根本原则作出证明。显然，范畴表必然是底下这项工作的指针。范畴与特殊的经验对象相联系得出的综合判断是后天的，范畴如与一般的可能经验相联系，就产生出先天综合判断，因此，如把十二范畴同一般的感性结合起来，将可以完整地并且系统地得出知性应用于经验对象的全部先验原则。

这些原则之所以称作先验原则，不仅因为它们是构成一切其他判断的根据，而且是因为在它们之上不再有其他更高的和更一般的知识可以作为它们的根据。当然，即使是这样的原理也应加以证明，可以说，这样的证明正是先验的知识学的最重要的任务之一（A 148 = B 188，RS 205）。这个工作是知识学中心工作的最后一步，是其中心工作的完成。自然界规律是人给予的。先验原则正是人赋予自然界的根本规律。先验原则的整个体系是自然科学的全部的基本原则，也就是自然界的全部根本大法。十二个范畴联系到一般感性，通过以时间为核心的范型，与外感官的形式——“空间”——相联系，是自然界根本的规律性的先天来源。往下的工作是在“先验演绎”的基础上，也即一般地论证了范畴既是经验可能性的条件又是经验对象可能性的条件的基础上，进而阐述范畴与自然科学的关系，回答“纯自然科学是怎样可能的”这个有关理性批判的第二个问题。对范畴通过范型所得出的原则何以既是一切综合判断之所以可能的条件，又是自然科学的基本原则，并且也是自然界的基本规律这一问题，按照量、质、关系、样式四个方面进行论证。实际上这个工作也是从整体上论证和综述人类知性的认识活动。知性的活动表现为十二范畴的综合统一性，把给定的直观构成对客体的认识，其关键是十二范畴必须结合时间的先验规定性。与时间的先验规定性结合的范畴的综合统一性是一切知识之所以可能的条件。康德知识学的总问题“先天综合判断如何可能”直到这里才具备全面说明的可能性。这样，就不仅对自然科学的根本原理，就是对数学的原理也作了全面解释。在“先验感性论”里，根据感性直观形式的先天性只阐述了数学判断的先天可靠性和客观有效性，并未涉及有关的知性的必要作用。所以全面考察知性活动，也是对数学判断的可能性作出补充说明。

所以，当前既要说明自然科学根本原则的客观的、普遍的有效性，也要说明一切先天综合判断的可能性。从范型作用的重要意义看，从认识作为统一不可分的整体活动来看，这个工作也是对范型作用的说明的继续，因为先验原则是在先天范畴统摄下范型作用的最高成果，这样，范型论，从而先验原则论都以范畴的“先验演绎”为指针，又都是对它的进一步说明。从范畴的“先验演绎”到“范型论”，再到对先验原则的论证形成相互连续的环节。从感性论开始，直到先验原理的论证，表面上看是从感性开始，然后是知性；先是知性的纯概念，经过对纯概念的客观有效性的论证（即“对范畴的先验演绎”），又是对处于纯概念与直观对象二者之间的范型作用的阐述，最后又论证范畴在范型基础上所形成的关于一切显现的先天综合原则。但是，总起来从各个论述的主题之间的相互的联系看，恰好是对先天综合知识可能性条件的全面分析，而范型作用是结合知性与感性的唯一锁链。所以底下的对先天综合原则的论证，应看成是在分别地阐述感性论、范畴论和范型论都是构成知识的必要先天条件的基础上，对先天综合知识可能性的综合说明。一些在这之前未加说明或不好说明的问题，现在都有可能作出解释。

一些人（黑格尔是比较早的一个）常常认为康德哲学有一个缺点，就是康德把所提出的具有不同作用的先天形式看成互相外在的，作了割裂，没有能结合起来[①]。虽然像前面所说的，黑格尔称赞了康德的范型作用[②]，可是，他对康德的观点和阐述方法并没有深入体会，他认为康德的范型不过是使知性和感性“在外在的、表面的方式下联合着，就像一根绳子把一块木头缠在腿上那样。”[③]黑格尔哲学是本体论的范畴发展观。他按照否定的规定性对范畴作

① 关于黑格尔，请看《哲学史讲演录》，中译本，第4卷，第261—267、271、307页。我过去在这方面了解也不准确，曾作出偏颇的评论。

② “范型”中译本作“因式”（黑格尔：《哲学史讲演录》，中译本，第271页）。

③ 黑格尔：《哲学史讲演录》，中译本，第271页。

“辩证”推演。康德对数学和自然科学进行批判的知识学分析，着眼于必然性和严格普遍性，探索这样知识之所以可能的条件，运用的方法不能是对于概念本身的推演（不管是形式逻辑的推演，还是辩证的推演），必然是对知识能力的特性、功能及其与对象的普遍必然联系的分析，分析的参照对象是实际存在的数学和自然科学，特别是自然科学，它是与数学密切联系的对自然界合规律性的认识体系。在对人类的知识能力的特性、功能及其与对象的联系的分析的基础上，还要综合地说明自然科学基本规律的普遍、必然的客观有效性，这样才完成知识学的一个根本目的。这不是单纯的分析，更不是分割，而是分析与综合的结合，是对实际存在的数学与自然科学的可能性的分析与综合说明。由于对一整体事物的分析必须按照其基本的构成一部分一部分地进行，所以可能给人以割裂的感觉。但是，只要不急于下结论，那么，康德在阐述自然科学的基本原则的阶段，所做的工作正是对于一系列分析成果，从整体上所作的综合思维和对认识客体的有机的再创造。

至于黑格尔认为康德的知识学的做法类乎一个人不下水而想学习游泳，①就更是不着边际的非议。康德不断地宣布他的根本问题是数学、自然科学以及形而上学如何可能，并且他的工作就是考察这些问题，从而弄清人的知识的能力、可能性条件以及限度，他以数学和自然科学作为科学知识的样板，以旧的形而上学作为反科学知识的样板，根据人们几千年“下水游泳”的实际经历，进行有关“游泳”的总结性考察，这种做法本身是实事求是的，有什么可以非议的呢？康德从人类在科学方面的伟大成就的实际出发，以此为根据解决“先天

① 黑格尔：《哲学史讲演录》，中译本，第4卷，第259页。

综合判断如何可能”的总问题,对人类的认识能力和限度作彻底的考察,从而对形而上学怎样才能成为一门科学,得出正确结论。关于这一思路和方法,他在《导论》§5末尾说得很清楚:

> 由于我们现在着手这项工作〔指考察形而上学可能性的先验哲学,也即对理性的批判工作〕实际上运用的是分析方法,按照这种方法,我们以这种源于纯理性的现实的知识作为前提,这样,我们所能依靠的只是有关理论知识(现在论述的只是这种知识)的两门科学,即纯数学和纯自然科学,因为只有这两门科学能够为我们呈现直观的对象,如果在这两门科学里面发现有一种先天知识,那就可以把真理或这种知识与客体的一致,具体地表示出来,也即把它的现实性表示出来,再按照分析方法从现实性进而了解它的可能性的根据。这样就使我们工作得很容易,不仅把普遍的看法应用于事实,甚至从普遍的看法出发,而不必以综合的办法从概念中十分抽象地引出普遍的看法(《导论》§5, AA 第4卷,第279页)。

纯数学和纯自然科学是实际存在同时又有根据的纯先天知识。康德认为他所从事的批判工作有它值得注意的特点,这就是:

> 在理性本身中寻找这样一些科学的根源,以便通过事实本身来研究和衡量理性的那种先天地认识的能力;这样做对这些科学大有裨益,虽然不是在内容方面得以增进,却在正确使用方面有所提高,而且由于它们有共同来源,给一个更高的问题〔指形而上学成为科学的可能性问题〕投下光明,同时使它们自己的

本性有机会得到更好的阐明（同上书，AA 第 4 卷，第 280 页）。

黑格尔说，考察认识能力本身就是一种认识①，这很正确。康德正是如此才认为他的《纯粹理性批判》是哲学入门。也正因此，我才把康德《纯粹理性批判》的主要内容称为知识学。

§2　先验原则的论证方法

对于先验原则怎样进行论证？是不是可以从客观方面，以直观到的经验事物作为根据来进行论证？这样做不能达到预期的目的。因为先验原则是一切关于客体的知识的基础。既然由于先验原则本身的特性，一切关于客体的知识都以其为根据，怎么可能从客体知识出发论证先验原则？这里主要的想法仍然是：不能以个别为根据证明普遍的，更不能以偶然性的东西证明有必然性的，不能以经验为根据证明先验的。

对于先验原则，唯一可能的证明仍然是从主观方面进行，也就是仍然要按照先验的反思方法来考虑。应该按照如下的思路提出问题：关于一般对象的知识的可能性的主观方面的根源或原则是什么？（A 148—9 = B 188—9，RS 205—6）以先验的范畴理论和范型理论为前题，现在可以对关于一般对象的先天综合判断的可能性，按照先验反思的立场，再向前进，把已经取得的收获综合起来，进行全面的考察和整合，这样，“先验演绎”或康德所设想的对理论

① 黑格尔：《哲学史讲演录》第 4 卷，第 258 页。

理性的批判,也即知识学的积极部分(指对现实的科学知识的分析,而不包括对旧的形而上学的批判),就完成了它的主要任务。

还可以这样理解:先验原则直接源于纯知性,先验原则的体系直接联系于范畴的体系:

> 原则究竟不过是范畴的客观应用的规则而已(A 161 = B 200, RS 215)。

这样,对于先验原则的论证,也必定像对先天范畴的论证一样,是从一般形式来论证,而不考虑各式各样的特殊的经验直观。原则并不直接与显现发生联系,也不直接与各显现之间的关系有什么联系,因为一切可能经验都受先天的规律的支配,而显现只是可能经验的内容,并有它的形式。所以,与原则发生联系的只是客观的普遍有效的综合判断,原则对于一般可能经验,对于一切关于客体的知识,在形式上起着决定性作用。这也是对于原则的证明必须从主观方面进行的道理。

§3 构成综合判断的基础:"第三者"

在"先验感性论"中,对于综合判断的特性主要从一般逻辑的形式上作过说明。综合判断的谓项概念不包含在主项概念之内,可是主项概念与谓项概念却有一种联系,这种判断表示的就是这样的两项概念之间的联系。分析判断的主项概念与谓项概念的联系具有必然性,因为谓项概念属于主项概念的内涵,只要知道主项概念的含意，就知道谓项概念包含在里面，就知道二者的必然的包含与从属关系，就会肯定这种判断的真理性。综合判断的主项概念与谓项概念没有像分析判断中谓项概念属于主项概念内涵那样的关系，谓项概念在主项概念内涵以外，可是二者却有某种联系。我们离开某一个概念，使这个概念同另一概念综合起来，作一种比较，发现它们之间的联系，构成综合判断。现在要从先验逻辑方面说明一般综合判断的这种联系的根据。

这个根据是某种“第三者”。只有在这“第三者”之中，综合判断的两个概念才能综合（A 155 = B 194，RS 210）。对于一般的经验判断或后天综合判断，那个“第三者”是经验（B 12，RS 46*）。

笼统地说是经验。现在根据“先验演绎”和“范型论”，这个“第三者”或“中介”实际上包含着以下三个方面：

（1）唯一的[①]一个包容着我们全部表象的总汇，这就是指我们的认识能力内感官及其先天形式时间；

（2）想像力对众多表象进行综合；

（3）构成判断所必需的对众多表象的综合统一，这种综合统一来自统觉的统一性。以上三者是形成一般综合判断的可能性条件。

这三个方面的认识能力都既可以应用于经验对象，产生出经验的后天综合判断，又都有其与一般的对象相关联的一面，即：单纯的感性的先天形式，先天的生产的想像力和作为先验自我的综合统一性，它们都可以提供先天的表象，因而先天综合判断的可能

① 我们意识中的一切表象都在内感官及其形式时间的范围以内，这是一个整体，唯一的整体，这个整体根本基础是统觉的综合统一性。在这个基础上，由感官的全部表象形成一个互相联系的经验，“一个经验”这是康德的知识学中一个特别重要的观点，在§7中将深入考察这个问题。

性也必定要依据这种"第三者"来考察。

从关于对象的知识看，关于对象的知识必定以对表象的综合活动为前提，这样，以上三者也必定是一切关于对象的知识的必然条件（A 155 = B 194，RS 210）。

§4　知识的客观实在性

知识之有意义，知识的真理性，在于其客观实在性（objektive Realität）。知识的客观实在性，意思是知识与经验到的对象相联系，它是关于经验对象的知识。

康德坚决主张知识必须有客观实在性，知识必须有直观到的经验对象与它相联系，这是他的批判的知识学的一贯的基本观点。在这个问题上，他自然是莱布尼茨—沃尔夫派的唯理论和休谟影响下的怀疑论的对立面。他反对唯理论从概念到概念肯定心灵实体，有限的整体世界和上帝存在的脱离实际经验的虚假的实在性。他也反对怀疑论的对于客观实在性的否定。康德实际上认为肯定和说明知识的客观实在性是他的知识学的中心任务之一。

如果说，唯理论站不住，知识只应是关于经验对象的知识，那么，对象就必定要在一定方式中被给定。不然，知性的纯概念就是空的，我们固然可以光利用概念来思想，来推论，可是，事实上这种思想根本说不上是认识了什么东西，倒不如说它仅是表象的游戏而已（A 155 = B 194—5，RS 210—211）。

对象被给定是什么意思？如果说对象是给定的，指的不是什么间接的东西，是直接的，那么，这就应该是直接在直观方面显示出来的东西。这也就不外乎说，我们关于对象的表象来自经验（经验可以是现实的，也可以不是现实的，而是完全合乎经验条件的可能的经验）。即使像空间时间，它们的概念里面没有丝毫经验的东西，纯是在意识中的先天表象，可是，假如不能表明它们必然能够应用到经验对象上面，那么就只能说它们是没有客观有效性的，也就是没有任何意义的东西。空间时间的概念是如此，空间时间的直观表象也是一样。空间时间的表象本身不过是一种范型，总得与经验的再生想像力联系着。由于再生想像力的作用，才能形成经验对象，有了经验对象，空间时间的表象才有意义。关于各样概念，也都是同样的情况（A 155—6 = B 195，RS 211）。

可见，一切关于对象的知识，其所以具有客观实在性的关键，只在于与经验有联系。

先天综合知识，像数学的知识和自然科学中的根本原则，它们有没有客观实在性？对于这样的先天综合知识，我们可以这样考虑：它们如有必然的、普遍的客观有效性，这就是它们具有客观实在性的证明。它们的客观实在性的根据不会是经验。先天综合知识的客观实在性必定表现于现实的经验，它们应该具有客观有效性。但是，由于经验只是个别的，经验就限于一时一地。关于经验的原则虽然是必然的，可是发生于此时此地具有如此这般的特殊内容、特殊性质的个别经验，却没有那样的必然性。所以，先天综合知识的普遍必然的客观实在性不能以经验为根据，个别的具有偶然性的经验说明不了先天综合知识的客观实在性。这正是前面所指出的对于先验原则不能从客体方面去证明。

离开了现实的经验，任何知识不可能有客观实在性。而先天综合知识却又不能像经验知识那样产生于经验，以经验为根据。

不离乎经验，而又不来自经验，不能依靠个别经验。从某个方面看，这似乎是某种一般的普遍的经验。经验的一个特点，是特殊性，一般所谓的"普遍的经验"，不过是指数量上相对多次重复过的、比较类似的经验，但实际上，类似的经验的数量上的增长，并不能摆脱其单个经验的特殊性的根本特性，类似与普遍不是相同的概念。如果不陷于术语上的自相矛盾，普遍的经验只能意味着经验的普遍必然条件。康德称之为经验的可能性，经验的可能性条件，也就是使我们的一切先天知识具有客观实在性的条件（A 156 = B 195，RS 211）。

§5　经验的可能性

不能脱离经验谈论先天综合知识的客观实在性，其普遍必然的客观实在性必然并且只能表现于经验的可能性，但这种知识又不能以现实的经验为根据。康德的先验的知识学的精髓是：先天综合知识的客观实在性在于这种知识为经验与客体提供了唯一的先天可能性，它们是经验与客体之所以可能的普遍必然的条件。前面所说，对于先验原则的论证只能是探寻其主观方面的根源，其故在此。

经验产生靠的是对显现的综合统一。统一于什么？怎样综合？概念为根本，由想像力来综合，统一于纯概念。概念一定是关于显现的对象的概念，并且一定是关于一般的显现的对象的概念。这样的概念才是来自知性的主动功能的，有意义的。这样，我们的知觉就联贯起来了，从属于一个彻底统一的意识（也就是"自我""先验”“统觉”)的规则,从属于统觉的先验的和必然的统一性,这样,才能有经验,有知识,而不至于使众多表象沦为不表现任何意义的幻觉。

知觉从属于彻底联系着的统一的意识的规则,从属于统觉的先验的和必然的统一性,意味着在关于显现的对象的认识中,对象不仅要从属于时间感性形式,也还必定从属于知性的范畴,最终要从属于先验统觉。按照范型论所论证过的,感性的先天形式时间不是离开范畴、离开先验统觉、离开知性的活动独立地起中介作用的。另一方面,知性也不孤立于感性形式时间之外,离开了感性形式时间,离开了感性对象,知性的功能本身还有什么对手?知性原则源于对显现进行综合统一的一般规则,这些规则在时间形式的中介支配之下进行综合活动,就表现为知性原则。知性原则是在知性的规则与感性的先天形式相结合的基础上,明确陈述出来的经验的普遍必然的。这种原则的作用,总可以从经验看得很清楚。由于这样的原则,我们的关于对象的知觉就汇合起来,在必然的规则(这些规则的根据是知性范畴)性支配之下,形成彻底统一的合乎规律的连续流,这样我们才有了经验,才有了关于对象的知识。因为经验在先天形式方面,必须以原则(这些原则就是在综合显现时具有统一作用的一般规则)作为它的基础。这样也正表明知性原则具有客观实在性(A 156—7 = B 195—6, RS 211—2)。按照康德先验哲学的论证方式,要从考察人类认识的必要的先天条件入手,根据人类认识的必要的先天条件,再联系形成经验以及经验的对象——客体的根本条件,从而证明知性原则的客观实在性。所以,知性主体的原则的客观实在性,又是关于客体的经验的可能性。

§6 先天综合判断的可能性

知性的原则是以时间这种感性的先天形式作为其一种根本规定性的原则，这就是说，只有通过时间的中介，知性原则才能成为对显现进行综合从而赋予显现以综合统一性的一般规则，这样，知性原则才能成为经验的可能性条件；并且先天综合判断可能性的关键也在这里。因为，知性的纯概念，即使是知性的原则，也只有与“第三者”联系起来，才能实现其统率经验的功能，不然，没有对象，它们就毫无意义。前面§3说过，先天综合判断的可能性也依靠这个“第三者”。没有这个“第三者”，先天综合判断就没有对象，也无从证明其概念的综合统一性具有客观实在性（A 157 = B 196，RS 211—2）。

关于一般空间，或是凭生产的想像力在空间中制定出来的图形，固然不需要经验就可以认识到不少既综合又先天的东西，可是，如果不是把空间看成是构成外部经验的材料的显现的条件，从而那些关于空间性质的先天综合判断就跟经验的可能性联系起来，尽管这只是间接的联系（空间纯直观的规定如与经验的可能性相联系，必须把空间纯直观了解为外现象的形式，所以是间接的），从而那些判断中的综合作用才获得客观的有效性，那么我们关于空间的知识还有什么意义？（A 157 = B 196，RS 212）

一切经验都少不了综合作用，单纯从其与在感性方面给定的材料联系在一起这个角度看，这是经验综合。从这个意义上看，一切经验都是一个经验综合。但从知性和感性的普遍条件方面看，从经验的可能性看，这就涉及人类认识活动中的关键，这是一种特殊种类的知识，这种知识使知性的综合活动有了客观实在性的根据。这种知识就是上节关于经验可能性所说的：对于给定显现的综合统一性的一般规则，也即知性原则。经验或经验的综合只不过是这种知识在个别空间时间中对经验直观的特殊规定。这种知识是经验综合或特殊的经验的可能性的先天条件。这种知识，由于是经验综合或经验的可能性的先天条件，所以，一切别的综合作用（如范畴的纯的非经验的综合），都要通过它，才能有实在性；另一方面，如果肯定这种知识是经验或经验综合的可能性的先天条件，那么，这种知识本身的客观实在性也就表现得很清楚。总之，这种知识之为真理，也即它与客体相一致，正是由于它所包含的是一般经验要得到综合统一性所必不可少的条件（A 157—8 = B 196—7，RS 212）。

结论：

（1）一切综合判断的最高原理：每一对象都从属于一可能经验①

① “可能经验”（mögliche Erfahrungen，这里“经验”是复数，见 A 127。也用单数 mögliche Erfahrung，见 A 766 = B 794。也说“一个可能经验”，eine mögliche Erfahrung，指“唯一的可能经验”，见 A 111）是康德哲学中的一个有特殊代表性的重要术语。这个术语表示着“先验演绎”所根据的基本立场和从中得出的重要结论。“先验演绎”的基本方法是以论证经验，也就是经验所包含的直观和思想的可能性的先天条件作为核心，最终目的是说明这样的先天条件必定也是经验对象的可能性条件（A 94 = B 126，RS 134，A 111，RS 162[a]）。“可能经验”的含义表示这样的成果，表示这个内容。

知性是自然的立法者，没有知性，众多的显现就不会有按照规则的综合统一性。在人类的认识中，统觉的统一性一定是独一无二的，是唯一的（einzig，A 127，RS 187[a]。奇怪的是 N. K. Smith 没有体会到康德在这里特别用这个字的用意，没有把 einzig 这个字的真正意义译出来，见他的译本 148 页），因此，人类的经验才是唯一的、整体的。康德常说“一个经验”正是这个意思。“一个经验”，没有心理学意义，不是相对于单个人说的，是先验的意义，相对于作为人类的，总体的，一般的人说的。唯一的统觉的统一性是在一个经验中的一切显现的合规律性的先验基础。因此，从知性的范畴看，一切可能成为知识对象的显现，必定先天地依靠知性，从知性获得其合规律性的可能性，也就是，知性范畴是一个可能经验的思想方面的条件；而从感性形式看，一切可能成为知识对象的显现，也必定先天地依靠感性，从感性获得其作为显现的形式上的可能性，也就是，感性形式空间、时间是那同一个可能经验的直观方面的条件。所以“可能经验”就是指从其必定由于从属知性范畴和空间时间的先天条件才得以成为经验的对象这个方面来看的一切显现（A 111，RS 162[a]）。

里面的直观的众多的综合统一性的必然条件。

（2）先天综合判断的可能性：把直观的先天形式的条件（这是“先验感性论”所阐述的）想像力的综合作用，及其在先验统觉中的必然的统一性（这是“先验演绎”和“范型论”所阐述的）结合起来，使之同一般的可能的经验知识联系在一起，这样，就应该承认：一般经验的可能性的条件也正是经验对象的可能性条件，这样，一般的可能的经验（知识）的可能性的条件——知性的原则——就有客观有效性。这种具有客观有效性的一般经验的可能性条件或知性原则，在知识形式上的表现，就是先天综合判断（A 158 = B 197，RS 212—3）。

§7　纯知性的原则的实质

什么是原则（Grundsätze）？

一般地从来源、性质及其重要作用看，原则是：从知性产生、直接地具有确定性的先天判断，可以应用这样的判断证明其他判断，可是它们本身却不再从属于另外任何判断，或者说，不能根据其他判断对它们进行证明，这就是原则。因此，原则还可以称为“原理”（Prinzipien），也就是作为 Anfänge（“起源”，“开端”，“根源”）的意思（参看 A 148 = B 187—8，A 159 = B 198；《导论》§ 23，AA 第 4 卷，第 305 页；《逻辑学》§ 34，AA 第 9 卷，第 110 页）。

原则来自知性，这是因为原则是知性范畴的原初的、逻辑的、纯思的含义在一定方式之下表达成为实际应用的规则。这是一种什么样的表达，需要进一步加以探讨。

原则来自知性,是因为知性及其范畴必然要应用于经验,知性才能构成知识,原则正是服务于知性之运用于直观对象的。范畴好像字母,人类对于自然界的认识,如同用范畴字母拼写显现,如同用范畴字母拼写出来的文字来读懂、了解自然界。原则是在知性利用范畴拼写读懂感觉世界所提供的显现材料的这种关系之中所表达出来的规则(看《导论》§30, AA 第4卷,第312—3页)。

表面上,康德的先验逻辑在基本的构架和层次上,当然仅只是在这些方面,与传统的形式逻辑在一定程度上相仿。形式逻辑在论述“概念”以后讲“判断”,先验逻辑在阐述知性的“纯概念”——“范畴”——之后,讲“判断力”。① 不过,即使关于“判断力”,先验逻辑也还是有它自身特有的结构和内容。关于“判断力”先讲范畴应用于显现的涉及感性的一般可能性的条件,这是“范型论”。然后是“原则论”。“原则”是纯知性范畴在范型的先天条件之下所产生的先天综合判断,这些先天综合判断是纯知性的原则,是一切其他关于经验对象的知识的根据(A 136 = B 175, RS 196)。

如果深入地看,原则与判断力何以有直接关系?

从知识学范围说,当我们已经具有一些规则时,如果面对着任何一个对象,我们辨别这个对象可以还是不可以归属到某一规则,这种能力是判断力(A 132 = B 171, RS 193),这是起规定作用的

① 传统的形式逻辑在判断之后还讲推论。形式逻辑不涉及知识内容,抽象地分析概念,判断和推论的正确规则。先验逻辑考察的是涉及一定内容或对象的纯先天知识。这种知识需要感性和知性。知性的能力包括与概念相应的规则(范畴)的能力和与判断相应的运用规则的判断力。此外,与推论相应的是理性。在先验逻辑,与传统逻辑不同,理性(狭义的)不是获得知识的能力,理性的理念没有客观有效性,所以,在先验逻辑,关于理性的分析不属于真理部分,属于“先验辩证论”。

判断力①。先验逻辑有两大部分，第一个部分探讨真理，探讨纯知性知识的可能性条件，这部分叫做“先验分析”。第二部分分析理性（狭义的）企图超越可能经验的界限，扩大知识范围，陷于迷误，必然出现种种矛盾的情况，以及如何正确对待理性力图扩大知识的自然的可贵企求，这部分叫做“先验辩证论”。正如“先验感性论”专门讲感性的先天性质，“先验分析”则专门讲知性本身的先天作用。“先验分析”又有两部分，第一部分讲来自知性本身的范畴，这是知性自身所提供的纯先天知识的要素，是必然应用于经验对象构成知识的根本规则。第五章对知性纯概念——范畴——的“形而上学演绎”和“先验演绎”的阐述，属于这一部分。第二部分是“原则的分析”，探讨以知性范畴为根据对于知识对象的一般的思想。这就涉及知性范畴对于一般经验对象实际应用的条件。实现这种作用的是判断力，这是先验的判断力，它也属于知性活动，它的独特作用是把范畴运用于一定的经验对象。所以，“原则的分析”，从知识能力看，也就是“先验的判断力论”。“原则的分析”即“先验的判断力论”，与“概念的分析”合起来组成整个“先验分析”，成为它的两个部分。

对“先验的判断力论”或“原则的分析”的论述又分为两个方面：一个方面论述以时间为基础的感性的先天条件，只有在这个特定条件之下，纯知性的范畴才能应用于对象，这是纯知性的“范型作用”（见第六章）；另一方面论述由于知性的纯概念通过了以时间为基础的感性条件——范型，与范型相结合，所产生的先天综合判

① 在康德的美学和目的学中，由于判断力的功能与此不同，在那方面的表现，他称之为反思的判断力。

断，这是知性的原则，这种原则是其他一切关于经验对象的知识的基础，这是“纯知性的原则论”（A 136 = B 175，RS 196）。

在康德看来，“原则的分析”或“纯知性的原则”，对判断力而言，是一种法规（Kanon）。法规是关于某些认识能力的正确运用的先天原则的总和。整个“先验分析”就是纯知性的法规，因为只有知性才能产生出真正的先天综合判断（A 796 = B 824，RS 721—2）。知性的原则是判断力的法规，因为纯知性的全部原则表明或指示的是包含着先天规则的知性范畴何以能运用于显现（A 132 = B 171，RS 193）。

那么，原则在认识中起的是什么作用？原则本身具有什么特性？原则与自然界的关系如何？这都是了解原则的关键问题。底下分四个方面说明原则的实质，以便于了解对原则的论证。

（1）原则与经验的可能性

经验或关于对象的知识的可能性的普遍条件是什么？按照§3中所说，是所谓第三者，从它与一般对象相关联的方面看，从它所包含的三方面的因素的先验基础方面看，这个第三者包含的是：

甲　感性的先天形式：空间、时间；

乙　产生的想像力；

丙　先验统觉的原初的综合统一性及其统摄下的作为规则的先天范畴。

作为以上三个方面结合的第三者，是一切经验或关于对象的知识的可能性的条件，也就是可能经验的先天条件，同时也是经验或知识的客观实在性的条件。第三者的三个方面中，甲是作为知识材料的经验直观的来源的可能性条件，丙是构成关于对象的知识的综合统一性及其不同的先天规则的根源，乙是按照先天规则对直观到的材料进行综合，赋予知识材料以一定的综合统一性，使之成为关于对象的知识的可能性条件。按照康德，构成知识的关键是知性的综合活动。当然，没有感性的材料，谈不到知识，可是，有了材料，却没有知性综合感性材料的活动，那就根本无所谓知识。知识之本然在思，其特点在思，其可贵在思。在德文，erkennen（求知）的原义也是说，从思想上、道理上、精神上去把握。思就需要一定的道理、规则、原则。康德现在论述的是人类思考对象的最根本道理，这就是原则。知识有赖于知性与感性结合。为了对付来自感性的零星材料，需要想像力，单纯从所对付的已经被感觉到的特殊材料方面看，那是再生的想像力。想像力是直接对付直观对象的综合能力，单纯从其综合作用方面看，想像力必须是主动的，这是产生的想像力。隶属于先验统觉的知性范畴的综合，只是以其自身的特定规则联系于统觉的统一性，这当然是一切知识的先天根据，这种综合当然是先验的综合，不过还只是纯知解的（rein intellektuel）综合。产生的想像力实现的综合作用与此不同。纯知解的综合必定要实现成为产生的想像力的形象的综合。这是因为在我们感性的接受性基础上，感性直观有某种先天的形式，即作为内感官的先天形式的时间，时间对于一切感官表象有先天的普遍性，这样，知性就可以相对于众多的给定的表象来对内感官，对时间，进行规定，发挥其统觉的综合统一性作用，得以先天地思考或规定感性直观的众多表象的统觉的综合统一性，这样的综合作用已经不是孤立的范畴的纯知解的综合，而是对于众多的感性直观表象的形象的综合了。这个产生的想像力的形象的综合，从感性方面说，就是人类直观的一切对象得以出现的一般的必然条件，从知性方面说，就是范畴应用于作为显现的只能通过感性直观给定的一般对象的条件,也即范畴之所以有客观实在性的条件。这种综合表现知性之作用于一般的感性(B 150—2, RS 164b—8b)。

那么,产生的想像力与先验的判断力又是什么样的关系?

更深入地理解,知性可以说是规则的能力。知性范畴的先天规则本身是一种功能(Funktion)或作用。

> 我所谓功能是指把各样不同的表象整理安排在一个共同的表象之下的活动的统一性(A 68 = B 93, RS 108)。

如果作为知性纯概念的范畴的功能是使来自直观方面的不同表象从属于它自身的一定规则的统一性,那么,就必须有某种能力对知识材料即直观的表象实际上发挥这样的统一性作用。一切判断都是把众多不同的表象安排在某样统一性之下的活动。从这方面看,知性的全部活动都可以归结为判断,知性也可以一般地说是下判断的能力。全部范畴不正是从全部的判断表引申出来的?

所以,先验的判断力显然是知性能力的一个根本方面。先验的判断力的特点在它属于知性能动性的实现,实现于感性直观的表象,所以也是知性之作用于感性。判断力的特性既然是辨别任一事物是否可以归属到一个给定的规则,把任一特殊归属到普遍或沟通特殊与普遍的活动能力,那么,先验的判断力必定是知性应用范畴于一般经验对象的活动,必定是知性应用于一般感性,从而构成关于一般对象的知识的关键活动。

根据以上分析的考察,从构成知识的整体活动看,应该如下所说:

给定的零星的感性直观表象必须加以综合。这种综合的根源，是先验统觉的原初的包含在范畴里面的综合统一性，这种综合统一性的实现要凭借与一般的感性直观表象直接相关联的产生的想像力的先验的形象的综合作用。这种对于一般感性直观表象的先验的形象综合必须通过内感官实现。所以，产生的想像力的先验综合，一方面以范畴的规则为根据，而具有一定的先验的规定性，另一方面在统觉的统一性的基础上先天地规定内感官的普遍形式，即时间。由于产生的想像力的对内感官的普遍形式的综合，就产生了作为其先验综合的产物的范型，范型作为想像力先验产生出来的结果，具有范畴与一般直观对象的中介作用。一个范畴的范型

> 只是根据范畴所表现的一般概念，按照具有统一性的规则的纯综合，因而是想像力先验产生出来的一种结果，而由于一切表象应该先天地在统觉统一性之下互相协调地联系在一个概念里面，因而这个结果从这些表象看，就是按照其形式（时间）条件的内感官的一般规定性（A 142 = B 181，RS 200，着重点是作者加的）。

范型作为范畴与感性材料的中介，在于它是使知性的纯概念能够应用于一般感官的条件，从而构成先天综合判断的一般性条件。这样形成的先天综合判断就是原则。原则是范畴的客观运用的规则（A 161 = B 200，RS 215）。

产生的想像力的先验综合，范型的产生以及原则的构成，表明着范畴应用于经验对象，这些因素都是对知性之应用于一般感性的可能性条件的分析。而知性纯概念的一切应用都不过是先验判

断力的功能。知性应用于感性材料构成关于对象的知识，需要产生想像力的先验综合、范型和原则，这都是为了把纯概念应用于一般的直观对象，进而应用于一切显现。而只要涉及概念的应用，就需要判断力。这样，范型和原则，不言而喻还有作为范型和原则的基础的属于知性的主动性的产生的想像力的先验综合作用，都必然是先验的判断力的本质性因素。所以，“先验分析”的第一篇是“概念的分析”，讲范畴，继之第二篇是“原则的分析”，又名“先验的判断力理论”。关于先验的判断力的论述是系统地说明知性应用于一般感性的原则。“先验的判断力理论”的第一章是范型，第二章讲原则。至于作为知性的主动性的根本体现的综合作用，不管是统觉统一性的纯综合，还是产生想像力的形象的综合，都已在“先验演绎”中作了必要说明。“先验的判断力理论”或“原则论”是康德知识学的全部积极成果的综合论述，是这方面探索的总结，其重要意义自不待言。

在说明原则在范畴运用于直观对象的关键地位之后，它在认识中的重要作用也就容易理解了。

经验何以有可能性？经验的产生必须是由于直观到的对象即显现从属于先验统觉的综合统一性，必须是把一般显现的对象按照概念加以综合，不然，尽管有许多零星的知觉不断出现，彼此没有任何联系，更说不上什么秩序，那就没有任何经验。这样，经验之所以产生的条件就在于知性作用于感性一般的形式，就在于知性与感性的先天的结合。

> 经验要依靠它的先天形式的原则，也就是一些综合各种显现的普遍的统一规则；它们的客观实在性，作为必要条件，

永远可以在经验中，甚至在经验的可能性中指出来（A 156—7 = B 196，RS 211）。

为了经验或知识，光有表现着先验统觉的综合统一性功能的范畴无济于事，范畴只是纯思想和纯综合，它还没有同在一般感性形式中的直观材料直接发生联系。还需要直接面临一般感性对象的先验的可是形象的综合，这种综合必须在内感官、在时间的形式中进行，不然，就不会有给定的感性材料，没有感性材料就无从综合。由于先验的形象的综合这样的现实的综合，即直接施之于直观材料的综合，范畴势必转化成范型，并终于表现为一切知识的普遍的现实条件：认识一般直观对象也即显现的最普遍的具有各自特定规定性的规则，即知性的原则。如果没有原则，范畴不会有对象，也就不会有经验。所以应该明确：经验或知识的出现，在于一切显现都可能并且必然从属于范畴，而这实际上就是必须让范畴成为使经验可能的原则加以运用（《导论》§ 28，AA 第 4 卷，第 311 页）。所以，经验的基础或可能性的条件是知性的原则，也就是按照范畴的规则对一般的显现的对象的特定的综合统一性。

（2）原则与“一个经验”

康德使用“经验”一词，有时用多数，有时用单数。在单数中，特别值得注意的是他常说“一个经验”或“一个可能经验”。这种说法表明康德知识学的一个重要思想。

从个人的立场看，经验可以是多数的。从人类的历史的演进看，经验也会是多数的。但是，从体系的角度看，人类的经验可以是“一个”。我们甚至还可以说一个阅历丰富、学识渊博、思想深刻、具有一贯作风的人，他的经验是“一个经验”。不过，康德所说的“一个经验”,却具有先验的、更严格的科学意义。

正像零散的知觉不是经验,零散的经验也不是科学。“经验”这个词可以使用多数。我们可以说个别的经验一次一次地出现,可以积累经验。这样的经验,实质上仍然属于知觉的水平,因为它们还没有提炼成为具有科学性因素的东西。从先验的知识学理论看,经验应该是一个。因为经验是知性综合感性材料产生的结果。虽然感觉到的表象千变万化,无一雷同,但知性本身的功能在于综合统一性。这是知识成立的根本。前面说过,经验的可能性条件有三个方面,其中第三个方面,知性功能实现于一般给定对象的普遍必然的综合作用,是构成经验的关键,这种作用是产生一切经验的直接动因。这种作用不仅表现为范型,更完全地表现为原则。原则既是最高层次的先天综合知识,又是一切经验的可能性的先天条件,原则是一切经验的纲领。

> 在空间和时间的表象方面,我们既有外部感性直观的先天形式,也有内部感性直观的先天形式,而对众多显现的感知综合必定要永远与这些形式相合,因为感知综合只有按照这种形式才能实现。可是,空间和时间不仅先天地表现为感性直观的形式,它们本身也先天地表现为直观(它们包含着众多),因而在它们里面还先天地表象着这些众多部分的统一性的规定性。……因此,在我们之外或在我们以内,甚至对众多的综合统一性,还有那些在空间或时间中应该认为是被规定了的一切所必须从属的联结作用,都先天地作为一切感知的条件已经连同这些直观(而非在其中)一起被给定了。但是这个综合统一性只不过是在一个原初意识里从属于范畴的、对

于给定的一般直观的众多的联结作用的统一性之应用于我们的感性直观。这样，甚至于连知觉之所以可能都不可缺少的整个综合作用，都为范畴所统摄，而经验既然是从联贯的知觉才得以出现的知识，所以，范畴就是经验可能性的条件，并且对于一切经验对象也都是先天有效的（B 160—1，RS 178[b]—80[b]）。

只有一个经验，在这里面，一切知觉都表现为处于彻底的并且合乎规律的联系之中，这正像只有一个空间和一个时间，各样形态的显现以及有（Sein）或非有（Niehtsein）的一切关系都在其中出现。当人们说到多数的各式各样的经验时，那不过是指的属于一个并且是同一个普遍的经验的好多知觉而已。这个众多知觉的彻底的并且是综合的统一性，直接地构成经验的形式，而经验正是以概念为根据的显现的综合统一性（A 110，RS 160[a]—1[a]）。

关键是源于先验统觉的表现于各个范畴的综合统一性必定应用到感性的先天形式以及出现于其中的众多显现，发挥规定作用，这样，不管是在内，还是在外，不管是时间，还是空间，都由于知性的联结作用才具有根本的联系性，所以，空间是一个，时间也是一个，在空间和时间里的感知自然地是为联结作用所规定的，显现的联系以及知觉的联系都为知性的综合统一性所统摄，都按照范畴的特定的规定性，通过范型的中介作用，通过原则的整理规定，使先验统觉的原初的综合统一性联贯地统摄感性直观的一切表象，因而以知性原则为纲领为法规的综合统一起来的经验或知识必然是唯一的、互相联系的整体，只有这样的密切融合的经验整体，才是科学。

（3）原则是一切综合判断的可能性的条件，原则本身是先天综合判断

前面已经说明：一切综合判断的条件是一个包含有以下三个方面因素的结合：在内感官形式时间之中的包含着我们全部表象的总汇、各个表象的结合所必需的产生的想像力和赋予各个表象以综合统一性的先验统觉的原初的综合统一性。从这三个方面的条件可以看出：一切经验的知识固然以知性的综合活动为前提，但是，知性的综合表现为范畴的原初的统一性以及范畴的规则通过范型表现出来的产生的想像力的形象综合，都不外乎是属于起规定作用的形式方面的先天可能性条件，在知性和感性形式之外，必须有给定的材料，这是被规定的知识材料，这只能通过感性直观才能得到。可见，为了构成经验的知识，感性的形式空间和时间是作为显现的一切经验对象的出现的必不可少的条件，空间是外显现的呈现的先天条件，时间是内显现的先天条件，时间更是一切表象的先天条件。一切作为经验对象的显现，作为外面的对象，都在空间里面，作为意识到的表象都在时间里面，因而都以空间、时间的综合统一性的条件的形象的综合为其可能的条件，从而又都以先验统觉的综合统一性为其可能性的条件，也就是以范畴为其可能性的条件。在先验统觉及其综合统一性的表现的范畴的统摄下的统一的空间和时间中的一般可能的经验对象，就是所谓的“可能经验”。“可能经验”的条件的整个表述是：知性范畴通过范型中介与一般直观对象的结合。这里必须有先验的判断力的活动，所得的结果就是知性的原则。而一切作为关于经验对象的知识的综合判断，都是构成“一个经验”的原子之一，都属于“可能经验”。因而

知性原则是一切综合判断的先天的可能性的条件。

知性原则并不是对知性纯概念本身的仅仅在纯思方面的逻辑分析,知性原则不是先天的分析判断,知性原则是范畴的规则之应用于在空间和时间中的一般的直观对象,它们是知性规则之应用于一般的可能经验的对象,这样,原则就表现为综合判断,但是它们又是知性的范畴规则之应用于可能经验的一般的直观对象,应用于经验对象的普遍条件,不是直接应用于经验的特殊的现实对象,所以,它们必定表现为先天的综合判断,它们是作为一切经验的可能性条件的最基本的先天综合判断。

(4) 知性原则是纯自然科学之所以可能的条件

人的知性向自然界颁布规律,这是"先验演绎"的一个很重要的结论。这个论点表示先天范畴作为知性固有的规则,是有关可能经验的先天条件,也是经验对象的可能性的条件。"先验演绎"主要是有关范畴的客观有效性的论证。现在可以更进一步肯定:知性向自然界颁布的规律就是知性的原则。知性的原则是关于经验对象最根本的知识,也是作为经验对象的总和的自然界的先天规律,所以也是自然科学的基本原理,是自然科学之所以可能的前提和根据。这就是康德知识学的总问题:先天综合判断何以可能的第二个方面:自然科学中的先天综合判断何以可能或纯自然科学何以可能的最终解决:

> 要在这样的情况下,先天综合判断才是可能的。这就是:我们把先天直观的形式条件、想像力的综合、想像力在一个先验统觉中的必然统一性联系到一个一般的可能经验知识上,并且说,一般经验之所以可能的条件,同时就是经验对象之所

以可能的条件,因此在一个先天综合判断中具有客观有效性(A 158 B = 197,RS 212—3)。

知性向自然界颁布规律,是康德哲学的重要论点,也是在西方哲学史中处于巅峰的影响深远的论点。在这里有必要对他所谓的自然界以及自然科学作出说明。

这个论点首先是在A版“先验演绎”里提出来的(A 125,RS 184[a]),后来在《导论》(§36,38)和B版的“先验演绎”里(B 159—161,RS 178[b]—180[b])都阐述了这个论点。在“先验的判断力论”的“原则论”中详细地阐述了源于知性本身而必然应用于一般的可能经验的先天规律,这些就是知性向自然界颁布的根本规律,它们同时又是自然科学的基本原理。以这样的原理为根据,康德在1786年出版的《自然科学的形而上学基础》中论述了运动学、动力学以及机械学(力学)的基本原则,为自然科学奠定了先天的理论基础。

关于自然界,康德最重要的一个观点是自然界绝不是指物自身。物自身是离开了人的感性接受力、离开了感性形式来看的物,因而并非可能经验的对象,这不应是我们所谓的自然界。自然界应该指由于因果律彻底地互相联系着的作为经验对象的一切显现的总和。人类的知性和感性提供了可能经验的形式条件,这些条件又是经验的对象的可能性的条件,我们认识的一切对象都必然从属于这样的条件,都要从属于感性的空间和时间的形式,都要为源于知性范畴的原则所规定,所以,我们有理由说:人类知性把规律给予自然界。不过,人类向自然界颁布的只是最基本的规律,这是人类认识自然界的先天可能性条件。因而康德不是说知性向自然界颁布一切规律。最基本规律以下的各个层次的具有一定特殊化的规律,只能靠着经验进行认识。但是,自然界中这一切比较特殊的规律,必定在基本上从属于自然界的最基本的规律,以人类颁布的最基本规律为其可能性的先天条件。因此,可以看出这些最基本规律即知性原则在知识学中的重要地位及价值。

康德知识学有以下两方面的重要内容:

① 以感性及其形式为接受对象的唯一可能性的条件,人只能认识作为显现的物,不能认识物自身;

② 作为唯一可能经验的对象的显现的总和的自然界的规律是知性所赋予的。

与上面两点相关联,康德认为自然界也可以从两个不同的方面来看:

① 由于只有通过感性形式接受的显现,才可能成为人类认识的对象,所谓自然界实质上是一切显现的总合,这是从质料看的自然界(natura materialiter spectata, B 163, RS 183[b];参看《导论》§§16,36);

② 我们的一切知觉,我们通过感性形式所能接受到的一切经验对象,也就是自然界的一切显现,作为知识或可能经验的客体,是按照知性的规则即范畴处于相互联系之中的,是从属于范畴的规律性的,不然,就不会是知识或可能经验的客体。所以,从这个方面看,从自然界的一般方面看,自然界从属于范畴,范畴是自然界的必然合规律性的根源性的基础,范畴及其表现在自然界中的根本规律,即知性原则,来自知性。这样,从其必然的合规律性看,自然界是"规则的总合",这就是从形式看的自然界(natura formaliter spectata, B 165, RS 185[b];参看《导论》§§16,36)。

以上的（1）虽然可以大体上说是西方哲学史自古以来的传统观点，不过，应注意到康德的观点与传统观点之间的重大不同：传统观点是本体论的，而康德的观点却主要是知识学的先验论的，它主张物自身与我们所认识的自然界有严格区别。

以上的（2）显然是康德对论证近代自然科学的具有重大意义和产生深远影响的尝试，其实际影响，直到今天，也还不能作出定论。关于这个问题，等到本书最后再谈。现在先看一看康德本人对这个方面观点的认识：

> 〔自然界本身何以可能〕这个问题，无论如何都是先验哲学会接触到的最高点，并且，作为先验哲学的界限和完成，也是它必须考察的问题（《导论》§36，AA 第4卷，第318—20页）。

§8 纯知性的原则的体系

康德曾把知性规定为联系着一切显现的东西的“规则的能力”（A 126，RS 185[a]）。那就是说：先天范畴（规则）来自纯知性。现在从原则来看，原则也是来自纯知性。所以，纯知性还不仅是“规则的能力”，纯知性本身还是原则的源泉。原则的独特作用是：只有由于原则，一切只能作为对象出现于我们的东西才必然地为规则所统摄。这就是说，只有由于原则的作用，规则才能应用于对象，规则才有客观有效性。原则是纯知性作用的更全面的表现。

> ……如果没有原则，那么，对于诸显现而言，就永远不会

有关于一个与它们相应的对象的知识（A 159 = B 198，RS 213）①。

显现是众多的，但是，关于众多显现的知识不能仍然是众多的，就是说，不能是零散的，任何知识都有统一性。与众多显现相

① 中译文的着重点是我加的。这句话原文是："... ohne solche, den Erscheinungen niemals Erkenntnis eines ihnen korrespondierenden Gegenstandes zukommen könnte. "N. K. Smith 的英译本（P. 195）把这句话译成："without such rules appearences would never yield knowledge of an object corresponding to them. "（"没有这样的规则，诸显现就永远不会产生出与它们相应的一个对象的知识"）。把原文的"... den Erscheinungen ... Zukommen ..."译成"yield"（产生），把"诸显现"当作主语，这样其意义就是：诸显现可以产生出与它们自己相应的对象的知识（尽管还需要规则、原则等）。这种了解的正确性很可怀疑。因为显现本身不可能产生出知识，知识是由于知性的活动加之于感性所接受的显现材料才可以形成的（M. Müller 和 J. M. D. Meiklejohn 二人的英译——前者译本第130页，后者译文的每人丛书本第128页——都不是这样了解的，他们的译文都不包含着诸显现会产生知识的意思。不过，Müller 的这句译文从整个看，还不够准确）。另外，这句话还有一个麻烦问题："solche"指"原理"还是指"规则"？Smith 译文把"solche"确定为指"规则"（Müller 把"solche"按字面译成"snch"，躲避了这个问题）。为了弄清当前问题，把原文整句抄出："Daß überhanpt irgendwo Grundsätze stattfinden, das ist lediglich dem reinen Verstande zuzuschreiben, der nicht allein das Vermögen der Regeln ist, in Ansehung dessen, was geschieht, sondern selbst der Quell der Grundsätze, nach welchen [康德原文是 welchem，据 Erdmann 改——引者] alles (was uns nur als Gegenstand verkommenkann) notwendig unter Regeln stehet, weil"（底下接前边录的引文）。按照语法惯例，"solche"常是代替它前面比较近的那个词，那么，在当前这个句子，"solche"就是代"Regeln"（"规则"）。但是，指示代词的这种惯例又不是绝对的，主要是不能不顾文义一味地按惯例理解。这里的整句话在"nach"以前是说明纯知性不仅是规则的能力，更是原则的源泉；从"nach"到"stehet"是说明原则的作用：使一切作为对象出现于我们的东西从属于规则；从"weil"直到末尾是说明如果没有刚刚说过的原则的那种作用，我们的知识就不会有合适的对象，从而也就是没有了客观实在性。综观全句，主要是讲原则的作用，而不是讲规则的作用。按照康德的观点，原则的作用显然比规则更重要，规则要由原则运用才可以统摄对象，而原则之上就没有更高更一般的知识了（A 148 = B 188，RS 205）。所以，使我们知识成为关于对象的知识从而获得客观实在性的只能是原则，而不是单纯的规则。所以，在我看，"solche"指原则是比较恰当的。

应的是源于知性的具统一性的知识。但是,知识之所以与众多显现相对应,知识有其对象,即众多显现成为知识的对象,知识成为关于对象的知识,这是由于原则。原则是以知性为统帅的人类全部先天的认识功能的集中运用。它是从先验统觉利用范畴,以范型为中介,直达于感性的先天形式的先天的认识活动,表现了人类认识的主动性。由于原则,才有与众多显现相应的具统一性的知识;由于原则,才使得范畴的规则具有实现其作用的条件,才可以显现出范畴的含义;这样,由于原则,众多显现,也就是"只能作为对象出现于我们的东西,才必然地为规则所统摄",才有来自众多显现的知识对象。即由于原则,才有客体。这样自然界的从属于原则的一切规律,都不过是把原则应用于显现的特例(A 158—9 = B 197—8,RS 213)。

知性的范畴联系着可能经验,其综合作用有两种不同的运用:

(1) 数学的运用:应用于直观。

(2) 动力学的运用:应用于一般显现的定在(Dasein)。

由于应用的对象不同,综合作用就出现以下的区别:一方面,与可能经验有必然联系的是感性直观的先天条件(空间、时间),这是彻底必然的,在这方面的运用叫做数学的运用。另一方面,涉及可能经验的直观的客体的定在的条件本身是偶然的,因为关于事物的具体存在的情况,必须依靠经验来认识,这不可能是先天的。这方面的运用必然离不开在时间中运动或变化的事物,所以叫做动力学的运用。因此,从知性概念运用的主宰的原则看,其数学的运用是无条件地必然的、直接明确的,其动力学的运用固然也会有必然性,却必然要通过经验才能实现,必定要借助于经验的思维条件,所以这种必然性具有间接的性质,尽管无碍其由于与经验有普遍的联系从而具有的确定性，可是，却不像数学的运用那样直接明确。

知性的原则既然是控制范畴的客观运用的规范性的先天原则，那么，以知性的范畴表作根据、作指针，将可以得出知性的全部原则。

这种原则与范畴表相应也分为四个方面：

（1）量的方面："直观的公理"

（2）质的方面："知觉的预知"

（3）关系方面："经验的类比"

（4）模式方面："一般经验思维的设准"

康德考虑到这些原则本身在明确性和运用的情况上的区别，对这四个方面原则择取了以上的命名。量与质的范畴，如果专就着它们的形式方面看，它们的明确性以及对显现的先天规定，就使得量与质的原则与另外两方面的原则有重要的区别：量与质的原则具有直观的确定性，而另外两种原则就只具有推理的确定性。由于这样的区别，前两类原则可以叫做数学的原则，后两类可以叫做动力学的原则。当然，这里并不是要谈数学中的原则或一般动力学中的原则。这里所要阐述的是纯知性在其与内感官（不管内感官所给定的表象是什么）相关联方面的原则，由于这样的原则，数学和动力学里边的那些原则才有其可能性。其所以是数学的原则是因为这类原则应用于直观，其所以是动力学的原则，是因为这类原则应用于一般显现的定在。数学对象与直观有普遍必然联系，动力学对象与定在有普遍必然联系。所以，数学的原则和动力学的原则这样的命名，主要是从原则的应用，而非从其内容方面来考虑的（A 160—162 = B 199—202，RS 214—6）。

知性的原则有四类，每类原则与一组相应的范畴有直接关联。四类原则又有数学的和动力学的之不同。

考虑一下知性根本的综合作用在各类原则中所表现的不同性质，将可以使我们对四类原则的各自特点有进一步了解。

综合作用是一定的主动作用，把众多的东西联结在一起。联结有两种：

(1) **组合**——对众多的综合，并且专从其形式看，把这些名字当作同类的东西。这些众多不具有互相必然从属的关系。例如：正方形由于对角线分为两个三角形，这两个三角形不是必然互相从属。这是数学所进行的同类的东西的综合。这种综合又可以分为：

a. 积聚的综合——针对广延的量

b. 结合的综合——针对内强的量

(2) **联系**——对众多的综合，这些众多具有互相必然从属的关系。例如：一定实体具有一定偶性，或原因产生出结果。在这样的综合中，双方并不是同类的东西，可是却先天地联结在一起。这种联结不是任意的。这种联结叫做动力学的，因为这是关于众多的定在的联结。这种联结又可以分为：

a. 显现之间的物理的联结；

b. 显现在先天认识能力方面的联结，这是形而上学的联结。

于是，知性的四类原则的综合作用及其成果就各具特点：

(1) "直观的公理"——通过对不必然互相从属的同类东西的众多的先天的积聚的综合，这就产生出广延的量。这是量的范畴应用于显现的结果。

(2) "知觉的预知"——通过对不必然互相从属的同类东西的

众多的先天的结合的综合，产生出内强的量。这是质的范畴应用于显现的结果。

（3）“经验的类比”——通过对不同类可是先天地联结在一起的东西的先天的物理的联结，产生出实体与偶性、原因与结果、交互作用的关系。这是关系范畴应用于显现的结果。

（4）“一般经验思维的设准”——通过对一般经验思维与不同的先天认识能力的先天的形而上学关联，产生出可能性、现实性、必然性的模式。这是模式范畴应用于经验思维的结果（B 201—2增补的注，RS 216）。

由于原则的先天的根源是范畴，各类原则的提出和列举，也是以范畴表作为指针，而范畴，作为知性主动性的全部的功能，是先验统觉的综合统一性所借以表现的全部规则，所以，从范畴与可能经验及其一般对象的联系看，范畴是纯知性的全部先天知识，因此，从范畴通过范型对一般感性的关系表现出的知性应用于感性的先验的原则，相对于经验及其对象来说，必然是一套具有整理和规定作用的原则，并且与范畴体系相应也必定是一个完整的体系。

> ……从知性的本性本身，按照批判方法引申出来的这第三个表即原则表[1]，显示出一种内在的完满性，它在这方面远远超过向来按照独断方式从事物本身却徒劳无功地提出来的，甚至将来仍然会提出的任何表。这种内在完满性就是：在这个表里面，全部地并且是按照一种原理，也就是按照知性构

① 指本节列举的四个方面的原则表。第一个表是“判断表”，第二个表是“范畴表”，“原则表”是第三个表。

成经验本质的一般下判断的能力,把一切先天综合的原则都提供出来,从而我们可以确知此外不会再有别的同类的原则了(独断方法永远得不到这样的满足)……(《导论》,§26)。

原则的完备和系统性,是知性向自然界颁布规律,自然界本身合规律性以及自然界本身可能性的进一步又是最终的说明。由此可以看出,“原则论”在康德知识学中的重要地位。“自然界本身何以可能?”是先验哲学的“最高点”和“完成”的问题。如果说,“从形式看的自然界”也即自然界之为“规则的总合”,是康德对自然界的核心思想,那么,知性原则的完备性和系统性,必然是自然界本身可能的关键。从《批判》里阐述“原则论”的整章名曰“纯知性的一切原则的体系”,又把论证四类原则的部分名曰“纯知性的一切综合原则的系统的表述”,就给了我们关于这个问题以深刻印象。

§9　对“直观的公理”(Axiome der Anschauung)的论证

对“直观的公理”的表述是:“一切直观都是广延的量”(B 202,RS 217)。这是关于直观的一种最根本的知识和原则,又是关于直观对象、关于知识客体、关于自然界的一个基本原则,所以这是自然科学的根本原则之一。

虽然称为“直观的公理”,可是这个原则本身并不是公理[①]。公

① 在《逻辑学》§35,康德讲到原则有两种:直观的和概念式的(disknrsive)。前者可以利用直观来表示,叫做公理(Axiom)。后者只能用概念来表示,叫做推理原则(Akroam)AA,第9卷,第110页。

理之为先天综合判断，其特点是直接的确定性。数学有公理。因为数学进行的方法是把概念在作为客体的先天直观中构造出来，所以能够先天地并且直接地把一定的客体同它的谓项联系起来。例如："三点总在一个平面上。"这是几何学公理。"一切直观都是广延的量"与"三点总在一个平面上"不同，它是先天综合的原则，但没有直接的确定性，因为"一切直观"作为概念，与"广延的量"并没有直接联系，它们的联系需要一个第三者作为中介。因而，"一切直观都是广延的量"是知性的原则，是数学里的"直观的公理"的原则，"一切直观都是广延的量"属于哲学，而把概念在纯直观中构造的"直观的公理"本身又能属于数学。从知识学角度看，数学的可能性需要哲学作论证。哲学纯是按照概念进行的理性知识。哲学的先天综合原则一不靠经验，二不靠纯直观，只能依靠有根有据的推理(gründliche Deduktion)(A 732—735 = B 760—763，RS 672—5)。关于知性的这个原则，只能从一般经验的可能性方面来进行论证。

论证从显现开始，着眼于形式方面。对我们来说，一切显现，从形式方面看，都是通过直观的显现，并且是在空间和时间之中的直观。这样的直观，是全部显现的先天基础。

显现在空间时间直观中是怎样被知觉到的？这离不开综合作用，要对直观中给定的众多进行综合。

但是，对直观中给定的众多进行综合，其可能性的条件是一般地对感性的综合。这样的对直观中众多的综合，是对直观的形式：空间和时间的综合。空间时间不仅是感性直观的先天形式，它们本身也作为客体，这就是所谓"形式的直观"。空间作为形式的直观，是几何学构造概念的必要条件；由于先验的想像力，时间也是形式的直观，那就是空无一物的纯具时间的先天规定性的客体：

> 时间是一切直观所依据的一个必然表象。我们从一般显现着眼，是不能把时间本身取消的，虽然完全能够把显现从时间中除掉。所以时间是先天给予的（A 31 = B 46，RS 74）。

对空间时间的综合，有一个特点：空间时间的众多部分没有性质的区别，所以这种综合的特点是对同类东西的综合。通过这种综合，就产生感性形式方面广延的量。知识中的作为算术的客体的数和几何学概念在空间中所构造的图形的量的表现，都以这样的综合为前提。因此，作为感性直观对象的呈现，才有了广延的量的规定性。

一切直观到的显现具有广延的量的规定性，这样的原则是以量的范畴为思想根据，又以量的范型为中介表述出来的。

量的范畴一般地指“单纯的对同类的众多的综合”（A 720 = B 748，RS 663）。

量的范型是数。数是知性的原初的统一性的一种表现，其特点表现于对一般同类直观众多的综合，因而实现了统一性。这个特点来源于量的范畴。

现在试图对康德之把量安排于质之前的问题，加以解释：

（1）按照康德的知识学，直观到对象，必须是感性为对象所刺激，通过感性形式接受对象，才能得到关于对象的表象，才能有包括对象性质的知觉。感性形式空间时间是一切感官知觉的先天条件。所以，一切经验对象的出现，以先验统觉的原初的综合统一性对感性形式空间和时间的形象综合为前提，由于对空间和时间的综合，就产生广延的量，这也就是以对象之具有广延的量为前提，所以，量理应在先。

（2）一切经验对象，不管是来自外感官，还是来自内感官，都要被我们意识到，成为我们意识的内容，这样就一定都在时间里。像前面阐述过的，时间的统一性，必定以先验统觉的原初的综合统一性为前提。在原初的综合统一性的统摄下，想像力的先验综合将直观对象的众多，作为一般的同类的东西，一个一个地继续相加，这是对一般同类的东西的继续综合的统一性，这就是数，这是量的范畴应用于直观对象的范型或中介。统一的时间是数的直接基础。数是统一的时间在一定方式下的纯的表现。康德说：

> 量的范型是在对一个对象的继续的感知当中，时间本身的产生（综合）（A 145 = B 184，RS 203）。

范畴的范型各自都是以知性规则为依据的先天的时间规定性。量的范型，即数，表象的是时间的系列（A 145 = B 184，RS 203），而系列正是时间自身的本质。

由于数的产生与时间本身的产生有直接的密切的联系，由于一切经验到的直观对象都必定在时间之中，由于时间是接受一切直观表象的先天形式，因而一切直观对象的表象都必定是可数的，都具有量。量理应在先。

对同类的东西的组合，还要有对直观中众多的同类的东西的综合统一性的意识，这样，诸多的表象才会属于一个被规定了的空间或时间。这样，才能有关于一个客体的表象，才知觉到一定的客体，例如：才看到一个（空间里面的）桌子，才看到太阳（在时间里）

从东方升起。

既然必须是在对直观中众多同类东西的综合以及对这种综合统一性的意识的基础上,才有可能表象一定的客体,那么,对直观中同类东西的综合和对这综合统一性的意识就是表象出一定客体的先天条件。现在请注意:使得表象一客体成为可能的、在一般直观之中对于众多同类东西的综合的意识,是什么意识?这正是一个量的概念。由此看来,即使是对于一个作为显现的客体的知觉,也只是由于对众多给定的感性直观的这种综合统一性,才有可能性。在这种综合统一性之中,量的概念的功能是根本的。量的概念,以在先验的形象的综合中产生的数的范型为中介,把众多同类的东西思想成为具有组合的统一性的。这就是说:这些众多的显现总起来构成为量,这种量是广延的量,因为显现在空间或时间之中被表象成为直观,需要综合作用,这综合作用与一般空间时间之被规定所需要的综合作用,必定是同一个综合作用(B 202—203,RS 217)。正是在对空间时间的同类的部分继续综合之中,在空间时间里的显现也就一同被综合起来了。对时间的综合是一部分在先另一部分在后延续地综合,对空间的综合是一部分同不拘什么方向的在其旁边的另一外在部分扩展地综合,都是广延的量。

§10　广延的量

如果不是好多感觉的继续,而只是一瞬间里的单个的感觉,那还不是广延的量。对显现的感觉,必须经过继续的综合,从部分到全体的综合，才能构成广延的量（A 167 = B 209，RS 222）。广延的量是诸部分的表象在整体表象之先，诸部分的表象使整体表象可能。一条线，不拘多么短，必是从一点开始，一段一段地增加直到产生出所有的部分，才能出现。时间也会这样：只能想像一瞬间到另一瞬间继续前进，由于众多瞬间合在一起，才产生出一定的时间量。既然一般对于显现的直观条件不外乎是空间或时间，所以，直观到的显现都是由于从一部分到一部分的继续的综合，通过知觉被认识到的广延的量，这样，一切显现都不外乎是先已给定的众多部分的群体或集聚体（Aggregate）的直观，我们所知觉的一切广延的量总是这样的集聚体（A 162—3 = B 203—204，RS 217—8）。

既然构成广延的量的是从部分到全体的综合，那么，空间、时间的广延的量，是不是根本上就是由部分构成的？这里要注意：所谓整体由部分构成，部分先于整体，这个部分不可能是绝对。因为空间、时间的每一部分都是在包围或隔开它们的界线之间被给定的。界线是什么？界线仍然是空间、时间，作为给定部分的界线的空间的点或时间的瞬间。所以，空间是由众多的空间构成，时间由众多的时间构成。作为界限的点和瞬间只是它们起限制作用的位置，这种位置总要以它们所限制的那些直观为前提，它们必定是与那些直观联结在一起才能表现出它们的存在。单凭它们本身如果说竟会在它们所限制的空间时间之先被给定，并且从而构成空间或时间，那是不可能的。一种量，如果它没有任何一部分可以说是最小的，也就是，它不可能有单一的部分（kein Teil einfach），这就表明它具有连续性。直观方面的广延的量就是连续的，空间、时间都是连续的量（quanta continua）（A 169—170 = B 211，RS 223—4）。一般说来，一切显现都是连续的量，因为一切显现都在感性直观中表象，而感性形式的空间时间总是连续的量，所以感性直观方面的广延的量，总是连续的。而在知觉单纯的也就是涉及实在性的感觉方面的内强的量也是连续的（A 170 = B 212，RS 224）。关于内强的量到后边再谈。

§11　量的原理对数学的客观有效性的进一步论证

欧几里德几何学进行的手段必须是把它的概念在空间纯直观中构造出来。这种构造是靠着产生的想像力的继续综合，由继续综合产生出一定的图形。所以康德认为这种产生图形的产生想像力的继续综合是作为广延的数学①的几何学及其公理的基础。几何学的公理，康德举的例有：两点之间只可能有一条直线；两条直线不包围空间；以及有三条线，其中两条线加起来大于第三条，可以构成一个三角形。公理都是先天综合判断。公理涉及的是一般的量，根据这样的公理，把几何学纯概念构造成图形。公理表现的是几何学纯概念的范型得以在外显现中产生的感性直观的先天条件（A 163 = B 204，RS 218）。可见，几何学是关于空间纯直观的一般的广延的量的科学。

代数与几何学不同，它不是构造图形的广延的量，而是利用符号构造一般的量，完全不管对象的性质，在直观中进行运算（A 717 = B 745，RS 660—1）。

---

① “die Mathematik der Ausdehnung”（A 163 = B 204，RS 218）。“Mathematik”这个字，通常译成“数学”。但是，我们知道，Mathematik 可以认为是关于空间形式和数量关系的科学。

现在,已经证明:一切显现都是广延的量。这个原则将表明并且保证纯数学可以应用到一切经验对象上面去,并且这种应用必定表现纯数学的完全的准确性。因为认识是对于显现的认识,显现是经验的对象。现在提出的量的原则正是针对显现的量的原则,认识的对象与原则都只涉及显现而非物自身。对显现的认识必须通过感性经验直观,而经验直观只由于纯直观(空间、时间)才可能。那么,有关纯直观的诸规定,必定可以准确无误地应用到经验直观上面,完全有效。所以几何学和代数具有客观有效性。

> 可以给我们知识的,只是与实在(可感觉的)相联系的空间和时间,归根到底,这些知识(甚至也包括纯数学在内)之能够证明它们概念的实在性,只是由于它们的概念与经验的可能性相一致。可是,在这里,直观之所以能提供先天知识,只在于我们一定不要把直观当作物自身,而要坚持把直观只看成为显现,也就是,把直观看成为我们感性的主观形式。因为我们只能对这种形式本身按照其特性来认识。至于客体随便是什么,都没有关系。因而,那直观是先天给定的(AA 第18卷,第688—9页)。

这里又强调了先验论证方法的一般思路:先天表象(概念和直观)的实在性,正在于它们表现着一般经验以及经验对象的可能性。如果与量的原则相结合,那么其关键是:对一切直观的基本形式空间、时间的综合,正是对显现的感知,因而也是对一切关于外经验的对象的知识的可能性条件,所以有关空间时间的先天的继续综合所证明了的一切，必定对关于外经验对象的知识完全有效。

§12　对“知觉的预知”(Antizipationen der Wahrnehmung)的论证

“知觉的预知”的原则是：在一切显现之中，作为感觉对象的实在(das Reale)都有内强的量，这就是说，都有一种度(B 207，RS 220)。

量的原则表示的是：一切经验对象，从其必然的空间、时间的感性形式看，都是依靠产生想像力的继续综合，把同类部分(这些部分互相间并无必然联系)积累起来的整体，因而都是广延的量。

如果不是从感性形式方面看，显现在空间时间之外还有质料。这是与一般客体相应的。对于显现，我们有知觉，知觉是经验的意识，不是纯意识，因为知觉是包含着感觉的意识，或者说是对感觉的意识。感觉到的就是显现的质料，就是实在。“知觉的预知”原则，主要涉及的是感觉问题。

对于一切属于经验知识的东西，如果能在某方面先天地认识并且作出规定，这叫做预知(Antizipation)。感觉纯是主观的表象，随时随地发生变化，感觉正是构成经验知识与先天知识的真正区别。所以，感觉无法预知。空间、时间是显现的感性形式，一切显现离不开空间、时间，这毫无问题可以先天地断定。空间、时间在形状和量方面的纯的规定性，可以叫做对显现的预知，因为这种先天的表象总可以有效地应用于经验。但是，对于感觉，如果可以从一般方面来看，不去注意被给定的、特殊感觉到的特殊实在，在这情形下，允许有可以先天地认识的东西，那么，这样的知识显然更应该叫做预知了。因为这恰好是在经验的质料方面，对于质料是只能以经验为根据才能得到知识的，而我们竟然能预先有所了解，这看来也许奇怪，可是，这不是想入非非，因为感觉具有内强的量或程度就是我们对一切感觉预先可以了解的。

§13　感觉与知觉

康德的知识学对人类知识的可能性条件从总体上所作的基本考察，整个工作都表现为不断的深入分析与广阔综合的内在的结合。他不仅是个创造伟大综合的哲人，也是精湛分析的能手。综合以分析为手段，分析以综合为纲领。

关于感觉，经验派哲学家作了重要的探讨。康德称颂洛克的功绩。他反复索解休谟有关因果联系的闪烁才智的创见，既受到教益，也揭露了其危害科学的重大缺点。

在康德的先验哲学中，离开先天知识最远的是感觉，但它又是构成知识不可或缺的因素。从这方面看，康德的知识学与经验派哲学有明显的联系。但是，先验哲学是一个蕴涵丰富的综合体系，其中每个概念或思想都处于多样的错综联系之中，都表现出从多方面看的规定性，因而感觉这个概念，就不像在洛克哲学里那样容易把握。为此，在这里先对感觉的一些基本性质作简单说明是合适的。

（1）感觉具有主观性。在感觉的情况下，人们只是觉得主体本身受到了刺激，而有所感触，这仅仅指从主观方面看的表象。感觉是通过人的不同感官得到的表象。总起来说，人的感性有其本性（diè Beschaffenheit unserer Sinnlichkeit，A 28 = B 44，RS 72），这就是感觉的主观性的基础。

> 即使把酒看成一个作为显现的客体，酒香也并非就是属于酒的客观规定性，而是属于品尝这种酒的主体中的感觉的特殊性质。颜色并非就是其所依附的直观到的物体的性质，不过是在一定方式中为光所刺激的视觉的变相而已。……滋味和颜色不是对象赖以成为我们感官的客体的必要条件。它们只是作为特殊的感官结构偶然地附加进来的结果才同显现发生联系的。所以它们不是先天的表象，而是以感觉为根据的，而美味甚至还依靠作为感觉结果的感情（愉快和不愉快）（A 28—9，RS 72—3）。

可见，从一般方面看，感觉的主观性的基础是人的感官的特殊结构。这是康德讲的感觉主观性的根本方面，因为康德探讨的是人类的知识。此外，由于感觉不是事物的性质，而是主体意识在感官上的变相，每个人有他自己的特殊处境和特殊心理状态，这种变相在每个人感官中总会有不同的表现，例如一朵玫瑰花的颜色，在每个人看来，颜色都可以不相同（A 29—30 = B 45，RS 73）。这又是感觉的一种主观性。我们是不是可以利用康德的用语，把从一般方面看的感觉的主观性称为**先验的主观性**，从每个人对同一显现产生的不同感觉称之为**经验心理学**的主观性，重要的是康德的知识学所说的感觉的主观性，是着重指前者，而非后者。

感觉的主观性理论,可以溯源到德谟克利特,甚至还可以再提前到普罗泰戈拉,往后直到近代自然科学的发展,特别是经过洛克的区别"第一性质"和"第二性质",已成为哲学方面的常识。但是,即使在洛克,由于为经验心理学倾向所支配,对于上述两种不同的主观性也还没有明确的认识。这当然不是说,洛克对于观念的起源和可成知识的过程的分析完全不是站在一般的人的立场,例如,他之区别第一性质与第二性质,显然正是从一般的人的情况概括地进行考察的。但是,由于经验派的观点,使他很容易只就个人的情况进行思索,以致不是很明确地严格地根据一般人的立场来阐述知识学。而对康德,我们应注意,他所讲的感觉主观性,就只是针对着以一般人的感性特殊结构为根据所导致的主观性,而非围绕着感官的偶然的状况和变化所产生的相对于单个人的主观性。

(2)感觉不是直观。直观直接与对象联系着。所谓直观,一定包含着空间或时间(纯直观)(《导论》§24,AA 第4卷,第306页),或在空间时间感性形式(经验直观)之中(A 22 = B 36, RS 65)。空间、时间是感性接受对象的纯形式。而感觉指的是不涉及空间、时间的单纯从主观方面看的表象,感觉不是客观的表象(B 208,RS 221),当然更不是知识。

(3)但是,感觉本身虽然是主观的,可是,从感觉这个事实,就确立了在空间、时间中有与它相对应的对象(《导论》§24, AA 第4卷,第306页),不然,我们不可能产生感觉。也可以这样看:只要说到感觉,我们必然会想到它同一般的客体有某种联系(B 207—8, RS 221),因为感觉是构成经验知识所不可缺少的。感觉是显现的主观表象。

（4）感觉是真正所谓经验的东西（das eigenlich Empirische），感觉表示一切经验表象，也就是显现的真正的性质（《导论》§ 24，AA 第 4 卷，第 306 页）。“经验”一词，在康德有一些不同的意义。“经验”可以指与“纯知识”相对的以感官知觉为材料的“经验知识”，甚至还可以指人类的全部的系统的知识：“一个经验”。现在说感觉是真正的经验的东西，是指的人类的表象中完全脱离了感性形式（空间和时间）的、不从属于知性概念的那样的部分，这一部分断然不是源于人的知识能力本身，而是源于另外方面，是纯粹给定的部分。所以，感觉指的是那真正的经验因素，是经验的实质和基本内核。直观之纯与不纯（经验的），区别就在于有没有感觉。没有感觉，是纯直观；有感觉，就是经验直观（A 50 = B 74，RS 94）。

（5）因此，正是感觉才表示或标志着实在性或直观之中的实在（das Reale）（《导论》§ 24，AA 第 4 卷第 306 页）。也就是说，在经验直观中，与感觉相应的东西是实在。经验直观以空间或时间为形式，以感觉为内容。从经验直观抽掉属于主体的感性先天形式空间、时间，剩下的是作为内容的感觉。与感觉相对应的东西一般地叫做实在。康德特别指出，这种实在是指显现中的实在（A 168 = B 209，RS 222）。

康德所谓“实在”的意义是什么？这是指的从知识学角度看的实在。这个实在不同于柏拉图的理念的实在，也不同于经院哲学的神学的实在，也不是近代哲学像培根或笛卡尔等人所寻求的实在。前人都在探讨什么是独立于人的意识的客观的真实存在。康德所谓的实在是根据对知识的先验分析来把握的实在。所以，这里的实在不会是从独立于意识的角度看的实在，而是知识方面的实在，虽然他并不否认有独立于人的意识的实在，即物自身。

知识由形式和内容或质料构成。形式,不管是知性的还是感性的,都是先天的,主体方面固有的。知识的质料则来自另外方面。知性的形式是一些具综合统一性的纲领、构架,也可以想像为一种罗网。它们的作用是囊括、组合、把握。没有对象、材料或质料,形式不能实现(realisieren, A 146 = B 185—6, RS 204)其作用,产生不了知识。所以,一方面是先天的形式,这是人从事认识的基础,也是认识的必要手段,是属于人本身的认识功能。如果没有这方面,就无所谓认识,更谈不上严格的规律性的知识。另一方面就是后天的质料。这就是知识所必需的实在。这种从知识学上所说的实在是怎样得来的?

> 感官对象之所以可能,在于它们对我们的思维有一种关系。在这关系里,某样东西(即经验的形式)可以先天地想到,可是那构成其质料的东西,即显现中的实在(与感觉相对应的东西),却必须是给定的。因为若非如此,我们就甚至不能思维感官对象,它也不可能被我们表象(A 581 = B 609, RS 559)。

实在性靠的是给定的东西。"给定"在康德知识学中的重要性,以后要详细地分析,现不多谈。简单说,"给定"即一切不是由主体所提供而只能由主体来接受的东西。显现的形式为主体所固有,显现的实在只能被给定。我们认为显现中有某种东西,显现中的这样的东西是由原来的、独立的物自身通过外感官给定的,总之,是实在的,我们统称这样的东西为实在。如果没有实在,就无法设想在显现中有任何独立的物(A 581 = B 609, RS 559)。独立的物或实在就是显现中的质料。我们是怎样认识到显现的质料或实在的？这只能通过作为接受力的感性，感官经过外面的实在的东西刺激，结果就是感觉。实在是感觉到的实在（B 207，RS 221）。感觉构成一切显现的实在（《导论》§24 AA 第4卷，第306页），实在离不开感觉。康德对于显现的看法是从属于他具有特殊复杂性的整个知识学体系的。现在先请大家注意，由于有关显现的特殊观点，康德既说实在是感觉到的实在，也说实在是与一般的感觉相对应的（A 175 = B 217，RS 229）。从知识学的立场，我们只能谈论感觉。所以，终归是凭借感觉，才能肯定实在。说实在是与感觉相对应的，也不外意味着感觉到的实在。从形式和质料的关系看，实在就是质料：

> ……但是在这个空间里，还有实在，或一切外直观对象的材料，是现实的，并且是不依靠任何虚构被给定的……（A 375，RS 404[a]）。

那么，由于上述有关显现的特殊观点，他可以说，一般的感觉是直观的质料（A 42 = B 59—60，RS 83—4），是感性知识的质料（A 50 = B 74，RS 94），是知觉的质料（A 107 = B 209，RS 222），是经验的质料（A 223 = B 270，RS 270），而由于感觉必定以某种相应的经验对象为前提，他也可以说：

> 在显现中，那个与感觉相对应的，我称之为显现的质料……（A 20 = B 34，RS 64）；一切显现的质料只是后天地被给定（A 20 = B 34，RS 64）；

可是，感觉与其对象又是很难有明确界线的，所以，他还可以说：

> ……感觉构成经验表象（显现）的真正性质，……（《导论》§24，AA 第4卷，第307页）；
>
> 可是，这种先天直观的能力［指作为感性形式的空间，时间纯直观］并不涉及显现的质料，也即其中有感觉的那个东西，因为感觉构成经验的东西，……（《导论》§11，AA 第4卷，第284页）。
>
> 因此，显现在直观以外，还包含有某个一般客体，这表示某种在空间或时间中的存在者的质料，也即：感觉的实在，……（B 207，RS 221）。

总之，不管是经验的质料，还是作为经验对象的显现的质料，从知识学看，都只能依靠着感觉，以感觉为标志。从在主观方面出现的结果看，感觉显然是经验的质料，从感觉必定以空间时间中相应的对象为前提，而这个作为感觉前提的与感觉相应的对象即显现的质料，却只是以感觉引出的前提看，感觉也正是那显现的质料。

（6）感觉是知识的现实性（Wirklichkeit）的根据：

> 那与经验的质料条件即感觉相关联的，是现实的（A 218＝B 266，RS 266）。

感觉出现的前提必定是一定经验对象的实际出现，这是无可置疑的，不能否认的，所以，尽管感觉本身是主观的，它，也只有它，此外没有任何别的东西，能表明某样经验对象的确实存在，表明某样经验对象的定在。所以，只有感觉才是现实性的根据。主观的感觉又是现实性的唯一标志，这是康德先验的知识学的一个根本观点。

对于感觉有了上述的基本了解，感觉和知觉的区别和关联就容易说明。我们看什么是知觉：

> 最初给予我们的，是显现，如果显现同意识相结合，就叫做知觉，（A119—120，RS 175[a]）；
>
> ……我认为把捉的综合是一个经验直观中的众多的关联，因而，知觉，也即对（作为显现的）那样的直观的经验意识，就成为可能的（B 160，RS 178[b]）。
>
> 由于一切可能的知觉依靠着把捉的综合，而这种综合本身，也即经验综合，又依靠着先验综合即范畴，所以，一切可能的知觉，以及经验意识所能获得的一切，即自然界的一切显现，在其联结方面都必定从属于范畴……（B 164—5，RS 184[b]—185[b]）。

知觉是对显现的经验意识。意识必定涉及一定的主体，意识以一定的主体为前提。经验意识，作为个别的，其主体必然是一定的个人。所以，知觉的立场是个人，在这方面，知觉与感觉实质上相同。不同的是知觉作为对显现的经验意识，它包含着对一经验直观中的众多的联结，所以需要经验综合（把捉的综合），而感觉则只是未经综合的瞬间的零星的表象。

> 经验知识的一切增加，以及知觉的每一步前进，不拘是什么样的对象，是显现还是纯直观，都不过是内感官的规定的一次扩展，也即在时间中的一次推进（A 210 = B 255，RS 258）；
>
> 但是，空间和时间中的物，只有在它们是知觉（有感觉伴随着的表象）从而通过经验的表象的情况下，才被给定（B 147，RS 160[b]）。
>
> ……知觉是对感性直观对象进行思维时所需的必须有赖于给定的材料，因而这知觉（这里我们仅就外直观而论）就表象着空间中某样现实的东西（A 374，RS 403[a]）。
>
> 因而一切外知觉直接表明了空间中某样现实的东西，或者更是现实本身，……（A 375，RS 404[a]）。

知觉涉及感性直观的对象，涉及空间、时间中存在的东西，是知性的思维活动所需要的对象材料，它是现实的，它之所以是现实的，是因为它包含着感觉。按照知识学的分析，知觉和感觉的关系是：

> 一个知觉，仅仅就着主体方面作为其状态的变相看，是感觉（Sensatio）（A 376，RS 354）。

可见，感觉是纯从主观方面看的感性表象，它只是以一定的经验对象为前提，而知觉则是从直接与经验对象相联系的整个方面看的感性表象，既有主观方面，又有与显现即经验对象直接联系的方面。感觉是现实的，知觉包含着感觉（B 207—208，RS 221），所以，知觉必定有现实性，但是，知觉明确指的是对显现的知觉，它“直接表明了空间中某样现实的东西，或者更是现实本身”，感觉则仅限于是现实性在主体方面的表现,而从知识学的分析看,感觉却恰恰是经验知识中的那个真正质料。感觉的重要性在于此,尽管它是主观的。知识要求客观,但也根本离不了主观,感觉则仅是质料的主观。

§14　感觉的内强的量

经验的意识包含一定的感觉。如果经验意识经过逐渐的变化,直到作为感觉的实在完全消失了,那么剩下来的就是一个对空间、时间纯形式的众多的先天意识。经验意识由于感觉消失就成为纯意识。如果反过来,一个感觉从无到有,从其开端纯直观开始变化,直到具有一定的量,那么这里边是不是也有一种综合?如果出现综合,那么,这种综合必然也是对同类的东西的综合,因为被综合的都是关于实在的感觉。不过由于感觉自身不是客观的表象,它只是瞬间的对颜色、声音、香味的单纯感觉,因而既无空间的直观,也无时间的直观,因此,这种综合不是像广延的量那样,从部分到一定的整体,不是积聚式的。一瞬间一瞬间的感觉,彼此可以分开来,可以独立,所以这种综合是结合(Koalition)。感觉虽然不是广延的量,可是它仍然是一种不是广延的量的量,我们感知到这感觉,这感觉在某一时间中可以从无增长到一定的给定的度。这是一种内强的量(intensive Größe)[①]。这种具有内强的量的感觉是怎样产生的?从客观方面看,这是由于知觉包含着感觉的客体,感

① 与广延的量相对,也可以译作“纵深的量”。

觉之所以有内强的量，在感官方面所产生的影响之所以具有一种程度，只能是由于知觉到的各个客体（B 207—208，RS 221）。

每一显现都包含着众多，因此，在认识当中，首先在意识中，一个知觉一个知觉彼此都是分散地单个地出现的（A 120，RS 176[a]）。知觉是对感觉的意识。感觉就是一瞬间一瞬间出现的。感觉（以及作为感觉的原因的实在）之为感觉有一个特点，就是在一瞬间是一个统一的东西，无须像广延那样由多合而为一，它自来就是一。那么，每个感觉有没有多？也有。感觉的多不直接表现于其自身，而是仅只表现于它向0的过渡、向0的接近，仅只表现于它与0之间永远可以有更小的、更微弱的感觉，以至于不好说有完全的感觉的否定。这样看，感觉（和实在）就有了程度。书桌上灯罩是红的，一瞬间我感觉到它的红，我说它是初升太阳那样的深红，或者说它红得合适，不深不浅。“深红”、“不深不浅”是它的程度。其所以能说是“深红”、“不深不浅”，与从“深红”的感觉到0（或接近0）或从“不深不浅”的感觉到0（或接近0）的一系列的变化或过渡是联在一起的。感觉及其独特的程度方面的变化，是日常经验中的情况。但是只要是感觉，那么感觉也好，作为感觉的原因的实在也好，总有程度，这是先天综合的原理，因为任何感觉，不管多么微弱，它与0之间也还有更微弱的感觉。这个先天可能的过渡，是一切感觉（实在）之为多，具有量、具有程度的基础。每个感觉本身直接是统一的东西，是一，从任何感觉的先天可能的过渡而言，它又必然是多。这就是前引的《导论》§24中所说的，质的原理并不是使感觉直接地统摄于量的概念，可是它却又是一种量，是程度，是内强的量。

一种只能被感知为统一的量，并且对于这种量，只能从其趋向于否定=0来表象多,我名之曰内强的量(A 168 = B 210, RS 223,着重号是原来有的)。

§15　内强量的连续性

这是一个关于显现(经验的对象)的质的方面的原理:对于与显现的质料相对应的主观的表象,感觉,从而还有作为感觉对象的实在,也分析出先天综合的知识,即指出它们都有内强的量。这对近代自然科学的机械唯物论影响下的哲学发展,是一个重要突破。

现在的工作是在千变万化的主观感觉方面分析出普遍必然的知识。

感觉必须有主体的感官(感受器),还必须有意识,这是主观方面的条件。客观方面的条件是必须有某样对象刺激感官。

感觉是变化的。如果走向河边,先没有听到水声,距离越近,水声越响,如往回走,水声逐渐减弱,再远就听不到了。感觉变化的原因可以是由于主观方面的任何变化,也可以是由于客观方面的变化,还可以是主观的变化与客观的变化都存在。总之,任一感觉都从无开始,经过逐渐增强,达到一定的程度或者从一定程度逐渐减弱,以至完全消失。但是,不拘感觉怎样变化,不拘感觉变化是由于哪方面的原因,必须肯定一点:与给定的感觉相应的,必定是实在,而没有感觉相应的则是实在的否定(=0)。这样,在显现的实在与显现的完全消失也即显现的否定(=0)之间,必定有相应的感觉的变化。一方面是给定的感觉,一方面是给定的感觉的否定(=0)。这种变化是好多可能的中间感觉的连续性的关系,这些中间感觉彼此之间的区别，总小于那给定的感觉与0之间的区别（A 167—168 = B 209—210，RS 222）。

在莱布尼茨，单子以及知觉的连续性是一个根本性的原则。康德哲学中的连续性原则与莱布尼茨有直接联系。

康德认为量的方面的连续性原则是：量具有这样一种性质，由于这种性质，其中没有一个部分是可能的最小部分，这就是说，没有单一部分（例如所谓不可分的原子）（A 169 = B 211，RS 223）。

空间、时间就是连续的量，因为所谓空间、时间的部分，都只能是通过限制作用，实际上空间的部分仍然是空间，时间的部分仍然是时间。空间包含着众多的空间，时间包含着众多的时间（A 169 = B 211，RS 223—4；再参看 A 25 = B 39，RS 68；A 31—32 = B 47—48，RS 75）。

时间是内感官的先天形式。由于时间的连续性，就出现以下的情况：

> 经验知识的一切增加，以及知觉的每一步前进，不拘是什么样的对象，是显现还是纯直观，都不过是内感官的规定的一次扩展，也即在时间中的一次推进。这种在时间中的推进规定一切，可是它自身却不再被任何别的东西规定，这就是说，这种在时间中的推进的每一部分都只是在时间里并且由于时间的综合而被给定，而不是在时间的综合之先被给定。因此，知觉方面的每一次向下一时间中的东西的过渡，都是对时间的一次规定，而其所以有这规定正是通过这个知觉的产生；并且既然时间总是量，时间的每一部分也都是一个量，那么一个

知觉的产生就是一个量，这个量是从零起经过一切度（其中没有一个度是最小的）直到它的一定的度（A 210 = B 255，RS 258—9）。

知觉在时间中产生。时间是量，时间的部分也是量。知觉除掉感性形式就是感觉。感觉在时间中。感觉可以是瞬间的。对同一显现，这一瞬间的感觉与下一瞬间的感觉之不同是由于程度的不同。感觉的不同程度表现在时间中。所以，感觉的发生、变化与消失都在时间中。这就是感觉在时间中从0到一定程度或从一定程度到0的连续变化过程。而感觉的度正是与这样的过程分不开的：

第二条物理原则［即质的原理］并没有使真正经验的东西也即表示着直观到的实在的感觉直接地统摄于量的概念，因为虽然感觉确立了在空间时间中与它相应的对象，可是它并不包含空间或时间的直观。但是，在实在（感觉表象）与零，即在时间中有和完全没有直观之间仍然有一种量的区别，这就是说在每一给定程度的光亮与黑暗之间，每一程度的温暖与完全的寒冷之间，每一程度的重与绝对的轻之间，空间的每一程度的充实与完全虚空之间，总可以想到更小的程度，甚至像在一个意识与完全无意识（心中一团漆黑）之间总有更微弱的意识一样。因此，不可能有表明绝对空无的知觉，比如，没有一种心中漆黑不会被视为一种意识，只是这意识，为较强的意识所超过而已。一切感觉的实际情况都是如此。正由于此，知性才得以具有程度原则。对作为经验表象（显现）的内在性质的感觉进行预知，这是数学（mathesis intensorum）对自然科学的第二种应用（《导论》§24，AA 第 4 卷，第 306—7 页，参看中译本第 74—75 页）。

由于感觉在时间中的前进过程或其反面的消失过程，表示着它的连续性，从而一切感觉都有程度的不同。这就是说，感觉及其消失（=0）之间，既有无法割断的联系，同时又是一瞬间一瞬间只有细微差别的众多个别感觉的变化，正是这种众多个别感觉的差别和联系，才使得每一实在都表象为一个量。所以，尽管我们对于作为经验直观的质的某一感觉的特性与任何别的感觉的特性之间的区别不会先天地加以认识，可是，由于它必然从属于一般的可能经验的条件，它必定处于时间之中并且属于一定的连续的变化过程，这样，它就作为知觉到的内强的量与一切别的感觉有了区别（参看《导论》§26，AA 第 4 卷，第 310 页，中译本 78 页；以及 A 143＝B 182—183，RS 201—2）。

感觉的连续性，各个感觉之有不同程度，与时间分不开。因为感觉的变化是在时间之中发生的。但是，像上引康德在《导论》§24 所说的，在认识中并不是把感觉直接地统摄于量的概念，那样做，产生的只能是广延的量。广延的量是由于对现象的形式的综合产生出来的。内强的量涉及的是现象的内容。现象的内容虽然离不开空间、时间的形式，可是，内容本身，其特有的量却是内强的量。现象的内容与形式既需要综合，又有区别。

尽管从 0 到一定的感觉之间的过渡只有在时间中才会出现，可是单纯的感觉本身并不占据任何部分的空间或时间，意思是：单纯的感觉本身，以及显现的实在（内容）的度本身，其本性独立于空间、时间，不依于空间、时间。一块具有一定大小的石头的表象，任何具有广延的东西的表象，离开空间和时间（石头的广延要在时间中进行综合）是不可能的。一切经验意识或内感官中的表象也都有其在时间中延续和变化的一面。但是，单纯的感觉本身本质上既不是在空间中的延伸，也不是在时间中的延续。虽然它的出现是一瞬间一瞬间的。

> 温暖、光亮等等，其程度在小的空间里像在一个大的空间里同样大。同样，心里的表象、痛苦、一般的意识，不拘经历的时间是短还是长，其程度并不见得更小。因而在这方面，一个点和一瞬间的量，像任何不拘多大的空间或时间之中的量同样大。所以，程度就是量，不过不是直观的量，而是纯从感觉方面说的量，或者也可以说是一个直观的基础的量，而度之所以被认为是量，只是由于从 1 到 0 的关系，这就是说，每一感觉可以在一定时间通过无限的中间程度直到消失，或是从 0 通过无限增长霎间达到一定的感觉（质的量就是度）（《导论》§ 26 注，AA 第 4 卷，第 309 页；参看中译本 78 页）①。

① 原文的 Momente（是中性的多数，这个字在德文既用做“中性”，也用做“阳性”，意义也不同。为什么说这里是“中性”，理由见后）意义是“力的作用”。它的语源是拉丁文的 Momentum，意义是“原动力”或“推动力”。在力学里，Moment（中文译名是“矩”）指力的强度与力的方向线上的点的距离的乘积。Moment 还有另外的意义是“瞬间”，当用于这个意义时就是“阳性”。可见，Moment 这个字是有双重意义的，或者可以说是“双关”，不过，语法上的“性”不同。为什么这里我不主张译作“瞬间”的意义呢？请看康德自己的话：“当我们把这种实在［指显现中具有内强的量与感觉相对应的东西］视为（或是感觉或是显现之中的别的实在，比如一种变化的）原因时，我们就把作为原因的实在的度称为契机（Moment）。例如重的契机（das Momentder Schwere），而且因为，度仅只表示那样的量，其感知不是继续的，而是瞬间

重要的是感觉及实在也有量，不过不是广延的量，而是内强的量，度就是它们的量。其所以有度，是由于感觉从0向一定感觉的增长或从一定的感觉到0的消失。这种过渡体现着感觉和实在的连续性，自身统一的感觉和实在以连续性为基础就出现了度。

§16 内强量的连续性与知性的综合

质的原则并不是把感觉直接地统摄于量的概念。因为单纯的感觉与对空间、时间的综合没有直接联系。感觉是瞬间的，无须乎经过从部分到整体的综合。

那么，知性的质的原则所包含的综合作用是怎样体现的？

先从质的范畴说起。质的范畴针对的是直观的对象。量的范畴针对纯直观的对象，质的范畴则是针对经验直观的对象（B 110，RS 121）。属于质的范畴的三个范畴之一，实在范畴，单纯从其概念本身来看，指的是有。实在范畴应用于感觉对象，必须通过时间。这样，它指的就是时间之中的有。所以，实在范畴是与一般的

的（A 168—169 = B 210，RS 223）。第一，Moment 在《批判》上引的话中是"中性"；第二，《批判》的这句话出于《纯知性的原理的体系》第三章第二节，讲的正是有关作为感觉的原因的显现中的实在的度的问题；第三，《导论》§26注中的这句话，讲的也正是感觉从0增长（不是消失）到一定程度的问题。鉴于以上三点，应该承认，《导论》§26注中的 Momente 与《批判》这段话中的 Moment 意义相同。显然，康德这里使用 Moment 这个字，像他自己指出的，也考虑到对度的感知是瞬间的，因为 Moment 还有另外的意义就是"瞬间"。所以，康德在这里应用 Moment 这个字，具有"双关"用意。尽管是"双关"，却有轻重之分。应用 Moment，主要是指作为感觉的原因的实在的度。这个意义直接渊源于拉丁文 Momentum。中译"契机"，是适当的。"契"是契合、相应；"机"是事发变化的源由。"机"恰好也可以有细微、短暂的意思，如："机微"。

感觉相对应的。否定范畴是表象非有的,如时间化,就是时间中的非有。实在与否定的对立,就是同一时间是充实的时间与空的时间的区别(A 143 = B 182, RS 201)。

质的范畴应用于经验对象需要通过范型。范型是按照知性规则(范畴)对时间作出先天的规定。质的范型涉及的是时间的内容(A 145 = B 184, RS 203)。因为质的范型的功能是把感觉同时间表象综合起来,也就是填充时间(同上书)。那么,实在的范畴是怎样发挥作用的?

每一感觉具有一程度或量,它作为一对象的同一表象,可以依靠它的程度或量,或多或少地填充同一时间(也即内感官),直到它消失成为无(=0 = 否定)。因而,从实在到否定就有一种关系和联结,或者更好说是一种过渡。由于这种过渡可以把任何实在表象为一种量,这样,实在的范型,作为填充时间的某样东西的量,它的范型,正是当我们在时间中从具有一定程度的感觉向下到感觉消失或从否定逐渐上升到它的量,这个量①是在时间中连续地、一贯地产生的(A 143 = B 182—3,RS 201—2)。

① 在 N. K. Smith 和 M. Müller 二人各自的英译本(前者是第184页,后者是第117页)中,他们都把原文“ist eben diese Kontinuier liche und gleichförmige Erzeugung derselben in der Zeit”的阴性代词“derselben”,理解为指前边的“einer Realität”,所以译成“... reality in time”。我认为,A 142—5 = B 182—4(RS 201—3)是依次解释知性范畴的范型实际上都是表象着范畴在一般时间中所具有的规定性,都是说明范畴在时间中所具有的特定内容。例如,“量的纯范型是数,数是把握住从一到一(同类的)连续添加的一种表象”,这样,正是在感知直观当中,也就产生了时间。而实在性从它一般应用到经验对象来看,是指充满时间的内强量,所以,实在性范型表象的是内强量在时间中的产生。如果像上列的英译文:实在性范型表示的是“实在性”在“时间中的产生”,那么,除了重复实在性概念本身和加上“在时间中产生”外,对于实在性范型产生的是什么,并没有作出什么说明。那样,原文对实在所作的解释:“作为填充时间的某样东西的量”,也就是说,实在是填充时间的内强量,就没有什么意义了。所以,我认为原文的“derselben”应是指前面的“Quantität”,而非“Realität”。

内强的量的特征有二:

(1)从直接的感知看,是统一的;

(2)从其向0的过渡看,又是多。

从质的范型一般地看:知性综合必然表现在把感觉、内强的量同时间综合起来。这就是说,感觉、内强的量出现在时间之中,填充时间。从实在的范型看,感觉,内强的量就是时间中的有。像前所说,作为感觉的原因的实在的程度,表现为这样一种量,对这种量的把捉不是继续的,而是瞬间的,也就是,感觉是瞬间的。那么,对感觉的综合就应是瞬间的综合。

瞬间的综合是对感觉的综合,也就是对感觉所具有的内强的量的综合。可是,只有众多才需要综合,本身是单一的不需综合。感觉本身的内强的量直接的是一,而不是多。这里边显然存在着困难。请看康德自己的说明:

> 既然从经验意识到纯意识可能有一个逐渐的变化,直到经验意识的实在(das Reale)完全消失,只剩下一个对空间、时间中众多的单纯形成的(先天的)意识:因而也就会有对于一个感觉,从其开端的纯直观=0起直到其具有任何的量的各个量的产生的综合(B 208, RS 221)①。

① 着重点是我加的。“这就是对于……各个量的产生的综合”这句话原文是:“also auch eine Synthesis der Größenerzeugung einer Empfindung, von ihrem Anfange, der reinen Auschauung =0, an, bis zu einer beliebigen Größe derselben”,这里的“Größenerzeugung”,“量”是复数,应译成“各个量的产生”。N. K. Smith, M. Müller, Meiklejohn 的英译以及 A. Tremesaygues 和 B. Pacaud 的法译,都把“量”译成单数而不是复数。另外,H. J. Paton 也是一样,(《Kant's Metaphysic of Experience》,第2卷,第142页)。这种错误恐怕主要是由于对康德观点理解上的问题。

这里的意思是，感觉可以从有到无，逐步消失。也可以从无到有，增长到任何程度。任何感觉，都具有一定的程度，都是从最初的0到一定程度的增长。一瞬间就是一个具一定程度的感觉，对这个感觉，直接地而无须像广延的量那样从部分到整体地在时间中继续综合。但是，与任何感觉直接联系都有一个从无、从0到有，到那个特定的感觉的产生。既然是从0开始，到一定的感觉，这里边就有一个增长过程。增长是一个一个不同程度的感觉产生，直到那特定的感觉。与这种感觉的增长相联系，必然有一种先天的综合。这个综合当然是在时间中，但与广延的量不同，并不是在时间中的继续综合，而是一瞬间完成的综合。这也是一种把捉（Apprehension）。对内强的量的把捉，在某一个时间里（in einer genissen Zeit），感觉就从0增长到一定的度（B 208，RS 221）。这里，虽然也离不开综合，但是，与广延的量的继续综合不是一回事。

> 感觉的质总是纯经验的，完全不能先天地加以表象（如色、味等等）。但是，与一般感觉相对应的实在与否定（=0）相对立，只表象某样东西，其概念本身包含着有（Sein），所表示的不过是在一个一般经验意识中的综合作用。在内感官，经验意识当然可以从0上升到任何更高的度，以至于直观中一个广延的度（例如照亮的平面），可以引起像好多别的（亮度较差的）平面合在一起的同等感觉。因此，我们完全离开广延的量，仍然可以设想单纯感觉在一瞬间里有一个从0到给定的经验意识的匀称上升的综合作用（A 175—6 = B 217—8，RS 229）。

可见，在质的原则方面，也有先天的综合作用，其特点是：

（1）这是感觉与时间的综合；

（2）综合的结果是时间中的有，是对时间的填充，是在时间中的感觉；

（3）这综合不是在时间中的继续综合，而是在一瞬间的综合。每一瞬间就是一个感觉，每一瞬间的感觉本身就是统一体，就是一整体，每一感觉自身都有其内在的特色（innerer Unterschied）（A 175 = B 217，RS 228）；

（4）每一感觉（经验意识）是统一体，是从 0 到一个给定程度的增长（大于 0），所以又是多；

（5）所以，对每一特定的感觉（经验意识）的综合把捉，就意味着也蕴涵着从 0 到特定程度的感觉的均匀增长的综合，它们是同一个综合，也是同一瞬间的综合；

（6）正是由于这样的综合，所以感觉有内强的量，这就是质的范畴，通过质的范型综合，这就是质的原则的综合。

§17　内强量与广延量的关系

根据“直观的公理”（量的原则）：一切直观都是广延的量。根据“知觉的预知”（质的原则）：在一切显现中，作为感觉对象的实在，以及作为实在影响我们的感觉，都有内强的量（程度）。

十八世纪晚期，在西方自然科学发展中，作为一种总结性体系的牛顿力学，仍然是影响最大的一门科学。与力学在近代的发展相联系，哲学上一支具有活力的思潮，唯物论，也顺着机械论的方向前进。笛卡尔明确地把物质实体的本性规定为广延，物质等同于广延，反过来，广延就是物质。从康德把“物体是有广延的”当作分析判断，仍然可以看出笛卡尔观点的深远影响。法国唯物论渊源于笛卡尔，也直接受洛克的影响。洛克对机械唯物论的一个重要贡献，是对从近代力学发展中提出的有关感觉主观性的理论作了总结，明确提出了所谓“第二性质”的理论，把感觉性质在客观上归结为具有广延的物质的作用，把物质世界看成为清一色的广延，从而认为数学，几何学和力学就是最重要的有关客观真理的科学。马克思论述霍布斯的机械唯物论所说的话，可以帮助我们领会上述的情况：“感性失去了它的鲜明的色彩而变成了几何学家的抽象的感性。物理运动成为机械运动或数学运动的牺牲品；几何学被宣布为主要的科学。”①

康德一方面掌握了牛顿力学的基本原理，另一方面，也接受莱布尼茨的一定影响，反对机械唯物论，主张动力论（Dynamismns）。因此，他得以运用动力论统率牛顿力学，又以作为显现的、在空间中无限可分的物质的观点取代了莱布尼茨的单子论。物质具有内在的力：引力和斥力，所以物质主要是由于自身而运动。物质虽然必定具有广延，但是，广延还不等于物质，广延不能完全代表物质的本质。对于物质来说，广延的确是有普遍性，但应该说只是其普遍的形式。物质还有根本的力：实在。物质本身的实在有内强的量，内强的量有不同程度。物质的实在以其内强的量不同程度地影响人的感官，人就有了感觉。

实在的内强的量与广延的量不同，但是，除非经过知识学的分析和思考，二者又是不能分开的。

① 《马克思恩格斯全集》中文本，第2卷，第164页。

实在是空间、时间中的实在。

空间、时间会不会空无实在？关于这个问题，请注意：

（1）一切显现，不管是在广延的量的方面，还是在内强的量的方面，都是连续的；一切变化（一物从一状态过渡到另一状态）也都是连续的；

（2）知觉到的实在都有度，实在与否定（0）之间总有由越来越小的度构成的无限等级的序列；

（3）每一感官对一定感觉的接受力都必定具有一定的度（A 172 = B 214，RS 226）。

从这几点可以说：知觉，也即经验，不管是直接地还是间接地，都不能证明在显现之中会缺乏任何实在。这就是说，经验永远不能证明有空的空间或空的时间①。可以设想在感性直观中完全没有实在，但这样的情况实际上都根本不能知觉到。另一方面，从任何显现，或者是显现的实在的度的区别，也不可能推出显现没有实在。

感觉以及作为感觉的对应的实在，仅仅是直观的质料，或者也可以说，实在是显现的质料。这样的质料总要以空间、时间的形式为前提。所以，感觉作为经验直观，离不开空间时间的直观形式：实在作为显现的质料，也不可能不在空间或时间形式之中。

可见，感觉或实在的内强的量与空间、时间的广延的量实际上是不可分的。

但是，还可以提出这样的问题：感觉的内强的量与空间、时间

---

① 在“先验感性论”中阐述空间、时间的先天的本性时，曾讲到可以设想空的空间和空的时间，但是不能设想任何知觉到的表象不在空间或时间之中。这里所说的空的空间或时间是通过想像力的结果，不是指现实经验。

的广延量固然总是相互结合,而感觉到的内强量会变化,空间、时间的广延量也可以增减,那么,两方面的变化的关系如何?

当时物理学的主要顾问是机械论。那时的物理学家和哲学家们注意到以下的现象:不同种类的物质,它们虽然体积相同,可是一方面由于重力或重量,另一方面由于与其他处于运动中的一定物质相对抗的状态中,它们的量就有很大区别,于是就主张:这些不同的物质的体积,也即显现的广延量,必定在不同程度上包含有虚空。而空间中的实在,在其他方面上均无不同,其不同之处只在于广延量或数量方面。这是机械的原子论观点。康德不同意这种观点,针对着机械论的原子论,他提出动力论的自然观。这里最好引证 1786 年(B 版出版的前一年)刊行的《自然科学的形而上学基础》中的一段话,看看他的想法:

> 关于自然科学最重要的地方,即对物质在种类上的无限可能的差别作出解释,其进行方式只有两条路线:一条是把绝对充满同绝对虚空结合起来的机械论路线;一条是与上条相对立的动力论路线,只利用原初的斥力和引力的不同结合解释物质的一切差异。前者利用原子和虚空作为质料引出[一切物体]。原子是一小块物质,在物理上是不可分的。物理上不可分的是这样一个物质,它的各部分由一种力联结在一起,自然界中没有任何存在的运动力可以克服这种联结力。一个原子,如果由于它的形状同别的原子在种类上有了区别,就叫做原微体(erstes Körperchen)。一物体(或微体),其运动力依赖于它的形状,就叫做机械的。利用作为机械的物质的最微小部分的性质和组合来解释不同种类的物质的方式,就是机

械的自然哲学。那种不是从作为机械的也即不是作为外在的运动力的单纯工具的物质，而是从根本上属于物质本身的引力和斥力的运动能力引出不同种类的物质解释方式，可以叫做动力论自然哲学。这种机械的解释方式，由于它最适合运用于数学而以原子论或微粒哲学为名称。从古代的德谟克利特到笛卡尔，甚至直到当前时代并没有什么变化，它对自然科学的原理一直保持着权威性的影响。它的要点是假设本原物质的绝对不可入性、这种材料的绝对相同以及唯一可以承认的形状不同，还有在这种基本微粒体本身中的物质联系的不可克服性。这就是产生不同种类物质的质料。这些质料不仅可以为属和种的不可变异性提供一种不变的却具有各样不同形状的基本材料，并且还可以依据这些作为机械的基本部分（它们需要的只是外在地起作用的力量）的形状机械地说明好多自然作用。但是，这样体系的根本的和最重要的证据是，为了物质密度的各种区别而引进所谓空的空间的不可否认的必然性。这些人认为空的空间按照一种比例存在于物质内部和那些微粒之间，因为有些显现是如此巨大，而即使密度最大的物质其体积的充实部分同所包含的空的部分相比也几乎等于无，所以他们认为空的空间是必需的。现在为了引进一种动力的解释方式（对于实验哲学，这种解释合适得多，也很有效，因为这种方式是直接发现属于物质自身的运动力及其规律，另外却限制了假设空的间隙和具一定形状的基础微体的自由，这两样都不能依靠实验来规定和发现），只要针对着机械的解释方式的设准："不可能设想不包含着空的空间的物质具有一种密度上的种种区别"，单纯使用一种不容许思想陷于矛盾的方式进行反驳，此外根本无须设想什么新的假设。因为只要先说明上述的单纯的机械解释方式所根据的设准，作为原则，是没有真实性的，这样只要另外有一种可能，甚至无须任何空的间隙，就可以设想各样不同的密度，那么，自然就不必要把那样的设准当作自然科学中的假设了。而这种必然性正在于物质不是（像纯机械的自然科学家所主张的）依靠绝对的不可入性充满其空间，而是依靠斥力。斥力都有程度，物质不同其斥力的程度也不同，而斥力的这种程度本身与引力无丝毫共同之处，引力与物质的量相对应。物质不同，而引力是同样的，斥力可以在程度上根本上不同，因而这些物质，量不变，在广延上程度却可以不同；反过来，在物质的体积也即密度不变情况下，它的量却可以有各种各样的区别。根据这种解释方式，我们将发现并不是不可能设想一种物质（像我们表象的所谓以太那样）没有任何虚空地充满了它所占据的空间，可是在相同体积中，其物质的量却无比的小，小于我们在实验中所能控制的一切物体。必须认为：与以太所固有的引力相联系，存在于以太之中的斥力，无比地大于我们所知道的一切其他物质之中的斥力。因而，这就是我们仅仅为了对抗一个光凭猜测的（空的空间的）假设即不容许设想没有空的空间的假设，所要采取的唯一想法，因为容许我们这样设想。（康德：《自然科学的形而上学基础》，AA 第 4 卷，第 532—4 页）。

康德主张，不存在空的空间，因为根本不能知觉到空的空间，空的空间没有经验事实的根据。我的书房里，除了书架上的书，书桌上的纸笔，几把椅子，我们说，剩下的是空的空间。这只是从视觉的角度说。实际上,我坐在书桌后面,眼界周围没有放置东西的地方似乎是空的空间,但是,我仍然有某些别的知觉。例如,我可以嗅到一定的气味,它可以是来自盆花,也可以来自盖碗里的碧螺春,等等;还可以感觉到温暖或凉快;我坐在椅子上面,全身稳定在我的现有位置上,不能像太空中宇宙飞船里那样有漂浮起来的感觉等。康德认为应该承认,空间中为某样物质微粒——以太所充满。斥力和引力是自然界物质本身固有的力,因而物质永远处于自动之中。物质充满它所占据的空间,依靠的是它本身的斥力,不像原子论所设想的,物质仅靠其结实的体积或不可入性占据空间。任何物质都是斥力和引力的结合,光有斥力,物质将无限地散开,光有引力,物质就会聚缩成一个点,都不可能出现物质。物质是重量(由于引力)和弹力(由于斥力)的结合,由于这两种基本力的作用和反作用,物质得以**在一定的程度中**充满它所占据的空间,这就是**物质占据空间的内强方面的**(不是广延方面的)**表现**(同上书,AA 第4卷第521页)。物质引力的大小,以在一定空间中物质的质量为根据,因此,物质的质量与广延分不开,质量是可以计量的。机械论者把物质的广延,不可入性和不变的质量看成物质的本质。物质的量表示物质本身的真实客观存在。康德则认为在与物质的引力密切关联的物质质量以外,物质还有不同程度的斥力,一定质量的物质的引力,与其固有的斥力相结合,这两样基本力量互相作用和反作用,使得物质有一定程度的压缩或凝固,这样就使得物质以不同的程度充满空间(同上书,AA 第4卷,第521页)。总之,物质充满空间,显然依靠斥力,所谓充满空间的"实在",就是由于斥力的作用;但是,又不能没有引力的反方面的限制或牵制作用,这也正是物质必定**在一定程度上**充满空间的原因(同上书,AA 第4

卷,第523页)。既然引力与斥力是物质原初固有的两种不同的力,那么,两种力之间就不必有在变化上的必然的、固定的互相联系。一物体的引力不变,斥力并不是不可以由于一定的原因增大或减小。因此,任何空间都能够是在可变的程度上充满。

以上是康德对自然界的物质及其固有的运动能力依据事实探索并制定出来的一些假定或设准。虽然这些都属于自然科学的基础方面,按照传统看法属于“自然哲学”,康德自己把阐述这类问题的专著名之曰《自然科学的形而上学基础》,但它们仍然不外是自然科学本身(物理学和动力学)的问题。康德的先验知识学中“知觉的预知”原则是与这方面的探索密切联系着的。

质的原则:一切显现的实在有度,统摄着属于质的三个先天范畴:实在性、否定性、限制性。从动力学方面看,物质的斥力和引力的结合产生了在空间、时间中运动的物质所具有的一定的度,这个事实是质的原则及质的三个范畴之间的辩证联系的具体说明。

感觉到的实在的度在广延量并未减少的情况下,可以由于一定的原因出现变化,可以在它的度过渡到空无从而消失之前,逐步无限地减弱。例如一定范围空间中的温暖的度(温度),可以由于一定原因无限地减低,可是它仍然以较低的温度,像较高的温度一样,充满原来范围的空间,它并没有使原来空间范围中的任何一个最微小部分变成空的,它的逐步降温正是发生在并未缩小的空间范围里面。同一空间,范围大小不变,可以是高温的,也可以是低温的。还可以出现前边引用过的情况:一个一定大小的平面,其亮度所引起的知觉,可以跟好多别的平面的较弱亮度的总和所引起的知觉程度相同。一切其他种类的实在,都可以出现这样情况。总之,尽管感觉的内强量与空间、时间的广延量实际上必定在一起出现，感觉或实在的内强量的出现离不开具有广延量的物质，空间、时间在实际的经验中也不会是单纯的形式，它们必定是一定的实在，一定的知觉的形式，可是，内强量的变化不必出现在相应变化的广延量之中。[①]

因此，如果有人主张广延量与内强量两方面的“平行论”，是没有根据的。而把内强量当作本质，广延量只是显现的单子论（莱布尼茨），把广延量当作本质，内强量只是主观感觉，并没有与之相应的实在的原子论（德谟克里特，伊壁鸠鲁），以及笛卡尔把物质与广延等同的观点和洛克把声、色等性质视为没有实在原本的第二性质的观点，也不是康德的想法。因为，按照康德，空间、时间是感性的先天形式，来自认识的主体。作为经验直观的感觉是作为对象的实在在内感官方面引起的结果。所以，空间、时间的广延量与感觉方面的内强量二者来源根本不同。感觉作为经验直观，固然不能不从属于直观的先天形式空间、时间，可是，引起感觉的实在，本来与空间、时间没有内在联系。在康德知识学中，感觉的内强量与

① 在这里，康德指出应该注意上述情况只是就看到广延量不变而言的。在广延量不变情况下，感觉到的实在的内强量——程度——可以减弱，也可以增强。这就表示内强量在这类事例中，是独立于广延量起决定性的因素。可是还有另外的情况，即：由于物质的不同质量而出现的不同引力，会扩及不同范围的空间。因为，根据牛顿的引力定律，粒子与粒力之间的引力作用，与两粒子质量的乘积成正比，简单说，就是质量越大，引力也越强，质量越小，引力就越弱；而引力作用又与两个粒子之间的距离的平方成反比（参看同上书，AA 第4卷，第521页），简单说，就是距离越小，引力越大，距离越大，引力越小。在这种事例中，起决定作用的就是广延量。康德表明了他的如下观点：他绝不是肯定内强量是物质的唯一的规定性。他之提出显现的内强量的规定性，是由于内强量作为纯知性的原则，可以证明我们的知觉正适于按照这种方式加以解释，而我们对作为显现的物质世界的了解，不应该错误地仅限于肯定物质世界中的实在都是些同样性质的东西，其区别只在于有广延的物质聚合以及广延量的方面，而没有实在的任何程度上的差别（A 174—5 = B 216，RS 228）。

空间、时间的广延量不会同步的理论,与其空间、时间属于感性直观的先天形式的理论也是协调的。

总之,康德认为:在完全不考虑显现的广延量的情况下,却应设想在单纯的瞬间的知觉方面,有一种从 0 均匀地上升到给定的经验意识的综合。知觉,作为意识到的包含着感觉的表象,只能后天地在经验之中给定,可是,它本身的特性,它总有与广延量的各样表现全不相同的一定的度,却可以先天地认识。这是“知觉的预知”原则的要点。一切量的根本性质是连续性,连续性离不开知性的先验综合。在一般的量的方面,连续性是先天的,可以先天地认识。连续性一方面表现为广延量,表现于空间和时间的量;另一方面表现为内强量,表现为度,表现了感觉和与感觉相应的实在。所以,在感觉方面,在显现的实在方面,在事物的质的方面,总之,在经验的直观或来自经验的知觉方面,也可以有先天的认识:度(以上参看 A 173—6 = B 215—8,RS 226—9)。

§18　什么是经验?

> 值得注意的是:关于一般的量,只有一种独一的质能为我们先天地认识,这就是连续性;而关于一切质(显现的实在),除了其内强的量即质有一种度,就再无其他先天认识。此外一切其他都将留给经验(A 176 = B 218, RS 229)。

量中有质,质中有量,这种对物理世界闪烁着智慧光辉的认识,超出了由来已久企图把一切质归结为量的机械论的片面性。

这是对自然科学成果的更全面的总结。马克思批评霍布斯使“感性失去了它的鲜明的色彩”。① 与马克思所说的培根的“物质带着诗意的感性光辉对人的全身心发出微笑”②类似，康德提出质的内强的原则，在一定意义上，是一种否定的否定。否定的否定当然属于新的层次。康德并不想通过经验从自然界找出一些所谓“单纯的性质”，培根所谓“单纯的性质”，是对自然界本身规律性的探讨，是处于早期的自然哲学向自然科学过渡的一种想法，康德是在知识学里，与他对于物理学或动力学的基础方面的探索相联系，建立起关于作为认识自然界（显现）必然条件的无可否认的质的方面的普遍原则；而**先验方法，在康德的学说自身的体系的条件下**，为这种原则的科学性提供了非经验归纳所能做到的保证。从特定角度看，把康德与培根隔开的是历时超过150年新兴自然科学由机械唯物论逐步走向巅峰的时期，这显然是康德能够从总的方面说创立系统的先验知识学，从特殊方面说不但吸收了机械唯物论某些积极成果（贯穿整个自然事物的普遍必然联系）并且能从先验论的更高层次揭露机械唯物论只肯定量的变化的片面性，提出自然界的质的变化的根本原则的重要条件。

“直观的公理”讲的是经验直观的形式方面的先天条件。经验直观一定在空间、时间里面，因而它一定从属于量的范畴，一定具有广延量。量的范畴施之于对象，必定表现为广延量。源于量的范畴的先天综合作用，是经验直观的广延量的必然条件。

“知觉的预知”讲的是经验直观的内容方面的先天条件。经验

① 《马克思恩格斯全集》中文本，第2卷，第163—4页。

② 《马克思恩格斯全集》中文本，第2卷，第163页。

直观不仅在空间、时间里面,它还表现着空间时间中一定的实在。我们有感觉,经验直观的内容是感觉。感觉作为感觉,与空间、时间无类似之处,虽然感觉到的东西不脱离空间、时间。感觉有其自身的特性。感觉从属于质的范畴,感觉的特性不是广延的量,而是内强量,其特性是具有质。内强量或质有度,源于质的范畴,从0到一定程度的先天综合作用,是经验直观的内强量或度的必然条件。

对广延量或内强量的认识,都是对客体的本质方面的认识。广延量属于客体的形式,内强量属于客体的内容。"直观的公理"和"知觉的预知"这两个知性原则都是自然科学的根本原理。

"直观的公理"和"知觉的预知"涉及的虽然都是客体的本质方面的形式和内容,但是,它们涉及的只是作为个别物的客体,或是单个的个体。并且,形成客体的广延的联结作用(Verbindung)是组合性的,所谓组合性的,是产生出这种联结的综合作用所综合的众多,并不是相互之间必然从属的,例如一个正方形被对角线分成两个三角形,这两个三角形并没有互相必然从属的关系。凡是涉及可以从数学的角度加以考察的同类的东西的综合都是这样的综合。这样的综合也还有两种不同情况:一种叫做积聚(Aggregation),一种叫做结合(Koalition)。施之于广延量,是积聚性的综合,施之于内强量的是结合性的综合。这二者的区别大体上是:属于积聚性综合的,可以分离成为若干同类部分(这种分割是无止境的),其任何部分如仅从其本身看,与原来的整体仍然是同类的东西。每个部分都可以分开单独存在。属于结合性综合的内强量,表现为知觉到一系列不同的度(或是递增的,即从0过渡到一定的度,或是递减的,即从一定的度过渡到0),但作为具有一定的度,它们是同类的。知觉到的每一个特定的度,是瞬间的,唯一的,总是单独出现的，但是与广延量不同的是，尽管每一特定的度都只是单独出现，可是，它之为一定的度，都与那递增或递减的度的系列分不开，孤立起来，度就无从出现。度之为量即内强量，不能离开那个由不同的度构成的系列，正是作为这样的系列中的一个环节，才有所谓度。可是，又要回过来想：尽管度必然是一个系列中的环节，而度之为度，度之被知觉，其特点都是瞬间的，唯一的、个别的。所以，对度的知觉，既是独立的，又不能不包含着一个一定的递增或递减的度的系列。对个别的度的知觉似乎不需要综合，实际上不设想到有一定的度的系列，不设想有作为这样系列的基础的综合，也就不会知觉到度。这样的综合是结合性的综合，又处于联系之中，又有独立的根本特性，所以是结合（Koalition）（看 B 201—2 的注释，RS 216）。

“直观的公理”是实现于知觉的形式方面的知性的先天原则。直观的先天形式空间时间之实际上起到作为一切经验直观的接受形式的作用，是以知性的综合——积聚性的综合——为必要的条件，只有从属于这个条件，对显现的感知才可能，从而外面的经验才可能，关于对象的知识才可能。这样就对“先验感性论”关于空间、时间的说明，作了根本性的补充。在那里，只是从感性接受性论证了一切对象必然从属于空间、时间的形式条件，至于这种形式条件之必然从属于知性的先验综合、从属于先验统觉的先天综合统一性，才能实际上发挥作用，在那里还未能涉及。经过“先验演绎”的一般论证，现在提出的“直观的公理”，就为作为感性形式的空间、时间在接受对象中起的作用，结合认识的实际作出了全面说明。

“知觉的预知”是实现于知觉的内容方面的知性的先天原则。空间、时间是感性形式，感觉是直观的内容。作为直观内容的经验直观，必然以经验为根据，这是对于对象的知觉，这纯是后天的。但是，知觉虽然离不开直接的感觉，感觉永远是后天的、经验的，可是，必定有与感觉相应的实在。实在属于显现。一切感觉到的实在，都有内强量，都有度，其所以有度，知性的综合（结合性的综合）是必要的条件。离开这种综合作用，即使仍然可能出现感觉，可是一定无所谓度或内强量。

有了感性直观形式，也就是有了广延量，感性直观形式不会离开内容单独存在。还要注意有直观的内容，即经验直观或感觉，而感觉到的实在有内强量。不仅有感觉，并且意识到这个感觉，就是知觉。但知觉还不是严格的知识，还不是严格的所谓经验[①]。狭义的经验特指通过知觉对客体的认识（B 219，RS 230）。必须通过知觉，如果不是知觉，而是纯直观，那就是纯知识，不是经验。又必须是认识客体，如仅停止于知觉，还不是认识客体，那也不是经验。所以，经验是借助于知觉来规定一客体，这样来超乎知觉。通过知觉，又高于知觉，这只能是由于知性的综合作用。把众多知觉在一个意识里边综合起来，赋予综合统一性，从而规定客体，这就是经验的本质（B 218—9，RS 230）。

§19　一般经验的可能性条件：对"经验的类推"的一般论证

根据范畴表，第一组是量的范畴，第二组是质的范畴，第三组

---

① 康德常常把一切通过感官所得到的关于对象（显现）的一切零散的认识或知觉都泛称为经验。这种广义的经验与后天的同义。只要来源不是先天的，就是经验的。

是关系范畴。关系范畴，在认识中相对于直观材料表现出来的原则，叫做“经验的类推”（Analogion der Erfahrung）的原则。

对“经验的类推”原则的论证是康德知识学中又一个有高度重要性的部分。因为这方面的原则涉及真正或严格所谓“经验”或“知识”的先天可能的条件。构成这种“经验”或“知识”的联系的综合作用，是知性范畴的核心作用。这种作用特殊地属于关系范畴，其原则就是“经验的类推”。

为什么叫做“经验的类推”呢？

知性的这种原则涉及的不是单纯的显现，也不仅仅涉及对显现的感知方面的综合（不限于单纯对量或质的综合），它们涉及的是显现的定在（Dasein），更涉及众多显现在定在方面相互之间的关系。对显现的定在的认识与对显现的量或质的认识有重要区别。对显现的量或质的认识，其先天规则是：当这种综合活动进行时，同时就在每一现实的经验事例之中先天地产生出一定的直观本身。对于量的认识，就是根据“直观的公理”原则，综合众多的经验直观，从而就先天地产生出特定的经验直观的广延量。对于质的认识，就是根据“知觉的预知”原则，通过刹那的综合，在无限不同的程度构成的系列的条件下，先天地产生出知觉到的特定的内强量。任何特定广延量的出现，离不开知性的“直观的公理”的综合活动，任何特定内强量的出现，离不开知性的“知觉的预知”的综合活动。这两项原则保证了把数学应用于显现，从显现的先天的可能性方面，表明显现不管是在其直观方面还是在其知觉到的实在方面，都会按照数学的综合的规则被产生出来，所以，在这两方面都使我们得以把显现作为量来认识。例如：可以利用月光组成20万倍于月光的亮度来先天地给定或构成对日光的知觉的度。所以康德把这两种知性原则,称为构成的(Konstitutive)。“直观的公理”先天地为显现提供普遍的形式,“知觉的预知”先天地为显现提供一般内容(A178—179 = B 220—221,RS 231—2)。

那么,对于显现的特殊的定在能不能先天地认识?不能。虽然我们可以先天地肯定有某种东西存在,可是却不能断定实际上那究竟是什么样的存在,我们不能预先知道在实际经验中,当直观到那个存在和别的存在时,我们的经验直观究竟有什么区别。总之,我们不能构造定在。那么,知性对于显现的定在能不能实现什么先天的作用?已经知道,知性的纯范畴通过时间范型对知觉进行综合,形成关于客体的知识。何以是关于客体的知识,而不再是单纯主观表象?这里的关键是作为表象的知觉与知觉之间,由于范畴的综合作用,出现了以统一性为基础或作为统一性的充分表现的必然的联系。这样的必然联系是客体或显现的定在的一般特征。必然联系是定在中间的关系,它并不涉及原来的知觉本身的构成,像构成经验直观的广延量的“直观的公理”或构成感觉的实在的内强量的“知觉的预知”那样,所以,提供必然联系的原则不是构成性的,只是规范性的。它涉及的是存在的关系。例如,我们有一个知觉相对于另外一个知觉在一种时间关系里给定了,如果对这另外的知觉没有作出任何规定,我们当然不能先天地肯定这另外的知觉是什么样的特定的知觉,除了根据“直观的公理”和“知觉的预知”原则肯定它必定有某样广延量和某样内强量。可是,此处我们却还能断定它与前一个知觉,在这种时间关系里,有一种必然联系。这种联系表示的不像在数学里,一个比例的三项因子给定了,从而第四项因子也就给定了,那是两个量的关系的相等,是构成性质的,而这种必然联系表示的是:如果有三项因子给定了,并不是说那第四项因子本身也就给定了,而是肯定了可以认识到三项因子对第四项因子的关系,这里有一种规则,我们根据这种规则的指示可以在经验中找出那个第四项因子。根据这种规则,知觉与知觉就获得了经验的统一性。这种规则是知性的原则,不过,对于客体或显现来说,不是构成性的,而是指导性的(regulative),这就是经验的类推。所以,这里所谓类推,不是像在数学上那样,指两个在量上相等的关系,而是指两个关系,在性质上类似,可以从一组关系推知另外的也是同样的关系。

源于样式范畴的"经验思维的设定"的知性原则,也是指导性的。

指导性的原则与构成性的原则的区别不在确定性方面,这两种原则的确定性是一样的,其不同只在于数学的构成性的原则具有直观的确定性,而指导性原则具有的是使显现从属于经验的统一性从而获得的类推的确定性。

作为知识材料的知觉,其联系必定表现在时间之中。时间,与在其中的显现相结合,表现出三个不同的样式:常在(Beharrlichkeit),继在(Folge),同在(Zugleichsein)。因此,就有关于显现的联系的三个先天原则,也就是如下的三个"经验的类推"原则:

(1)第一个类推:"实体常在的原则";

(2)第二个类推:"按照因果性规律继在的原则";

(3)第三个类推:"按照交互作用或共同联系规律同在的原则"。

对以上三个类推,各有论证。但是,三个类推涉及一个共同的方面:显现从存在方面看,它们之间总有某种联系,这是三者的共同点,尽管它们联系的方式可以有所不同。

现在先对三个类推的这个共同原理，作出一般性的论证，然后在这个一般性论证的基础上，对三个不同类推进行各自的特殊论证。

"经验的类推"的基础的共同原理在A的表述是：

> 经验的类推的一般原则是：一切显现，在其定在方面，都先天地从属于它们在一个时间中互相关联的规定性的规则（A176—7，RS 229—230）。

在B的表述是：

> 经验的类推的原理是：经验的可能只是通过知觉的一种必然联系的表象（B 218，RS 229）。

B的表述与A的表述的不同，重要表现在：

（1）B更严格地立足于知识学角度；

（2）B突出了"必然联系"的问题。

底下以B增补的论证（B 218—9，RS 230）为主，对统摄三个"经验的类推"的总的一般的原则的论证概括如下：

（1）严格的所谓"经验"或"知识"是这样一种知识，它把众多知觉规定成为一个客体。这就需要把众多知觉综合起来。这种综合作用当然不在知觉自身之中，倒是这种综合作用本身正意谓着把众多知觉放在一个意识里边的综合统一性。这种综合统一性是关于感官的客体的"知识"，也即"经验"的本质。

"经验"或"知识"是对于客体的"经验"或"知识"，客体之所以成为客体，是由于它具有统一性，综合统一性的来源是作为纯自我意识的先验统觉。这是“先验演绎”的重要成果。

（2）统觉的必然的统一性，是知性的认识功能，知性这种功能的实现，必须通过时间的范型。所以，统觉这种统一性与一切可能的经验意识（即知觉）的联系，必定是贯穿在每个时间中，也就是，这是一种把一切显现按照它们在时间中的关系联系起来的综合统一性（A 177 ＝B 220，RS 231）。

（3）知觉与知觉的出现，相互之间的关系只是偶然的，从它们本身显示不出，也不可能显示出任何必然的联系，因为在感知方面，只是好多经验直观汇集或并列在一起，并不表示汇集或并列着的显现是在时间和空间中必然联系着的存在。

（4）既然“经验”是把知觉转化为关于客体的知识，那么，在经验中，众多的显现的定在之间的关系，就不会像在感知中那样，是在时间中汇集或并列着的，而应该是在时间中的客观的关系。

（5）我们不可能知觉到没有质料的单纯的时间。[1]

时间是感性接受直观的显现的先天形式。在经验知觉中，时间（以及空间）总是作为一定感觉材料的形式，与感觉质料结合在一起。在感知中，时间（以及空间）需要知性的生产的形象的综合作用。这种综合作用，在感知当中，既构成了广延量，也产生出现实的时间。所以，在经验的知觉，时间总是与一定的感觉质料在一起，有了知觉，也就有知觉在其中出现的时间。由于不可能知觉到

[1] 空间、时间，作为纯直观，其表象依靠的是纯想像力。在实际手续上，我们可以从知觉抽象掉其中的内容或质料，即感觉，剩下的就是空间或时间纯直观。在经验的知觉方面，必定是空间或时间伴随感觉质料或感觉质料在空间或时间之中，我们知觉不到无感觉质料的空间或时间。

单纯的时间本身,或者也可以这样说:在知觉中,我们不能单纯地感知到时间而不感知到其中所包含的感觉质料。这样,好多显现或知觉在时间中所谓必然联系,既不是来自知觉本身,也不是由于时间本身为我们提供了什么样的指示,或为我们作出什么样的标志,使得我们认识到那些显现或知觉在时间上有必然联系(因为我们根本不能知觉到单独的时间)。那么,我们是怎样知道显现在时间中有必然联系的?

(6)既然诸特定的经验知觉彼此在特定时间中出现,无所谓必然联系,因此,诸客体在时间中存在,只能是通过它们在一般时间中的联结,因而只有通过先天的知性范畴才能作出这样的规定,因为知性范畴具有先天地实际联系的功能,并且总具有必然性。所以“经验”之所以可能,只能是由于表象出诸知觉的必然联系,这种必然联系来自知性的范畴,即关系范畴。

一切经验知觉都从属于内感官的形式,时间。每一知觉属于一个特定时间。这样的知觉彼此之间没有必然联系,正像与这样的知觉相结合着的每个特定时间彼此之间没有必然联系一样。但是,如果认识不仅仅是知觉,我们提高认识层次,我们对诸知觉进行综合活动,赋予它们以综合统一性,这样,原来的一些知觉就转化成为客体,个别知觉出现于其中的特定时间,由于同样的综合作用,也就得以从个别知觉相结合的特定时间,转化为严格地所谓感性的先天的时间形式,一般的时间(die zeit überhaupt),联贯着的具有整体性的时间(不是伴随着个别知觉的零散的时间)。我们意识到一个感觉a,又一个感觉b,它们相继出现。我们在时间形式里接受a与b相继出现的感觉。a与b都是特殊的感觉,从a到b的一段时间,也是一段特殊的时间。我刚刚看到一只鸽子从楼的东边飞到西边，这是一段特殊的时间，1987年2月22日上午11时40分10秒到1987年2月22日上午11时40分15秒。而"太阳照热石头"，则是对客体的经验知识。在这种认识中，客体当然在时间中，但是，在这认识中，并不是特殊时间，而是一般时间。与主观知觉相联系的是一段特殊的时间，与客体的具有一定普遍性的认识相联系的是一般时间。只有在这样的时间中，才能出现知觉之间的必然联系。一般时间是知性范畴应用于直观对象的桥梁，也即作为两方面中介的范型，这是范畴实现其对直观对象的综合统一活动的唯一通道。应用于感觉材料的范畴本身必然带上了时间性质，这时间决非特殊的，而是一般性的。因为在把特殊知觉转变为具有普遍性的客体的活动中，范畴赋予客体以一般的时间性质，范畴是在一般时间中进行其综合活动的。范畴通过一般时间——范型——表现其普遍性和必然性。范畴所提供的必然联系是普遍性的联系，因而是在一般时间中的联系。所以，知觉在时间中取得必然联系，从而转化成为对客体的认识，其根源是知性的具有必然性的范畴，特殊地说，是关系范畴。一切实际的经验的时间规定，都必定从属于一般性的时间规定（要注意：并不是说有两样不同的时间，一是个别的、零散的时间，一是一般性的时间。应该承认，作为感性形式的时间是唯一的、具联贯性的、无限的。所谓与个别知觉相结合的零散的、特定的时间，是知识学分析的产物，实际上不属于真正的"经验"或"知识"）。以知性的关系范畴为根源的一般性的时间规定，也就是使得我们能够通过直观对象获得关于显现的客体在时间中的必然关系的经验知识的"经验的类推"原则。属于关系一组的三个范畴：实体、因果性、交互性，以范型为中介，应用于直观对象，就表现为三种不同样式的一般性的时间规定，也就是形成对“经验”或“知识”的时间关系进行先天规定的三个不同的原则,即三个不同的“经验的类推”。作为一般性的时间规定,实体范畴表现为“实体常在的原则”,因果范畴表现为“按照因果性规律的时间上继在的原则”,交互性范畴表现为“按照交互作用或共同联系规律同在的原则”。

以上述对“经验的类推”的基本共同原理的论证为指针,底下结合时间的三种不同样式,对三个“经验的类推”进行各自的论证。

§20　实体(“第一类推:实体的常在原则”)

(1)实体原则的表述

在A版中的“实体的常在原则”:“一切显现包含着作为对象本身的常在的东西(实体),变化的东西是对象的单纯的规定性,也就是,对象如何存在的方式”(A 182, RS 235)。

B版的说法:“在显现的一切变化当中,实体是常在的,在自然界中的实体的量既不增加,也不减少”(B 224, RS 235)。

这个原则是实体范畴应用于经验对象的指针,是实体范畴对自然界颁布的规律。

(2)必然联系的根本条件:时间

“经验的类推”三个原则的特征是它们在时间中赋予众多的感官知觉以必然联系。从主观的感官知觉转化为认识客体的关键是必然联系的表象。这种必然联系不是概念与概念在分析判断中的联系,而是经验知识方面的联系,又一定是经验对象方面的联系,是客体方面的联系。这种联系与时间分不开，它们涉及时间上的常在，继在或同在。“第一类推”论证时间上的常在，“第二类推”论证显现在时间上的继在，“第三类推”论证显现在时间上的同在（逻辑的关系完全不涉及时间的规定性）。

随着我们的阐述的前进，时间在康德知识学中的重要地位越来越突出。时间与空间都是感性的形式，时间是内感官的形式，它更单独地是范畴与直观对象的中介的范型的根本条件。现在时间又表现为关系范畴应用于感性直观材料“经验的类推”知性原则的特征即必然联系的先天的条件。时间是唯一的，并不是有几套不同的时间。由于从不同的方面考察，就了解到时间作用在不同方面的表现，因而就有对时间的不同规定。时间与空间一样，有特殊的时间，还有一般的时间。时间作为内感官先天的形式，这是一般的，各个经验直观或感官知觉，各个显现，都在一定的时间中，这是特殊时间。但在知识中，一切经验的特殊的时间规定又必定从属于一般的时间规定的原则。进一步看，范畴应用于经验对象，要以范型为中介，要时间化，因而范畴带上时间的性质，从这方面看，时间是一般的。可是范型在范畴的统摄下直接成为一定经验直观的形式，作为范型的根本条件的时间又表现为特殊的。当然，作为知识，与直观对象结合的范型必定使对象从属于范畴，从而使特殊时间转化为一般时间。现在，时间作为显现的定在的条件，又有三种不同关系的表现，常在、继在和同在。而常在相对于继在和同在来看，又有其突出的重要意义。

（3）只有在时间中才能表象同在、继在

我们对众多显现的把捉，永远是继续的，也就是不断变化的，这是因为必定要在时间中把捉众多的显现，而时间是感性的形式，特别是内感官的形式。

我们说众多显现，作为经验到的对象，在时间中有些是彼此同时存在，有些是彼此先后继续存在，这种不同关系的根据是什么？

既然一切显现都出现在时间之中，那么，时间就是一切显现的基础（Substrakt）。经验到的对象，一切显现都是不断地在变化。变化与不变相对。只有与不变的东西相联系着才能表象出变化，才能看出变化。如果没有某种不变的东西作为相关的背景，也就不可能表现出任何变化。时间是内感官的固定的形式。所以，正是作为一切显现的基础和相关者的时间，是表象显现之间的同在或继在的必要条件。显现在变化，可是同一切显现必然相关的背景的时间不会消失，显现总在它之中，它不会有变化。在时间之中，或者说，以不变的时间为相关的背景，就可以表象显现的变化，表象它们的同在或继在。时间是统一的，也是唯一的。一切变化，一切同在或继在者都是经验对象。相对于唯一的时间，它们都是经验的特殊的时间规定。一切经验的特殊时间规定，都离不开一般的时间，都以常在的、不变的一般时间为根本前提。所以，从时间上看的同在或继在，实际上只是一般时间的不同规定。

（4）怎样表象时间？

我们不能知觉到时间本身，正如我们不能知觉到单纯的空间。

那么，时间是怎样表象的？

在“先验感性论”，为了论证时间的先天性，康德曾指出：我们之所以能知觉到经验对象的同在或继在，是由于我们根本上原来具有时间表象（A 30 = B 46，RS 74）。所以说，时间表象是先天的。但是，为了认识时间，必须通过感官知觉，必须涉及经验对象，因为时间是感性的接受性，是感性接受对象刺激的形式。所以，要问怎样表象时间，自然要回到感官知觉的经验对象。知觉的对象或显现，是彼此相继的变化的，变化中的显现以时间为前提，那么，不断变化着的显现是不是就表现着时间的继在？问题是不断出现的变化着的众多显现本身，零零散散，瞬息之间，此灭彼现，实际上不过是一个一个先后出现的知觉，就它们各自分开的本身看，并不能提供所谓变化，也不能提供所说的时间。可以用形容人生之迅促的“白驹过隙”比喻，通过感觉细微空隙所见到的不过是飞驰而去的零散影像，仅仅从这样彼此互不相关的单个影像看，变化、时间都无从肯定。这样看来，变化不是孤立的，变化必定联系着一整个系列的经验对象，必须在一整个系列的经验对象的基础上，才可能表象继在或变化。变化又不是自足的、绝对的，而是有根据的、相对的。必须跟某样不变的东西相对待，才有相继或变化。这个不变的东西就是前边所说的一般的时间。

既然时间本身不能被知觉，我们知觉到的只是经验的对象，变化或继在以及同在又属于我们实际的经验，而离开了某样不变的东西又不可能知觉到变化，继在以及同在，那么，从知识学的立场看，只有这样一个可能性：在显现中间必定有一种不变的东西，这样的东西是显现的基础，它是不变的，它是一般时间的具体表现。我们正是依靠这个基础，才可能认识到显现的变化即继在以及同在，也就是，这个不变的东西是时间本身的所有经验表象的基础，只有以它为背景或参照系，才能有关于时间的规定，才能表现一切显现的定在，表现一切变化和同在。

变化是指时间中显现的变化，时间只有与显现相结合，才可能出现常在、继在和同在，所以说它们是时间的三个样式。时间本身并不变化：

> 变化不涉及时间本身，只涉及时间中的显现（同在也不是时间本身的一个样式，因为在时间本身中，任何部分都不是同在的，而是彼此相继的）。如果我们把一种继在彼此相续地加诸时间本身，那么我们就必须还要设想另外一个时间，只有在这个时间中，那个继在才可能（A 153 = B 226，RS 236）。

先说这段话所引起的麻烦：时间本身是不是相继的？按照括弧中的话，时间本身应是相继的。可是，底下的话又表明不好说时间本身各部分互相继续，因为那样就还需要另外的时间作为背景或参照系，而那另外的时间如果其各部分互相继续，就又需要又一另外的时间，以致这种想法将引到无限多作为背景或参照系的时间系列，因而表明这种想法是站不住的。康德虽然没有明确表示出这个困难，显然他是肯定了这个困难。不过，他在好多地方明确肯定时间的各部分是相互继续的（如 A 31 = B 47，A 32 = B 47，A 33 = B 50，A 183 = B 226 等处）。各部分的相互继续，恐怕应是时间的先天的规定性。我们再看一段话：

> 时间只不过是内感官的形式，也即直观我们自己和我们的内部状态的形式。因为时间不能是外显现的规定，不管是什么形状，或地位之类都跟它没有关系，与此相对，它规定的是我们内部状态的诸表象的关系。而正因为这种内直观不提供图形，我们才试图利用对比补救这种缺点，于是就使用一条向无限前进的线条表现时间的继续，其中的众多构成一个只

有一维的系列，并从这个线条的特性引出时间的一切特性，不过其中的一项要除外，即线条的各部分是同样的，而时间的各部分是互相继续的。这样也就表明时间本身的表象是直观，因为时间的一切关系都可以由一种外直观来表现（A 33 = B 49—50，RS 76—77）。

按照"先验感性论"的阐述，时间作为内感官的先天形式，是唯一的和无限的：

时间的无限性指的不过是：时间的一切一定的量只由于对一个唯一的作为基础的时间的限制才是可能的。因此，那个原初的表象时间，必定是作为无限制的被给定的。一个东西的众多部分，一个对象的任何的量，如果只通过限制才能成为一定的表象，那么，其整个的表象一定不能借着概念被给定（因为概念包含的只是部分的表象），而必定有直接的直观是这个表象的基础（A 32 = B 47—8，RS 75）。

因为他〔指埃伯哈特（J. A. Eberhard①）〕说到作为某样组合起来的具体的时间，作为这种组合物的单个成分应该是众多的表象，他却没有注意到：为了设想那具体的时间的继续，我们必须已经有时间的纯直观作为前提，才可以设想那些表象在这里也继续〔出现〕。而在时间的纯直观，根本没有作者所谓非图像的（或非感觉的）单个的〔东西〕，因此毫无疑问，在

① 哈勒大学教授埃伯哈特（1738—1809）是沃尔夫派哲学家，创办《哲学杂志》（Philosophisches Magazin），撰文反对康德哲学。康德于1790年发表《论发现由于一种较早的纯粹理性批判使一切新的对纯粹理性的批判成为多余的》做了反驳。

一般的时间表象方面,知性根本没有超出感性范围(1789 年 5 月 19 日致 C. L. 莱因霍德信)。

那个唯一的,无限的时间,也就是原初的时间表象,也就是时间纯直观,也就是前边所说的一般时间。所以,我想康德意谓的是,时间纯直观就是原初的时间表象,是一般的时间,这个时间是唯一的、无限的,如果利用外直观的图形来表现,最合适的是一条向无限延伸的线。但是要注意一点:时间的各部分不能像线条那样同在,而是继续的。时间是一条线,又不是一条线,那么为什么在外直观方面,一条线又是对时间的最恰当的表现(除掉各部分的同在)?另一方面,应该承认,各部分同在是线条的本质的特性,那么,除掉了线条的这一本质特性,还是不是线条?所以,康德的想法是不是这样表达更合适,即:时间的纯直观是唯一的,无限的原初的时间表象,这是一般的时间,它的无始无终的永恒之流是知性先天范畴应用于直观对象的中介,借助于生产的想像力,它是一无始无终的线条。它绵延不断,无所谓部分。只有结合经验的直观,结合关于的对象的知觉,才出现一段一段的时间部分,这是特定的时间,这是在经验中对时间的规定,是对一般时间的一种限定。所以,一定要把握住时间的二重性:一是作为先天纯直观的唯一的,无限的一般时间,这是内感官的固定不变的形式,一是与感官知觉相结合的特定的彼此相继的部分时间。前者是从先验的角度看,是根本的,后者是表现于经验的。前者与后者都表现着时间的特性:排斥同在的连续性。区别在于:前者是不包含着众多部分的原本一贯统一的连续,因为它是感性的先天的形式,是纯直观,只有通过限制作用,才能设想它的部分。后者,由于是感官的知觉,其本性就是零散的、部分的，所以与它相结合的时间必定原本就是部分地相继的。前者虽然离不开时间的排斥同在的连续性，但却又是永恒的无所不在，它既是部分的相继，这是时间的特性，又是没有部分的先天的一而贯之，这是纯直观的特性。二者有主有从，纯直观是主，时间是作为纯直观的时间，所以，尽管除去一个例外，康德仍然要用一条线作为对于时间纯直观的最好的表现图形。线条正好表现了时间纯直观的一以贯之的无所不在。

据上面的分析，尽管康德面对着一个枝蔓丛生、盘根错节的问题，可是，整个看来，他的观点是明确的：只有在唯一的，无所不在的，又是不变的一般时间的基础上，才有可能出现时间关系，才有直观对象的继在和共在。也可以说，继在和共在只能是这唯一的一般时间的两种不同的规定。而时间本身不能被知觉，所以，必定是在知觉的对象方面，在显现方面，有一种不变的基质，它正是表象着一般时间，有了这样的基质作为基础，由于显现与这种基质相对，我们就知觉到一切继在或变化，一切同在（B 225，RS 235）。

总之，直观中的恒常不变的基质，表现时间。不管是继在，还是同在，总之与显现的一切定在相对或相关，总有那恒常不变的。也可以这样想：众多显现的先后相继只能是由于它们先后相继地缚系在或记录在这个固定不变的根基之上，如果不是这样，无所缚系的众多显现即使它们相继出现（我们姑且这样设想）也决不会作为先后相继被知觉到。同在也是一样。众多显现的并存只能是由于它们同时缚系在或记录在这个固定不变的根基上，不然，即使它们同时出现（姑且这样设想），也不会作为同在的对象被认识到。

（5）一切实在的基质或常在是实体

既然我们感知到的众多知觉是变化的，作为显现的对象的定在是变化的，就应该断定显现中必定有作为基础的不变的基质。这种不变的基质必定是显现中一切实在的基质，是属于物的存在的基质，那么，这正是所谓的实体（Substanz）。

实体具体地是什么样特殊的东西，我们不可能先天地断定。实体是铁，是水，是张三或李四，在这方面，我们要靠经验。但是，实体作为知识的原则，必定是先天的，它一定是先天综合判断，并且应该是知识的可能性的先天条件。它涉及知识的一个普遍的必然的方面，即必然与一切继在或同在的知觉相关联的显现之中的固定不变的方面。在经验中，我们对众多显现的知觉永远是一个跟着另一个继续地出现，光凭这些相互继续的知觉，永远不能有一个唯一可靠的根源来规定它们实际上是同时，还是继续。在感性知觉方面，一切都是继续的，没有同时和继续的区别。只有以显现中的常在为基础，才能对众多的显现作出同时或继续的规定。常在就是显现在时间中的固定不变。必定有这样的常在，这是我们认识到继在、变化或同在的条件。一只麻雀从树上飞到地面，我们说它先在树上，后在地面，因为先在树上的与后在地面的是同一只麻雀，落在地面的麻雀，正是原先在树上的那同一只麻雀，不是两只不同的麻雀。同一只麻雀先在树上，后在地面，改变了地方，可是作为实体的麻雀本身没有改变，所以，这两个不同的显现确是继续的，在书房里边，我可以从左边看到右边，还可以从右边看到左边，可以从上边往下看，还可以从下边往上看，我认定左边、右边、上边、下边是同在的，因为它们都属于同一书房。书房是作为基质的不变的实体，那么它就具有同在的左右边，上下部分。

实体原则，作为知性的先天规则和知识之所以可能的条件，是实体范畴以实体范型为中介，以一切可能经验为对象的一般的表现：

> 关系的范型包含的是众多的知觉互相在一切时间（也即按照一种时间规定性的规则）的关联，并且把这种关联表象出来（A 145 ＝ B 184，RS 203）。
>
> 实体的范型是实在在时间中的固定不变，也就是把实在表象为一般的经验时间规定的一种基质，因而它是持续不变的，而一切别的都变动不居（时间并不流逝，而是可变的东西的定在在时间之中流逝。因此，在显现中，与本身不变而持续的时间相应的是在定在方面的不变的东西，即实体，只有与这样的东西相关联，显现中的继在和同在才能按照时间来规定）（A 144 ＝ B 183，RS 202）。

由于实体的纯概念以实体的范型为中介，实体纯概念的功能就通过一般时间表现出来：它指的是在时间中固定不变的实在，是经验的特殊的时间规定的一般基质或基础，因而是变化的显现的坐标系的参照中心，这是我们认识到显现的变化、继在和同在的先天的可能性条件。

（6）实体与偶性

对显现的变化的或同在的对象的认识，必须有一种不变的存在的东西，这就是常在。常在是一切实际存在的东西的基础，也是一切继在和同在的基础。正是由于常在，才有对象的变化；也正是由于常在，才表象了不能成为直接知觉对象的时间本身。这个常在就是显现的实在。常在是必然的，所以我们也必然会应用实体范畴于显现（A 184 ＝ B 227，RS 237）。没有常在，就没有实体，常在就是实体。实体范畴是一切关于经验对象,关于显现的知识的最根本条件。在单纯思想中,实体概念不过是指判断中的主体。在实际的认识中,实体范畴表象一般时间,表象时间本身,表象固定不变的常在。

我们可以想一想:是什么东西发生或消逝?是正在发生着的那个东西发生?正在消逝着那个东西消逝?可是,如果没有与发生或消逝的东西相关联的另一个持续不变的东西作为发生或消逝之出现于其中的主体,光是那个在发生的东西,或光是那个在消逝的东西,每一个变化都是独自孤立的,事物可以无中生有,也可以从有变无,彼此之间并且毫无联系,那就是根本无所谓作为事物的一般基础的常在。说到开始,那么,就必定会有一个时间点,在这一点上,它曾经不存在。可是,这个时间点不能是孤立的,它总要同在先的时间点联系着。这个在先的时间点是空的?空的时间根本知觉不到。所以必定要联系着已经存在着的东西,这存在着的东西又必定要继续存在着,直到我们前边设想的那个东西发生的那个时间点。所以,这个后来发生的东西与在它之先已经存在的东西一样,都只能是常在的规定性。关于绝对的消逝,也是同样的情形,因为这要假定一个时间点,在这时间点,没有任何显现,这在认识上也是不可能的(A 188 = B 231, RS 240)。所以一定有常在。不然,还有什么变化?还有什么发生?因为只有相对于一定的基本事物而言,某样情况不曾存在过,所以才发生,某样情况曾存在过,才会消逝。可见,发生或消逝,一定是同一个某物相继存在的不同方式,而非彼此孤立的。一定有一个东西,这个东西总还是这个东西,它本身并没有发生或消逝。可是这个东西却有其存在的种种不同的情况,这个东西虽然未变,却无碍于其情况的变化。变化只能涉及它的一定规定性，某样规定性可以发生，也可以消逝。发生消逝一定是不变的对象与其变化了的情况的结合，只有固定不变的东西（实体）才变化，那个自身可以消灭的东西并没有经受变化，它只变换，正像有些规定性消逝，另外一些规定性出现了一样（A 187 = B 230—1，RS 239—40）。

所以，只有以实体为依据，我们才能知觉到变化。发生或消逝只是常在的规定性。

实体（固定不变的）在变。所以，实体具有各样的规定性，这就是偶性（Akzidenzen）。偶性是实体存在的特殊方式，它们不会同实体分开。偶性一定是实在的，因为它们涉及的是实体的定在。有的哲学家把原本属于实体的实在的偶性本身也看成是一种定在，于是称实体的定在是自在，偶性的定在不是自在，是附在（例如：霍布斯就把运动看成是物质的一种偶性）。这样就产生误解。本来只应该把偶性看成是正面地规定实体的定在的方式，偶性只不过是实体存在的特殊表现，另一方面，实体也不可能存在而没有规定性或不表现为偶性。实体与偶性原本是内在地统一着。可是，由于我们知性的逻辑运用的条件，就常常把实体的定在中那些能够变化的东西同固定不变的实体看成似乎是分开来的，各自孤立着的，然后再考察它们同那真正的根本的固定不变的实体之间的关系。我们应该注意到这种分割是不恰当的、不正确的，这是受了我们知性的固有限制等的影响。康德认为知性在知识中的作用不仅是逻辑的，更重要的是综合的。逻辑的运用是分析。涉及经验对象的运用是实在的运用，这种运用必然是综合的。所以，实体范畴构成的是以实体为核心的关于显现的认识，它表明的是实体与其定在的状态即偶性的不可分的统一性。

康德善于分析，但他并不以细致的分析为最终目的。他利用知性进行分析，但更利用知性进行有机的综合，如果无视他以深入分析为手段，力求在丰富的多样性基础上富有内容的高层次综合，就等于丧失掉这个哲学的精髓！

实体范畴属于关系范畴，可是它并不是本身包含着关系，它本身更多地是关系的条件。什么是关系的条件？条件指的是来自知性的先天条件。以感官经验为对象的知性条件，其根本活动是综合作用。关系条件是一种特定的综合作用。实体作用作为关系条件，就是指综合众多的感官知觉以构成一定知识的条件，是综合众多的显现以构成关于一定的对象即实体的知识条件。

（7）实体与经验对象

偶性是实体的定在的状态，继在或同在是常在的变化。众多的感官知觉，只有经过联结而非彼此孤立，才可能有知识。其所以有各样偶性，都与实体分不开，它们是实体的偶性，是实体的不同状态。其所以有继在或同在，其所以有变化，都与常在分不开，它们都不外是常在的变化。所以，实体或常在，是一切经验对象的根基，是一切作为经验对象的表象的客体的根基。这种根基本身必定是固定不变的，是同一的。不然，它不能实现联系众多经验对象的作用。而要把众多的继在的或同在的经验对象联系起来，必须在时间之中实现综合。这个时间必定是同一的时间，不能是好多的时间。所以经验对象的根基的同一性与时间的统一性是一回事。表象时间的是经验对象中的根基，是经验对象中的常在，因此，根基的同一性，常在的固定不变，正表象时间的统一性。在这基础上，经验对象才有了根本的联系，因而也才有经验的统一性。经验的统一性正是知识和科学（系统知识）的必要条件。

> 因此，常在是作为物或对象的显现得以在一个可能经验之中被规定的唯一的必然的条件(A 189 = B 232, RS 240)。

这也就是实体范畴的重要意义(参看 A 186 = B 229, RS 238)。

(8) 实体的量不变

关于实体性原则，康德在B版还增补了实体在自然界中的量既不增加也不减少，也即实体的量的守恒原则。在1786年刊行的《自然科学的形而上学基础》中，他建立了涉及量、质、关系和样式四个方面的关于自然科学对象物质的基本原则体系。这是以知性的范畴理论来论证自然科学基础的进一步工作。再进一步的更具体的工作就是题名为《从自然科学的形而上学基础到物理学的过渡》的未完成的遗著(Opus postumum)。这一系列的工作都以《纯粹理性批判》对知性范畴，范型和原则的论证为依据。《纯粹理性批判》所说为人类知性所颁布的自然界规律，是指自然界最一般的规律，至于具有一定特殊性的规律，虽然必定从属于最一般规律，却不是可以单纯从其中推演出来的。《纯粹理性批判》B版所增补的"在自然界中的实体的量既不增加，也不减少"，使知性原则作为自然科学基本原则的实质直接地表现出来。

如果认为笛卡尔关于运动的量守恒的设想是能量守恒原理的真正先驱，那么，我们当然要充分估计笛卡尔的设想对科学特别是力学世界的重大推动作用(虽然不能否认与笛卡尔设想联系在一起的还有神学假定)。后来能量守恒原理的发展，主要是从化学方面获得了质量守恒的事实上的佐证。康德的实体原则的特点是在知性先天范畴基础上,论证了实体思想是经验对象即自然界的可能性条件,人类对自然界的认识以关于常在的思想为根本的前提。结合康德当时的自然科学(主要是天文学和力学)对自然界从量的方面进行考察的科学成就,可以认为,他把自然界中的常在与自然界中实体在量的方面守恒联系起来,是水到渠成,顺理成章。在康德哲学中,实体的量(能量和质量)的守恒是自然科学的哲学基础。

实体的量不增不减,不能从概念推演出来,它不是分析判断。也不可能来自对经验事实的归纳,因为根本不可能对人类(从过去直到未来的无限时间中)所能经验到的全部对象的实体进行不间断的并且是没有任何误差的衡量。康德的论证是:在一切变化的经验对象中必有不变的常在,即实体。一切特定的存在都不过是实体的规定性,常在也即实体是一切变化的基础或基质。变化的都是特定的存在,即常在的规定性:实体的偶性。而实体本身的定在或实际的存在是不能变的,所以它在自然界中的量既不会增加,也不会减少①。

> 如果我们认为会出现新的物(就实体而言),那么就永远不可能有显现的统一性了,因为那样就会取消了那唯一能表象时间统一性的基质的同一性,这是由于一切变化正是靠着

① 在《自然科学的形而上学基础》中,与“实体的量的守恒”理论相应,康德提出“在物体自然界的一切变化中,物质的量整体上保持不变,既不增加,也不减少”的力学规律。他认为实体只能是外感官的对象,即物质,因为实体只有在空间中并且按照空间的条件才可能。物质由互相外在的部分组成,这些部分如果是实在的(能动的),必定也是实体。物质的量的减少只能通过分割,但却不是消灭。另一方面,康德认为,作为知识的主体的“我”,只是一个思想,一个没有规定性的主语,从它推不出任何东西来,所以不能得出“我”是实体的结论(见 AA,第4卷,第541—2页)。

基质的同一性才会有彻底的统一性（A 186 = B 229，RS 238）。

时间规定性——继在和同在——依据的是常在的实体，实体是一切时间关系的基质。如果某些实体可以消灭，另外，又会出现一些新的实体，那么，由于某些实体消灭，现存的时间关系就会出现中断，由于新的实体产生，又会出现另外的新的时间关系，不论是哪种情况，显现都会联系着不同的时间，事物的定在分流于不同的时间，这样，显现的统一性也就不可能存在，当然，也就谈不到对显现的科学知识（A 188 = B 231—2，RS 240）。

（9）从西方哲学的发展看实体原则

西方哲学的两千多年间，在理论哲学方面，主要是以实体问题锻炼人的思维。初期提出了世界本原问题，继之有原子论和理念论。亚里斯多德对实体问题的系统探索，标志着希腊哲学进入了巅峰。在漫长的中世纪，基督教的哲学家主要利用希腊人在实体问题方面的理论贡献来为信仰服务。近代的唯理论。从笛卡尔开始，在经院哲学的深刻影响下，所建立的仍然是以实体问题为核心的各具新时代特色的不同体系。只是在资本主义生产方式发展较快的英国，才出现了使哲学转向实际经验的新的思维方向。洛克的经验论的知识学是哲学发展的一项重要转折，洛克在反对经院哲学影响的斗争上，最重要表现在以下两个方面：批判天赋观念和主张实体或实在的本质是不可知的。经验论思想在休谟就表现为极端片面的理论，他既否认了心灵实体，也否认了物质实体。物质实体存在与否对我们是一个无意义的问题，而由于没有了任何样式的心灵，印象和观念就没有依附，成了飘忽不定，零零散散，没有维系,各自独立的东西。科学认识受到极端经验论的真正挑战。

实体问题表现了人们长时期为了求知的摸索,它似乎浪费了世世代代哲学家的精力,但却在锻炼思维的同时,以自身的各样常常是互相争辩不休,是非难分的体系揭露了这个问题的虚妄,启发后人另辟蹊径。

英国经验论者,弗·培根,特别是洛克和休谟对康德产生重要影响。实体不可知是物自身不可知的先驱,但是康德的物自身不可知理论却是真正的哲学的知识学的合理的结论,它构成新的哲学的基础,也是新的哲学的核心,由于它为实践理性安排下适得其所的境界,它更有积极意义。康德以他的立于牢固基础上的物自身不可知理论批判了旧哲学长期的独断论传统,建立起为整个体系奠基的先验论知识学,与整个旧哲学划清界限,成为哲学上的最有贡献的革命者之一 。

独立于人的意识的物自身不可知,那么人们几千年为之费尽心思的实体问题的正确含义是什么?

> 为了论证外感官和内感官,从而感官的一切客体,仅仅作为显现的观念性,特别可以利用以下说明:一切属于我们对直观的知识的东西(因此,除掉根本不是知识的愉快和不愉快的感情以及意志),所包含的不过是直观里地位的关系(广延),地位变化的关系(运动)和规定这种变化的规律的关系(运动力)。至于在这个地位上所出现的是什么东西,在这种地位变化以外在那个东西本身中是什么在产生作用,在我们对直观的知识方面就没有给定了。可是,单靠着关系是不会认识到一个东西本身(eine sache an sich)的,因此可以断定:由于通过

> 外感官所给予我们的不过是单纯的关系表象，而即使外感官在其表象中所能够包含的也不过是一个对象对于主体的关系，而非属于客体自身的内里(das Innere)。关于内直观也正是同样的情况。在内直观，不仅外感官的表象是占据我们心灵的真正材料，并且，我们在其中安放这些表象的时间，它本身先于经验中对这些表象的意识，并且作为这种意识的基础成为我们在心灵中安放这些表象的方式的形式和条件，这个时间本身已经包含着继在、同在和那个跟继在、同在(常在)的关系（B 66—7，RS 89）。

知识的材料来自外感官，外感官的表象不外涉及地位关系，地位的变化关系以及规定这种变化的规律的关系。外感官的一切表象都是我们心灵的真正材料，都要从属于内感官及其形式。外感官表象在内感官中又必从属于时间，而时间不外是继在、同在或常在的关系。所以一切表象都表现一定的关系。

关系指的是某一个或众多东西中间所包含的联系。具有联系的东西可以叫做关系者。从人类知识的角度看，关系必定蕴涵关系者。我们说一切表象都表现一定的关系，可以是从属于空间形式的地位关系或地位变化的关系或规定这种变化的规律的关系，还可以是从属于时间的继在关系，同在关系或常在关系。由于空间、时间都是我们感性直观的先天形式，所以，不管是从属于空间的关系还是从属于时间的关系，都在根本上是一定的对象对主体的关系。由于一切表象都只能表现对象在空间和时间中的关系，而这一切关系又根本上都是对象对主体的关系，所以我们只能认识对象的显现，不能认识对象自身。这是康德在空间、时间作为先天直观形式这个先验的理论基础上,对他的哲学的基本主张:只能认识显现,不能认识物自身的进一步论证。

人们说:表象是事物的映象,这是以事物为主。康德从知识学立场看,他说,一切表象根本上都是对象对主体的关系,也就是,一切表象都必定为主体的意识所感知,这是以人的认识活动为主。因此,一切表象都出现在一定的时间中。时间关系有三种不同的样式或表现:继在、同在、常在。感知到的表象永远是彼此相继的,根据相继出现的表象,怎样区别出继在和同在?其所以能有这样的区别,是由于不变的常在。人们说,事物是变化的。康德说变化的是显现,显现的一切变化只有在时间中才能设想,并且还必须与时间中的常在为根本的参照系才能设想。常在是一切变化和同在的基础:

> 而这个常在却无非是对我们来说表象(显现中的)物的定在的方式而已(A 186 = B 229, RS 238)。

继在和同在是显现的物的真实的、不能置疑的定在,所以,常在是必然的实在。常在指的是时间的常在,可是我们并不能知觉到时间本身,我们所说的继在、同在、常在,虽然都是时间的不同样式,可是这些样式却只有通过显现才能表现出来。常在就是显现的一切变中之不变(B 224—5, RS 235),就是众多关系中那种独立的,不变的关系。只有与显现中的不变相联系,才能认识变,只有与不变的关系相联系,才能认识变的关系。在外直观方面,对于物质,我们所认识的,只是些关系,在这些关系中有一些是独立的、不变的关系,由于这样的关系,就有一定的对象给予我们(A 285 = B

341, RS 328)。所以，一定的对象表象时间中的常在，表象着不变，是不变关系的承载者或者说载体。所以，正是这样理解的对象才是我们真正的认识对象。实际上，变化属于一定的对象，是对象在变。一定的对象是认识的前提，是认识的条件。从感官的知觉看，什么样的对象出现，要依靠经验。可是，同一对象，一般地作为认识的条件，就不是依靠经验，而是出于认识的要求，显示了知性的能动性。认识不是零散的，认识不能停止于众多的知觉或互不联系的各样不同的关系，认识要求统一性，把众多的知觉综合起来归属到同一个具有一定的独立性的东西，把不同的关系系缚于一个在一定程度上不变的关系。这就显示了实体思想也即作为知性纯概念的实体范畴的必然的客观有效性。作为继在和同在时间关系的参照系的常在，作为常在的表现的变化的显现中之不变，与各样不同关系相关联的恒常不变的关系，总之，作为认识的具有必然性的一定的对象，正是所谓"实体"。

长期以来，人们通过"宇宙生成论"、"本体论"、"理性心理学"试图探索"实体"的究竟，殚精竭虑而所获甚微。实际上，这个问题是只有自然科学才最有办法解决的问题，哲学家毋庸越俎代庖。但是，尽管如此，实体思想在哲学中并不能一笔勾销。在哲学的知识学中，实体思想具有重要意义，就是说，实体的真正含义是在认识方面。实体不在外，而在内，向外探索实体，不啻缘木求鱼。我们说，知识需要对象，这种对象才是实体的真实所指。可是，对象在外，在空间中(我们意识到的一切表象，从根源上说，都是来自外面，也即原初都来自外感官)为什么说实体不在外？具体地，个别的对象处于一定的空间中、在外、来自经验，但是，任何具体的、个别的经验对象，作为我们思维的对方，作为知性必须把握的统一的物,作为认识对象,这是知性的纯概念——实体范畴的功能的表现。实体作为知性的一种特定的思维方式,在内,其功能却只能表现于具体的、个别的经验对象的外。所以,实体并非独立于人类意识的物自身的支柱,而是人类的认识对象的支柱:实体包含着关系,这就是说,实体与偶性具有内在的联系。

> ……显现必定从属于实体概念,实体概念作为一个纯是关于物的概念(als ein Begriff vom Dinge selbst),是定在的一切规定性的基础(《导论》,§25,AA 第4卷,第307页)。

实体更是关系的条件,这就是说,一切变化,一切继在和同在,都以常在的实体为其不可少的条件,变与不变具有内在联系。实体思想,如果与一切可能经验的对象联系起来,就为经验的统一性、时间的统一性提供了保证,并且成为实体的量的守恒原则的根据。

关系范畴是康德知识学的重心,实体范畴是关系范畴中的具有基础作用的范畴。以实体范畴为前提,才能进而掌握因果性范畴以及交互性范畴的原则。

§21 因果性(“第二类推:以因果律为依据的时间顺序原则”)①

(1)因果关系原则的表述

① (B 232,RS 241)这是B版的论证因果性原则的标题。A版的标题是“产生的原则”(A 189,RS 241 注①)。

因果律在B版的表述是：

> 一切变化都依据原因与结果联系的规律（B 232，RS 241）。

A版的表述是：

> 一切发生的（开始存在的）[事物]都以某样东西为前提，它是按照一种规则从这个东西来的（A 189，RS 241 注）。

（2）主观的继续

前面关于实体原则的论证表明：在时间中，继续出现的显现，都只是实体的规定的变化，实体本身固定不变，它不会发生，也不会消灭。从另一方面看，也就是，正由于实体，才可能有显现的对象在时间中的继续出现。没有常在的实体，也就不可能有作为实体存在方式的在时间中继续出现的变化着的不同的规定。

现在要把探讨再深入下去。

我们知觉到**一定的经验对象**在时间中的继续，这种知觉与实体的思想分不开，以实体思想为前提，这是已经明确了的。现在应该再进一步考察所谓**继续**。

在知觉中，不同的显现一个跟着一个出现，在一个时间，事物是这样的状态，而在前一个时间，它并不是这样的状态，而是处于与此相反的另一状态。其所以有这样的继续，是因为实际上我把两个不同的知觉在时间中联结起来了。对于不同的知觉，对于感知到的显现的众多，我只能在时间中把它们先后继续地联结在一起。

如果仅是直观作用以及感官,那就什么东西也联结不起来,联结要靠想像力的结合,它通过时间关系规定内感官。可是,想像力可以采取不同的方式来联结事物的不同状态。它可以在时间中把这个状态放在前面。反正时间本是知觉不到的,所以根本做不到以时间本身作为标准以便按照实际经验在实际上肯定哪个状态在先,哪个状态在后。因此,我只是意识到根据我的想像力,我把哪个状态放在前面,哪个状态放在后面,这完全不能说在客体方面是哪个在先,哪个在后。所以,从知觉到事物的不同状态的先后次序看,只有主观的继续。

(3)对象

我们感知到的显现的众多,总是在时间中一个跟着一个出现,那么,能不能说,不仅是我们主观知觉是这样地继续着,就是在对象方面也是同样的情况?不好这样说。因为我们没有能力肯定对象的情况正好跟知觉到的表象的先后次序完全一致。

所谓显现当然不是物自身,物自身在我们的知识范围以外。我们只有显现。对象是什么情况,也只能依靠显现来解决。对显现的众多的知觉总是在时间中继续着,在这种情况下,我们能不能提出这样的问题:在显现本身,其众多在时间中是怎样联结的?我们所说的对象是什么情况,除了这样还能有什么别的意义?虽然我们不能认识物自身,可是,我们能不能设想认识显现本身?例如:一幢楼房,我们知觉这幢楼房时,一个一个表象是在时间中继续着,那么,能够认为这幢楼房的各部分是在时间中继续着?当然不能。这样,事实上我们不是设想有一个楼房本身,并且必定出现一个如何通过知觉(我们不可能离开知觉)认识这个楼房本身的问题？

我们先看一看“显现本身”（楼房本身）是什么意思？“显现本身”如果指的是离开了知觉到显现的人的认识能力的“显现本身”，那么这样的“显现本身”根本不会存在，因为显现正是相对于认识主体出现的。那么，反思一下，所谓对象，是不是这样情况：一方面是我们在时间中继续地知觉到的，对于这些，我们把它们当作表象；另外，还有一方面，这方面并不是把它们当作单纯的表象，而是对我们来说，显现又是给定的东西，这样的东西虽然不过是那些表象的统称或总体（Inbegriff），可是我们所说的表象的对象正是指的这个，而我们从知觉到的表象所抽象得到的概念必须与之相符合的也正是这个。那么，作为表象的对象的这样东西与表象的区别何在？

真理如果是知识与其对象的符合，那么，我们的表象要与其对象符合，这样，我们的表象将转化为真理。真理的标准可以从内容与形式两方面看。从内容看，各个对象彼此不同，没有共同的标准，但从形式看，真理应是一致的，可以有其共同的标准（A 57—60 = B 82—84，RS 100—101）。所以表象的对象，从内容说，千差万别，从性质上看，却有共同之处，这个共同之处就是对象的所以异于表象的作为对象的特性。

（4）客体

请注意：在《先验演绎》，特别是在 B 版所重写的《先验演绎》中，康德已经考察了客体问题。客体不是来自直观的零散表象，而是一个统一的整体，是对于来自直观的众多表象的联结。不难看出，现在又回到了这个问题。不过，现在不再是一般的对客体的考察，现在是在范型作为中介的情况下，结合实际经验，结合事物在时间中的定在，并且联系着经验的统一性，从知识的总体方面更深刻地考察知识学这个核心问题。实体原则的论证已经为这个工作准备好基础。显现中的实体也正是知识的客体本身。实体是变化的主体，也就是说，客体必然经历变化。底下考察的就是在变化中的实体。

认识到的对象就是客体。[①]

在论证知性范畴的客观有效性（“范畴的先验演绎”）时，已经指出客体的特性是统一性。[②]

在论证实体原则的客观有效性（“第一类推”）时，又指出显现中必然有固定不变的常在，即实体，一切变化不过是常在的定在的不同方式，一切变化不过是实体偶性的改变。[③]

统一性是客体的特性。但是，客体之为客体，还有其固定不变的方面，还有在不断变化中的常在的一面。不然，将陷于不间断的变，绝对的变，这样也无所谓客体。

与主观方面的零散的对显现的众多知觉相对，可以看出作为客体特性的统一性。

与在时间中相继出现的对显现的零散知觉相对，可以看出显现中的常在。常在是客体的统一性在显现中的一种表现。

没有继在，就没有常在。反之亦然。时间中继续出现的显现的众多是常在的存在方式。常在与继在不可分。那么，继在怎样表现客体的统一性？

---

① 关于“对象”与“客体”二者区别的集中分析和说明，请看第五章。在此之前，不展开讨论。

② 参见本书第五章第12、13节。

③ 参见本书第七章第20节。

显现，作为在时间中出现的客体，与我们感知到的在时间中继续的表象的区别在于：作为客体的显现从属于一定的规则。因为正是由于一定的规则，才使得显现的众多在一定方式中的联结具有必然性，这样，就使得显现同知觉方面的一切感知有了区别。所以，

> 在显现中，那包含着感知的这种必然规则的条件的东西，就是客体（A 191 = B 236，RS 244）。

（5）一定的规则规定着知觉的次序

客体包含着知觉的必然规则的条件。具有统一性的客体包含着一种规则的条件，这条件就是其统一性的形式，因而客体的统一性必定表现为规则的必然性。

什么是规则？

当我们感知到一给定的事件时，总是一个知觉跟着一个知觉地出现。像前边所举的例，我们感知到的给定事件是一栋房子。这时我们的知觉可以从屋顶开始，最后知觉到地板。也可以先知觉到地板，最后才轮到屋顶。也可以从左到右，也可以从右到左。这样的知觉，从次序看，并没有一定的规则，从这方面看，它们彼此没有什么区别，这种知觉的次序是与知觉主体的主观上的任意性相联系的。

但是，也还有另外的情况。例如，有一件事发生了，先发生的是一个情况，跟着又发生另一个情况，对先发生的情况的知觉，我们称之为 a，对后边跟着的另一情况的知觉，我们称之为 b。在感知当中，只能先知觉到 a，然后才能知觉到 b，b 只能跟着 a，而不能在 a

之前。对于一只顺水下行的船，我先知觉它在上流的位置，然后才能知觉到它在下流的位置，我的知觉顺序不可能颠倒过来，先知觉到它在下流的位置，然后反倒知觉到它在上流的位置。在这种情况下，知觉的次序是被规定了的，不是像对房屋的各部分的知觉的先后次序那样可以随着知觉者的主观具体情况而有所不同。在那种情况下，并没有什么必然次序使我必须从哪里开始，底下跟着的必定是哪个知觉，从而把它们在经验上联结在一起。

可见，对于任何一件发生的事情，我对它的知觉总有一定的规则，正是这规则使得我感知这显现时，所知觉到的次序具有必然性，不能任意加以颠倒（以上看 A 191—3 = B 236—8，RS 244—5）。

（6）知觉中的规则表示客观的继续

我们可以这样设想：一件事我们称之为 A，另一件事我们称之为 B，A 先出现，B 出现在 A 之后，可是，B 并不是由于一定的规则必在 A 之后出现，二者并没有任何必然联系。在这样情况下，我们知觉的一切次序就不过像我们所感知的这个样子，这样的次序只能说是主观的、任意的，因为我们根本无从客观地决定哪个知觉真正在先，哪个知觉真正是后起的。这样，根据我们的知觉，就无从判断这个显现同一切别的显现在时间关系方面究竟有什么区别。在感知的过程中间，一个知觉跟着一个知觉，在时间上总是继续出现，所以，总有时间上的先后次序，可是，这并不是什么特定的次序，一切次序都没有特定区别，全都不过是时间上先后相继而已。这样，就无从说在显现方面，有两个状态 A 和 B，B 是跟着 A 出现的，只能说，我们有两个知觉，A 在先，B 在后。这纯是主观的次序，而非客观上必然的次序，从而不能说是认识了对象。

客观次序的出现只能是由于那样的次序是必然的，A 一定在先,B一定在后,其时间先后不能由于我们的感知颠倒过来,正相反,我们的感知必须遵循着它们本身的一定次序。

必然的次序来自一定的规则。正是由于一定的规则,所以一般在一事件之先出现的那个事件之中,必定包含着使这种规则实现其作用的条件,由于这规则的作用,于是这个事件总会必然地跟着出现。在这种情形下,我们根本不可能在知觉里从这个在后面跟着出现的事件倒退,使这在后出现的事件引起那在先出现的事件。这是做不到的。因为在显现方面,从一定的时间向后面的一定的时间前进是必然的,显现不会从后起的时间点倒退回已经过去的时间点,虽然它与前面的时间点总有一定关联。这个在后的事件,是被决定才出现的,它之在后出现是按照一定的规则必然如此,这就是以表明有一个一定的条件,这个条件促使它产生。

这样,我们就有理由肯定:不仅从我们知觉方面说,更应该在显现本身说,使得我们的感知除了按照这样规定了的次序之外,不可能按照任何其他的次序,这样,也就是有了客观的次序或客观的继续(以上看 A 193—5 = B 238—40,RS 245—6)。

(7)显现中的规则是经验可能性的条件

所以,我们应该这样理解:当我们经验到某一件事情出现时,实际上我们总是认为有某样事情已经在它之先出现了,并且它是按照一定的规则跟着那件事情出现的。这是一个必要的前提,如果没有这个前提,就是说,我没有把知觉到的某件事情同某样在它之先出现的事情必然地联系起来,我知觉到的这件事情并非按照一定的规则跟着某件事情之后出现,那就只能说,我感知到两件不同的事情,我只是主观上有两个先后不同的知觉。这样,我根本不能肯定有什么客体,我不可能想到先后不同的两个知觉是客观的继续,因为后者并不是在与前者的联系中按照一定的规则被决定从而出现的。这只是主观的继续。

主观的继续转变为客观的继续的关键必须是:想到(注意到)有一个一定的规则,显现的继续或出现,正是按照那个规则为其前边的状态所决定的。规则有什么独特的作用?规则的特点是它的强制性(Nötiguny)。强制性表现在以下两个方面,第一,它使我们在知觉方面必须遵循这样一种次序,而不是任何其他的次序。不能把这个次序颠倒过来,把依靠着 A 跟着 A 出现的 B 置于 A 的前边。第二,只要在先的 A 出现,那么 B 就必定跟着出现。这一点是强制性的更深刻的内容。强制性来自必然性。我们之所以意识到这是一种客观的次序,正是由于这样的强制性。所以,如果不是意识到、注意到有一定的规则,那就无法使知觉越出主观或任意的情况,就不可能使主观知觉获得客观真实性。因此,如果知觉仅仅是主观的,没有客观真实性,那么真正地说来,也就是我们没有经验到一件发生的事情,这样,也就是不可能有对于某件发生的事情的经验,从而经验也就是不可能的了。所以,应该肯定:显现中的规则是经验可能性的条件(以上看 A 195 = B 240,A 196—7 = B 241—2,A 198—9 = B 243—4,RS 247,248,249—50)。

(8)规则在时间序列中实现其规定显现的作用

直到现在,我们得出的一个明确结论是:如果没有一定的规则的必然性,那么,与单纯的主观知觉的继续相区别的客观的继续也即对于显现的变化的经验认识,是不可能出现的。

底下需要说明的是:按照范型论,这一定的规则的必然性必定是通过时间(内直观的形式)的序列表现的。

作为内直观形式的时间,具有这样的自身的规律:在时间连续性之流中，在先的时间必然规定着继起的时间。这是什么意思？这指的是：我们除非通过在先的时间，就根本不可能达到后面的继起的时间。

显现出现在时间之中。因此，显现中如果表现出一定的规则，那么，这种规则就不能背离时间固有的连续性的序列（实际上，单纯的连续的时间之流是知觉不到的。我们只有在显现中才能经验地认识到时间内的连续性）。这种规则的必然性必定表现在：在先的时间中的显现规定着继起的时间中的每一个定在，并且，继起的时间中的事件，如果不是由于那在先出现的显现在时间上规定了它，按照一定的规则规定了它在时间中的位置，它就不会出现。

（9）知性以因果律为根据使经验可能

显现的客观继续以及对客观继续的认识（知觉的主观继续转变为客观的继续），必须依靠表现在时间中的规则的必然性。

规则来自知性。因而，在时间中出现的客观继续，也必定是根本上由于知性。

知性按照时间的特性，把每一显现都与那在它之先的出现的显现联系起来视为继起的结果，从而在时间中给予它一个先天地规定了的位置。什么是先天地规定的位置？是不是根据绝对时间来规定显现的位置？但绝对时间根本不可能成为知觉对象。所以，实际上只有显现与显现在时间之中相互规定它们的位置，并且使各自在时间序列中的位置具有必然性，这样也就是那个继起的发生的事件按照一种一般性规则跟随着在先的那个状态里所包含着的东西发生，从而构成了一个显现系列，这样，就使得我们的知觉系列的时间次序和联系与内直观形式（时间）中的次序和联系完全一致并且具有必然性。

可见，这个来自知性的规则的作用是：按照时间的先后次序对知觉进行规定，其规定的内容是：一事件的出现是由于在先的条件之中包含着它必然跟着出现的条件。这个一般的规则正是因果必然联系的规律，也正是知性的因果范畴之应用于可能经验。这就是说，单纯的知觉之所以转变成一个显现跟随着一个显现的客观的关系，只是由于我们如此地思想两个状态之间的关系，从而使得我们必然地能确定哪个状态在先，哪个状态在后，并且不能颠倒。这就是说：只有把显现的在时间中的继续，以及变化都从属于原因与结果的必然关系的知性原则，我们才能有关于它们的知识或经验，而显现之成为经验的对象，它的继续之成为客观的继续也同样是靠着这个原则（以上参看 A 199—202 = B 244—7，B 234，RS 250—2，242）。

（10）因果关系原则也适用于原因与结果同时出现

从以上可以看出：显现之间的因果关系原则表现为显现在时间中继续的系列，并且，由于因果范畴必须通过范畴才能应用到显现，所以，因果关系原则也只能如此表现。可是，在实际经验之中，却常常可以看到原因与结果同时存在着，在这样的情况下，并非因果规律不适用，而是同样适用。

针对这种情况，应该注意的关键仍然是时间的先后次序。在自然界之中，绝大部分正在发挥作用的动力因与其结果是同时存在的。一个原因引起一个结果，可是那个原因不是在一瞬间就可以完全产生出它的结果，当结果出现时，原因还在继续起作用，它们就同时存在着。寒冬时节，室内升好火炉，于是温暖如春。点燃的火炉是原因，室内温暖是其结果。火炉继续燃烧放热，所以原因与结果同时存在着。这里重要的是要分辨清楚原因与结果在时间中的继续，先把火炉点燃，然后室内才能变暖，虽然在绝大部分时间中点燃的火炉与室内温暖同时存在。即使在一些情况中，原因与结果中间的时间间隔只有一刹那，甚至于很难确定其中的间隔，一个原因出现，结果马上出现，例如把铅球放在软垫上，那地方会立即陷下去，前者是原因，后者是结果，原因与结果在这里是同时存在着的。不过，应该注意的不是原因与结果二者间时间的长短，而总是时间的先后次序。原因性（kausalität）与其直接的结果之间的那段时间可以接近零，那就是说，原因与结果可以算是同时存在，可是，它们之间的原因与结果的时间上的继续关系仍然保持着不变，原因对结果在时间上总是有一种规定性，我们总可以通过它们在时间关系上表现出来的动力的联系判定它们二者哪个是原因，哪个是结果。必须先把火炉点燃，然后室中才会温暖，不会室中先已温暖（不知是由于什么原因），然后才跟着出现点燃的火炉，软垫也不会先陷下去（不知道是由于什么原因），然后才跟着出现球。总之，这里有一种时间上的次序，是不能颠倒的，这个时间上的次序标志着原因与结果的区别。

时间的继续永远是结果与在它之先的原因之间的关系的唯一的经验标准。而时间的继续（客观的继续）的可能性的先天条件就是知性的原因性范畴（以上参看 A 202—4 = B 247—9，RS 252—4）。

（11）实体的常在性与因果关系原则在知识中的不可分联系：原因导致结果的活动是实体性的更真实的表现

原因产生结果构成原因与结果的必然联系。原因产生结果的作用叫做原因性。[1] 原因性引出活动概念，活动概念引出力的概

---

① 原因性范畴的原则在 B 称为“以因果律为依据的时间继续原则”（B 232，RS 241），而在 A 则称为“产生的原理”（A 189，RS 241）。

念，力的概念就引到实体概念。

在上一节论证实体性原则时，已经指出：在认识中，实体范畴表示的是显现之中的固定不变的常在，它表示变中之不变。根据这种说明，可以看清实体范畴在知识中的根本重要性。但是，如果要在经验中把握那个必然的常在以及与它相联系着的显现的实体性，看起来通过实体所表现出来的活动就会更容易、更合适。关于这个问题，显现的活动、作用和力量离不开实体，以及只有实体才是引起显现中一切变化的根源，这些比较容易理解。重要的是，我们还必须阐明怎样从活动得出活动者是常在的？因为常在性是实体的根本特性。

按照因果原则，活动是显现中一切变化的原始根据。活动存在于哪里？它的根源是什么？它必定是存在于一主体中，而这主体本身却不变化。假如这个主体本身是变化的，那么就仍然需要有另外的活动和另一个主体来决定这个变化。

康德的想法应该是：一个变化出现了，这变化是实际的，那么，产生这变化的活动也必定实际存在，因而作为活动者的主体也实际存在。问题是这个主体会不会也发生变化。如果设想这个主体也可以变化，那么，就需要另外的活动和这个另外活动的主体。这个想法并且可以没有止境。但是，这是过去的“形而上学”的办法。过去的“形而上学”以无穷回溯的不合理性提出“不动的推动者”，康德的想法不是这样。他认为按照动力学，原因产生结果是通过活动（运动），存在于主体的活动（运动）和实际起作用的力再加上主体本身，正是变化和结果得以出现的必要而充分的条件。要知道，知识、科学的对象是自然界或现象界，在这里虽然有无止境的追溯探讨自然界的无尽系列的求知要求和实践，可是，像旧“形而上学”的“不动的推动者”、“第一因”等等是完全没有地位的，因为我们在自然界根本不需要“绝对”。我们必须承认变化的产生是由于活动，活动必存在于主体，主体就是活动的根源，活动的根源自然是不变的。所以，活动的载体“活动者”是不再变化的。这个不变的活动者就是“实体”。

这是从活动的根源或来源看，活动者常在不变，所以，活动者正是实体本身。再从活动的结果看。活动表示有一个活动主体（活动者），这个主体本身具有力量，因而产生出结果。而结果也就是有一件事情出现了，所以结果也就是变化。变化是通过一件事再一件事的继续出现来表现时间的。而根据“第一类推”，一切变化都与一个不变的根基即实体不可分地联系着。这样，从一切变化也得出一个常在者，也就是一切变化的根基，也就是实体。

所以，活动作为一种经验的标准，可以向我们表明实体性（作为显现的实体概念）的真实性。知性范畴只有应用于一般经验对象，才能实现其客观有效性和真实性。各知性原则都是范畴应用于经验对象上面去的一定的先天规律，一定的必然的规定性。所谓经验的标准也就是知性范畴及其原则在经验对象中的普遍、必然的体现。

实体作为知识中的最重要的范畴，它之为一切活动的主体与它在显现中的常在性分不开。活动，作为经验的标准，一方面指示出活动的主体，一方面又指示出由于它的作用必然出现的因果联系。作为经验标准的活动，显示出实体性与因果性的根本性联系。经验对象的重返不外乎通过活动而出现的因果系列，所以从活动更真切更方便地引出实体。必然以活动为前提的因果规律，是实体范畴及其原则在知识中，也是在显现中的进一步体现。通过原因与结果的必然联系,实体的重要作用也表现得更清楚。

应该指出:知性的范畴与经验对象的必然联系,是康德先验论的一个根本思想。对范畴的探讨既不是分析字义,也不是像唯理论那样对“天赋观念”进行主观的臆断,也不是像经验论那样满足于说明概念的经验来源。概念的来源固然应该探明,不过那还不是知识的唯一工作。范畴在认识中的作用,是知识学的更重要的课题。因此,对范畴的分析必须结合经验对象,结合科学进行。康德的重点工作是结合科学深入探索范畴在认识中加之于经验对象的能动作用,从而也逐步揭示范畴的丰富内容。

还有,在前面第五章§8中曾说到,康德对四组范畴每组三个范畴中间的特殊关系的强调表现了可贵的辩证法的光辉。现在可以清楚地看出:实体范畴与原因范畴二者之间有内在的联系。而它们二者与关系方面的交互性范畴也同样具有内在联系(详见§22)。康德阐发范畴与范畴之间的必然的内在联系时,他所采用的方法的可靠性超过了黑格尔。黑格尔的范畴推演靠的是纯思辨,尽管是辩证的,即概念辩证法。而康德却着重依靠“经验的标准”,以自然科学为根据。范畴的作用显示于经验对象,范畴与范畴的内在联系不是抽象的、思辨的,而是具体的、实际的。因为在康德的知识学中,范畴从来不是纯思想,他从来强调的都是通过范型应用于对象的时间化了的思维形式,以及依据时间化的思维形式应用于可能经验的知性原则。按照康德,时间化了的范畴即是与可能经验必然联系的范畴。康德知识学随处都有走向唯心论的可能性,又随处都在依靠科学。德国唯心论的发展是对前者的大踏步实现,对后者的背离。

要注意以下两个方面:一方面,康德讲到实体时,常常立即指出它是作为显现的实体(例如:A 183 = B 227,A 188 = B 231,A 205 = B 250,A 206 = B 251 等处,RS 237,240,254,255)。这就是说,并不是以前哲学中所谓的独立自存的实体。但是,另一方面,作为显现的实体,决不是知性凭着自身的实体范畴的虚构,知性一切范畴,包括实体范畴,都只在对显现的认识中才有真实性。康德认为在外部显现中,所谓实体是指存在于空间中的物质。作为实体的物质具有引力和斥力的特性(A 265 = B 321, RS 313)。所以物质是指与实体范畴相应的作为其内容的物质,是为纯统觉所统摄并从而具有符合统一性的外部世界中的显现的物质。说物质是实体,毫无本体论意义,只有知识学的先验论意义。物质之为实体是知性能动作用的产物,而不是对独立于人的意识存在的什么东西的反映,不是对物自身的认识(本小节参看 A 204—6 = B 249—251,RS 254—5)。

(12)实体作为一切变化的基质与其作为活动主体之统一

由此可见,实体表现于原因和结果在时间中继续的活动的常在性,以及原因与结果的变化系列的必然性,总起来就是经验的统一性和自然界的严整的规律性,都不外乎是知性在认识中的能动作用的产物。

一切变化产生是由于常在的活动者,这是实体。实体是活动的根源。作为自然界中一切变化的基质的常在不变者也是实体。从而实体是作为活动的结果的显现中的基质。这样,按照康德的先验理论,实体是实体自身的状态的一切变化的根本原因。外部显现的物质是实体,物质的引力和斥力是它自身内在的力,是实体固有的力。这样,康德在50年代前批判时期发表的《一般自然史与天体理论》中凭借天体力学达到排斥上帝作用的革命性结论,在批判哲学时期又从先验的知识学方面，通过对于人类纯理性（广义的）的能动的认识作用的论证，得到进一步发展：自然界的实体（在外部显现方面是物质）必定是永恒（在一切时间里）常在的，自然界的运动的原因必定是属于实体本身。自然界不容许有任何无中生有的创造，也不容许有任何外来的原因（A 206 = B 251，RS 255—6）。

人类理性依靠自身的规律（感性形式和知性范畴）足以把自然界作为知识对象描绘成一个井然有序的统一经验，这个以经验统一性为基础的自然界本身的客观性并非虚构，它体现着人类理性的伟大，和相对于给定的对象的能动性。[①]（本小节参看 A 206 = B 251—2，RS 255—6）

（13）连续性是变化的形式规律

显现中事物从一个状态到另一个状态的变化是按照原因与结果的必然联系的规律进展的。这个规律是事物存在的关键，它是实体存在的先天形式。事物不同状态的系列一般地是时间中的因果系列。

如果进一步探讨一个状态变为另一个状态，为什么前一瞬间的a状态在下一瞬间变成与它相对立的另一b状态？何以一个给

① 本小节涉及的问题是一个困难问题。因为康德的有关论证比较简单，不容易理出头绪。实体，作为常在者，既是一切显现的变化的不变的基质（“第一类推”），又是一切变化的不变的动力因。H. J. Paton 对康德在这问题上的讲法出人意料地联想到阿奎那证明上帝存在的“不动的推动者”，但是他认为无疑两者是有区别的，不过他却看不出区别在何处，于是采取老实的办法，不作评论（《康德的经验的形而上学》II 251—7）。我认为康德的观点是历史上全新的批判的或先验论的观点，这与在他以前的本体论观点（阿奎那哲学当然属于这种）有根本区别。认清这种区别才是理解康德的论断的正确方向。我在本小节中试图按照康德先验论的知识学立场作出说明，这样说明还有待进一步得到佐证。

定的原因会产生另一给定的结果？康德认为在这方面我们没有任何先天的了解。他根据动力学，认为如果打算了解事物变化的具体情况，就必须通过经验，观测相继发生的显现的运动。这是推动力的体现。这样当然不可能有先天的知识。尽管如此，他却仍然（当然是从动力学角度）提出一种普遍的规律来。他认为从变化的形式上，我们可以把一切变化看成是先前状态之后另一个状态的出现。从作为另一新状态之所以出现的条件上看变化，不管其内容是什么，不管出现的是什么新的状态，也就是单纯从状态的继续上，可以按照因果律和时间条件作出一定的先天规定。

康德提出来的是关于状态的变化的连续性规律。原因与结果的必然联系体现着实体的不同状态的连续性，不同状态的连续性以时间的连续性为前提。

一实体的a状态过渡到状态b，在a出现的瞬间之后的b出现的瞬间，就与a瞬间有了区别。同样，b与a也有区别。因为b与a都是显现之中的实在，a出现时没有b，所以b与a的区别正如b与0的区别一样。即使b只是在量上与a不同，那么新的变化就是b－a，这个b－a在a是不存在的，所以相对于a，b－a就是0。

在先的一瞬间与跟随着的另一瞬间这两个瞬间中间，必定仍然有一段时间，发生在这两个瞬间的两个状态彼此必定有量的区别，因为显现的各部分都具有量。因此，从a状态到b状态的过渡就出现在那两个瞬间之间的那段时间。那第一瞬间规定着一事物所从来的那个状态，那第二瞬间规定着那事物所取得的状态。这两个瞬间因而就是那个变化的时间的界限。从而也就是出现在两个状态之间的中间状态的界限，它们是改变的两端的界限，也就属于这个变化，是它的两个部分。而任何变化都有原因，这个原因在变化发生的全部时间中表现出它的原因性。这样看来，这个原因之产生这个变化不会是突然的或者只要一瞬间，而是在一段时间之中，从开始的一瞬间 a 前进到完成了变化的那个瞬间 b，同样，b－a那个具有实在性的状态的量，也是通过前一瞬间与后一瞬间之间所包含的一切较小的量度而来。所以，一切变化都只有经过原因性的继续不断的、均匀的活动才能出现。这就是一切变化连续性规律。其所以有这样的规律是由于不管是构成时间，还是构成时间中的显现的任何部分都不是最小的；可是事物状态之改变成为另一状态却经过了所有这些部分。时间从量上看的区别。没有任何一个是最小的区别，同样，显现之中的实在的区别也没有任何一个是最小的区别。因此，具实在性的新的状态，从这个实在性还不存在的前边那个状态产生出来，是经过这实在性的一切无穷的度。这些度与度互相之间的区别，全都小于 a 与 0 的区别。

归根到底，变化的连续性规律的基础是时间的连续性。知觉的每一步前进，一切经验知识的积累，都不外乎是内感官规定的扩展，这也就是在时间中的向前推进（不管对象是什么）。最根本的是在时间中的向前推进，它规定一切，可是它本身不再为任何别的所规定。向前推进的内感官规定的每一部分都只能在时间里并且由于时间的综合而出现，不能在时间综合之先出现。因此，任何知觉之过渡到时间上继续着的另一知觉，都是对于时间的一种规定。而时间及其所有部分都是一定的量，因而知觉的产生也是取得一定的量，它之取得这样的量是从零开始的，所经过的一切度没有一个度是最小的。这样，我们就有了从形式方面提供一个针对着变化的先天规律的可能性。这是关于我们的感知可以预先提出来的先天的形式条件。而其所以能够这样做，是由于时间包含着存在者向着继起者连续不断前进的可能性的先天感性条件。

但是,从时间的综合看,再进一步,从内感官的规定作为知识的内容转化为经验看,从变化的连续性规律叫做显现的客观规律看,最终仍然要回到知性的活动。正是由于统觉的统一性是一切综合作用的根源,所以知性就是为在时间里的显现以因果系列为根据继续不断地规定好它们各自位置的可能性的先天条件。原因必定使结果存在,这样就使得有关时间联系的经验知识,一般地在任何时间中,也即客观地具有真实性(本小节请看 A 206—11 = B 252—6,RS 256—9)。

(14)因果性原则是必然性的根源,因而是经验以及经验对象之所以可能的条件

以上首先阐述了康德论证因果性原则的步骤,然后按照他原来论述的次序,在论证了因果性原则之后,谈到实体的常在性与因果律的必然联系,又说明了变化的连续性规律。

康德对因果性原则的论证的关键是区别客观的继续同主观的继续。客观的继续,在于规则为知觉所提供的必然性。必然性意味着强制性。规则所提供的必然性和强制性是经验和知识可能性的条件。而规则正是因果必然联系的原则。知性按照时间的先后次序,对显现的继续以及实体的状态的变化,作出原因与结果的必然联系的规定;这既是经验的可能性条件,又是经验对象的可能性条件。康德论证因果性原则的根本想法,也就是他的知识学的核心思想,就像如下所说:

[此起彼随的显现的客观的联系]之所以被认识成为规定了的,就在于两个状态之间的关系必须如此地被思想,以至两

个状态之中哪个必定要放在前面,哪个必定要放在后面,并且一定不能颠倒过来,都作为必然的而规定下来。但是,其本身具有一种综合统一性的必然性的概念不会属于知觉,它只能是知性化纯概念,这就是原因和结果关系的概念,原因并不仅只在想像中可以在先(或者竟会根本就没有被知觉到是在先),它是在时间中把结果规定为继起的后果。因此,只有我们使显现的继续,从而一切变化,从属于因果律,经验也即关于显现的经验知识,才有可能,因而即便是作为经验对象的显现本身也只有遵照因果律才有可能(B 234,RS 242)。

作为显现的经验对象的特性是客观性,经验或科学认识的是经验对象。客观性来自规律的必然性。规律的必然性是通过时间实现其综合统一性的知性形式——原因范畴——的活动的表现。自然界的一切变化都是实体的状态——量的方面和质的方面——在时间序列中的原因与结果的相继的系列。所以,显现中原因与结果的一切必然联系,真正说来,只是人的知性的固有功能的实现,经验或科学也只是知性对活动于感觉世界的自身功能的真实性质的自我认识。

(15)对因果性原理的证明是否由六个论证拼凑起来的?

在这里附带提一下:康德手稿和遗著的早期编辑者之一,德国的 E. Adickes(1866—1928)在他审订的《纯粹理性批判》的版本(柏林,1889)里把"第二类推"(关于因果性原则的论证)的前 16 个自然段(A 189—A 202 = B 232—B 247,RS 241—252)看成是论证的主要部分。这部分据说并不是一个首尾连贯的论证,而是由六个论证组合成的。前两个自然段是 B 版所加的论证,底下的 14

个自然段是第一版原文,第二版予以保留的,据说是由 5 个证明组成,加上第二版补充的一个证明,一共是 6 个证明。据说这样多的论证的拼合,表明它们不是同时写成的。N. K. Smith 基本上同意这个看法(见他的《〈纯粹理性批判〉注释》,第二版,1923,第 363—4 页)。H. J. Paton 不重视这种对思想产生的分析研究,可是承认"第二类推"是由 6 个证明所构成。

我不同意这个说法。

首先,认为《纯粹理性批判》全书是由不同时期的草稿仓促拼集起来的观点,所谓"拼凑说"("patchwork theory")的可靠性是值得怀疑的。因为除了 B 版重写的一些部分与 A 版相应部分总起来看表现着在某些方面思想有一定发展之外,对原来的 A 版的内容并看不出什么实质性的思想矛盾,使我们认为 A 版是不同时期的作品的"拼凑"。对这个问题现在暂不展开讨论,只说"第二类推"的前 16 个自然段。

B 版增补的第 2 自然段,是把论证的精髓表达得很明确的一个总的纲领。底下 14 个自然段为 A 的原文,B 全部保留。我们应该把它们看成一个整体。一个完整的论证必定会包含着几个步骤,这是任何论证的必要手段。但是,一个论证的不同步骤仍然属于那个论证,并不是各自可以独立的不同证明。

让我们看:所谓第 2 个证明(3—6 自然段)实际上是提出"客体",从而区别客观的继续与主观的继续。客观的继续的特点是先出现的事物必定具有一种使一定的规则得以实现的条件,从而在后边出现的事物一定继之而起。所谓第 3 个证明(第 7—8 自然段)是从反面说明,如果没有规则起作用,将只有主观的知觉,不会有客观的继续,也不可能有关于事物的经验。底下第 9 自然段继续申述一切发生的事物都有其原因这个规则不能来自经验，正相反，它是经验的条件。所谓第4个证明（第10—12自然段）的前两段（第10—11自然段）说的是为了阐明规则是经验的条件，举例表示在经验中正是依靠规则的强制性才会出现与主观的继续不同的客观的继续。底下从第12自然段到第13自然段着重进一步指出，前此所论述的那使客观的继续同主观的继续区别开来从而是经验的可能性条件的规则是**在时间中表现的规则**，规则的强制性使得显现中的此一事物与彼一事物在时间中各自具有确定的先后并且不能颠倒的位置，它们各自的被规定了的位置标志着它们之间的必然联系。这也就是说，**经验的可能性的规则必定从属于我们内感官方面的时间的必然规律性**，**从而这种规则必定是在时间中表现，因而从属于时间特性的规则**。底下的第14自然段就到了最重要的一步：在时间中出现的知觉系列的联系和次序的必然性，显现的客观的继续，根本上是由于**知性的综合统一性加到显现中的事物上面的在时间关系中表现出来的因果联系规则**。第15自然段指出知性所提供的这个规则，也就是正确地作为经验基础来理解的充足理由律。按照Adickes的说法，13—15自然段是所谓第5个证明。这里（所谓第4个证明和第5个证明）特别明显地表现出这种说法非常不幸地把原来逐步深入连贯起来的论证作了完全不能令人信服的割裂。按照我的看法，第16自然段根本不是一个单独的证明（所谓第6个证明），而是一个总体性的段落，结论是：原因对结果的关系是与知觉系列相联系的经验的判断的客观有效性的条件，也即**经验**的条件。根据“先验演绎”的主要结论，一般经验之所以可能的先天条件，正是经验对象之所以可能的条件；因而在显现的继续中的因果关系原则，对在继续条件下的一切经验对象有真实性，因为它本身正是这样的经验之所以可能的根据。

总之，在我看来任何把"第二类推"的整个论证分割为6个或是几个不同证明的做法，只能表明作者本人习惯于支离琐屑的分析，而对于整体性的综合思维则显得无能为力。

（16）休谟打出的"火星"与康德转向批判哲学

推动思想前进的问题

一个伟大的哲学家必定会执著地探索有关人生的一定的重大问题，这就是智慧。解决问题依靠智慧，洞察、把握问题，并且聚精会神决不放过，力求解决之，这也是智慧。

推动康德思想前进的是必然与自由二者之间矛盾的问题，这是新兴自然科学发展后出现的最重大时代问题。科学与自由意识二者都服务于新兴资产阶级建立进步的生产关系和经济制度的需要，都表现新时代对理性的信赖和人的自觉，都表现渴望实现人之所以为人的本质。发展科学要依靠物质条件以及创造性的独立思维，而扫除愚昧，就会为自由的发扬准备好肥沃土壤。反过来，人民反封建专制的自由意识，又将推动科学迅速发展。科学是达到自由的一种手段，自由是人类的根本目的，自由是人的本质的完满实现。

近代自然科学方法论的基本原理是普遍的因果联系规律。如果说，一物为在先的另一物所决定，另一物是原因，这一物是结果；作为原因的物又为又一个在先的物所决定，它本身又是结果，这又一个在先的物是原因，这种因果联系可以无限回溯，也可以无限推进，因此世界不外是一个无始无终的因果连锁，其中无一物非决定其后面结果的原因，也无一物非为在先原因所决定的结果。如果世界中一切都无非如是，自由将是幻想。笛卡尔认为动物不过是自动的机器，经过洛克根据经验心理学的方法说明人的思想从简单观念到复合观念的简单的量的变化，到拉梅特里主张人是机器，以至霍尔巴赫断言整个宇宙是连续不断的因果链条，人的每一句话，每一行动，每一思想、意志和欲望，都是必然的，结论是“人的一生没有一刻是自由的”，如果一定要说自由，也只能说是“包含在人自身之内的必然”（《自然的体系》，中译本，上卷 190，192 页），西方近代哲学在决定论方面这样的发展为康德的哲学探索提供了主要背景。

康德在 18 世纪 50 年代初就开始考虑有关自由的根本性问题：什么是自由的真正基础？1755 年他发表了第一篇哲学论文：《对形而上学知识的第一原理的新解释》。当时克茹西乌斯攻击充足理由律，主要认为如果承认充足理由律，就是肯定一切事物具有不可改变的必然性，这样就从根本上否定了自由和道德。按照充足理由律，任何事情如果没有发生，必是没有发生的理由，所以，一切没有发生的事情，正是不可能发生的事情。那么，是不是可以认为骗子的责任不在他本人？因为一切事情出于上帝，这样，对犯罪的人也就无可责备。

康德在该文中提出的想法是：上帝是创世主，但并不对人的罪恶负责。人的行为一方面处于因果联系之中，另一方面又为一种内在原则——意志——所支配，这个内在原则不为因果系列所决定（《对形而上学认识的第一原理的新解释》的《命运第九》）。这种想法已经表现出后来批判哲学处理必然与自由的对立的原理的萌芽，但仅仅是萌芽。当时他在文中坦率承认这种解决办法实际上是有困难的，其困难在于人的意志如何能超出普遍因果决定的连锁。原因在先，结果继之，因果系列以时间关系为前提（同上，《命题第六》)。人的意志超出因果连锁的困难在于它何以能超出网络整个自然界的时间关系。可见,必然,特别是连同表现必然的根本条件的时间与自由的矛盾,相当早就是康德所关注的突出问题。

如果说,康德以其对旧的形而上学的深刻批判成为德国哲学革命的旗手,那么,另一方面不能忽视他仍然是一位真正的哲学家。科学必须得到论证,必须加以维护,但是出于人的理性本性的形而上学的崇高价值绝不容否定。他看到形而上学的严重危机,以对理性进行从观点到方法论全面的科学审查为己任,目的是建立新的科学的形而上学。批判理性的意义不是消极的,其目标是实现人类理性自身的本然要求。形而上学将确定科学的根本性质,从而摆正科学的地位,使科学服务于人性的必然的根本目的(A 850 = B 878,RS 762)。人性不只表现为现实的经验存在,更表现于超乎感觉世界的理智存在对理想的追求。所以真正的形而上学必须对自由以及不朽和上帝这样长期引起困惑的永恒理念作出正确处理,使这些理念在并且只能在与人性的目的直接联系上,表现其积极作用。这是形而上学的无上任务,所以,在他看来:

> 世界上无论什么时候,总会有形而上学(《导论》,AA 第 4 卷,第 367 页)。

我们也知道,康德早期在学校受到很好的科学训练。他以像《一般自然界的历史与天体理论》那样的著作表明他是卓越的科学家。但是为着科学本身的需要,特别是为着自由和道德原则的需要,他更关切科学的理性本质及其限制的问题,探讨科学的理性本质及其限制构成批判理性的基础部分。明确了科学的真正根据及其限制，才能把形而上学的独特地位及其对于人性的重大意义突出出来，才能解决必然与自由的矛盾。

> 因此，为了理性的必然的实践运用，我如果不打掉思辨理性对超过限度的臆断的狂妄自负，那么，甚至根本不能设想上帝、自由和不朽，因为，思辨理性为了这样做，所使用的必定是它实际上针对可能经验对象所应用的原则，而把这样原则应用于不可能是经验对象的东西，实际上一定会把那样东西转变成显现，从而纯理性一切实践上的开拓就显得是不可能的了。因此，我必须挪掉知识，把地位留给信仰，因为形而上学中的独断论也即认为在形而上学中根本无须批判纯粹理性的偏见，正是一切永远极端独断，违背道德的无信仰的真正根源（B 29—30，RS 528）。

我想，我们掌握住康德哲学形成和发展的这样的内核、基本原理、特征，或者更好说是这样的基因，是有必要的。

1769 年“巨大的光明”开始了十二年“过渡时期”

康德的思想发展大致可以分为三个时期：

（1）“批判以前时期”

这个时期是从 18 世纪 40 年代中期到 60 年代末期。概括起来，这二十多年思想的基本情况是：

已经掌握牛顿力学和欧几里得几何学；

一定的唯物论思想因素；

物质具有内在的、本质的“力”，运动只是物体状态的外部表现；

宇宙自然形成和发展，自然界具有普遍规律性的联系；

承认上帝存在以及上帝是无所不在的理性秩序的泛神论倾向；

形而上学是“无边际并且无灯塔照明的黑暗海洋”（《有关上帝存在的一种论证的唯一可能根据》）；

道德行为的基础是个人意志的决定。

在“批判以前时期”，尽管康德已经认识到形而上学的危机，正在摸索正确道路，并且还站在基本的唯物论立场提出宇宙自然形成的发展观等，但对粉碎旧形而上学的枷锁还无能为力。这主要表现在他主张理性可以认识本体，并且仍然肯定上帝的真实存在。

（2）“过渡时期”

这是向批判哲学转变的酝酿时期，是一种具有革命意义的新的世界观临产之前冥思苦想异常艰辛的时期，始于60年代末，延续到80年代的开头，大约有12年之久：

> ……我自己承认，我并没有指望我的书［指《纯粹理性批判》］刚出版，很快就受到赞许，因为我对主要内容——这是连续不断12年多细心思索出来的——阐述并未照顾到使之完全适于一般了解，如果那样就还需要好几年时间，而我只用了大约四五个月就把它写出来了，因为我顾虑的是再一拖延，范围这样广大的工作终归要成为我的沉重负担，也顾虑到年事益高（我现在已经60岁了），而目前这内容的全部体系仍然只是在我的心里，最后也许完不成这项工作（1783年8月7日至Garve信，AA第10卷，第338页）。
>
> ……因为对于这个至少经过十二年探索的结果，我却在大

约四五个月之内相当快地就把它写出来了,当然在内容方面费了极大心思,但却很少注意到行文以及设法使读者易于了解……(1783 年 8 月 16 日致 Mendelssohn 信,AA 第 10 卷,第 345 页)。

在长达12 年的时间里,除了讲课,康德几乎没有发表任何哲学论著,只是在1770 年为了就任正教授进行了答辩,提出《感觉世界和理知世界的形式和原理》一文,而如果对照从1755 年担任私讲师起直到1768 年,在大学讲课的同时,几乎每年都有论文发表(有时一年不止发表一篇),这个值得注意的决非偶然的迹象表明,批判哲学正度过一个深入探索、层次反复、萌芽滋长的关键的阶段。

为什么要肯定这样一个“过渡时期”?“批判以前时期”不是也可以说是“过渡时期”?在一种意义上,“批判以前时期”他可以说是在过渡,不过,所以要单另划定这大约十二年为“过渡时期”,是根据种种迹象考虑到这是一个特殊阶段,估计到这期间显然是在对于批判理性有了一个体系的轮廓的思想指导下,实现着问题集中,精力集中,并且高度自信,潜心致志的精神活动。这期间生活条件已经进入稳定(1770 年升任教授),又在一生富有活力的年龄(从40 多岁到60 岁之前)。更重要的是,这时德国的市民阶级以莱辛等文学家为代表,在英法先进资产阶级思潮影响下,正在奋起进行反封建枷锁的斗争;法国处于革命前夕;美国独立(1776 年)震动全欧。这些个人的生活条件,身体条件,周围的精神条件和政治条件合起来,为体现于康德的人类理性的一次空前重要的自觉,提供了丰富的营养,因而这位伟大哲人就以其坚韧不拔的自觉活动在18 世纪里对于人类最高理想的理性的内容,作了具有巨大创造性的发掘。与主要是70年代的这个时期相比，“批判以前时期”只能说是精神成熟前的孕育、萌芽、准备、摸索时期，所以应该肯定这两个时期尽管密切联系着，情况却有重要的不同。

（3）“批判时期”

这个时期可以说是从1780年下半年写成《纯粹理性批判》的那几个月[①]开始，直到生命的最后。这是康德哲学成熟、结果的时期。正是在这个时期，在近代史中具有决定性影响的、使资产阶级成为欧美主要政治力量的法国革命（以及美国独立）的熏陶培育之下，他以自己的著作，成为德国哲学革命的旗手，并且显然是两个世纪以来最有深远影响的哲学家。

我们现在要注意的是“过渡时期”。在这个关键性转折的沉默时期，康德主要考虑什么问题？转折如何开始？又是如何继续下去？

一件颇有启发性的事实：同一年（1755年）里发表的两篇著作：《一般自然界的历史与天体理论》和《对形而上学知识的第一原理的新解释》，恰好标志出康德探索的中心问题。前一篇讲的是自然界和天体在无限空间、时间中按照严格规律性的发生、发展和普遍联系，后一篇里包含着自由与充足理由律的矛盾的重大问题。如果承认我在前面揭示的康德哲学发展的基因，那么，联系“过渡时期”的情况，就可以提出以下设想：以自由为根本性主题，为了论证自由必定联系到自由与必然性的矛盾的解决，这一思想开始于“批

① E. Cassirer根据Hamann同J. F. Hartkuoch（《纯粹理性批判》的出版者）的通信，主张《纯粹理性批判》的印刷可能是从1780年12月开始（《康德的生平和思想》，英译本，第138页）。那么，写出《纯粹理性批判》的时间应该设想为1780年7月至11月。

判以前时期”的50年代,更是贯穿于“过渡时期”使批判哲学得以出现的、支配思想前进的、具决定性作用的主线和动因。

底下根据目前所能找到的材料,试作说明。读者将会看出上面的论断也许不仅是一种设想。

围绕着上面的基本问题,在主线的推动作用之下,逐步提出来的是以下进一步的问题:

(1)与形而上学“理念”——自由——又与数学和自然科学的客观实在性密切关联的时间和空间的本性问题。

在《论区别空间中各个方位的基本根据》(1768年)中,康德联系几何学曾主张“绝对空间”有实在性。这种牛顿派观点,对于形而上学必然肯定的崇高的理想显然不相适应(参看1770年9月2日致Lambert信,AA第10卷,第98页)。到1770年《就职论文》,必定是经过多年酝酿,思想终于开始重大转折。这篇论著总起来标志着西方哲学从理性面对“存在”到理性“自知”,从旧的本体论方向到知识学的方向的转变的开始。里面有旧的本体论,又有崭新的哲学的知识学方向的萌芽。在这里,康德提出关于时间、空间的创新理论。时间、空间不是客观的存在,也不是作为现象之间的关系,只是从属于现象,它们是人类感性的主观形式,我们的一切直观都为一定的形式——时间、空间——所限制,这种形式是任何事物之所以成为我们感官对象的条件。但旧的形而上学重要原理仍在这里同时并存着:知性纯概念的功能是认识实在世界(AA第2卷,§ 13,10)。

(2)感性与知性的区别和感性限制性的问题:

与时间空间的本性相联系,势必提出关于感性本性的问题。

感性和知性是两种不同的知识能力,它们的各自的特性是什么，需要正确地规定；它们具有什么样的合作关系，需要摆正。唯理论贬低感性，犯了错误，经验论以感性为万能的原则，也失之偏颇。批判哲学既反唯理论，也反经验论。但康德由于其唯理论的深刻烙印，他是首先对感性进行批判考察的[①]。

形而上学内部的矛盾是怎样产生的？形而上学与理性的不同方面的能力有什么样的关系？形而上学怎样才能成为一种与人的

---

① 当然，我们不应忽略他在1766年的《以形而上学的幻梦阐释一位亲见幽灵者的幻梦》中强调只有经验才是对实在的知识的根据，从而表现出来的对唯心论的精神论的怀疑和否定的倾向，可是，如果注意到瑞典人史维登波克自称见到幽灵的荒诞离奇的梦呓，那么康德经过对史维登波克所提供材料的认真检查（他特地从伦敦弄到八卷有关材料），最后正式提出自己的主张：对于这种问题必须以真实经验为根据。这样的实事求是的看法完全是合理的。我想恐怕不大可能以这种情况（还联系1763年《有关上帝存在的一种论证的唯一可能的根据》，1764年《对自然神学和道德原则的明晰性的考察》对形而上学的怀疑，以及1763年《试将负量引入哲学》对因果联系的似乎表现着受到休谟影响的质疑）就肯定他在60年代之前半是主要表现为转向经验论，甚至划定一个所谓"怀疑的—经验论的"时期（*I. Kant*, F. Paulsen, Stuttgart, 1920，第76页。在Paulsen之前，H. Vaihinger已有类似看法，见他的*Commentar*第1卷，第48页）。我想，对于像康德这样作为一个独立思考突出典范的哲人，认为他先是唯理论的，后来几年间又是倾向于怀疑论、经验论的，后来反过来唯理论又占了上风（不少人认为《就职论文》，是对前一时期的怀疑论、经验论的反动），其观点如此轻易地变化，是不好理解，甚至不好想像的。实际上不好说他有一个阶段（即使时间不长。而且越是时间不长，这种说法越缺乏说服力）主要是怀疑论的，经验论的。应该说，在康德与莱布尼茨—沃尔夫思想体系的一定的深刻联系至少持续到70年代初，大约在1771年（理由见后）才开始了真正克服。摆脱莱布尼茨—沃尔夫深刻影响（当然不是说在这之前他没有在这一问题或那个问题上批评莱布尼茨和沃尔夫，1746年在第一篇发表的著作中就批评了莱布尼茨）。我的看法是他对唯理论的富有成果的批判是从1771年以后开始的，是有较长时间的过程。总之，对旧形而上学的不满，说不上是怀疑论，他从来没有放弃重建形而上学的神圣任务。关于事实上的因果联系，只是对如何理解这种联系从理论上初步提出疑问，完全没有提出像休谟根据经验论得出的结论，显然不好说是什么经验论倾向。至于针对史维登波克的梦呓，强调经验的可靠标准的探索科学的表现，也还不能说是经验论倾向，如果我们再比较一下：亚里斯多德由于主张在潜在情况下的理知像一块白板，我们才说他有一定的经验论倾向，那么对于康德，不是显然不能这样看？

理性本性相称的科学？

自由与必然的冲突就是一个具有最严重意义的矛盾，也是康德最关注的问题。此外，还有别的矛盾，像：世界有没有起源？物质世界是由单一的部分构成的还是可以无限分割的？存在不存在作为绝对必然的上帝？形而上学威信扫地，正在于它愈陷愈深，无法从这些矛盾摆脱出来。

康德对旧形而上学由于相互矛盾观点对立所导致的混乱，颇为关注，并且早就在探索使其步入正轨的原则。60年代中期，他自己在哲学实践中根据一定的探索的性质，明确解决问题所必需的知识，并且了解依靠给定的材料可以得到什么样程度的知识，扎实地前进，目的是掌握形而上学和哲学的真正方法（1765年12月31日致Lambert信，AA第10卷，第56页）。

对于那些哗众取宠的大量“理论”，只能采取怀疑态度，这种否定性的工作将为建立真正的形而上学作好准备（1766年4月8日致Mendelssohn信，AA第10卷，第70—71页）。可以看出：他正在采取稳扎稳打的方针审慎地寻觅正确道路。根据现有的材料，直到1767年，他也还停留在摸索之中（参看1767年5月9日致Herder信，AA第10卷，第73—74页）。

但是，不很久，终于有了转折，出现曙光，提出《就职论文》之后的1770年9月2日，在致Lambert信中讲道：

> 大约一年来，我很得意，因为我已经有了一种看法，对于这种看法，我认为永远也不用改动，然而必须加以充实，由于这种看法，就可以按照完全准确而简易的标准检查一切形而上学问题，并且，还可以确切地决定它们在什么程度上能够解

决还是不能解决(AA 第10卷,第97页)。

他又讲道:

> 我已经决定,……今年冬天把我对纯道德哲学的研究,其中不会有经验的原则,也就是道德形而上学,整理好写出来,这将在好多方面为涉及形而上学改变其形式的最重要观点铺平道路……(同上书,同上页)。

要注意康德一直是联系着道德哲学,也就是以自由概念为枢纽,考虑形而上学的重建的(还可以参看1765年12月31日致Lambert信,AA 第10卷,第56页)。

上述新的看法是什么?它包含着如下重要思想:

> 感性的最一般的规律在形而上学里错误地扮演着重大角色,可是,形而上学只是以纯理性的概念和原则为根据的。看来先于形而上学必须有一个完全特殊的、虽然纯属消极意义的科学(一般现象学)来规定感性原理的有效性及其界限,使其不要像几乎一向那样搅乱对于纯理性对象的判断。因为本着它们自身的关系来对待一切物的空间和时间以及公理,对于经验知识和一切感官对象而言,都是很实在的,并且实际上包含着一切显现和经验判断的条件。可是如果一个东西根本不是作为感官对象,而是通过一个一般的、纯的理性概念作为一个一般的物或实体等等加以思想,要是把这样的物或实体置于上述的感性的基本概念之下,就会陷于很错误的观点。

而且在我看来，……这样一种防止感性方面所有这类混入的、作为真正形而上学的序论的学科，将不需要费多大力量就可以为我们带来很有利的丰富内容和清清楚楚的证明（1770 年 9 月 2 日致 Lambert 信，AA 第 10 卷，第 98 页）。

康德的新的看法，表现在他已经在一定程度上认识到：针对存在于形而上学中互相矛盾的论断，必须站得高，以法官身份，严格执法，对双方作出公正判决。这就需要真正的法规作为“标准”来检查形而上学问题。怎样才是“站得高”？例如：对于时间和空间方面的有限和无限的争论，肯定一方，反对另一方，或者在互相对立的论点之外，另提出来某样论点，这不是“站得高”，而是参与争论，因而不过是与双方处于同一水平。正确的方法应该是从当时形而上学的泥潭脱身，设法使泥潭变为镜湖。互相矛盾的论点，显然都是知识。知识的出现。一方面当然以知识的对象即自然界本身为必要条件，但是还有长期未曾被认真注意的另一方面（从洛克开始有了可喜的变化），因为正是从知识这样的事实而言，那么人类的认识能力恐怕是构成知识更值得注意、更为重要的必要条件。所以，为了高瞻远瞩，首先应该批判理性，考察认识能力。对于认识能力，必须从各自不同的重要性质上区别感性与知性，不能（像莱布尼茨及其学派）把二者仅仅视为逻辑上的混淆和明确的程度上的区别。感性与知性各自均有源于自身本性的特定形式。时间、空间是感性接受对象的形式，它们对一切感性经验都是实在的，所以感性知识必定具有时间、空间的特性。而知性概念，如可能性、必然性、原因性等，则根本不是感官表象的组成部分，也不能从感官表象抽象出来，因为它们的来源不是感性，而是知性。我们依靠纯知性认识本体（Noumenon），本体是一种完满性，从实在性来看，本体是一切另外的物的共同标准。作为本体的完满性既有理论的方面，那就是最高的本质或上帝，也有实践的方面，就是道德上的完满。由于道德哲学中借以进行道德判断的基本原则只能通过纯知性才能被认识，所以道德哲学也属于形而上学。

康德认为形而上学中互相对立的观点的争执，是由于原应是纯知性的认识却受到感性原则的干扰。形而上学的对象具有绝对性，只能通过理知才能把握。人类没有理知的直观，人类只能运用一些一般概念抽象地表现对本体的认识，不能用一单个概念具体地表现本体。如果是直接地、具体地认识对象，在我们，则只能首先通过感官，而我们的感官是具有其自身特定的时间、空间形式的，时间、空间是一切事物之能以成为我们感官对象的条件，是感性知识的条件，而非达到理知的直观的手段。本体不能由感官表象来认知，感官表象只能认识显现。通过纯知性概念才能认识理知的，真实的世界。正是由于感性原则混入，把主观的条件当作对象本身的客观条件，形而上学才陷于无止境的纷扰。

例如：按照纯知性规律，每一个结果系列都有它自身的一个根据，也就是说，在结果系列的回溯中不会没有限度。在这里，纯知性所凭借的是对整体性的从属，因为如果设定一个结果系列，这整个系列就蕴涵着一个开端。可是，按照感性原则，对每个事件系列的回溯，从经验的实际上的伸展来看，总有一定的限度（因为每一现实的集合的量总要由数来表示，总是可能的，所以每一个量都是有限的），但任何集合的量的概念都离不开时间概念，这样在事件系列中对经验实际上的回溯，就永远不能完整，这种回溯在有限的时间中永远不会完成。这是先验意义的自由受到感性原则的挑战。

再如：“一切是的，总是在某地和某时是。”这是在感性原则基础上提出的论断。如果把它当作一切的“有”——包括理知的对象——的原则，那么，理知的对象就必定也以时间和空间作为存在的条件。这样，就使得上帝也要出现在空间、时间中，因而上帝也就不是统一的，因为它有了空间各部分互相在外的性质，它也说不上永恒，因为所有可以设想的它所经过的时间已经逝去，而它却只能瞻望着即将经历的无尽的未来，从而产生了无法解决的矛盾和困难。

需要注意的是：以上是对《就职论文》第2节、第5节主要思想所作的概括。关于二律背反的初步想法，也还可参考《哲学概要讲演录》，AA第29卷。《讲演录》的时间虽然稍晚，大约在70年代中期，但是，可以估计关于二律背反的这些想法恐怕在60年代末到70年代初就已形成。所论述的正是1770年9月2日信中所提到的“大约一年来”掌握了的新的“看法”的一些主要内容，因为它们与那封信中所叙述的“想法”完全一致。

可见，在这时，康德的思想发展到这样程度：为了解决形而上学深深陷入的内部矛盾纷争，必须严格区别知性原则同感性原则，因为感性原则具有主观性，要区别主观的感性原则和认识一般的物或实体的知性的客观的原则，这是重建形而上学的真正标准。看来，思想发展的这个趋势，是源于旧形而上学内部矛盾观点的冲突，特别是由于自由概念所受到的严重威胁。

后来他对于思想发展的这段重要历程一直具有深刻印象：

纯理性在其超验运用方面的这种结果[指宇宙论中的二

律背反现象］是纯理性最值得注意的现象，这个现象也对促使哲学从独断论的美梦中觉醒并且推动它致力于批判理性自身的沉重工作产生了最有力作用（《导论》，§50，AA 第 4 卷，第 338 页）。

再看：

我的出发点并不是对上帝存在、不朽等问题的研究，我的出发点倒是纯理性的二律背反："世界有一开端——：世界没有开端，等等，直到第四个①：人有自由，——与此相反：没有自由，人的一切都是自然必然性；"——是它最初把我从独断论美梦中唤醒并推动我去批判理性本身，为的是洗刷掉理性同其自身的外表上矛盾这种坏名声的（1798 年 9 月 21 日致 Garve 信，AA 第 12 卷，第 257—8 页）。

以上是《纯粹理性批判》第 1 版之后的 1783 年直到 74 岁的 1798 年，康德两次说到"二律背反"是推动他批判理性的重大问题的材料。

那么，现在要问：这次的思想转折发生在什么时候？

（1）康德早已注意到形而上学由于内部的纷争陷于瘫痪、与人类理性不相称的状况。具有真正哲学家抱负的康德一向以重建形而上学为己任；

① 在晚年，康德把《纯粹理性批判》中论述的四组二律背反中的第四组说成是自由与必然的对立（这应是第三组），这应该是简单的笔误，但是，这种失误是不是可以解释为由于自由与必然的对立是他最关切、考虑最多的问题？

（2）以自由与必然的冲突为重心的理性自身的二律背反，早已成为康德不断考虑，力图给与正确的而且是永久性的解决的课题；

（3）批判理性，实际上是康德从早期就开始的，自觉从事的，不断前进又不断取得新成就的毕生任务。

鉴于以上情况，据我看，康德出于解决形而上学虚假矛盾的强烈愿望，走上批判理性的正道，恐怕是比较早的事情。所谓比较早，特别指的是早于他自己所承认的促使他从“独断论”中觉醒过来的休谟对他的影响。我想，前边摘录的1770年9月2日致Lambert信中所说的“有了一种看法”，可能就是指的我现在讲到的转折。那么，那封信中曾讲到新的“看法”出现的具体时间是“大约一年来”，按照1770年9月2日算的“大约一年来”，新的“看法”的出现就在1769年的某一时间。如果承认上面的假定，那么，1770年的《就职论文》就是新的“看法”的第一次曝光。康德之重视《就职论文》，把文章集中讨论的“感觉世界和理知世界”问题视为《纯粹理性批判》的发端（参看1781年5月1日致Herz信，AA第10卷，第266页），叮嘱友人J. H. Tieftrunk编辑他的短篇著作集时不要“把这个集子从任何先于1770年《就职论文》的东西开始”（1797年10月15日致Tieftrunk信，AA第12卷，第208页），就都是很容易理解的。如果不这样看，却把《就职论文》中仍然出现的理知可以认识本体的旧形而上学的痕迹，不视为逐步前进中的正常现象，而看成是什么“60年代转向经验论之后的独断论的回潮”，对于康德本人之那样重视《就职论文》就不好解释了。

如果按照以上的分析，再看下面一段大约写于70年代后半期的非常重要的、有名的自白，就完全可以联系起来：

> 我只要作到确信我们必须在解决这个问题[大约指考察各门科学界限并且批判理性的先验哲学即一般现象学]之前，不要从事这门科学[指纯哲学即形而上学]的重建工作，这样，这部著作[指他正在撰写的《纯粹理性批判》]就达到它的目的。
>
> 最初，我对这个方针的领会比较朦胧。我很认真地努力论证一些命题及其对立面，倒不是想走向怀疑论，而是打算揭露一种存在于知性之中的幻象。1769 年给我极大光明(AA 第 18 卷，第 69 页)。

1769 年是从来没有被忘掉的一年。康德把这一年记得清清楚楚。他不止一次告诉友人《纯粹理性批判》是连续 12 年殚精竭虑的后果(见前引文)。《纯粹理性批判》出版于 1781 年春天，开始印刷大约是 1780 年 12 月[①]。从 1780 年的年底推回 12 年，正是 1769 年。应该相信康德对这一年的记忆准确无误。

所以，我认为 1769 年正是康德思想发展的“过渡时期”的开始，这一年他开始走上正确地批判理性的道路。《就职论文》总结了光明的1769年新的收获，是“过渡时期”开始的标志。表现在《就职论文》中的重要思想主要是：

(1) 作为全文的重要部分，着重地论述了时间、空间是人类感性直观的固有形式，是关于对象的一切感性表象的必要条件，因此它们是关于对象的直观的条件而不是关于对象本身的条件，通过它们得到的是显现，所以它们是感性表象的主观性根据；

(2) 强调以时间、空间为形式的关于显现的经验知识是真的

① 据 E. Cassirer：《康德生平和思想》，英译本，1981 第 138 页。

知识，其所以是真的知识是由于相对于感性接受对象的刺激，表明对象的出现是实在的；

（3）在时间、空间是一切感性知识的形式的基础上，按照先验的观点阐述了数学的客观实在性；

（4）在严格区别知性和感性的基础上（对知性的看法，由于主张知性认识主体，仍然在唯理论的一定影响之下），以知性的批判使用为指导，着重地规定了从感性获得的经验知识的界限，阐明通过感性不能了解本体。

文章确定了时间、空间的全部实际作用，也就对它们作为感性直观形式的作用的界限作出规定，它们适用的范围是显现。在这个范围里，时间、空间是一切对象的必然形式，所以一切经验知识的普遍必然的条件，也就是一切真知识的标准，在时间、空间条件下的经验知识是我们在显现方面的唯一正确知识。以这种感性理论为根据，数学的客观有效性得到了合理的解释。并且，由于区别了对于对象的直观和对象本身，也就是在主观条件下接受的对象即显现和不在主观条件影响下的对象自身，就为揭示旧形而上学解决不了矛盾的根源提供了钥匙，并为确立自由奠定了基础。

但是，不能否认，《就职论文》仅只对人类感性的形式——时间、空间——提出一套新的观点，这套观点后来大体上成为“先验感性论”的主要内容，可是，对知性的功能，就完全说不上作出什么新的探索。文章里边既有一定的新的知识学，也还有老的本体论，并且应该承认旧的形而上学立场仍然占着主要成分。所以，总起来看，《就职论文》不能说是批判的，它与《纯粹理性批判》还隔着一大段距离。那种把《就职论文》当作“批判时期”的开始，在我看来是与实际不合的。

从《纯粹理性批判》的成果看，1769 年只是直接的起点，《就职论文》只是开始走的第一步。前边还有不少路程，有的甚至还相当险峻。这就是为休谟所开辟的，但还需要根本改建的地段。①

休谟唤醒康德的"独断论的美梦"

在近代，解决自由与必然的矛盾，表现出采取不同的方法：在肯定普遍的必然性(事实上的普遍因果联系)前提下解释自由，像斯宾诺莎以及 18 世纪法国唯物论者大体上都持这种观点，这种观点实际上是否定以意志的主动为特征的自由，对于后者说，更是如此。如果打算避免这种后果，就要探索有没有可能站在严格维护自由或使自由绝不受到损害的前提下，同时对普遍的必然性作出合适的说明。这就有必要对特别是自然科学的普遍必然性和客观有效性，也即它的基本原则的性质、适用范围和限制进行批判的考察。这是康德所遵循的方法。

前已指出，在思想的发展中，围绕着自由的实在性这个主题，需要探索的问题是：(1) 既与自由又与数学和自然科学的客观实在性相关联的时间和空间的本性问题；(2) 感性与知性的区别和感性原则的限制性问题。

《就职论文》作为批判理性的初步成就，与新的批判的方法相联系，主要对感性的本性作了先验的考察，在这基础上，解释了数学的客观实在性(见 W. Weischedel 编《康德著作集》Suhrkamp. 1968〈下面简称 W. Weischedel 本〉第 5 卷，第 43—5 页)，指出它与知性的重要区别及其应用的限制。但是，对照上面两个需要探索

① 把 1769 年的"极大光明"同休谟的影响联结起来，现在看是没有充分根据的。我在《西方著名哲学家评传》中《康德》一文里曾这样主张(见该书第 6 卷，第 6—7 页)。

的问题，可以看出：(1) 对自然科学的客观实在性问题完全没有触及；(2) 在区别感性与知性方面，对知性的本性则仍然停留于陈旧的、独断论的观点，认为知性概念（他列举的是可能性，存在性，必然性，实体，原因性）可以有独断的运用，知性原则可以提供本体的完满性（同 W. Weischedel 本，第 5 卷，第 39 页）。

这样，在前进中，思想陷于新的内在矛盾。可以设想，不用多久，就会进入如下的考虑：

如果知识不是光在纯知性范畴中打转，那就离不开一定的材料。而知性本身不能提供对象（纯数学除外），知性只能通过感性才能有对象被给定。

如果感性形式为人类心灵所固有，具有先验的观念性，它只是在对象刺激感性当中感性接受对象表象的方式，那么通过人类的感性形式所给定的，就只是物对我们的显现而不是物的本来样子。

由知性与感性结合所产生的知识，从其对象看，有两种可能：(1) 知识的对象是物的显现，(2) 知识的对象是物本来的样子。如果知识的材料只是物的显现，那就是说，这种材料已经不是原来的物，因为在人类主观的感性形式时间、空间中的东西，已经不可能除掉原来不属于物的感性形式，利用这种材料构成的知识，只能是显现，不可能是物本来的样子。所以，第二种可能不会是事实。于是，只剩下第一种可能。

康德势必面临以下两条道路的抉择：

(1) 在肯定时间、空间是人类感性的固有形式和知识的材料只能通过感官被给定因而表现为显现的前提下，必须肯定知性也只能认识显现而不能认识物的本来样子；

(2) 在肯定人类知性必定能够认识一般的真实的物的前提

下，否定时间、空间的先验观念性。

既然在时间、空间的观点上已经获得新的重要成就，不能倒退，只有顺着第一条道路前进。事实上，他大约在1755年即休谟《人类理解研究》德译本出版后不久，就读了这部著作。在60年代，他着重思索了形而上学内部错误和矛盾论断的产生原因，以及把握真理的标准，因而出现了在一定深度上的从独断论的觉醒和1769年的“巨大光明”。

《就职论文》时期新的“感性论”与旧的“知性论”之间的矛盾该如何解决？按照康德思想发展的内在趋势，需要的是重新检查旧的“知性论”来适应新的“感性论”。正是在这种情况下，特别是检查在形而上学中起重要作用的原因概念的超验应用的真理性时，休谟对因果观念的分析的积极方面——原因与结果的联系不以推理为根据——和消极方面——因果联系实际上来自个人主观的习惯——都引起了深思。尽管对休谟思想并不陌生，特别是曾重视其伦理思想，可是只有当康德自己思想发展到一定的关节点时，休谟思想才会重新使他“回想”以前未曾深入的“问题”，从而为他的哲学思考转入新方向提供有力的促进作用。

在1772年致Herz的一封信里，透露出一个非常值得注意的考虑问题的情况，表明在《就职论文》之后很可能是在1771年里，他完全掌握了横在前进道路上的一个关键问题，并且正在沿着这个线索颇有信心地深入[①]，从而使得这封信成为直到目前了解康德思想

① 康德在信中说的是Herz离开柯尼斯贝克之后他自己思想发展的方向。Herz离开柯尼斯贝克是1770年。可是，在1770年9月2日致Lambert信中，丝毫没有说到思想中的这种重要发展，康德考虑这个问题很可能在1770年的晚些时间直到1771年，但恐怕不会在写信的1772年。

发展的最重要的原始资料。据说，当他考察人的理论知识总体以及知识的各部分之间的相互联系时，发现有一个根本的问题尚未解决，这个问题他自己长期没有注意，别人也没注意，这个问题"事实上构成至今它自身仍然隐藏着的形而上学全部秘密的钥匙"（AA 第10卷，第129—130页）：

> 我们称为表象的东西，它与对象的关系以什么为根据？……我们的知性既非由于其表象而成为对象的原因（除非是以善为目的的道德），而对象也并不是知性表象的原因（在现实的意义上）。因此，纯知性概念一定不会从感官的感觉抽象出来，它们也不会表现感官方面接受表象的作用，实际上它们必定是源于心灵本性，不过它们却既非客体所引起，而客体本身也不是由它们所产生。在《就职论文》中，我满意于仅只消极地说明了理知的表象的本性，就是：它们不是由于对象而引起的心灵的变象。至于一个表象怎么会同一个对象具有联系，而这个表象却不是在某样方式中为那对象所刺激，我就没有讲了。［在那篇著作中］我断定：感官表象所呈现的是物显现的样子，而理知的表象呈现的则是物的实在样子。这样，如果这些物并不是通过刺激我们的方式给予我们，那么它们是怎样给予我们的？还有，如果这种理知的表象的基础是我们内部的主动性，那么这种表象与对象应有的一致性是怎样来的，而对象却似乎不是由于这种一致性才产生的？还有，关于这些对象的纯理性公理如何能跟这些对象一致，而这种一致性却不需要借助于经验？（AA 第10卷，第130—131页）

纯知性概念不是来自经验,它们也不能创造对象,却与给定的对象有一致性,这个问题正是《纯粹理性批判》的核心问题,也是康德自己承认用最大力量考虑的问题。康德认为,在数学,这个问题是比较易于理解的,因为数学的客体是我们自己可以按照单位一个一个地把握从而创造出来的量的表象,量的概念是主动的构造的原则,数学的原则可以先天地制定。可是,在数学以外涉及质的关系的概念就成为问题了,这样的概念先天地形成,却是关于事物的概念,并且事物一定与它们相一致,知性为这种概念的应用所制定的原则独立于经验,而经验却必定与这些原则保持一致。总之,纯知性能力与事物之间的一致,仍然是一个难以解释的问题(同上书,第131页)。

由上可见,康德恐怕主要是在1770年提出《就职论文》以后(有可能在提出论文之前已经开始),1772年以前,开始明确地、深入地探索构成《纯粹理性批判》重要主题的知性纯概念与通过感官给定的对象之间的一致性问题,而这正是前面指出的为了克服前进中新的内在矛盾必须解决的知性本性问题,以及科学特别是自然科学的客观实在性问题。

在探索知性的本性,纯知性概念运用于经验对象以及自然科学的客观实在性问题的过程中,休谟有关因果联系的理论对康德产生了重要影响。

休谟对康德的影响是独特的。在康德自己看,似乎没有任何别人对他引起过更重要的影响。实际上恐怕并非如此。因为无可否认,首先,莱布尼茨、沃尔夫对他的影响就是根本性的,也是相当牢固的,虽然他不断批评他们。另外,也不能不考虑到与他同时的Lambert, Mendelssohn, Tetens等人对他的影响。可是,在康德看来,似乎这些人的作用都不能同休谟相提并论。这是值得注意的。所以，应该充分地估计这个影响。先看康德两次申明休谟给予他影响：

> 我坦率地说，正是由于多年前对休谟的回想，才打断我独断的美梦，并且给我在思辨哲学范围的探讨上一个完全不同的方向（《导论》AA 第 4 卷，第 260 页）。
>
> 大卫·休谟，关于他，我们可以说，正是他真正发动了对纯理性权限的所有的挑战，这就使得对纯理性权限进行全面的考察成为必要，……至于谈到我从事的纯理性批判，固然是由休谟的怀疑学说所引起来的，可是却走得远多了，包括纯理论理性综合运用的整个范围，因而就还包括一般所谓形而上学的整个范围……（《实践理性批判》，AA 第 5 卷，第 50—1 页）。

首先需要弄清的是这次影响的时间。

底下先列举表明“批判以前时期”和“过渡时期”有关康德对休谟了解的外在情况的可以找到的原始资料：

（1）包括《人类理解研究》及道德、政治论文的《大卫·休谟论著》的德文译本共分四册，1754—1756 年在汉堡和莱比锡出版；①

《人性论》第一卷的最后一章的德译文于 1771 发表于《柯尼斯贝克期刊》；②

---

① A. Warda：《康德的书》，1922，柏林，第 50 页。

② 见 Manfred Kuehn：《康德对“休谟的问题”的理解》（Kant' s Conception of “Hume' s problem”），*Journal of History of Philosophy*, Apr.，1983，185 页。《人性论》德译本于 1790—1792 出版。译者是最早的康德信徒之一 L. H. Jakob（见同上文，同上书，第 179 页注 7）。

《自然宗教对话》德译文于1781在莱比锡出版。①

（2）康德遗赠 J. F. Gensichen 教授的书，其中有包括《人类理解研究》在内的《大卫·休谟论著》德译本的第一、二和四册，还有《自然宗教对话》德译本。②

（3）L. E. Borowski 曾听过康德于1755—1756讲课，据他说康德这时已经认为休谟是一个重要的哲学家。

（4）1759年7月27日 Hamann 致康德信中讲到休谟对于“信念”的想法，并引用了《人类理解研究》第10节结尾的一段话，从信中的语气看，收信者康德对休谟不会是生疏的。③

（5）曾在1762—1764年连续听康德讲课的赫尔德后来回忆时说道：像莱布尼茨、沃尔夫等人一样，休谟也是像他老师讲课时深入分析的一位哲学家。④

（6）在《对优美与崇高情感的考察》（1764）一文中，转述了休谟认为黑人天赋才能低劣的看法，这看法的原文见于休谟的《论民族特性》一文。⑤

（7）在《1765—1766冬季学期讲授计划通知》中，康德宣布在伦理学的“一般实践哲学”和“德性论”两个方面都以鲍姆加登为根据，另外还将对沙夫茨伯利、哈特逊、休谟有关道德基础的见解

---

① A. Warda：《康德的书》，1922，柏林，第50页。

② A. Warda：《康德的书》，第50页。

③ AA. 第10卷，第15页；休谟：*Enquirity Into the Human Understanding* 中的一段话，见 Selby-Bigge 本，第131页。

④ B. Suphan 编《赫尔德全集》，1881，柏林第5卷，第17、404页。

⑤ 休谟：《道德：政治和文学论文集》，T. H. Green 和 T. H. Grose 编，第1卷，1912，第252页注1。

作了确切阐述并补充。①

(8) 在1768年5月9日致赫尔德信中,给予休谟极高的评价(AA第10卷,第74页)。

以上材料,从时限上看,大部分都涉及“批判以前时期”。可以设想,那时康德已经读过休谟不少论著,对休谟的思想有较广泛了解,并且特别注意其伦理思想。

尽管如此,直到1772年2月21日致Herz信之前,我们看不出在因果问题上休谟对康德有什么重大影响。在《尝试将负量概念引入哲学》(1763)中,他的想法是:“实在根据”不同于“逻辑根据”,后者以同一律为基础,可是前者的基础是什么?由于某样事物存在了,因而另外一件事物也就存在,对于这种情况应该怎样理解?②这里出现了类似休谟所提的问题,但是他没有答案。跟着在《以形而上学的幻梦阐释一位新见幽灵者的幻梦》(1766)中,就比较肯定地认为事物的因果关系只能得自经验,理性不能了解何以某样事物会成为一个原因或者何以某样事物会具有一种力。原因与结果是两样不同的东西,二者之间并无必然联系,某物是原因,以及所谓力,所谓作用这种作为根据的概念,如果不是得自经验,在思想中就纯是任意的。③这里也许可以假定有休谟的一定影响。但是,这影响显然还不能同前引《导论》中的那段话联系起来,看来这时他的思想基本上仍然处于摸索状态,还没有表现出从休谟式因果观进而把握住自己多年探索的有关人类知识的根本性问题,从而促使哲学研究出现重大转折,走上真正地批判理性的新的先验方向。

① AA第2卷,第311页。

② AA第2卷,第201页。

③ AA第2卷,第371页。

只要坚持知性可以认识本体。感性只感知显现，而感性又是直观到经验对象的唯一通道，那么，知性何以能认识本体就是一个棘手的问题。知性所认识的物，如果不通过感性被给定，它们是怎样被给定的？1772 年 2 月 21 日致 Herz 信中所提出的纯知性概念与其对象（这对象并不是知性本身产生的）的一致性问题，在《就职论文》中不仅被忽略，而且文章还坚持旧形而上学知性认识本体的独断论。可以设想，康德从独断论进一步解脱出来，在1769年基础上更富有成果的觉醒，应发生在1770年9 月以后到1772年2 月以前的那段时期。

这次觉醒是由于对休谟观点的“回想”。“Erinnerung”（“回想”）这个名词的动词形式“erinnern”还有“提醒”或“提示”的意思。美国的 L. W. Beck 在他的《未来形而上学导论》英译本（1950）中把“Erinnerung”译作“recollection”（“回想”）①，后来在 1976 年的一篇文章里，他认为应该译作“suggestion”（“提醒”）而不应该译作“recollection”，他的理由是：

（1）从文法方面看译作“回想”不妥，因而对康德的原话作了曲解；

（2）“康德在 1772 年是不会‘回想’休谟所说过的话的”。②

关于（1），认为把“Erinnerung” 译作“回想”形成对文意的曲解，这个说法并没有充分根据；

关于（2），Beck 的理由是：1772 年毕提（J. Beattie）的《论真理的本体和不变性》德译本出版，康德一定看了这个译本；毕提在书

① 见该书第 8 页。

② L. W. Beck, *Essays on Kant and Hume*, New Haven & London, 1978, 第 116—9 页注 22。

中摘录了休谟《人性论》大段原话,康德必定借此才了解到休谟对因果性原理本身所提出的严重问题,而非仅由于《人类理解研究》中所涉及的不过是对特殊因果联系的怀疑论观点,正是休谟《人性论》的“提醒”才使康德从他的“独断论的美梦”中觉醒。①

关于“Erinnerung”的译法,早先的 P. Carus 就译作“suggestion”,Beck 1976 年把以前所译的“回想”改成“提醒”之后,有人表示赞同。②

我认为把“Erinnerung”的意义了解为“提醒”,从文法上看,并不能说有充分根据。人们也许是由于原文的“die Erinnerung des David Hume”中,“Erinnerung”联结的是“David Hume”的第二格,所以觉得应该把“David Hume”当作“Erinnerung”这个动作的主体,既然“David Hume”是动作的主体,那么,“Erinnerung”显然不能了解为“回想”,而一定要了解为“提醒”。但是,我们知道,“Erinnerung”的动词形式“erinnern”作为反身动词,意思是“忆起”或“想起”,正是用第二格联结所回忆或想起的那个对象。

更重要的是,从事实上说,恐怕不会是简单的“提醒”。因为1755 年《人类理解研究》就有了德译本,而康德所遗藏书中又包括这个译本;他自己有这部书,完全可以设想他应该读过,并且在 50 年代就读过。再看前边所列的有关康德早期的与休谟的关系的材料,他读过休谟的其他著作,对休谟早有所知,休谟早已是他最推崇的一位哲学家,那么,50 年代就可以“提醒”,60 年代也可以“提

① L. W. Beck, *Essays on Kant and Hume*, New Haven & London, 1978, 第 117—119 页。

② 例如:M. Kuehn 的Kant's Conception of "Hume's problem", *Journal of the History of Philosophy*, Apr., 1983, 第 175 页及同页注 2。

醒”，为什么要像 Beck 那样肯定是1772年，即摘引休谟《人性论》大段文句的毕提的《论真理的本性和不变性》德译本出版那一年才出现对康德的“提醒”？当然，这是因为有些康德学者（从 Vaihinger, N. K. Smith 到现在的 Beck 等）认为从康德所考虑的因果联系问题的提法的一般性的层次看，“提醒”他的不大像是《人类理解研究》里边的说法，很可能是《人性论》中对因果性问题的更一般性的探讨。根据这样的设想，这些康德学者认定，在1772年毕提的上述著作德译本出版之前，不管康德对休谟有多少了解，休谟也不可能“提醒”康德。

但是，首先从康德的自叙看，这里似乎并不只是一个简单的“提醒”。因为如果只是“提醒”，就纯是被动的。但是这里更主要地应该是康德自己对休谟所提的“问题”的深入思索，即“回想”。请看：

> 一切怀疑论的挑战根本上只是针对着独断论者。独断论者一本正经地顺着自己的路一个劲儿走，对自己的原来的客观原理深信不疑，毫无批判。怀疑论的挑战只是使独断论者陷于困惑，促使他认识自己。至于什么是我们能够认识到的，什么又是我们所不能认识的，它本身是完全决定不了的。对理性所有的毫无建树的独断做法这种事实加以检查，总是有好处的。可是这并不能对理性的可能的成就作出决定，从而使它将来的工作有希望获得较好的结果，并且可以在这基础上提出要求。因此，单凭检查根本不能结束有关人类理性权利的争论（A 763—4 = B 791—2）。

这样，怀疑论的做法其本身固然不能使理性问题得到满意,但却仍然具有预习作用,促使它小心翼翼并指出切实的手段,以保证它的合法的财富(A 769 = B 797)。

至于休谟,则几乎可以说是一切怀疑论者中最有才智的一个,并且在怀疑论方法推动健全理性检查所能产生的影响上无疑也是无人可比的……(A 764 = B 792)。

自从洛克和莱布尼茨的[有关人类理解的]论著出版以来,或者不如说,从历史所提供的形而上学的产生以来,还没有出现一件事情对于形而上学这门学科命运比大卫·休谟对它的攻击起着更大的决定作用。他并没有为这种知识带来光明,可是他却打出了一颗火星,如果小心保持住那颗火星,并且让它增强,再有易燃的火绒,那么我们一定会把它点燃放出光明的(《导论》,AA 第 4 卷,第 257 页)。

先天综合判断如何可能问题的解决,证明这种可能性根本不存在,关系着形而上学的成败。在所有哲学家中,休谟最近于接触到这个任务。可是他对这个任务的考虑很不明确,也远远没有从其普遍性方面进行考虑,只是停留在结果与其原因的联系的综合命题(因果性原理)上面,他相信已经得出如下结论:这种先天命题是完全不可能的,如按照他的推论,一切所谓形而上学都不过是纯粹幻想,……可是休谟如果从普遍性方面注意到我们的任务,他是不会提出这种置一切纯哲学于死地的主张的……(B 19—20,RS 51*—52*)。

以上引证的是从 1781 年直到 1788 年康德四次在发表的著作(包括《纯粹理性批判》第 1 版和第 2 版)中对休谟主要在因果性原则问题方面观点的总结性评述。

休谟在人们长期深信不疑的道理上提出疑问，正像用一块石头投进一潭死水。对事物因果联系的认识并没有理性的根据，这种认识只能依靠经验，所以根本不是先天的。按照康德的说法，休谟明确因果联系的根据不能是理性分析，它是综合性质的，这很正确。休谟的问题提得好，他最初的这样考察（事物的因果联系观念不能以理性为根据，它们的联系是“综合的”）也很对，确实震聋发聩，是黑暗中的一颗“火星”。但是，在康德看来，休谟并没有把改造哲学使其成为“科学”的急切任务放在心上，他对人类知识考虑得很不全面，草率得出怀疑论的结论，置“纯哲学”于死地。休谟的贡献是看出了作为“知性纯概念”的因果关系概念的综合性质，底下一连串的想法就离开了真理，无助于重建科学的哲学，而且十分有害。正是休谟的这种怀疑论使康德发现了一个重大问题（这个问题正是《就职论文》由于其落后的知性观点所未能提出的，当然更说不上加以解决）：知性纯概念与给定的对象二者间何以具有必然的一致性问题。由于大约从1770年晚些时直到70年代末，长时间围绕着这个问题的探索，才主要地完成了对纯理性的批判的考察。所以，康德认为休谟对科学的形而上学给予的是“火星”而不是“光明”，他开始是正确的，但推论和结论都不正确，他对理性的“检查”有启发性，却很不全面。

休谟与康德的关系，事实上，当然不是说不应该肯定在一定问题（因果联系问题）上休谟的“提醒”作用，但是，更重要的恐怕应是充分估计到作为真正哲学家康德本人基于远为广阔的视野对休谟观点是非的深思熟虑。这应是主动的探索，而非主要是被动的“提醒”。

根据前面列举的材料，1755年《人类理解研究》德译本出版后，康德很可能就对休谟的思想不断有所了解,可能首先是对他的反神学思想和伦理思想注意得多些。只是当集中考虑到纯概念(包括因果概念)的来源及其客观有效性这个关键问题时,才特别地想到休谟的有关论点,认为应该联系人类全部知识,对休谟的疑难从各个重要方面考虑,以便得出妥当的结论。这时这样的探索,就是康德自己所说的对休谟的“回想”。根据前边的分析,这应主要是1771年的事。

对理性批判的深入,主要是由于克服思想内在矛盾的需要。在这样情况下,重新集中地考虑休谟提出的问题,从而进一步地打破“独断论的美梦”。

休谟的“问题”

现在需要明确的是这一回由于受休谟影响而从中觉醒过来的“独断论的美梦”的内容是什么。

按照上面的分析,康德批判理性的工作,是由于对休谟的“问题”的“回想”而导致深入的探索。它发生在1771年。到1770年《就职论文》为止,表现着康德思想发展中的生长点的相互不协调的要素,一般地是:

(1)知识的材料来自感性,感性的固有形式是时间、空间,时间、空间是感性接受对象刺激从而得到感觉表象的形式,因而从感觉得来的认识只是物的显现,这是感性原则应用的界限,如果超越界限,使感性原则混入形而上学,就必定为形而上学带来矛盾;

(2)纯知性概念不能从感官表象抽象出来,它们源于知性本身。纯知性概念的实在的运用是对作为对象本身的物,对实体、对第一因进行一般的认识。

特殊地是:

（1）由于作为原因的某样事物，另外某样事物就被确定下来，这种事实上的原因概念只能以经验为根据（参看《以形而上学的幻梦阐释一位新见幽灵者的幻梦》）；

（2）原因概念，作为纯知性概念，又是论证超世界的设计师和创造者的知性原则。纯知性概念不仅有经验方面的应用，更重要的是还有超越经验对象的应用。

可见，在1770年，不管是在知性与感性区别的一般方面，还是在原因概念的特殊方面，都以纯知性概念的经验应用与超验应用的对立（以设定感觉世界与理知世界的本体论对立作为前提）为焦点，展示着思想前进中的基本矛盾。

有人（如文德尔班①和鲍尔森②）认为，《导论》的导言中所说的"独断论的美梦"指的是经验论。我看不是这样。前边已经谈到Vaihinger和Paulsen有关康德于60年代曾转向经验论的主张不妥当，现在不需重复。只要看上面列出的思想基本情况就可以明白。对于事实之间的特定的因果联系必须依靠经验的想法是经验论吗？不。这是一般地尊重事实的科学态度，这种合理的想法与经验论没有必然联系。这种想法决非要排斥掉的"独断论"，正相反，它是积极的因素，是后来在《批判》中一直被肯定的，即：除了知性的先天基本原则以外，有关经验对象的特殊规律，只能依据经验才能认识。那么，剩下来的与批判哲学根本不相容的就是本体论意义下的两个世界以及纯知性概念的超验应用，这是思想前进必须克服的方面。只有克服了"独断论"在康德深层思想中这个最顽固的

---

① 《哲学史教本》第15版1957，第461页注7。

② F. Paulsen：《I·康德》，第6版，1920，第93页。

方面,才能像《导论》中所说的:“在思辨哲学的研究上给我一个完全另外的方向。”

那么,影响康德的休谟的“问题”,是出自《人类理解研究》,还是《人性论》?

先看如下的事实:

(1)1755 年《人类理解研究》德译本出版;

(2)1771 年 7 月 5 日和 12 日《柯尼斯贝克时报》分两期刊登了《人性论》第 1 卷最后一章的德译文;[①]

(3)1772 年复活节(3 月至 4 月中旬)毕提摘引大段《人性论》的《论真理的本性和不变性》德译本出版;[②]

(4)1790—1792 年《人性论》德译本出版。

现在需要确定的是《批判》形成过程中影响康德的休谟的“问题”的出处。1790—1792 年出版的德译本《人性论》显然与此无关,第(4)理应不予考虑。

由于第(3),一些人(如 Vaihinger[③],N. K. Smith[④],R. P. Wolff[⑤],L. W. Beck[⑥])认为:鉴于康德所理解的休谟“问题”,涉及对一般因果律的怀疑,而对一般因果律的怀疑只见于《人性论》,不见于《人类理解研究》,既然《人性论》在 1790 年以前并未出现德文译本,只是在 1772 年毕提上列书的德译本出现,毕提为了反驳休谟对因果

① 见 M. Kuehn 的文章 Kant's Conception of "Hume's problem", *Journal of the History of Philosophy*, Apr., 1983,第 185 页。

② H. Vaihinger: *Kommenter, zu Kants Kritik*, I. (1881),第 347 页。

③ 同上书,第 347 页。

④ *Commentary to Kant's Critique of Pure Reason*,第 xxviii—xxix 页。

⑤ "Kant Theory of Mental Activity",1973,第 24—5 页。

⑥ *Essays on Kant and Hume*, 1978,第 117—119 页。

的观点，摘录了大段《人性论》原文，康德应该是从这里了解到休谟对因果律的更深层怀疑的。

据我看，从1772年2月21日致Herz信看出康德的思路发生确定的变化，这种变化应该与对休谟的“问题”的“回想”有直接关系（理由后面再谈），而毕提的上列著作德译本在复活节时才出版，所以也不应予以考虑。

关于(2)，较早出现（1771年）的《人性论》一部分的德译，由于内容主要是休谟表述他自己作为怀疑论者的心境，而不是对因果联系的分析，所以很难像Kuehn所主张的是赖以唤醒“独断论的美梦”的主要原因。[①]

看来主要地首先应加以考虑的仍然是1755年出版的《人类理解研究》德译本，当然并不排除其他使康德多方面增进了解休谟的渠道，如比较熟悉休谟的友人的转述，Kuehn所指出的较早出现的《人性论》第一章末一节的德译文，以及像毕提著作德译本中的休谟著作的引文等。

可是，从西方哲学史看，康德是立足于更广阔领域，根据新观点和思想方法，对休谟的因果关系理论进行针锋相对的彻底批判考察的唯一哲学家。我们应该这样设想：休谟的理论影响了他，必定是以他仔细研究休谟为前提，在这基础上才对休谟作了结论，这个结论是不容易推翻的，除非我们不是以近代发展起来的对自然科学根本规律具有严格的普遍性和必然性的信念作为前提（英国人今天对休谟的兴趣，只能以否认或忽视康德为必要的条件，不过

① 见M. Kuehn的文章Kant's Conception of "Hume's problem", *Journal of the History of Philosophy*, Apr., 1983，第185—6页。

总给人以在死胡同中打转的印象）。我认为很难设想，像康德这样的以重建形而上学为己任、严肃认真的有智之士，竟然仅凭道听途说或片言只语而不是以休谟重要的代表著作为据，就草率地转入新的毕生坚持下去的思考方向，并且对休谟的观点作出斩钉截铁的批评和论断。

应该承认，从康德对休谟的因果关系理论的述评看，其所论述的观点与《人类理解研究》的分析并没有什么不一致之处，看不出有什么重要理由认定对休谟“问题”的了解只能根据《人性论》，而非《人类理解研究》。

休谟的结论是否认客观因果必然联系规律，他否认的无疑是普遍的因果规律。如果在时间上相继出现的感觉中，我们在任一个别表象与另一个别表象之间看不出、不能认识到原因与结果的联系，普遍的因果规律显然不能成立。只要随便一个特殊情况与所谓普遍情况不一致，那个所谓的普遍情况就被推翻。从对特殊对象之间的关系的分析，得出否定普遍因果联系的结论，这种做法在《人类理解研究》与《人性论》并无不同。认为只是《人性论》才提到普遍的因果关系问题，而《人类理解研究》则只分析特殊对象的因果关系，这种看法是没有根据的，甚至可以说自己制造混乱。

《人性论》中有关“原因”与“结果”观念并非属于分析性质的讨论，在《人类理解研究》并不是没有谈到，例如：

> 我敢于肯定，这是一个不容有例外的一般命题，即：对于这种关系［指因果关系］的知识，在任何事例中，都不是得自先天的推论，而是完全来自经验，就是当我们发现随便什么特殊

对象彼此经常联结在一起的时候。①

《人类理解研究》第4节提出"观念的关系"与"事实"二者的区别时，指出几何学、代数、算术属于"观念的关系"一类，把因果关系作为"事实"推论的根据，已经肯定因果关系不属于"观念的关系"，也即不是分析的。

从"观念的关系"和以经验为根据的"事实"两个方面考察"原因"与"结果"的关系是不是必然的（从"观念的关系"看是一般的因果关系，从"事实"看是特殊的因果关系），这在《人类理解研究》与《人性论》并无不同之处。

在休谟看来，人类理智考察的对象，不外两大类："观念的关系"和"事实"。二者的重要区别是：属于前者的知识或命题是同一的，以矛盾律为唯一根据；属于后者的知识或命题则不是同一的，其根据不是矛盾律，而是经验。所以，从"观念的关系"方面提出的是一般的因果观念的关系有无必然性的问题，从"事实"方面提出的是特殊事件作为原因与结果有无必然联系的问题。两个问题属于理智的不同的考察对象，各自独立，似乎没有一般与特殊的内在联系，似乎一般方面如果站不住，并不影响特殊方面，特殊方面如果站不住，也不影响一般方面。这种把一般与特殊割裂开来的观点当然与休谟彻底的经验论立场分不开，彻底的经验论除同一命题外是看不见特殊中的一般的。但是，经验论在它的思维进程中并不能摆脱一般，休谟在否定特殊的因果必然联系时，也否定了一

① *Enquirity into the Human Understanding*, L. A. Selby-Bigge 编订本，1955，第27页。

切特殊因果关系的必然联系。看来,从"观念的关系"方面否定因果关系的必然性,不可能是休谟的主攻方面,因为因果关系离不开"事实"。《人类理解研究》把原因与结果的"观念的关系"无必然性的问题简单带过,突出特殊事例的因果无必然联系的问题,突出引起人对因果必然联系观念的"习惯的联系"(customary connexion)、"同样的经验"(uniform experience),①作为说明的关键,这种办法将使问题的阐述简明扼要,因为:

> 在一切抽象推理之中,都有那么一个观点,只要能幸运地把它抓住,我们就可以在说明问题方面比世界上全部雄辩以及连篇累牍的解说都要超出好远②。

从概念方面否定因果关系的必然性,指出因果联系不是分析的,比较容易,但分量远远不够,因为因果关系问题究竟离不开实际发生的事件,必须从经验方面进行考察。如果特殊事件之间没有因果必然联系,普遍的因果规律自然无从说起。这样看来,《人性论》与《人类理解研究》又有什么重要区别?如果说在这问题上确有区别,是不是应该说《人类理解研究》的阐述更明确,更突出了重点?

康德所了解的休谟有关因果联系的观点

康德对休谟的因果关系观点的述评主要见于以下4处(按年代先后次序排列):

① *Enquirity into the Human Understanding*, L. A. Selby-Bigge 编订本,1955,第78、79页。

② 同上书,第79页。

（1）1781 年《纯粹理性批判》第 1 版《纯理性的训练》部分（A 760—9 = B 788—97，RS 694—701）；

（2）1783 年《导论》的《导言》，第 4、5、27、28、29、30 等节（AA 第 4 卷）；

（3）1787 年《纯粹理性批判》第 2 版的《导言》，第 2、6 节和《先验要素论》的第 14 节《向范畴的先验演绎过渡》（B 5，B 19—20，B 127—8；RS 41*，RS 51*—52*，RS 135—6）；

（4）1788 年《实践理性批判》的“纯实践理性的分析”的第 1 章第 2 节“纯理性在实践运用中实现其在思辨运用本身不可能的扩展的权利”部分。

综观 1781 年到 1788 年康德对休谟的因果关系思想的陈述，主要涉及以下几点：

（1）分析的起点：从“原因、结果联系的概念”，“力”、“作用”开始分析（《导论》的导言；AA 第 4 卷，第 257 页）；

（2）对因果原则的规定。因果联系的概念就是：“可以有这样一种情况：如果肯定了某件事，那就必然要肯定另外一件事”（《导论》，AA 第 4 卷，第 257 页）。

他认为，“我们根本看不出，为什么因为有了某件事，就必然也要有另外一件事，以及怎么会由此先天地得出这样一种联系的概念”（同上）；

“因为知性能力并不能使我们从一件东西的概念引到这个概念普遍而且必然地给定的另一件东西的存在”（A 765 = B 793，RS 698）；

“因为这位高明的人说，我得到一个概念的时候，怎么可能走到这个概念之外，把并不包含在其中的另外一个概念连到这个概念上，就好像它必然属于这个概念似的”（《导论》，§5，AA 第4卷，第277页）；

“因果联系的可能性，也就是说，一件东西存在关联到另外一件由它必然肯定的东西存在的可能性，是我们根本不能凭着理性看出来的”（《导论》§27 AA 第4卷，第310页）；

“如果我们要想采用休谟那种办法，根据一件事常常跟随着前一件事，根据一种由此产生的联想习惯（当然只有主观的必然性），引导出原因的概念，这个概念就要彻底完蛋了”（B 5，RS 41*）；

“原因概念是把不同的东西联结起来的必然性概念，而且正是就它们是不同的东西而言的；因而如果 A 设定了，我就知道与之完全不同的 B 必然要存在”（康德：《实践理性批判》第1部第1卷第1章II，AA 第5卷，第50—1页）。

（3）论因果关系概念的来源及效用：我们不仅是对一般的有效因概念的客观有效性，就是对因果性原则的真理性，也都没有先天知识，所以这个原则并没有必然性，只是在经验方面有一般的效用，因而只有主观的必然性（A 760 = B 788，RS 694）。“他［休谟］无可争议地论证了：理性完全不可能先天地，也就是根据概念来想到这样的联结［即：当某物被给定了，从而必定有另外某样东西也必然被设定］，因为这是包含着必然性的联结”（《导论》前言，AA 第4卷，第257页）；“理性甚至没有能力做到哪怕只是一般地思想这类的联结，因为按照这种情况，这些联结的概念不过是虚构，对它们的一切所谓先天知识都无非是加上错误标志的一般经验而已”（同上）。

必然性只有在一种情况下才能加给一个联结，这就是：它是先天地认识到的；因为经验只能让我们知道这个联结是有的，不能让我们知道它是必然有的。他［休谟］说，一件事与另一件事之间的联结（或者一个规定与另一个完全不同的规定的联结），既然二者是在知觉中给予的，就不可能先天地认识这联结是必然的（康德：《实践理性批判》AA 第 5 卷，第 51 页）。

（4）对概括出来的休谟关于因果原则论点的性质的评论："因此他［休谟］错误地从我们按照规律进行规定的偶然性推论出规律本身的偶然性。从而把以可能经验为根据的从一物概念的超出（这样的从一物概念超出是先天实现的，并且为那概念提供了客观实在性），同永远是以经验为根据的对实际经验对象的综合混淆起来了……"（A 766 = B 794，RS 699）。

……这样他［休谟］就遇到了所有怀疑论者都会遇到的命运，就是：他自己的怀疑论也被怀疑，因为他的反对意见所根据的不过是偶然的事实，而不是能对独断主张的权利必然否定的原理（A 767—8 = B 795—6，RS 700）。

底下再看一段应该特别值得注意的扼要理解：

问题并不是原因概念是否正当，是否有用，从全部对自然界的知识看是否必不可少，因为休谟对此从来没有怀疑过，而是原因概念是否根据理性先天地被想到，并且在这种情况下，它是否具有一种独立于一切经验的内在真理性，因而也就具有不限于经验对象的广阔的效用，这才是休谟希望解决的（《导论》前言，AA 第 4 卷，第 258—9 页）。

从所列康德对休谟“问题”的论断看，给予康德深刻印象的正是休谟本人的核心思想。我认为还应该设想康德所概括的内容（至少是其中的一些部分），不仅是休谟思想的重要方面，而且必是康德认为对自己很有启发性，需要作为重点考虑“回想”的问题。

（1）上面最后摘引的话，目的虽然是揭示休谟所考虑的主要问题，但是，实际上也正是启发了康德的问题，是他自己所“回想”的主要问题，这涉及休谟的两个方面的互相联系的思想：

（a）从事实看，结果与原因是彼此不同的两回事，既无直觉方面的确定性，也不是针对一事件本身单纯靠推论所能得到的；①

（b）因果联系的思想起源于屡次重复的类似的经验，而且如果从经验到的结果推原因，原因的规定性也只能与结果的规定性相当，不能超过经验到的结果，所以，因果联系的思想只适用于经验的范围，不能有超出经验的应用。

直到 1770 年的《就职论文》，康德保留着的独断论的唯理论思想主要是：

（a）纯知性概念具有逻辑的无可否认的真理性，它们的真理性来自理性本身；

（b）纯知性概念的主要作用是认识不属于经验的实体和自然界万物的根本原因。

当时，康德的思考正处于作为知识材料唯一来源的感性与独

① 主要参看《人类理解研究》，Selby-Bigge 编订本，第 27—37 页。

立地认识本体的知性相互矛盾之中,纯知性概念与感性表象的联系是一个突出问题。纯知性概念并非来自经验(他认为如来自经验则科学将丧失必然性及严格的普遍性)却应与经验有先天联系。这应是1770年之后所考虑、在1772年2月21日致Herz信中透露出来的问题。在这样情况下,理应"回想"起休谟的如下观点:

(a)原因概念的问题不是"分析的"而是"综合的",它不具有逻辑的真理性,只有事实上的、经验方面的或然性;

(b)原因概念只能有经验的应用,不能有超验的应用。

休谟的这些观点对他产生积极作用,有助于他最终克服旧哲学的独断论影响。

(2)休谟主要把原因概念理解为在类似的重复出现的经验基础上的想像的主观的转移和期待。康德指出休谟"所根据的不过是偶然的事实。"(A 767 = B 795, RS 700)"错误地从我们按照规律进行规定的偶然性推论出规律本身的偶然性"(A 766 = B 794, RS 699)。按照因果概念把感官知觉联系起来,这种来自知性纯概念的对知觉的联系是必然的、普遍的,可是在实际经验中联系的究竟是哪些知觉,这是偶然的。休谟的错误是只看见因果概念所统摄的知觉的偶然性,把偶然的知觉当作全部事实,没有注意到(当然,这正是经验论观点必然产生的结果)经验本身正依靠知性纯概念(因果概念是最重要的一个)作为其可能性的先天条件,因而也就把握不了因果概念的真正来源,陷入"规律本身"具有"偶然性"的怀疑论。

休谟把探讨因果概念的根源作为一项重要课题,这个想法完全正确。但是,由于"……原因的概念本身就很明显地包含着必然与后果相结合的概念,如果我们要想采用休谟那种办法,根据一件事常常跟随着前一件事,根据一种由此产生的联想习惯(当然只有主观的必然性),引导出原因的概念,这个概念就要彻底完蛋了”(B 5, RS 41*)。对人类理性进行全面审查并且对之抱有十足信心的康德,站在新兴自然科学立场,不能不对休谟这种消极意义的结论彻底地予以否定。

休谟的思想既有正确的积极方面,从经验立场提出了关键问题,也表现出天才的见解,但是又有严重错误的消极方面,它必定值得“回想”,但却只是一颗“火星”。总起来从康德与休谟二人这样的关系,从康德对休谟的评论看,《人类理解研究》完全可以作为康德总的依据,此外是否还必须有《人性论》,似乎不会成为一个重要问题。

对休谟的回答

现在谈一下康德在近代自然科学的根本规律因果律这个问题方面对休谟的观点、方法的批评。

经验论考察单个的人有生以来其观念(简单观念和复杂观念)是怎样由于感觉经验形成和积累起来的。他是怎样在形成和积累观念即感觉经验的基础上,再经过思想甚至是仅仅借助于个人的主观习惯上的联想借以获得知识的。英国的经验论,以及在洛克经验论原则直接影响下的法国十八世纪机械唯物论,在近代心理学史中占有重要地位,不是偶然的。

经验论开创了依据人们的实际生活经验系统地探讨观念和知识在个人意识中产生和发展的令人信服的考察方法。任何观念和知识都不会不能通过经验探索出其在个人意识中出现的事实背景。天赋观念不存在,莱布尼茨的雕像中的纹理也不合实际。离开感觉我们什么也不能有。

这样,是不是我们的一切观念和知识尽管各自涉及到特定的感觉内容,全部有区别,可是从一个重要的方面说,即从它们的产生,从它们的来源说,彼此丝毫不分轩轾,都属于感觉经验?如果说人心是块白板,那么,白板上面的符号、印记都需要写上去或印上去,不然就是空的。可见,写或者印是最重要不过的事。从这方面说,无论什么符号或印记全都一样,没有区别。这种理论不能说它不是一种知识论:感觉经验的知识论。一切知识来自感觉,在感觉经验之前,一个人不能有任何知识。

一切知识来自经验,类似经验的屡次重复,就是科学的规律性知识。这样,在经验的偶然性基础上提供的所谓规律性知识,还有没有实在的必然性?这种知识论观点与近代自然科学的实际是否相符?

在十八世纪,数学和自然科学在人们心目中已经是表现着崇高理性原则,象征"自然之光"具有最高尊严的永恒真理。近代经验论者并不是有意识地反科学,巴克莱所作的也只是想利用神学统率科学,并且利用科学帮助论证主观唯心论。但是,洛克没有料到他的经验论会孕育着与新兴科学越来越不协调的哲学观点。这种观点把一切观念(洛克开创以观念为唯一探讨对象的哲学)从它的经验的起源方面进行可以说是心理学的说明。这样的学说,在反对天赋观念,反对神学上起了有益影响。不过它包含的只是一部分真理。它讲的是单个的人来到世界上,他的思想在生活中从一张白纸到印上越来越多的影像,又形成复合的影像,再构造出好多标记、符号的发展史。由于它不是针对着科学知识的**特性**进行考察,正相反,为贯彻它的原则,它倒是有意识地对自然科学的公认的根本性原则因果法则**同样作了经验论的说明**。休谟的这个分析是哲学史上产生重大影响的观点之一。其影响是积极的，也是消极的。由于揭露了人们对某些原则长期深信不疑的盲目性，做到振聋发聩，这是积极的。由于仅仅是摇撼了例如是自然科学的根本原则因果律的盲目可靠性，却做不到从自然科学立场进行更深入细致的解说，破而不立，自身无以善其后，所以是消极的。要想解决科学知识的基础，经验论就很不够用。

唯理论者把因果律看成是自明的真理，用康德的术语，就是把它看成为分析判断。康德否定了这种主张。经验论从其根本的观点和方法出发，认为因果关系概念是从经验得来的，用康德的术语，就是把它看成为综合判断。在十八世纪，经验论观点和机械唯物论深入人心。正是在论证因果律的《第二类推》里边，康德结合自己的观点批评了经验论：

> 的确［我的］这种观点看来是与人们一向对我们运用知性的过程所持的一切主张相反，按照通常的主张，只是由于知觉到在先出现的显现之后屡次有事件跟着出现，并且经过比较得出相同的次序才引导我们发现这样的规则：一定的事件总是跟随着一定的显现继续出现，这样我们才构成原因概念。在这样的基础之上，原因概念就纯属经验概念，那么它们规则一切发生的事件都有原因，就会像经验自身一样同样是偶然的，其普遍性与必然性也就只是外加的，不会有真正的普遍有效性，因为它们不是先天的，只是以归纳为根据而已。但是，原因概念的情况正像别的纯先天表象（如空间和时间）一样，我们之所以能把它们从经验里作为纯概念抽出来，只是因为我们先已把它们置于经验之中，并且经验正是由于它们才能

出现。当然,一个规定着事件系列的规则,作为原因概念,只有当我们把它应用于经验的时候,它的表象才会得到这样的明晰性,可是,特别地意想到这个作为时间中的显现的综合统一性的条件的规则,却已经是经验本身的根据,因而已经在经验之先,先天地出现了(A 195—6 = B 240—1, RS 247—8)。

康德提出的观点与长时期通常为人们所接受的观点大相径庭。提出这种观点,具有很大的难度;已经熟悉通常观点的人接受这种新观点,也有很大难度。新观点的出发点是新兴自然科学真理具有普遍性和必然性。十七、十八世纪对科学真理的必然性与普遍性固然有天真的幻想,可是,当时对自然科学真理的价值,对自然科学根本规律(如因果律)的正确性和无往而不胜的指导性的坚定信念,却已成为推进科学的有力支柱,也是对理性自身的伟大和崇高的深刻的自觉,从而成为资产阶级启蒙运动在理知方面的辉煌旗帜。

康德从论证自然科学根本原理的必然性和严格普遍性出发,看出经验论解决不了问题,批评了休谟把因果必然联系的思想归纳为主观习惯的错误方向:

……我们如果从知性的一般运用方面举出[纯先天的判断]这样的实例,那么"一切改变都必有原因"就是。的确,在后边这个命题里原因概念正好明显意谓着必然地与结果相联系,并且这个规则具有严格普遍性,以致如果我们像休谟那样根据一个事件与在先发生的事件的经常结合,以及由此形成的把表象同表象联系在一起的习惯(因而只有主观必然性),

把原因概念引申出来，这样根本就得不到原因概念了（B 4—5，RS 40—1）。

他自己完全明白：从新的观点出发，论证先天的范畴的客观有效性（就是《范畴的先验演绎》中所作的论证）不是简单的事，可是，回避困难是无济于事的：

如果我们打算如此地摆脱掉这种困难麻烦的探索：如果我们说，经验不断提供了显现的合法则性的事例，因而我们很可以从其中把原因概念分析出来，并且同时这也就保证了这个概念的客观有效性，那么，我们就是没有注意到，按照这种方式，根本出现不了原因概念，实际上，原因概念如果不是必定以知性为其基础完全是先天的，那就是必须扔到一边去的纯粹幻想。因为这个概念不折不扣地肯定：有某样东西 A，它乃是如此这般的一个东西，由它，另一个东西 B 就必然地且按照一绝对普遍的规则而随着出现。显现提供相当多的事例，从而可以得出一定的规则，某样事情按照这个规则在通常的情况之下就会出现，但这样的规则从来不表示那样的后果是必然的。可见，原因与结果的综合具有一种根本不能通过经验方式来表达的神圣性，结果不仅是加到原因上面去的东西，而是由于原因才被安排定的，是从原因来的，经验的规则通过归纳只有比较的普遍性，也就是广泛的适用性，根本不具有严格的普遍性。如果我们把纯知性概念只是当作经验的东西看待，那么，它们的用处就完全不是那样了（A 91—2 = B 123—4，RS 132）。

洛克的以简单观念,复合观念的形成为内容的个人认识史,不见得错误。休谟从个人的印象、观念探讨某些思想,譬如因果关系思想的起源的主观方面的情况,也不见得是诡辩。他们对个人认识过程的分析,都应该说包含着一定侧面的真理。可是,这种观点对于论证自然科学的超出个人,不是以个人情况为根据的普遍性、必然性就很不适当。洛克自己就认为涉及我们以外事物的存在的知识是直觉知识和论证知识以下的第三个等级的知识,这种知识叫做感觉知识(Sensitive Knowledge),其确定性比不上前两种知识,只不过比或然性的东西稍好一些而已。[1] 休谟则索性把因果关系思想归结为主观的"习惯",我们只是在"想像"中主观地"觉得"这件事情与那件事情是"有联系的"[2]。

自然科学的基础不能是主观的"习惯"或"觉得"。

经验论是一种认识论,也是方法论,而非本体论,康德反对经验论是因为它把经验看成唯一根本的东西,它主张对任一事物只要说明其经验的本源,就算作完成其全部可以做的工作。康德从知识论入手,但观点和方法不同于经验论。经验事实虽然没有严格的普遍性,没有必然性,但是,经验作为人类知识是不是必定有连续性?是不是实际上必定有一个包容一切发生的事情的经验?如果没有连续性,那么甚至一件事情B跟着一件事情A出现这种情况都不能发生,只有零星的知觉,无所谓经验。还有,如果不是一个包容一切发生事情的经验,那么,对类似的两个先后发生的对

① 《人类理智论》第4部,第2章,第14节(A. C. Fraser 编订本,第2卷,1894,第185—8页)。

② 《人类理智研究》第7章,第2部分(L. A. Selby-Bigge 编订本,1902,第73—9页)。

象的重复经验也不可能。一件事情B跟着一件事情A出现，接着又有与前两者类似的前后相继的两件事情发生，如果这两组对象根本是分开的，各自独立，互无联系，就无所谓“重复的经验”。这样就必须设想这两组对象不属于同一时间系列。这样，也就是根本不存在有时间的统一性。一切感觉印象都是片断的、零碎的，如果不是在一个统一的时间中，就不能联系起来，也就成为不了知识，当然也无所谓经验。经验需要统一的时间，而统一的时间需要先验统觉的原初的综合统一性。这样，作为人类知识的经验，根本上不是多数的，它必定是一切发生的事情互相联系着的一个连续的经验。经验的连续，由于时间的连续，时间的连续由于先验统觉的综合统一性。先验统觉按照其固有的规则实现综合作用。这种综合必定是按照规则对时间的先天的规定。但是，知性通过先验统觉的综合作用所提供的只是先天的规则，只是形式，这种活动应用于其上的质料必须被给定。所以，与经验相关联的是一个包含一切显现的自然界。自然界是一切作为定在的显现之间按照规律的联系。在自然界中作为定在的显现，在经验中就是经验的质料。自然界的规律，在经验中，在知识中就是先天的形式，这是知性自身提供的。知性的先验统觉按照一定的固有的规则在统一的时间中进行综合，其最重要的表现是原因与结果联系的综合规则。只是由于这个原则，经验对象的时间顺序才在唯一的时间系列中有了先天规定，经验对象之间的联系才不是任意的，才具有事实上的必然性：B不仅在A之后出现，而是必然在A之后出现，事实上B不可能不在A之后，而由C或D代替B在A之后出现。因为A与B的联系是原因与结果的联系。经验的按照规则的联系以及自然界的规律性是由于人的知性的本性。所以，因果的必然联系根本上并不是从经验引申出来的，而是人类的知性活动加到感觉材料上面去的实现联系的基本方式，是形成经验的必要的先天条件。正由于我们是用因果联系的思想把握在时间中相继出现的不同的知觉，我们才有实际的经验，才能看出经验是有因果联系的。只有这样，我们才有经验，才有关于对象的经验，而因果纯思想的客观实在性也正在于此。所以因果关系概念的真正根源是知性本身，它是知性本身的真正的纯思想，而决非主观想像的产物。休谟认为必须经过对类似事件的重复经验，借助于习惯性的联想，才出现因果联系的主观思想，他完全没有考虑到形成经验的根本条件，只以个人的实际认识过程的片断（重复的经验）作根据，作了歪曲说明（“习惯性的联系”），得出错误结论（否定因果联系的客观实在性）。总之，康德与休谟的区别主要是：

（1）休谟从先后相继出现的事件之间的因果联系既无推论的也无直觉的确定性，否定因果必然联系。康德则主张先后相继出现的特殊事件之间的因果联系的认识要依靠经验，这种因果联系只有以归纳为根据的比较的普遍性，他肯定特殊事件之间具有特殊的因果规律的联系，不过，这并不是他的思想的主要方面；他认为因果概念的根本作用表现为对知觉对象在时间次序上所实现的普遍必然的联系，因而是经验及其对象的普遍必然的条件。休谟的错误是“从我们按照规律进行规定方面的偶然性错误地推论出规律本身的偶然性，从而把以可能经验为根据的从一物概念的超出（这样的从一物概念的超出是先天实现的，并且为那概念提供了客观实在性）同永远是以经验为根据的对实际对象的综合混淆起来了”（A 766 = B 794，RS 699）。

（2）因果概念表现知性的先天的综合功能，它是构成经验及其对象的一个最重要的先天条件。重复的经验并不是因果联系观念的来源。

（3）以想像力为根据的习惯性的联想，不过是主观的必然性，这与事物的因果联系不是一回事。康德主要是论证源于知性的作为知识的先天条件的因果范畴的客观有效性。没有这样的条件，我们既不会有经验，也不会有自然科学，也不会有作为自然科学对象的自然界的合规律性。休谟实际上否定因果联系，康德肯定因果联系的客观实在性（先验哲学所谓的客观实在性），休谟是怀疑论，康德是先验的真理论。有人认为休谟的想像力的作用类似于康德的知性，休谟用想像力解释因果联系思想，康德用知性说明因果概念的起源，两种观点的性质实际上没有什么区别，都是从人的主体方面看因果思想的根源。这种看法忽略了康德批判哲学的知识学整个关于客观有效性的理论，抹杀了康德哲学的特殊贡献，是不合乎实际的。

§22　实体的交互作用（"第三类推：按照交互作用或联合体规律的同在原理"）

（1）交互作用规律的表述

交互作用规律在B版的表述是：

> 一切实体如果能够在空间中作为同时的被知觉到，那么它们就处于彻底的交互作用中（B 256，RS 259）。

在A版的表述是：

一切实体如果是同时的，那么它们就处于彻底的联合体中（也即在互相的交互作用之中）（A 211，RS 259 注 4）。

（2）怎样肯定事物是同在的？

一切显现都在时间之中存在（外面的显现又存在于空间之中，内里的显现则不存在于空间之中）。时间的根本规定性是继在。从功能的角度看，时间是感性的先天形式，是内感官的先天形式。功能不是抽象的，不是静止的。实在的时间总是作为显现的形式的时间，实在的时间总是有显现在其中，总与显现在一起。所以，虽说时间的根本规定性是继在，却不能说时间本身是继在的。时间本身仅只意味着它的功能，这是抽象的，而非实在的。如果从时间本身说，那么，它的继在的规定性只能是可能的，不是实在的。继在必须相对着一种常在，如果说时间本身是继在的，那不是还需要另外再有一个时间与之相对才有可能？

所以，时间的三种样式：常在、继在、同在都只是显现在其中存在的不同方式，不同的时间关系，并不是时间本身存在的样式，常在和同在当然不是，继在也一样不是。时间本身无所谓继在，只有时间中的显现才会继在。显现的一切继在都必定以时间为其必要的条件，常在与同在也是一样。离开了时间的条件，不可能有继在，也不可能有常在和同在①。

① 在 A 183 = B 266，（RS 236），康德说："常在性，作为一切显现的定在、一切变化和一切伴同的恒常的关联者，一般地表现时间。因为变化并不涉及时间本身，只涉及时间中的显现（正像同在不是时间本身的样式，由于时间之中没有一部分是同在的，各部分都是相继的。）"（着重点是我加的）。这里讲的是时间中的显现的部分必定相继，不会同在。可是 N. K. Smith 却译为"时间的部分全不是同在，它们都是彼此相继，"（p. 214，着重点是我加的），这与康德原意相差很多。

显现中的实体是时间中的常在。相对于实体的常在，而有实体的规定性的变化，这就是继在。实体性原理讲的是常在。因果性原理讲的是继在。现在的交互性原理讲的是同在。

首先，我们对于显现的各样众多感知，永远是彼此相继的，这也就是，我们的感知永远是变化着的。对变化的感知，以在感知中有一个常在不变的东西为前提，这个东西就是一般的时间。只有在这个常在不变的东西前提下，继在和同在这两样不同的**时间关系**才可能。

现在的问题是：既然我们对于显现的众多的感知，总是彼此相继的，那么我们怎样会肯定有显现的同在呢？

在因果律支配下的显现都是一个跟着一个相继出现的，前边一个是原因，后边一个是结果，原因必定在先，结果必定在后，次序不能颠倒。如果在知觉经验对象时，两个知觉的时间次序可以互相颠倒，例如，对于一栋房子，可以从上往下看，也可以倒过来从下往上看，可以从右往左看，也可以倒过来，从左往右看。对于月亮和大地，可以先看月亮，后看大地，也可以倒过来先看大地，后看月亮。总之，对于众多，我们的知觉可以从 A 经过 B、C、D 到 E，也可以从 E 倒着经过 D、C、B 到 A，也可以从 A 经过 C、E、B 到 D，还可以从 E 经过 C、A、D 到 B 这些不同的次序。如果这些部分是前后相继出现的，那么就不可能颠倒过来，因为在前面时间知觉到的东西，在时间里已成为过去的，过去的东西就不能再知觉到了，不能再成为感知的对象了。既然对一些不同对象的知觉次序可以颠倒，变换，它们不是彼此相继地一次性的，不能重复的，而是按照随便什么样的次序都能知觉到，都是实在的。所以，应该承认，这样的情况不是继在，而是那些知觉对象一同存在，同在，这也就是众多在同一时间之中存在（参看 A 182—3 = B 225—6，B 256—7，A 211 = B 258，RS 236、260、261）。

（3）实体的交互作用是认识到实体同在的基础

我们先从以下的假设开始。假设显现中的一些实体，它们彼此完全没有联系地孤立地存在着，这一实体对另外实体不起任何作用，这实体也受不到另外实体对它的任何影响，在这样的情况下，我们能不能知觉到它们是同时存在的？不能。

想一想那将是一种什么样的情况？这个实体与别的实体中间是完全虚空的空间，它们中间没有任何引力、斥力、光、热、电力、磁力等类的物理作用，我们对它们知觉只能是一个一个孤立着的，因为对于彼此没有任何联系的东西，不可能在感知中进行经验的综合（先验的综合固然是经验的综合的根本条件，但是，经验的综合都是先验综合的必要的材料）。也就是某个东西的存在，不可能通过经验的综合引导到另一个东西的存在。我对于两个实体的知觉，尽管时间上有先有后，并且后面的知觉也会对先出现的知觉的定在起限制或规定的作用，可是，在这样情形下，我们却无法决定这后面的知觉与先出现的知觉究竟是前后相继还是同时存在。因为它们中间既然毫无联系，那么自然说不上前后相继，没有前后相继，当然就没有相互倒置的前后相继，这样也就说不上同时存在。

现在再看实体与实体中间的关系：一个实体有一些规定性，这些规定性的根据却存在于另外的实体之中，这样的关系是影响关系。如果要一实体与任一别的实体都互相包含着其规定性的根据，那么这种关系就是共同体或交互作用的关系。影响关系表示原因对结果的关系，因为一个实体的某些规定性的出现，是为另一实体所决定的，那么，那些规定性在时间中的地位，就是由另一实体所决定。决定另一个东西的时间地位的正是原因，其时间地位为另一东西所决定的就是结果。交互作用的关系是每个实体在其自身中包含着对别的实体之中的某些规定性作为其原因的作用，又包含着别的起着原因作用的实体的结果。因此，实体与实体之间一定处在为动力所（直接或间接地）支配的共同作用之中。

这里所说的共同体一定具有动力性质，如果不是由于这种动力作用，那么在经验中，即使地域上的共同联系也都认识不到。根据我们的经验很容易看出，只有来自空间的各个方面继续不断的影响，才能引导我们的感官从一个对象转向另一个对象；光线在我们的眼睛同天体之间起着作用，于是在我们与这些星球之间产生出一个应该说是间接的共同体，这样才可以表明这些星球是同时存在的，如果不是在各处都有物质使我们可以知觉到我们自己的位置，那么我们也不能在经验中变换地位，也就不能知觉到我们变换了地位，而物质正是由于交互影响才证明它们同时存在，并且甚至可以证明那些最远的对象都是同时存在（虽然是间接的）的。

如果没有交互作用的共同体，那么每一个对于空间中显现的知觉同另一个对于空间中显现的知觉都断裂开来，各自独立不相联系，一个经验也就一定是相关于一个新的客体完全重新开始，与前面的经验不会有任何联系或时间关系。

可以肯定：只有每一个实体都在其规定性方面表现出别的实体的影响，表现为别的实体的结果，而每个实体又都是别的实体的规定性的原因，处在这样的动力的交互作用之中，我们才能在可能经验的条件之下，认识到所谓实体的同时存在。所以，对于显现中的一切实体来说，其同时存在，必定是所有这些实体处于互相作用的彻底的共同体之中（参看 A 212—4 = B 258—261，B 257—8；

RS 261—3,260)。

(4) 交互作用范畴是认识到实体同在的可能性条件

现在我们再继续考察关于实体与实体同在的认识。

在第(2)小节中,说明了所以能肯定某些经验对象之同时存在,是由于对于它们的知觉不是一次性地继续,而是对它们知觉的次序可以颠倒。

我们肯定某些经验对象同时存在,并不是以时间本身作为标准的,因为知觉不到单纯的时间本身。我们根本不能以时间本身为根据,把一些事物确定地安置于同一时间之中,靠着时间本身直接地知道这些事物是同时存在,并且对这些事物知觉的先后次序还可以颠倒。对经验对象感知的实际情况只是这样:由于想像力的经验的综合作用,在主体之中有了一个知觉 B,这时知觉 A 就消失了,次序如果可以反过来,那就是在主体之中有了一个知觉 A,这时知觉 B 就消失了。对 A 与 B 知觉的这种颠倒的情况,显然只是在主体之中出现的,怎么会使我们肯定客体同时存在?也就是:如果一个客体在一个时间里存在,另一客体也在这同一时间里存在,何以这种同在有必然的性质,并且以这种实际情况为根据,我们知觉才能出现颠倒的次序?

上面所说的情况表明:对于经验对象,同时存在的认识,既不能来自感性的先天形式——时间,也不能来自感性的质料——出现在主体之中的知觉。

那么剩下的唯一的可能就是要注意知性概念在这方面的独特的重要作用。

在第(3)小节已经论证过:只有每个实体都处于动力的交互作用之中,才可能在经验中认识到实体与实体同时存在。

所以,现在需要的就是这样的知性概念:关于一些互相外在而又同时存在的事物的规定性的交互作用互为因果的知性概念。

这个概念就是“交互性”这个知性纯概念。交互性是知性纯概念,这就是说:它不是来自经验的对不同对象的归纳。它是知性本身的纯先天概念。对于经验对象同时存在的认识,也就是对于经验对象交互作用的认识,所以,交互性概念(当然要通过作为中介的范型),就是经验对象同时存在的可能性的先天条件。由于交互性概念,我们在知觉方面的可以颠倒的次序,才有可能转变为关于客体之间的交互作用以及同时存在的认识。可见,由于交互性概念,我们主观的感知才有可能转变成为客观性的认识。这样,交互性范畴(通过范型)也正是经验对象的可能性条件(参看 B 257—8,RS 260—1)。

(5) 实体的必然的、普遍的交互作用是显现之构成为整体的根本原理

现在有了更好的思想准备,使我们可以进一步按照康德的哲学观点了解与近代自然科学相联系的自然界的总的轮廓。应该说,康德的“自然界”,是文艺复兴以来以新兴资产阶级为代表的人类,在征服自然方面取得丰功伟绩,因而表现出来的无比自信和斗志昂扬的崇高理性极度升华情况下的哲学概括。这概括表现着对科学对人类自身的深刻认识,影响深远。

山川风雨,草木虫鱼,飞禽走兽,以至我们人类,都属于自然界。但是,从泰利斯一开始就不单纯这样看,哲学家的智慧表现在对纷然杂陈、瞬息万变的自然界溯本求源。不管是水、逻各斯,还是“相”、原子,都是为了这同一目的提出来的。近代自然科学为新的自然观作好准备。自然界是规律的世界,规律的普遍性可以有

不同层次，但是，没有规律的自然界是不可想像的。古代哲学的水、逻各斯、原子、“相”，也应该说都表现出对自然界的规律性理解。近代自然科学提供的是从自然界实际出发的与自然界直接联系的真实规律。康德在从哥白尼到牛顿的科学成就的背景之下，抓住自然界的合规律性这一特征，创造了新的自然观。

从一种意见看，自然界就是显现的存在的合乎规律的联系。这是一般根据实际经验都会承认的说法。但是，需要深入的是规律的性质。按照康德，有一些规律是先天的，有必然性和严格普遍性，它们是自然界可能的必要条件。另外的规律不是先天的，只存在于经验，也只能来自经验。而且，那些先天规律不仅是自然界可能的必要条件，它们同样是一般的经验可能的条件。这样，毫无问题，那些先天规律必定又是一切经验规律的前提。

实体偶性，因果联系，交互作用，这三个关系范畴，作为一般经验对象的可能性条件，表现为实体常在、因果联系和交互作用三个知性原理。对这三个原理进行的三个论证（“类推”）之所以特别重要，是因为它们阐明了包容一切显现的自然界的统一性。那么，自然界的统一性是怎样阐明的？康德不是讲本体论，说自然界本身是物质，自然界统一性是实在的模写等等。当然更不会是讲神学目的论，说自然界所表现的美丽、有条理和完善是由于上帝的存在以及他的威力和智慧。也不是讲物理学，说自然界是一架机器。现在需要的是比自然科学高出一个层次的知识学，又必须是严格的知识学，不能是以心理学为基础讲自然界对象的第一性质，第二性质的知识学——当然这并不是否定心理学的价值。康德的开创性表现在为了自然科学的利益，牢固地掌握住他认为是当时自然科学的精髓（至于掌握的是不是正确，则是另外的问题，后边将对此进行分析），进行相当深入的论证，启发了人类的智慧，对科学发展产生了积极的影响。

自然界有其自身固有的方面，这个前提，必须肯定。自然界本身广漠无垠，它是永远得不到完全解答的课题。与此相应，自然科学的自然界必然永远不能封闭，正如一本永远写不完的大书。“我的立场是经验方面的丰饶的宝藏。”（《导论》）但是，自然界的课题是由人来解答的，自然科学这本大书是人写的，自然科学的自然界一定是认识的结果。所以，尽管，自然界本身不能穷尽，可是人们对于自然界统一性的掌握却是与哲学一同开始的。人类如果不能依据理性整个地认识自然界，就不能真实地了解自然界，就不能为了自己的利益成功地利用自然，就不能生存和前进。所以自然科学的对象是自然界，但是，自然科学的主体却离不开人本身。正是康德开始觉察到这全部真理。

涉及到一切显现的自然界，其统一性一定与包容着一切定在于其中的时间关系分不开。而时间关系必定归属于那个按照规则（范畴）进行综合的统觉的统一性。时间关系不外以下三种：

（a）作为一种量的时间本身的关系，这必定涉及定在的量，也即持续；

（b）作为一个彼此相继的序列在时间里面的关系；

（c）作为一切同时的定在的整体在时间里面的关系。

因为不可能知觉到单独的、空的绝对时间，不可能用它来囊括一切显现，所以实际上使一切显现的定在归属于时间关系，从而获得综合统一性的，乃是运用规则的能动的知性。知性对于显现中的每一事物，都先天地在时间关系中规定了它的位置。一切时间都是这样规定的：实体范畴通过实体常在的原理规定出持续的时间关系，因果范畴通过因果律规定出先后序列的时间关系，交互性范畴通过交互作用规律规定出共存或同时存在的时间关系。可见，正是知性按照自身固有的功能，安排、规定了包容自然界一切显现的时间关系，赋予自然界以先天的规律。自然科学是理性的产物。所以，经验（自然科学）的可能性也即自然界的可能性。一切对象，只要对我们成为给定的经验对象，就必须从属于经验的可能性条件，这样它们才有客观的实在性。自然界的最根本的统一性既不是本体论的统一性，也不是当时那种以力学为基础的物质机械运动的统一性，而是更高一层的统一性，即知识学，知识的先天条件的统一性，也即相对于一切显现的统觉的综合统一性，这个统一性由于它是贯穿显现的一切定在的必然的时间性质的先天条件，所以，一切事物，不论大小巨细，无不网罗于其中。我们靠着这个统一性，就有了一个自然界，这也是我们了解的自然界，它有一些最普遍必然的规律，在这些规律指导下，我们得以无止境地探索出各样的经验规律，于是，这个自然界就是可以预测的，有办法对付、利用的自然界。

自然界是既相互外在又复相互联系的显现的组合。可以有各种不同方式的组合，有三种动力的关系是最根本的组合方式，一切其他方式都以这三种方式为基础，它们是：

（a）属性对实体的关系；

（b）结果对原因的关系；

（c）共同组合的关系。

自然界的一切显现，都在一个唯一的可能经验之中，必然是由于统觉的综合统一的功能，从而都处于一个共同体之中。一切对象之所以表象成为同时存在互相联系着的，必定是由于它们互相规定其各自在一个时间中的地位,从而构成一个整体。这是纯从主观方面看。自然科学不能是纯粹的主观。那么,怎样从主观看出客观?像前面所提过的,事实上我们有一个知觉a,作为根据,从而使得另一个知觉b可能,反过来,b知觉,作为根据,又使得a知觉成为可能,在这样情况下,我们不会把在感知过程中间总是一个知觉跟着一个知觉相继出现的情况,加之于客体,说客体是继续着的,因而我们把客体视为同时存在的。客体中间的关系是互相影响的关系,是相互作用着的众多实体的共同体,没有这样的相互作用着的众多实体的共同体,我们不会有关于同时存在的关系的经验。

前已指出,康德认为范畴表中四组的每组,第三个范畴都是第二个范畴与第一个范畴的结合。第三组的范畴是:实体性,因果性和交互性三个范畴。交互作用是一个实体与别的实体相互决定的因果关系(B 111, RS 122)。与关系范畴这样的结构相应,在三个关系范畴之应用于显现上,虽然因果必然联系的原理是指导自然科学的重要性最突出的原理,但是,这并不妨碍交互作用原理是康德知识学中内容最丰富的原理,是一个在对经验的运用上,在对自然界的描绘上层次最高、最完备的原理。康德自己对交互作用原理作为一个对于自然界描述的最完备的、实现最高综合的认识形式的重要意义,已经有了考虑;虽然限于对人类理性的知识形式结构的设想不够辩证,并没有特别予以强调。另外,康德本人关于这个原理对自然界统一性的重要关键性所做的论述,也为不少康德学者所忽视。作为马克思主义者,我们很欣赏康德关于这个问题的具有辩证法光芒的精辟见解。

像上所说,统一的自然界里面存在着三种根本的动力关系:实体与属性，原因与结果，共同存在的组合。但是，康德认为一切显现都在密切联系中的整个世界所具有的统一性，无疑是同时存在着的一切实体交互影响的共同体原理必然要得出的结论。从知识方面看，我们对自然界的全部知识必定永远形成一个互相关联不可分的整体，可能经验只应是一个唯一的体系，不然，自然科学是不可能的。从知识的先天条件看，时间、空间也一样地必然是唯一的。只有在唯一的时间的条件下，才可能有可能经验的唯一的体系。唯一的时间，从而唯一的经验体系，必然地系缚于统觉的根本的综合统一性。时间根本上是感性的先天形式，是内感官的先天形式。但是，作为经验的可能性的先天条件，时间既是范畴与众多的感觉的中介，使范畴时间化，为范畴之表现为知性原则提供了必要条件，另一方面，又由于统觉的综合统一性，通过范畴的主动作用，使得时间成为现实上具有不同规则的安排对象的形式。由于量的范畴，时间就成为按照同类的积聚规则的显现的先天形式。由于质的范畴，时间就成为按照同类的结合规则的显现具有连续性的先天形式。由于关系范畴的实体性范畴，时间是显现的实体的常在的先天形式，由于原因性范畴，时间是显现的继在的先天形式，由于交互性范畴，时间是显现同时存在的先天形式。由于实体的常在，而有变化，变化离不开因果必然的联系，因果必然联系不能限于单线式的。普遍的因果关系，就是共同存在的实体的交互因果关系。所以康德终于肯定了交互作用原理对于自然界统一性的独特决定作用。康德强调的是全部显现的必然联系，必须以实体的交互作用原理为前提，如果显现各自孤立，那样任何显现都不会是整体的一部分，也就没有自然界的统一性。从自然界的统一性来看，需要的不仅是单个的实体及其属性的联系，也不仅是单个实体的属性的因果关系，还需要的是一切实体的交互作用。

自然科学是人的理智的作品，是人类利用自然、了解自然的结晶，以自然科学为基石和内容的自然界是为人所掌握的自然界。这个自然界的结构和面貌不能不带有人的印记，认真揭示这个真理的是康德（以上参看 A 214—8 = B 261—265，RS 263—266）。

§23　关于可能性、现实性、必然性的知性原则（“一般经验思想的设准”）

（1）对可能性、现实性、必然性三条知性原则的表述

样式范畴是“可能性”、“现实性”和“必然性”。它们应用到经验对象上面的意义是：

a 与经验的在直观和概念方面的形式条件相一致，就是可能的。

b 与经验的质料的条件（感觉）相联系的，就是现实的。

c 与现实相联系，而是按照经验的普遍条件规定了的，就是必然的（存在）（A 218 = B 265—6，RS 266）。

（2）什么是“设准”？

关于样式的三个范畴的原则叫做“设准”（Postulat）。“设准”最初源于数学。在数学的体系里，首先需要一些基本原则，作为论证的根据。基本原则包括定义、设准和公理。设准是不经过证明必须要设定的。在欧几里得几何学，第一篇开头提出五条设准。除了第四条设准，其他四条设准都涉及几何学中最基本的“构造”。

例如,第三条设准是:“以任何一个中心点和距离画出一个圆形。”①

康德说:

> 数学中的设准指的是实践命题②,它所说的是一种综合作用,只是由于这样的作用我们才为自己提供一对象并且把关于这对象的概念制定出来。例如:用一条给定的线,从一个平面上一给定的点,画一个圆形。显然这样的命题是不能证明的,因为正是利用这个命题所要求的手续,我们才制定出关于这个圆形的概念(A 234 = B 287, RS 282)。

他认为样式原则,跟前面论证过三组原则不同,那三组原则都针对着经验对象,增加我们对经验对象的认识,而样式原则却对经验对象的认识无任何增加。那三组原则都是有关经验对象按照客观综合作用的客观认识的可能性的先天条件,样式原则只是对一般的知识从主观方面进行一种考察,考察一般知识与我们的不同知识能力具有什么样的联系。当然,样式的原则使用可能性、现实性、必然性这样的谓语,对作为主语的一定事物的概念进行表述时,仍然离不开综合作用,不过,这样的综合作用,由于仅只把一定的主观认识能力同一定事物概念的某一方面结合起来,所以只是主观的综合。这样,样式原则虽然也是先天的,但根本上只是涉及认识能力的从主观角度进行的论断,这是在对知识进行批判性考察时,

① 据《欧几里得要义十三篇》T. L. Heath 英译本, New York, 1956,第1卷,第154—5页。

② “实践命题”在这里是指命题里涉及需要实行的行动或手续。

从认识能力方面所采取的特定的做法或手续，通过这种做法或手续所得出的论断，是直接地确定的，不需要证明。由于与数学中设准的类似，所以康德把样式原则称为"一般经验的设准"。

样式原则虽然不需要证明，但是这种原则有关可能性，现实性、必然性意义的论断，以及这些范畴在经验对象上面的运用，其合法性仍然需要演绎或解释（以上参看 A 232—5 = B 285—7，RS 281—2）。

（3）对样式原则的解释

像前面已经指出的，样式范畴的特点是：它们——可能性、现实性、必然性——作为谓语，加到事物概念上面，表示事物的规定性，可是对概念内容并没有任何增添。这三个范畴并不是先天地陈述事物在量、质、关系以外还应有什么普遍性质。样式原则是按照认识能力对事物概念进行的一种分解。因为，一个关于事物的概念，即使内容已经很充分，包含着该事物的全部本质特征，可是，我们是不是还可以从另外的方面提出问题：那个对象是否只是可能的？还是也是现实的？如果是现实的，那么是否更是必然的？这时，并不是对于那个事物概念的内容增加什么新的考虑。所问的只是：就那事物的概念或知识而言，它与认识能力，包括知性、判断力和理性都有什么关系？

我们的知识只限于可能经验的范围，所以，对样式原则的解释，也就是解释可能性、现实性、必然性这几个范畴是怎样应用到经验对象上面去的。

这样的解释，对于整个批判哲学的目标也完全合适。既然主要应从可能经验的对象方面来理解可能性、现实性、必然性，那么知性一切别的范畴（量、质，关系各组的范畴）在应用时，就应该落实到可能经验及其综合统一性，这样就可以使得范畴与经验对象的可能性、现实性必然性紧密相联系。对于防止把范畴作超经验的运用是有积极作用的。

（4）可能性

康德按照上述方向对于事物的可能性设准的解释，与唯理论的观点针锋相对。唯理论从概念出发，以概念本身的不矛盾作为真实性的标准，一事物概念本身没有矛盾，就等于该事物有了可能性，更进而以可能性代表实在性，进行本体论的系统构筑。

按照康德知识学的观点，所谓事物的可能性，说的是事物的概念要与一般经验的形式条件相合。概念本身没有矛盾，这只是它的一个必然的逻辑条件，光从逻辑条件看，还不能判定概念的对象是不是可能。例如：有一个图形的概念，说的是由两条直线合成一个图形。有没有矛盾？没有。因为两条直线加上它们的汇合，这个概念本身并没有包含着对图形的否定。这样的图形是不是可能？不可能。其不可能并不是基于概念本身，而是由概念在空间中的构造决定的，也就是由空间及空间的特殊规定性决定的。而空间及其规定性是具有客观实在性的，因为空间是一般经验的先天形式。

康德的观点与唯心的唯理论相反，立足于实际经验。他认为**事物的真实的可能性**只应该是**事物概念的客观实在性**。那么，事物概念的客观实在性应该怎样理解？

概念根本上是知性的综合作用。如果一概念的综合作用与经验毫无联系，这样就不与任何对象相关，不管概念本身有无矛盾，它只能是空洞的，说不上什么客观实在性。

概念的综合作用与经验的联系，初步看来，有两种情况。一种是从经验引申出来的，这是经验概念。另一种是作为一般经验的形式，作为一般经验所依靠的先天条件，这就是纯概念。纯概念也从属于经验，因为纯概念只有在经验方面才能获得它的客体。但是，再深入看，经验概念也必然从属于一般经验的先天形式的条件。因为这种一般经验的先天形式，即纯概念，包含着有关客体的知识的一切先天的综合作用，它们先天地表现着在一切经验里面的知觉与知觉之间的关系，它们的这样的作用，正好表明它们的客观实在性。一切事物，作为经验对象，都必定归属于纯概念的综合作用，都要借具有综合作用的纯概念才能思想。所以，事物的概念必定要从属于纯概念。事物的可能性，根本上要看关于它的思想是不是从属于纯概念。纯概念的客观实在性决定事物概念的客观实在性。事物概念的这种客观实在性，并且只是由于这种客观实在性，才表明了它的可能性。

另外，再看一看数学的概念是不是也是这样的情况。例如一个三角形，似乎从概念本身就可以知道它具有可能性，三角形概念是独立于经验的，我们先天地为三角形概念给定一个对象，因为我们能从空间纯直观中构造出一个三角形来。

但是，我们要知道，正由于是在纯直观中的构图，所以，几何学的三角形只是对象的形式，因而它总还只能是想像的产物，其对象的可能性并不是不成问题，而仍然是个问题。如果要肯定其对象的可能性，还需要一个必要的条件：我们对于三角形的了解应当从属于一切经验对象的条件。如果我们这样想：空间不仅是纯直观，它还是外显现的一个先天的形式条件，还有，我们在想像力方面构造一三角形所实现的造形的综合作用，跟我们在感知显现当中，为着把那显现构成一个经验概念所运用的综合作用，完全是一回事，这样，才可以肯定，我们的三角形概念具有了这样一种三角形对象的可能性。

总之，康德对于可能性的意义的说明，突出地表现了他与唯理论的对立。他认为，我们之能够认识到事物的可能性，并且能够确定什么是事物可能性的特性，虽然并没有借助于任何实际经验，因而是先天地这样做的（因为，我们认为事物的可能性，只指的是在一般经验中规定一个东西成为对象的那些形式的条件），可是，我们却一直是着眼于经验，并且一直是在经验范围之内来考虑可能性的特性。所以，可能性不是单纯概念的或逻辑上的可能性，而是实际经验的可能性（以上参看 A 220—224 = B 267—272，RS 267—271）。

（5）现实性

唯理论把概念的不矛盾，当作可能性的标志，又把可能的、能够想得通的，视为实在。主观唯心论者巴克莱否认在感觉之外的实在。怀疑论者休谟则对此避免肯定之回答。

康德认为，实在性一定要与知觉相联系，同时，这知觉决不是像巴克莱所断定的，只是由上帝所安排，在“自我”中出现，不表象任何另外对象的观念，而是对象的表象。知觉的所以出现，必定要有对象的定在。

光是一个关于某样事物的概念，不管其中包含的内在规定性是多么充分，以致我们可以从思想上完全确定它正是一个那样的事物，可是，这些都并不表示那事物的定在，定在与仅仅想到的全部规定性不是一回事。定在的特点是：对于我们来说，某一个事物必须被给定，从而对这事物的知觉一定会在概念之先出现。我们所知觉到的对象一定是在空间和时间之内被给定，这就是对象的定在。康德说得好：

> 概念先于知觉，只表示概念的可能性；可是，提供概念以材料（stoff）的知觉，却是现实性的唯一特性（A 225 = B 273，RS 271）。

按照康德知识学的基本观点，知觉（意识到的感觉）并不能直接地感到对象本身。但是，我们的现实的知觉总会感到与对象的联系。我们一定可以认识对象的定在。与对象相联系的现实的知觉，是我们认识的基础材料。有了认识的材料，再按照经验的类推的原则（实体与性质的关系，原因与结果的关系，实体与实体的交互作用）把它们组织起来，就形成了一般经验的普遍联系。

另外，我们还可以根据已有的知觉，对另外没有知觉到的事物，预先有所认识。如果有某样事物，我们对它并没有知觉，可是，它却与我们已有一些知觉，按照经验的类推的原则，也就是按照知觉之间的经验联系的原则关联着，那么，我们就可以在对它还没有知觉的时候，预先认识到它的定在。因为，它的定在与我们的知觉是在一个可能经验的范围里边关联着，所以我们就能够按照类推原则的指引，从我们已有的现实知觉，在一个可能知觉的系列里边，转向那个没有知觉到的事物。例如，由于我们感觉器官构造的限制，我们知觉不到遍布于一切物体的磁性物质，但是，我们知觉到铁屑被吸引的状态；从这样的知觉，我们认识到磁性物质的定在。我们完全可以这样设想：依靠我们的感性的规律以及我们知觉的前后联系，只要我们的感觉器官更为精细，我们一般地甚至能够在经验中直接地直观到这样的物质。

总之，康德认为，只有我们的知觉以及在经验规律之下知觉所能达到的一切，才是我们对于事物的定在的知识所能达到的。必须从经验出发，必须遵循着显现的经验联系的规律前进，不然，我们对自然界事物的定在的探讨或者猜测，都将成为虚妄。在知觉基础上对事物定在的认识，是现实性的唯一根据（以上参看 A 225—6 = B 272—4，RS 271—2）。

在 B 版阐述现实性的一段后面，康德增补了一大段有名的《对唯心论的反驳》（B 274—9，RS 272—6），对笛卡尔怀疑物质世界存在以及巴克莱否定物质世界存在的唯心论观点，作了有力的驳斥。

（6）必然性

最后，第三条设准，也不是指的像唯理论者所主张的概念与概念之间的联系的那种纯形式上的逻辑的必然性，而是指的事物的定在的内容方面的必然性。从对自然界的认识，从自然科学来看，应该考察的是事物存在的必然性。

对感官对象的存在，不能完全先天地认识到，但是却可以在其互相关联的方面，先天地作出肯定。例如：一个事物的定在已经给定，我们对这个定在的知觉不是孤立的，它是构成具有联系性的经验的一系列知觉的一部分，我们从这个给定的事物就可以认识到在这个联系着的经验里面的别的事物的存在。显然，关于事物存在的必然性，根本不是以概念为根据的。如果认识这种必然性，必须以经验的普遍性为根据，考察与已有的知觉处于联系之中的其他事物的存在。因果律是经验的首要的普遍规律。根据因果律，一个给定的原因必然产生一定的结果，所以，以给定了的事物为条件，必然会认识到处于因果联系的中心的别的定在。

什么是必然性的标准？其标准并不在于思想本身的清楚、明白、分明。其唯一标准是合乎可能经验的规律：一切发生的事物，都为其在显现中的原因先天地规定着。因此，我们所认识的只是自然界之中，当一定的原因给定了，在这种情况下，必然产生出来的结果。事物的定在的必然性的特征或标准，不能超出可能经验的范围以外。在这里，康德还指出，必然性既然是有关自然界中的显现的结果的认识，那么，根据前面阐明了的实体常在的原理，作为实体的事物的存在，也就是物质的存在，永远不会成为经验中的结果，实体不会是可以发生，可以有一种开端或者可以出现的东西。所以，正确地说，所谓必然性的应用只限于为动力的因果律所支配的显现之间的关系，在这基础上，我们可以做到从作为原因的任何一个给定了的定在，先天地推论出作为结果的另一个定在。

可见，康德所论述的必然性，是囊括整个自然界的显现的必然性，与唯理论者的必然性观点根本不同。另外一方面，他也注意到机械唯物论者由于片面地坚持因果关系决定论，常会转向宿命论的错误结论。于是，他对于必然性的性质作了进一步的考虑，以他的先验论为根据，企图纯从理论角度，给予妥当解释。

自然界之所以成为自然界，是由于世界上的一切改变，都按照定在的必然性规律出现。这种必然性是不是什么绝对的、无任何条件的必然性？不应该是这样。必然性应该是假设性的必然性(hypothetisch notwendig)。这意思是说，这种必然性是以因果联系为根据的，由于原因，才会产生结果；如果没有已经给定的原因，决不会有结果出现；一定的结果只能是由于一定的原因，有了一定的原因，才会必然地出现一定的结果。必然性以原因为前提，所以，这样的必然性是有条件的，这叫做假设性的必然性。

必然性应从两个基本方面来理解：(1)它以因果律为基础，对自然界的一切显现进行规定：任何事物都不是在迷糊不清、捉摸不定的偶然机会的情况下发生的，世界上没有偶然。（2）正是由于以先天的因果律为基础，因而自然界的任何必然性都不是丝毫不着痕迹，以致无法捉摸的必然性，而是有条件的，可以理解的必然性，世界上没有所谓“注定”。至于为什么必然性是有条件的，可以理解的，世界上不会有什么“注定”，在这方面康德没有更多的说明。他并没有结合人的实践行动来批驳机械唯物论的命定论，而主要是从先验论的知识学立场指出：上述两个方面的规律，表现了作为关系方面的原理（经验的类推）的因果律与作为样式原理的必然性设准的密切联系，首先是必然性必须以因果联系作为基础，然后是把必然性概念加到因果联系的规定性上面。必然性是对经验知识的设准，并不是对关于经验对象的知识增加什么新的内容，它是把思辨理性的推理作用与经验知识相联系的结果（A 219 = B 266, RS 267）。经过推论得出的合乎逻辑的结论，具有必然性，这是思想上的必然性。与此类似，我们认为经验到的显现的变化，由于原因与结果的联系，应该说是必然的联系。由于必然性以因果律为基础，为骨干，所以必然性具有一定的内容，具有一定的规定性，不是无条件的。无条件的必然性，无法窥测，难以掌握，相对于认识，成了“注定”。康德对必然性作了比较细致的思考，在因果必然联系的基础上，单纯从理论上得出了反命定论的结论。但是，由于他不了解偶然与必然的辩证关系，他的反对命定论的结论是比较贫瘠空洞，软弱无力的（以上参看 A 226—230 = B 279—282, RS 276—9）。

（7）没有超越可能经验范围的可能性、现实性、必然性

还有这样一个问题：是不是可能性的范围大于全部现实性的

范围,而现实性的范围又大于全部必然性的范围?也就是:是否有某些仅是可能的而非现实的,又还有某些仅是现实的,而非必然的?

康德认为可能性、现实性、必然性是关于经验知识的设准,它们只应用于可能经验的范围。它们这三种不同的样式,各与我们的认识能力的三个不同的方面(应用于经验的知性,经验的判断力,应用于经验的推理作用)相关联,从而各自涉及经验知识的三个不同的方面:(1)可能性指的是与经验在直观和概念方面的形式条件(空间、时间和范畴)相一致;(2)现实性指的是与作为经验内容的经验的质料条件(感觉)相关联着的;(3)必然性指的是现实从属于经验的普遍条件。经验知识正好是,也必定是这三个方面构成的具有统一性的知识。经验知识不仅必定具有先天形式,而且还必定有从属于形式的内容,而且还必定从属于可能经验的普遍条件。正是由于先验统觉的综合统一性,当这三个方面具备的情况下,我们有了一个唯一的互相联系着的经验。所以,只要立足于实际经验,就不会有可能性、现实性、必然性三者不一致的问题。莱布尼茨认为,任何事物,只要本身不矛盾,具有一定的本质,就是可能的。只有我们现实的世界才是一切可能的世界中最好的世界。一切可能的,只有在这个最好的世界中得以与其他一切事物共存的,才是存在的。这种理论是脱离实际经验的虚构。

怎么会有另外的不现实的单单的可能性?假设有空间时间以外的直观形式,或范畴以外的知性形式,我们也无法设想,无从把握;即使可以以它们为形式条件构成“可能的世界”,它也不会进入我们的经验,因为我们只有在空间、时间和范畴的形式下,才能获得对象。一般的设想:有好多是可能的,可是并不现实,好像只需在可能的上面加上某样东西，就构成现实。问题是加上什么东西。如果把可能的东西范围之外的什么东西加到上面，那只能是不可能的东西。那么，剩下的只能是使知性同适合于经验的形式条件的东西即同知觉按照经验的规律联系起来，而这也正是从可能经验来看的真正的现实性。至于说，在可能经验之外会再有别的什么显现系列，再有别的囊括一切的经验体系，与在我们知觉中给定的东西相关联着，这种设想如果以给定的东西为根据，是站不住脚的，如果根本就没有任何已经给定的东西，那就更是无稽之谈了。如果该事物（可能经验之外的别的显现系列以及另外的囊括一切的经验体系的可能，所依靠的条件本身也仅只是可能的（没有任何给定的东西的空想），那么，它就是完全地不可能。事物的可能性是否能超出经验延伸的限度的问题，情况正是这样的，其答案必定是否定的。

当然，说到一个事物具有现实性，那一定比可能性有更多的内容，因为，可能性意思只是指与知性应用于经验有关的事物，而现实性是指该事物还与知觉有联系。但是，这样说的时候，并没有涉及那个事物，那个事物在现实中所包含的，不会多于其在完全的可能之中所包含的。这就是：不管从单纯的思想方面把握，还是从知觉方面感知，那个事物仍然是那个事物，不会有什么不同。可能性、现实性、必然性只是我们认识的不同方面，是对于认识本身的分解，而那个事物则既是可能的，又是现实的，又是必然的。

总之，康德立足于经验知识，关于可能性、现实性、必然性这三个范畴，只有应用在与不同知识能力相对应的知识的各个不同方面，才会了解它们的实际意义，如果纯从思想上推敲，势必徒劳无功，甚至还会走入歧途。从关于自然界的经验知识看，可能性、现实性、必然性三者不能缺一，它们是构成经验的不可分的几个方面（以上参看 A 230—2 = B 282—5，RS 279—281；A 235 = B 287，RS 282）。

*　　　　*　　　　*

现在将前述康德知识学的核心论点，总括如下：

——人类知识的典范是数学和自然科学；

——知识包含两个方面：形式和质料。形式是先天的，来自人类心灵本身，质料来自经验，是后天的；

——由于对象刺激我们的感官，作为思维能力的知性因而活动起来，把感觉印象的原材料加工成为关于对象的知识。知识起于经验；

——空间、时间是感性直观的先天形式。空间是外直观的形式，因而又是外显现的形式，时间是内直观、内显现的形式，它又是一切显现的形式；

——我们的感性是接受性。空间、时间是接受对象的先天主观形式，知识的一切质料必定呈现于空间、时间之中，不然，在我们，就不会有任何东西被给定。空间、时间既有先验的观念性，又有经验的实在性；

——我们认识的经验对象只是显现；

——不在空间、时间之内的是物自身，因而物自身不可能成为知识对象，物自身是不能认识的；

——但是，必须想到有物自身，不然，显现不是无所凭借？

——知性是主动性。其主动性表现在相对于众多显现的先验统觉的先天综合统一作用，只是由于先验统觉这种先天综合统一作用，我们才有知识的客体；

——知性的主动性和感性的接受性，都是由大自然赋予的（“天赋的”），知性的十二个先天范畴和感性的先天的空间、时间，都是在知性和感性各自本性的基础上给定的；

——知性的十二范畴，通过以时间为基础的中介——范型，因而具备了普遍的时间性质，才得以应用于感性质料；

——离开了感性质料，先天范畴只是逻辑的思维形式，其本身并不是知识；

——先天范畴只能应用于经验的质料，不能有任何超出经验的应用，超出经验质料的滥用，必然得不到真理，只能陷于幻相；

——知性范畴既是经验可能性的先天条件，又是经验对象的可能性的先天条件；

——先天范畴通过范型，具备了普遍的时间性质，因而成为可能经验的先天条件，如果以先天综合判断形式表述，就成为知性统摄一切显现的原则；

——知性的原则，是形成人类整体经验统一性的基础，也即自然科学的基本原则，因而是整个自然界统一性的根源，自然界的规律是知性颁布的；

——知性的原则只适用于经验，不能作超经验的滥用，不然，就会陷入幻相。

后　　记

齐良骥先生的遗稿《康德的知识学》在大家的关心和帮助下，终于出版，实在是非常可喜的事。

先生倾毕生精力研究康德思想，并渴望在有生之年将钻研所得留诸后世，因此这部专著的完成是先生晚年心目中的一件大事。先生自识年高体弱，唯恐难成夙愿，故而争取时间，日夜奋笔。然而由是更加心力交瘁，最后，终于未能全书完稿，成为憾事。所幸者，已成部分皆为主要章节，哲学界认为可以独立成书。后蒙商务馆方同意出版。

在出版过程中承杨适先生给予热情帮助，精心阅稿，同时杨先生还转请王太庆先生协助同阅有关译文部分。对于书稿中引文出处的补遗、核对和标准化工作又烦劳了韩水法先生。在此，对以上诸位先生的热心支持与帮助一并致以最诚挚的感谢！

再者，先生对成就这一专著，曾拟有一个总体设想、计划、方针等，现将其附录于后，以便读者参阅。

作者亲属

1998 年 5 月

附录　总体方面的设想、计划、方针等

1.《康德的知识学》(总纲)

自序：(学习康德哲学的经过：受影响的老师和书，自己过去[1957年出版的书]对康德哲学的认识的自我反省；对哲学和哲学史的基本想法。全书论述的计划、写作方法、体例、资料、译文等问题。)

引论：总的问题：先天综合判断如何可能？(“先天综合判断”的问题是不是不需深究，康德提这个问题是有见识的。这个问题的重要性在于肯定有其必然性和严格普遍性的知识，并探讨其所以然。从提出问题到解决问题，都看出康德方法的特点。)

第一部分：知识学的基本原理

　　第一编　感性(第一、二章)

　　第二编　知性(第三、四、五、六、七章)

　　第三编　理性

第二部分：对重大问题的分析

　　第一编　知识材料的来源问题

　　第二编　知识的客观性与知性的能动性问题

　　第三编　知识的限度问题

结论：

　　(1) 重要的影响

　　(2) 前进的道路：马克思主义的不断前进

参考书举要

　　术语

　　索引

2. 第一部分：知识学的基本原理（提纲）

第一编　感性（1—2章）

第二编　知性（3—7章）

第三编　理性

第八章　理性的本性

节1.　狭义的理性

节2.　从先验逻辑看理性

节3.　理性的自然的要求

第九章　理性历史的深沉迷误

节1.　理性关于意识的谬误理论

节2.　理性在宇宙论中的必然矛盾

节3.　理性对上帝存在的无效论证

第十章　理性在认识中的真正作用

节1.　理性的正当效用

节2.　理性的伟大自知

齐良骥先生学术年表[①]

齐小石等

1915 年

7 月 13 日出生。曾用名良绩,字振功。蒙古族。祖上世居北京。

1933 年

入北京大学哲学系,师从蓝公武、汤用彤等哲学大家修习西方古典哲学,确立康德哲学为主修方向。

1937 年

从北京大学毕业,不甘日本帝国主义对中国的侵略,拒绝沦陷区的任何就职邀请。

1940 年

农历腊月初八,毅然离别家人和故土,辗转奔赴大后方四川内江权做出纳员,后入当时的昆明西南联大任职。此举在同仁亲朋间传为佳话。

1941 年

夏,青梅竹马的表妹傅琰卖掉家里准备的嫁妆,在战火纷飞的岁月孤身一人追随先生至西南联大,并于当年中秋之夜在昆明小

① 本年表由作者亲属等撰写。

石坝成就了两人一生相儒以沫的婚姻。齐良骥先生在西南联大的挚友任继愈先生、石峻先生等共同祝贺。

1941 年

在昆明西南联大先后担任哲学系助教、研究助教,直至1946 年初。

1946 年

抗日战争胜利,为保持大学教育的长明灯而合并成立的西南联大完成其历史使命,北京大学回迁北平后,继续在哲学系任教,并于同年取得赴牛津大学研习资格,后因身体原因放弃。

1947 年

发表《上帝存在的本体学论证的意义》(《哲学评论》十卷 3 期)

1951 年

多年的肺结核病加重,不得不卧床休养,直至 1954 年痊愈,方才恢复工作。

1954 年

发表(译)康福斯:《科学与唯心主义的对立》第七章及第八章的部分(三联书店)。

1956 年

发表《什么是经验论》(《光明日报》哲学专刊)。

1957 年

出版《康德唯心主义的认识论及其形而上学思想方法批判》(人民出版社, 1963 年修订)。

发表(译)“伊壁鸠鲁”(部分)(北大哲学系外国哲学史教研室编译《古希腊罗马哲学》“斯多葛学派和罗马斯多葛派”,三联书店)。

参加编写北京大学课本《西方哲学史讲义》，负责“德国古典哲学”部分。

发表《苏格拉底》（《光明日报》哲学专刊，1957年）。

1958年

发表《关于哲学遗产继承的问题》（《新建设》杂志）。

发表（译）“霍金斯”（北大哲学系外国哲学史教研室编译《十六—十八世纪西欧各国哲学》，三联书店）。

8月，到北京郊区大兴县黄村芦城乡下放劳动锻炼。

1960年

发表（译）《康德纯粹理性批判》（北大哲学系外国哲学史教研室编译《十八世纪末—十九世纪初德国哲学》，商务印书馆）。

1961年

参加编写北京大学课本《新托马斯主义批判》，负责前六章。

1965年

发表（译）[奥]哥斯塔夫·威特尔著《辩证唯物主义》第二部第三章（商务印书馆）。

到朝阳区王四营公社参加“四清”工作组。

1966年

6月1日“文化大革命”开始后由“四清”工作组返校。

1969年

9月，到江西鲤鱼洲五七干校劳动锻炼，直至1971年6月。期间虽身体羸弱而坚持劳动，体质的损耗不言而喻，光阴的损耗更不堪言。

1976年

发表（译）《探讨向社会主义过渡问题的纲领》（《外国哲学资

料》第一辑,商务印书馆)。

发表(译)《社会结构与阶层划分》(《外国哲学资料》第二辑,商务印书馆)。

1978 年

发表(译)《认识和非物质性》(《当代美国资产阶级哲学资料》第二集,商务印书馆)。

发表(译)《概念思维的非物质性》(《当代美国资产阶级哲学资料》第二集,商务印书馆)。

1979 年

发表《新托马斯主义者雅·马利旦的哲学思想批判》(《外国哲学论文集》,山东人民出版社)。

1981 年

发表《康德的〈纯粹理性批判〉的启蒙思想》(《哲学研究》,1981 年 3—4 期)。

发表(译)"伊璧鸠鲁"、"斯多葛派"、"爱留根纳"、"霍布斯"部分(北大哲学系外国哲学史教研室编译《西方哲学原著选读》上册,商务印书馆)。

9 月,出席在北京人民大会堂召开的"纪念康德《纯粹理性批判》出版 200 周年和黑格尔逝世 150 周年学术讨论会",并作主题发言。国际康德学会主席 **G.** 冯克教授、国际黑格尔协会主席柏耶尔教授、国际黑格尔联合会主席亨利希教授均应邀出席会议并作学术报告。

10 月,出席在西安举行的西北地区外国哲学第二次学术讨论会。

1982 年

发表《〈纯粹理性批判〉论人的两种特性》(《哲学研究》,1982年第1期)。

1984 年

发表《〈纯粹理性批判〉论人的两种特性》(《哲学研究》,1982年1期)。

发表《康德》(《西方著名哲学家评传》第6卷,山东人民出版社)。

1985 年

10—11月,赴武汉、上海、杭州、南京等地,受邀在湖北大学、复旦大学、浙江省委党校、南京解放军政治学校、江苏省社科院、南京工学院等高校研究所进行巡回讲学,以及部分研究生论文答辩评审。

1986 年

发表(译)“柏拉图”、“亚里斯多德”、“菲洛”,“柏罗丁”、“波埃蒂乌斯”、“大阿尔伯图斯”、“雅克·波墨”、“埃克哈特”、“犹太哲学”等条目(《简明不列颠百科全书》,大百科全书出版社)

1987 年

发表《康德论哲学》(《哲学研究》,1987年1—2期)

发表《康德》(《西方著名哲学家传略》下册,山东人民出版社)

发表《康德》(《中国大百科全书》哲学卷)

发表(译)“格林”(周辅成编《西方伦理学名著选辑》,商务印书馆)

1988 年

3—4月,出席在武汉湖北大学举行的国际哲学讨论会,作专题学术报告。

1989 年

10 月，受邀在中央党校讲授《康德认识论的研究》，并拍摄教学录像。

1990 年

3 月，受国际康德学会主席、第七届国际康德大会主席 **G.** 冯克教授邀请出席“第七届国际康德大会”，并作《感性在康德知识学中的意义》主题报告。遗憾的是因种种原因最终未能成行。

12 月 30 日，因病辞世。墓志上的词表为：“一位康德式的德人，一位伊壁鸠鲁式的福人，永远活在我们心中。”

1991 年

发表(译)《认识和非物质性》(涂纪亮编《当代美国哲学论著选译》第二集，商务印书馆)

发表(译)《概念思维的非物质性》(涂纪亮编《当代美国哲学论著选译》第二集，商务印书馆)

2000 年

出版《康德的知识学》(商务印书馆)。齐良骥先生一生专注于康德哲学研究，退休后全身心致力于《康德的知识学》的撰写。本书集其毕生学术研究的思想心得于大成，所有论述均经反复论证推敲，力求精益求精。然而这部他生平唯一的著作，仍因心力交瘁而未能全部完成，为后人留下了遗憾。

重读《康德的知识学》

韩水法

康德研究至今依然是常新的，这是因为康德哲学与现代科学和知识体系是紧密地结合在一起的，所以今天在哲学的基本领域，即在形而上学、认识论、道德哲学和美学等领域，康德学说在观念、理论和方法等方面，依然保持一种基础性的地位。康德哲学基本观念和方法的现代性意义，只有现代科学的基本观念和方法发生根本变化之时才会消失。这样一种变化大约正在悄悄地临近。我们同时也需要领会，康德研究所关切的与康德哲学所关切的，多少是不一致的——这一点本身也可以是研究的对象。其原因就大观而言，乃是因为我们关于世界的知识正经历着潜移默化的改变，也就是正在走向于那个根本转变的途程之中。

从这样一个角度来看待康德研究，人们就会具备一个宏观的视野和相当自然的态度。人们也可以体会到，康德研究在一定的意义上就是关于哲学本身的研究。但是，哲学既然是一种学科，也就有其自身的技术性问题，这与其他学科一样，乃是学科自身的反思和批评。虽然关于其他重要哲学家研究的情况也大体如此，但康德研究却有其特别的意义。康德哲学始终吸引许多人的注意和研究热情，应该就是出于它的特殊地位，尽管并不是每个研究者都清楚上述的大视野。

各种康德研究可以大致被区分为两大类型，也就很可以理解了；中国传统学术的一种分类术语也可以很恰当地套用在这里，这就是我注六经与六经注我。

第一，单纯康德研究——我注六经式的——这就是所谓技术性的、文本性的研究。人们通常所说的康德研究主要就是指这一类的研究，多数以康德为主题的博士论文也属于这一类型；《康德研究》(*Kant-Studium*)杂志是其代表性的刊物——不过也不尽然。以单纯康德研究闻名的学者有许多，他们的著作也是学生进入康德研究的门径和进一步研究的指南。从现代往前追溯，国际上有影响的康德学者盖耶(Gueyer)、艾利逊(Allison)、贝内特(Bennett)、亨利希(Henrich)、贝克(Beck)、普劳斯(Prauss)、斯密(Smith)、帕顿(Paton)、阿迪克斯(Adicks)、克罗纳(Kroner)、法欣格(Vaihinger)等人，都是这一类型的康德学者。

第二，以康德哲学为根据或主要根据，提出新的思想和观点—六经注我式的—这就是原创式的康德研究。它又可以细分为两种类型。其一，在主要以康德为研究对象的基础上，提出自己新的哲学观点或理论，比如PF Strawson的*The Bound of Senses*就是相当经典的例子。其二，以康德哲学为主要资源建立自己的新理论，后者所持的态度或是肯定康德，亦可能是否定康德。这里用得上一句康德研究中的老话：无论赞成康德还是批判康德，总之是绕不过康德。叔本华的《作为意志和表象的世界》就是现成的典型例子，不过它主要是批判康德的；新康德主义的若干著作也在此列，它们则是对康德思想的进一步发挥，不过，离康德思已有不小的距离了。从宽泛的意义上来说，伽达默尔的《真理与方法》也是这样的著作，至少其第一部分很可以看作是具有这类性质的文字。至于我们在各个哲学流派的那些经典著作中，比如在胡塞尔、普特南和罗尔斯的著作中所读到的关于康德的观点、学说和理论的分析和讨论，当然也要算作康德研究的组成部分，有时甚至是相当重要的部分，因为它们有更大的启发意义，亦即他们在自己的理论之中揭示和展现了康德哲学在当代的现实力量。

当然，这里需要提醒的一点是，上述划分的界限并不是十分明确的，或者准确地说，它们之间有一个相当模糊的中间地带。我以为，这一点是读者所能够充分理解的。所以，在一本被归入第一类型的研究著作当中，作者自然可以而且也会提出原创性的哲学的或其他思想的观点，而在第二类型的研究文字里，有关康德著作的文本、词语或概念的相当具体的考察也可能出现。虽然人们预先会筹划一个研究的具体目标和内容，但是，在通常情况下人们并不能够确定地预计新的观点和思想产生的实际情况，这往往要在文字成形之后由研究者自己或他人来做判断的。

齐良骥先生的这本《康德的知识学》就是第一类型中的优秀著作，也是汉语康德研究著作的经典。它之所以重要的理由我在十年前的一篇文章里已经陈述过大旨了。[①] 在《康德的知识学》收入商务印书馆"中华学术文库"之际，重读此著，在先前所述的基础之上，进一步分析和论述此著的特点和价值。

对经历过文革的浩劫和此前此后的以意识形态对学术活动进行打击和压制的一代人来说，完成一项纯净的学术研究，是一件相当不容易的事情。上世纪五十年代苏联那一套诡辩的、偏执的和误导的乃至对人类既有文明莫名仇恨的观念，将意识形态的

① 参见韩水法的《微斯人，吾谁与归》，载《读书》2001年第7期。

教条置于一切学术研究的首位，是通过以对生命、肉体和尊严的威胁为手段的洗脑教育，铬在学者的心上的。不过，另一方面，齐先生一代人接受学术训练的青年时期，虽然处在动乱之中，意识形态的污染却比较少而轻，是一个学术相当自由的时代，而这也就是他们能够在上世纪八十年代迅速回归到真正学术研究的底子。

对这样一种学术的经历而对学者来说其实也等于生命的经历，齐先生原来是有回顾和反思的打算的。在他所写下的“总体方面的设想、计划、方针等”的第一段是这样一句话：“自序：（学习康德哲学的经过：受影响的老师和书，自己过去［一九五七年出版的书］对康德哲学的认识的自我反省；对哲学和哲学史的基本想法。”[①]1957 年出版的书就是名为《康德唯心主义的认识论及其形而上学思想方法批判》的小册子。这是一本明显受到当时意识形态的压力而完成的著作。令人关注且敬佩的不在于齐先生对那本书的不满意，而是他所要做的自我反省，这正是有同样经历的人少鲜能达到的境界。这个总体设想也透露齐先生原来想追忆对他有影响的老师和书籍，惜未写成，否则它当为现代中国哲学学术史留下相当有价值的文献资料，因为那个时代，正是德国哲学，尤其是康德正式进入中国大学课堂的早期，也是西方哲学以现代学科体系中的一个组成部分进入中国大学课堂和学术领域的早期。这些计划中的回忆原本可以让我们看到，那个时代的学者或大学教授们是如何在中国课堂里讲授这些与中国观念、思想乃至思维方式完全不同的理论的，而学生们又是如何来接受和理

① 见本书第 476 页。

解它们的。齐先生曾经提起他在蓝公武先生的课上听《纯粹理性批判》的事情,[1]但因讲的颇简略,我当时也不甚好问,所以也无从想见当时更详细的情形。不过,康德哲学在现代中国大学教学与传播的线索由此也可以见其大概的脉络。蓝公武先生从其所译的《纯粹理性批判》来看,对哲学,尤其对康德哲学是颇有悟性的。他是东京大学哲学系科班出身,亦在德国留过学,天分和训练应当都是相当不错的。但是,他的生平表明,他志在政治,起初是一个以知识分子或学者身份从事政治的活跃人士。最后,蓝先生放弃了哲学生涯,政治观点与康德的原则也相去甚远了。倒是听过他的课的学生,像牟宗三和齐良骥等则成了现代中国真正有影响的思想家和学者。

就此我们很可以反省一下现代中国的学术史;也可以从更为宏观的角度来考察这个问题,为什么这些理论以其朴实的方式却能够具有这样的力量,即便为此经历精神的摧残和肉体的折磨,人们依然对它们情有独钟而孜孜不倦。这就有如这套"中华学术文库"的出版所表明的,自由的思想和学术乃是人类精神的根本追求,虽然可以为强权压制一时,却难以被永久地消灭。

中国学术事业的重新恢复,逐渐而艰难的复苏时期,正是我在北大哲学系攻读本科和研究生,从喜欢康德到跟齐先生做论文,又成为先生门下的研究生的一段时光。

1977 年中国大陆恢复高考,1978 年春天文革之后第一批经过正式高考而录取的大学生进入大学。我们大学四年生活正是改革开放最初的岁月,极端的意识形态依然支配大学教科书的基本观

① 参见《微斯人,吾谁与归》。

点，而关于西方哲学的评价大都无非就是苏联教科书的观点。对康德哲学的评价，列宁偏执粗暴的观点乃是教科书和相关文章必定征引的权威观点；相对于黑格尔，人们对康德哲学的指责多于肯定，常见的批评除了斥责它的二元论和唯心主义，就是批评其调和唯心主义和唯物主义，调和经验论和唯理论。单单唯心主义的标签，孤立起来看，似乎没有什么大的问题，但是，在那个年代，唯心主义被断定是剥削阶级的，尤其是资产阶级的哲学，属于反动落后的思想。这个断定的影响就十分重大了。因此，对康德的任何肯定都直接事关政治而非单纯学术问题。当代中国的学术研究就是从这样一个完全反学术的社会状态下重新开始的。将文革定性为“浩劫”以及中国社会需要改革开放和拨乱反正的政治共识，为中国学术的恢复提供了一定的活动余地，甚至较大的余地，但依然不是自由的空间。这样，自由从事学术研究就还需要个人的精神勇气，学者需要通过自己的努力来突破种种政治禁锢、学术禁区和社会陋习，才能够在学术上有所收获有所成就。因为虽然相对于文革和以前的时代，学术的环境有所改善，但并非根本的变革，整个社会的学术生态就如今天人们所看到的那样，依然是多种规则之下的混乱状态。真正的学术在相当大的程度上依赖于个人的操守和学术追求，而并无公正的规则和制度的有效保障。

此外，学术研究的水平和质量还与个人的品味和态度有关。康德研究原是国际性的事业，因此倘若不能在既有的国际研究成果上面继续工作——这也就意谓不仅要与同时代的一流学者对话，而且也要在此基础上提出新的观点——就算不上是合格的和有价值的学术研究，尽管教材和介绍性文字也是学术研究必要的准备工作。

《康德的知识学》体现了作者抛却意识形态束缚而自由研究的精神勇气，在国际康德研究中贡献自己的原创观点的学术追求。

这本著作的写作始于上世纪八十年代中期，其前期准备时期可以合理地推测为包括此前作者的所有学术生涯。齐先生为此著作所做的前期研究是相当充分的，大量阅读文献并记有大量的笔记。他的笔记是记在稿纸上，后来也记在A4打印纸上。齐师母曾指给我看过齐先生书房里厚厚的笔记。由此，人们也就可以明了何以这本著作里的每一句话都是认真和扎实的，而以中国学术传统术语来说，就是无一句无来历，而这里还要补充的，就是无一句无根据。康德的著作，尤其是三大批判等主要著作，几乎每一个概念、每个句子都为人研究了许多遍。因此，要提出新的解释和观点，对文本的仔细分析和考证只是初阶，透彻地理解康德哲学的意图、基本原则和理论结构是必要的前提，而发现并提出问题才是原创性的源泉。对文本和理论的切实把握乃是证新的观点和解释得以建立在有效根据和论证之上的保证。齐著从题目上就表明乃是对康德理论哲学的一种新观点，而这个解说，包括书中许多对康德的新解说和为康德理论提出的新辩护，正是以对这种理解和把握为根据的。这一点读者从字里行间是可以时时体会到的。

为了读者深切地了解齐著的价值和意义，下面从九个方面来分析它的特点和值得关注的方面。

一、齐先生将此著命名为《康德的知识学》，是颇不同于康德学界的一般看法的。康德哲学的独特性原本还体现在它有自己的专有名称，诸如批判哲学和先验唯心主义等等，它们不能用于任何其他的哲学学说。知识学这一名称通常是费希特哲学的专称，虽然近代认识论一般而论也可以泛称为知识论。齐先生采用这个名称是有其理由的，他认为，康德哲学的关切不是事实问题，“他考虑的是知识本身的问题。事实是知识所表示的内容。有事实，才有知识。可是，也只有依靠知识来把握事实，明辨事实，肯定事实。可见知识的重要意义。知识学就是对于知识本身进行基本的、原理方面的考察。”①齐先生这番解释的要点在于表明他所强调或关注的乃是康德关于知识的理论，其他方面的学说是以此为中心而展开的。

二、《康德的知识学》的基本立场是为康德哲学辩护。就如前文所说，这原本就具有特别的意义。因此，齐先生在大纲里安排了对自己过去的观点进行反思的内容，以为新的、当然是比较自由的康德研究清除地基。不过，我这里所要强调的是齐著从康德体系内部为其辩护的特点。康德理论哲学体系的内在一致性虽然向来是康德研究中的重点和难点，一个经典的话题。在二十世纪下半叶之后，关于这个话题的讨论又热烈了起来。《先验演绎》和《原理分析论》乃是康德体系一致性论争的主战场，也是康德研究者发挥自己的想象力和有限理论构成能力的最佳场所。所以，那些有影响的康德研究著作都会把它们当作关切的重点。《康德的知识学》的核心，尤其是原创的观点，主要是在这两个方面。它们与感性论部分构成了本书的三个部分，并且每个部分都是重点。从写作的角度来分析，齐先生完成了这三个方面的写作，其主观的想法和策略或在于首先把最重要的也是最有新意的内容写出来，然后再来做其余的工作。这样的做法无疑是相当正确的，这使得我们今天能够读到这本汉语康德研究著作的最主要的部分，而且它从总体

① 本书第44页。

上来看是相对完整的。

三、齐著对感性论的主要概念做了相当详细的分析和考证。感性论概念的分析和界定是一般康德研究的基础,既体现康德研究基本训练的扎实与否,也体现研究者学问、见识和综合能力的高低。由于康德理论哲学体系结构复杂而又相对而言的高度内在一致,尤其是意识结构、功能及其划分的复杂性,以及康德思想的体系性、一致性和相应的深思熟虑,加之自然语言在表达像理性的各种能力和意识结构方面的局限,所以其基本词语及其概念大都包含多层意义。这些意义在行文中并不是都得到直接的界定的,而是词语及其概念在不同的语境中就会顺势生发出不同的意义;它们倘若不能得到准确和明白的揭示,就会导致片面的理解和误解,因此,词语及其概念的辨析以及它们彼此之间关系的厘定乃是我注六经式的康德研究的基本工作,也是更为深入探讨的门径。这是理解康德理论哲学内在一致性的前提,也是研究著作自身保持前后一致的前提。当然,单单这一项工作就是康德研究的成果——因为并非康德学者都能做好这项研究。

词语及其概念的界定直接就牵涉到翻译问题。我有时想,幸好康德哲学的主要术语是那一代既有坚实的汉语修养又尊重汉语的学者所翻译的,否则,由今天某些汉语仅止于高中语文水平而习惯于望文生义的人来翻译,不知会离谱到什么程度。先验的与超验的是康德哲学中相当重要的一对概念,而这两个汉语词中肯地表达了 transzendental 和 transzendent 在康德哲学中的多重意义,尤其是它们与经验的关系,即先于经验而使其可能与超出经验而使其不可能的意思。现在有些学者用超越论的来代替先验的一词,颇有让人不知所谓的意味。倘若单单这两个词的本义而不考虑康德哲学的境域,那么译成超越的自然是可以,但“论”则无从出,“超越”而加“论”的译法就是解释性的而非对译。他们为此译法提出的理由,也只是依据于对康德若干段落的同样望文生义的理解。Transzendental 被译为超越论的,那么我们就要质问:这里所要超越的是什么?《康德的知识学》对“先天的”、“先验的”和“超验的”做了相当详细的分析和解释,很可以为“先验的”译法提供充足的理由,而拒绝“超越论的”的译法。①

行文到此,我想起齐先生当年讲《纯粹理性批判》的情景。他的方法是逐字逐句地讲解和提问,一个学期下来,课程大约也就刚刚进到分析论。这样的方式现在也体现在这本著作中:对每个词语及其概念、主要观点和原理的清楚解说,而且是前后一致的解说;而这样的结果来自于多年不变的习惯和努力。

哲学与语言原是水乳交融的关系,以至于现代哲学主要流派最后都进入了语言的丛林。就此我所要强调的乃是语言修养对哲学研究的重要性。德国哲学,或准确地说,德语哲学的历史从某种程度上来说也就是现代德语的历史,像黑格尔、尼采和海德格尔都颇为有力地拓展了德语的表达方式和表现力。对以汉语为主要语言的德国哲学学者以及一般的汉语哲学学者来说,汉语修养是必不可少的基础功夫,否则就难以准确地表达自己的观点和思想,亦难以准确地表达自己对康德或其他西方哲学家的理解,对于观点和思想的精微之处,情况尤其如此。至于在研究中如何避免如下的情况,即考证西语的意义时则要追溯到古希腊语的源头,而对汉语的理解则常常追溯到记忆中的高中语文课本了事,还是其次的

① 参见本书第 25—30 页、第 143—144 页等处。

事情。

由此可以提到齐先生的语言特点，这就是简洁明了。朴素自然的语言，而能够清楚地叙述康德的思想，这与康德《纯粹理性批判》繁复的表达恰成有意思的对照。

四、这里顺势就可以来讨论有关先验演绎的研究。本著在先验演绎上花费了相当的篇幅，也提出了若干有价值的独到见解。这一章（第四章）以分析“先天的”意思为开端，其重点在于讨论先天的东西究竟是逻辑在先的，还是时间上在先的。齐先生认为，“先天的”东西其实也包含时间上在先的意义。这个解释承带了许多需要展开的前提和背景，而人们只有将这些前提和语境一层层地剥开来才能够将先天的几重意思梳理清楚和厘定明明，从而把握这些意思的范围及其彼此之间的关系，并且确定究竟何者是基本的和优先的意义。

先天的东西的功能和先验的作用的意义在感性论和先验演绎这两处得到了最为充分和具体的体现，但由于感性的先天能力是当下构成，并且它的现实的实现还要通过知性的综合活动，所以先天能力活动的展开及其分析，亦即知识是如何通过统觉的综合统一性而形成的分析，在那里因为场合的问题并无多少着墨，而这正是先验演绎的中心内容。齐氏先验演绎研究的一个特征就是用《纯粹理性批判》第二版序言与先验演绎交互印证而进行分析。这两部分的文字都是康德在第二版里重写的，所以它们所表达的乃是康德同一时段的成熟思想。关于《纯粹理性批判》乃为方法之著的论断对理解先验演绎自然也有其确实的启发意义。齐著引证康德如下一段话，以揭示先验演绎的思路：“我们称之为自然界的各种显现之所以有秩序、有规则性，是我们自己把它放进去的；如果不是我们或者我们意识的本性原来放进去的,我们也不能在里面发现它们。”作者接着指出,先验演绎的要点就在于先天的形式乃是一切知识普遍必然的条件,倘无如此条件,纵有材料,知识就无法产生。[①] 这自然是康德思想的一般表述。进一步说,先验演绎的核心就是对象必须与我们的知识相一致,而这种一致不是被动地达成的,而是由知识的主体的主动活动达成的。先验演绎的要点就是诠证,统觉的综合统一性能够通过把握表象而构成关于对象的知识,这包含两个层面,第一,它通过时间和空间的先天形式把经验的现象在时间和空间中联结在一起,第二,通过这种联结它不仅构成了对象而且还赋予其以普遍必然性。这个统觉的综合统一性,乃是先天知性亦即思想或意识的核心能力。人们所熟悉的我思、自我意识、联接、纯粹知性、纯概念、纯范畴,所指称的都是同一个知性,但意义却颇有差别。《纯粹理性批判》一方面构建了认识、思想和意识的结构——这主要是逻辑层面的,另一方面描述这个先天能力和结构的活动方式,先验演绎正是后一部分工作的体现。

齐著认为,先验演绎表达了知识学的新方向,也是知识学的核心,[②]所以在这里倾注相当大的力量也就是理所当然的事情。这里我可以补充说,康德先验的意义实际上还有许多层面尚待展开,比如它正是康德所理解的现代自然科学的精髓所在。从构成的性质上来说,康德关于人类知识的基本断定依然是有效的或有意义的。康德的思想并不影响自然的本来,但可以改变我们对自己关于自然和自身的认识的看法,从而影响我们与自然的关系。

---

① 本书第 162 页。

② 参见本书第 146—148 页。

就其体例上来看，齐著先验演绎部分也是以词语及其概念的分析为经的，因此也就可以说，整部《康德的知识学》主要就是通过词语和概念的分析和界定来展开的。这是本书的另一大特色，而与帕顿的《经验的形而上学》的著作相似。

五、有关先天的意义的辨析引出了齐著关于康德具有新生论思想的考证。这关涉康德先验唯心主义的命门，因为它关涉先天形式的来源，而先天形式存在与否及其性质如何，直接就是先验唯心主义能否成立的根据。先天形式的来源倘若能够得到合理的证明，即便是一定程度的证明，就会为先验唯心主义提供更为有力的支持。当然，这也仅仅是证明的一个部分，更为重要的还是这些原则是否得到承认，或者是能够以某种方式重复地观察、测量到或通过其他方式版验证的。至于来源诚然是一个重要的问题，但对于理论哲学来说，存在大于来源。数学的来源也是不清楚的，尽管人们因此对数学的性质争论不息，但并没有人能够否认数学及其有效性，即便有些人就数学只谈符号和规则，而不谈及数、函数和无限类等等。① 物理法则的来源问题，情况大抵也是如此。不过，数学不仅可以被实在化为符号和公式，后者按照形式规则是可以重复地操作的。物理学就更胜一筹，是可以通过实验和观察来验证。哲学，尤其是形而上学和认识论，并没有类似的证明自身确定性的手段。因此，在这个领域里，有关来源问题及其意义的探讨，是受到确定性的制约的。人们不清楚物理法则从何而来和数学规则从何而来，似乎并不影响数学的运算，也不影响物理法则的有效性。

① 参见贝纳塞拉夫、普特南编，《数学哲学》，北京：商务印书馆，第2010年，第281页。

对哲学，人们是否也可以采取类似的态度？康德所采取的实际上就是这样的态度。[1] 齐著关于新生论的论证，是对康德主体能动性学说的一个发生学上的论证：每个个体都是自主地创造的，而绝非某种绝对的能动的东西的展开，从而排除超自然的或神的力量。[2]这就关涉两个问题，第一，个人的主动性与先天形式的普遍性，以及个人的主动性与普遍必然的知识问题是一种怎样的关系？因为这两者之间并不是轻易可以达到一致的。第二，就此人们也可以看到康德与黑格尔之间的重大区别。在黑格尔那里，个人在绝对精神的活动中几乎是消失不见的，只有概念在运动，个人是无关紧要的。但在康德这里，理性是要通过个人付诸实现的。

六、如前所说，《纯粹理性批判》知性原理（原则）的研究是《康德的知识学》的重点，第二类推则是这个重点中的重点。齐著对此着力尤多，撰有约 71 页的文字，篇幅与此相近的是论述先验演绎的文字，约有 52 页左右。在关于第二类推的研究中，齐著让人印象深刻的是对康德研究中同时也是哲学史上的一个公案即康德是否直接阅读过休谟原著以及是在什么时候阅读的，做了一个颇见功力的考证。休谟对康德的影响，并不简单地在于前者惊醒了其独断论的迷梦，而且也在于他对康德批判哲学的形成也发挥了积极的作用。这个公案关系康德思想的发展史及其个人的历史。它是一个涉及思想史、历史和文献等多项内容的以考证为主的研究个案，对一位并未没有机会到德国等处实地搜集资料的中国学者来说，它确实是一项有相当大的难度的工作。齐著在本书提出了

---

① 见《纯粹理性批判》A15 = B29，参见本书第 141 页。

② 见本书第 139 页。

八个证据,从康德的藏书、学生的回忆、康德自己的文章等几个方面入手,有力地证明了如下的观点:康德在前批判时期已经受到休谟思想的影响,并且应当是较大的影响。八个证据虽然字数不多,但可以想见的却是相当辛苦的文献搜集和研究工作。[①] 就在同一个章上述论证之前的文字里,齐先生还就康德从前批判时期到批判时期的转变具体发生的时间做出了仔细的考证,提出了康德从前批判时期到批判时期的过渡开始于1769年的新观点。在《康德的知识学》的第7章里,这样独树一帜的新观点还有好几个,这些都是这本著作的精华,也是齐先生终身康德研究,尤其是晚年辛勤劳作的结晶。

七、齐著不是一部最终完成了的著作,从整体上来看却具有相当内在一致的特点。从原先的研究计划来看,齐先生不仅要对康德理论哲学做整体上的研究,还要对康德的知识学所关涉的重大问题,诸如知识材料的来源、知识的客观性和限度进行专门的研究。[②] 所以,齐著的一致性还要进一步拓展到关于这些问题的研究上面。由于这一部分没有完成,所以也就无从评价。不过,现有的材料也表明,《康德的知识学》是要从第一类型的康德研究进展到第二类型的研究,就上述那些重大哲学问题提出自己的观点。对一部要保持其观点的一致性的康德研究著作来说,这是一个更高的目标。需要补充一点的是,对康德哲学内在一致的解释与对康德哲学的准确解释应当是重合的关系。但是,当人们要从外在的角度来评判康德的思想时,一致性的要求就会成为一个难度很大

① 具体事例可参考《微斯人,吾谁与归》中相关的记述。

② 也可以见本书第54页的注。

的目标。

八、就如前文所说，康德研究是一项国际性的学术事业，而《康德的知识学》的价值也体现在它是少数几部在同时代国际学者成果基础上进一步研究的著作。前面所述的特点和独到见解也都是在这个水平上达到的。除此之外，齐先生也在一些细部批评或纠正了重要康德学者的观点和工作。比喻，隐喻或明喻，即便在科学文献中也无法避免，但是对一些重要的理论采用不恰当的比喻则会导致严重的误解。康德的时空理论实在是无法用任何一种比喻来解说的，它所提出的乃是关于人的认识能力与所认识的对象之间关系的一种相当复杂的理论。罗素在其《哲学史》里面简单地用蓝色眼镜比喻康德的先天形式并予以批评，齐著为此专设一节对此进行辨析、批评和反驳。在 72 页的注里，齐先生纠正了斯密的一处翻译。先天的形式在实际知觉发生之前是在心灵里给定了的，还是存在的？这个问题关涉对先验唯心主义的准确理解。倘若是前者，自然就是先验唯心主义的，倘若是后者就接近于笛卡尔的思想。斯密将给定的误译为存在，就使康德的观点接近于他自己所拒斥的质料唯心主义。斯密的《纯粹理性批判》英译本在相当长的时间内是一个通行的权威版本，而其对这一批判的评注也是康德研究必读的文献。康德研究的水平是在对这样层次的学者的有力和有效的批评中提升的。

九、整部《康德的知识学》贯穿了哲学史研究的经典方式：在分析和考察康德哲学的重要的和基本的词语、概念和观点时，作者经常就径直追溯它们的源流，比如关于感觉的讨论一直追溯到亚里士多德的思想。这种历史分析的手法更能突出康德观点和方法的独特性。齐著不仅仅仔细地区分了康德与亚里士多德、斯宾诺莎、巴克莱等人的不同之处,事实上也相对于康德而刻画了上述这些哲学家思想的特征。这一特色正体现了齐先生哲学史家的本色和本分。

在分析了《康德的知识学》上述九个特点之后,研究范式的问题自然就会牵涉出来。这是就第一类型的康德研究而言的,因为第二类型的研究即我注六经式的研究其实是不存在什么范式的。问题可以这样来表述:研究者的知识结构与康德的知识结构是否能够或需要对接,前者的知识面与后者的是否需要或能够切合?对康德所具备的知识的尽量多的了解和掌握,无疑乃是理解康德并对其理论做出合理解释的前提和基础。西方十八世纪的知识体系和社会背景,与当时中国的和今天中国的知识体系和社会之间存在着巨大的差距,与现代西方的知识体系和社会之间同样也有很大的差距。对西方学者来说,通过教育和文化传承,通过严格的学术训练,这个差距是可以在相当大的程度上合理地消除的,尽管完全的对接和切合也是不可能的和不实际的。对中国学者来说,这个问题就要大得多,需要花费很大的功夫来克服,虽然从西方引入的现代学术体系和教育体系实际上已经排除了许多的障碍。但是,先行知识的获取、思维方式的训练和语言的掌握,都是必不可少的条件而难以轻易很好地掌握的,在研究过程中不断补充和完善自己各方面的知识,也是必要的态度。没有这样的前提和态度,就难以在国际水平上在康德研究领域获得新的成果。

康德哲学迄今为止不仅依然是问题的渊薮,也是新思想的沃壤。这些问题之中的部分来自于康德体系的内部,比如思想的发展和可能的不一致——其体系的内在一致是与相对于其他哲学体系而论的,部分来自于与现代科学的抵牾;还有一些原本就是哲学的难题，在康德那里固然没有得到解决，在今天也还依然存在；还有一些问题今天的人们会有不同的表述。比如说，人们可以承认，知识是由人们构造起来的，但对知识是如何构成的，人的理性能力又是如何发挥作用的，以及人的理性能力是怎样的，它们又有怎样的抽象形式等等问题，人们的意见存在着巨大的分歧；进一步说，上述问题之中的一些是否存在或者是否能够以这样的方式提出来，人们的观点也存在着巨大的差异。这些分歧不仅体现在不同的哲学思想里，也出现在同一个哲学家不同时期的思想之中。

说康德依然是新思想的沃壤，就是指康德思想具有现代性。那么这种现代性，这种活的意义存在何处？齐著在这里提出一个看法，即在于清楚地提出知识的构成的观念。在理论哲学中，这就直观中的构造和人为自然立法等等，在实践哲学中，人为自己立法并且据此建立自己的社会。齐著特别强调，人利用自己的先天形式构建自己的知识这个思想，是对西方两千多年以来的知识论的颠倒或颠覆。① 人们对知识的再认识或反思的过程是从常识不断地向理论体系深入的过程。我以为，一般而言，理论哲学的关键有两点有，即经验的直观与知性的构造。要理解构成，在理论领域就可以以理解Spontanitǝt为契机，而在实践领域则要以领会 Autonomie为契机。因此，作为一种方式和思路，人们可以从这两个概念入手来理解康德哲学，从它们出发而进到康德哲学中的不同层面，而在遇到难解的问题时也需要随时回到这里，以便校正理解的维度。它们虽然指向两个不同的领域，但都是同一理性的自发而主动的活动。再进一步说，想象力也在此列。规定的判断乃是出于法则

① 本书第161页。

的自主活动，而反思的判断是由自如活动而合于法则；在一定程度上，我们也可以称之为自由地构成规则的活动，它由此造就了审美的判断。

康德先验唯心主义的核心即关于对象的知识是由人构造起来的这一点，在今天依然是有效的，它揭示了或让人洞察到现代科学知识的基本特征。但是，如何来正确地理解康德的这个思想，如何恰当地表述，甚或如何有效地领会，依然是哲学思想自由驰骋的巨大空间。

现代科学的发展，正在持续不断地揭示自然令人惊奇却也真实的许多层面。关于人类能力及其知识的反思是否也会同样揭示其新的结构和层面来，人们能够径直地予以肯定，然后却需要深入的思考。这两种探索是没有止境的。然而，个人学术生命却是涯的。《康德的知识学》的最后一部分有长达两页的文字以提纲的形式概括作者关于康德知识学的核心观点。[1] 在晚年高龄之时，齐先生还在撰写此书，这是否就提示，他担心自己无法完成整个计划，所以就将他的基本观点先予以列明，以传之后人。就此我首先体悟到的乃是天行健君子以自强不息的精神。在领略了齐著哲学和学术上的精粹之后，我们再来回味体会这种精神，是否不仅能够深化对康德哲学核心的体会，而且也能够深化对人们对自己追求学术追求真理追求智慧的这一行为的理解呢？

2011年1月4日写毕于北京魏公村听风阁

① 本书第473—474页。